가장 사업처럼 하는 투자

주주행동주의

DEAR CHAIRMAN

가장 사업처럼 하는 투자
주주행동주의

그레이엄과 버핏부터 칼 아이칸까지 주주가치 극대화 투자 전략

제프 그램 지음
이건·오인석·서태준 옮김
심혜섭 해제

에프엔미디어

주주행동주의의
실전 교과서

주주가 CEO나 이사회 의장에게 실제 보냈던 주주제안과 행동주의 투자 사례를 통해 미국 주주행동주의 100년 역사를 조망한 이 책은 독자에게 미국 주주행동주의의 변천과 진화 과정, 세계 최고의 행동주의 투자자들이 투자에 접근하는 방식을 생생하게 보여준다. 헤지펀드매니저인 저자 제프 그램은 이런 사례들을 단순히 나열하는 데 그치지 않고 각 사례에 대한 판단과 논리적이고 심층적인 분석을 제공한다.

이 책은 가치투자와 주주행동주의의 창시자로 알려진 벤저민 그레이엄, 그레이엄의 제자로서 세계 최고의 투자자가 된 워런 버핏, KT&G 투자로 한국에도 잘 알려진 대표적 행동주의 투자자 칼 아이칸, 현세대를 대표하는 행동주의 투자자 중 한 명인 대니얼 러브 등이 실제 진행한 생생한 투자 사례들로 이루어져 있다.

약 100년 전의 벤저민 그레이엄과 노던파이프라인 사례는 현재 한국을 보는 것 같다. 주주가 참석하기 힘든 곳에서 주주총회를 개최하고, 경영진이 주주에게 회사의 정책이 싫으면 주식을 팔라고 이야기하며, 회사의 잉여현금을 주주들에게 분배하는 것이 주주가치에 훨씬 좋다는 그레이엄의 요구를 철저히 묵살하는 회사의 태도는 100년 전 미국이 아닌 현재 한국에서 우리가 목격하고 있는 현실이다. 로버트 영이 뉴욕센트럴철도의 이사회와 위임장 대결을 하면서 소액주주들의 위임장을 얻기 위해 기자회견을 열고 주주 서한을 보내고 광고를 내보내는 등 언론을 활용하는 모습, 여성 이사 후보를 제안하며 다양성을 어필하는 모습 역시 2023년 한국에서 진행된 많은 행동주의 투자 사례와 닮았다. 1980년대 적대적 공개매수와 이를 방어하는 시도가 이루어진 사례들도 2023년의 한국 자본시장을 보는 것 같다.

미국 자본시장은 법 제도와 금융시장 환경의 변화에 따라 위임장 대결의 시대에서 공개매수를 통한 적대적 기업 인수의 시대로, 이후 소극적이던 연기금 등 대형 기관 투자가들이 적극적으로 주주권을 행사하고 행동주의 펀드들이 공시와 공개 주주 서한을 통해 경영진을 비판하고 이사회 의석을 확보하는 주주행동주의의 시대로 변화해왔다. 독자는 이런 역사 속에서 각 시대를 대표하는 행동주의 투자 사례들을 통해 현재 한국 시장이 어디쯤 와 있는지 감을 잡을 수 있을 것이다.

미국 자본시장도 처음부터 완벽했던 것은 아니다. 우리와 많이 닮았던 미국 시장도 행동하는 주주들의 문제의식과 실패·성공 사례들이 쌓여 지속적으로 발전해왔다. 우리 역시 우리보다 100년 앞선 듯한 미국 시장을 부러워하는 데 그치는 것이 아니라, 우리가 현재 서 있는 위치를 자각하고 더 나은 자본시장을 위해 무엇을 할 수 있을지 고민할 필요가 있다. 이 책은 그런 고민에 대한 모범 답안을 제공해주는 일종의 시험 족보, 기출문제집과도 같다.

이 책의 또 다른 장점은 저자의 균형적 시각에 있다. 저자는 책 말미에 자신이 실수했던 주주행동 사례를 고백하며 자기비판도 서슴지 않는다. 주주는 만능이고 이사회는 부패했다는 단순한 시각에서 벗어나, 주주는 장기적인 안목을 갖추어야 하고 경영진과 이사회도 능력이 있어야 한다는 시각을 책 전반에 걸쳐 보여준다. 이사회가 실패했던 사례와 주주행동이 실패했던 사례 등 다양한 사례를 통해 기업의 바람직한 지배구조와 현명한 주주행동에 대한 깊은 통찰 또한 제공한다.

한국에서 행동주의 투자를 하고 있는 나는 이 책을 컬럼비아 경영대학원 MBA 과정에 재학 중이던 2017년에 초판으로 처음 접했다. 마침 행동주의 투자에 뜻을 품고 미국 행동주의 펀드에서 인턴십을 하던 때였으므로, 행동주의 투자의 실제 사례들을 체계적이고 생생하게 보여주는 이 책에서 실전 행동주의 투자에 도움이 되는 것을 많이 배울 수 있었다.

나는 2023년 올해 남양유업에 대한 주주행동주의 캠페인을 통해, 이 책의 해제를 작성한 심혜섭 변호사를 상근감사로 선임하는 데 성공했다. 이 책은 내가 남양유업 사례와 과거 이행했던 행동주의 사례들에서 고민했던 여러 쟁점을 모두 커버하고 있으며, 실무에서 참고할 수 있는 실용적인 시사점들을 제공한다.

선진 자본시장에서 벌어진 실제 사례에 대한 생생한 묘사와 탁월한 분석은 행동주의 투자자뿐 아니라 주식시장의 모든 참여자가 깊은 통찰을 얻을 수 있는 내용들이다. 자본시장 정책 입안자들과 규제기관 역시 참고할 내용이 많다. 많은 사람이 책상 위에 두고 실전 교과서로 참고할 수 있는 이 책의 개정판이 나오게 되어 매우 기쁘다.

김형균

김형균 | 차파트너스자산운용 본부장이자 한국기업거버넌스포럼 이사. 차파트너스자산운용에서 행동주의 펀드 운용을 책임지며 남양유업, 사조오양, 토비스, 국순당, SGC에너지(구 삼광글라스) 등 다양한 기업을 대상으로 주주행동주의 투자를 이행하고 있다. 컬럼비아 경영대학원 MBA를 졸업했다.

목차

2장 위임장 전문가들의 공격

– 로버트 영, 화약공장 말단 직원에서 뉴욕센트럴철도 의장이 되다

3장 저평가된 기업을 살린 가치투자자의 행동주의

– 워런 버핏, 사기 사건으로 위험에 처한 아메리칸익스프레스를 구하다

4장 현금이라는 강력한 무기를 휘두른 기업사냥꾼

- 칼 아이칸, 자신감 넘치는 서한만으로 필립스페트롤리엄을 인수하다

5장 최대주주의 공격에 맞서다가 몰락한 제너럴모터스

- 로스 페로, 최대주주로서 GM을 구하려다 기업도 지위도 모두 놓치다

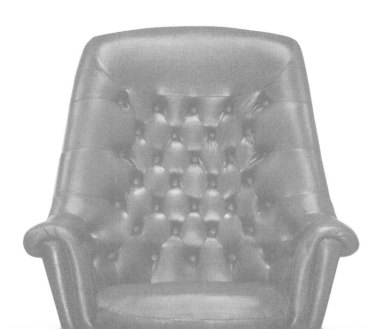

8장 우량기업을 무너뜨린 잘못된 주주행동주의

- BKF캐피털, 주주행동주의에 온갖 수단으로 방어하다 결국 무릎을 꿇다

벤저민 그레이엄에서 시작된
주주행동주의 100년

1966년 윌리엄 슐렌스키(William Shlensky)는 마침내 분통을 터뜨렸다. 그가 투자한 유명 상장기업이 10년 이상 적자를 기록하면서 부진한 실적에서 벗어나지 못하고 있었기 때문이다. 출범한 지 100년 가까이 된 이 회사는 한때 시카고의 자랑거리이기도 했다. 그러나 지난 30년간 다른 신생 기업들이 신기술을 활용해 혁신을 일으키는 동안, 이 회사는 고색창연한 요새 안에 웅크리고만 있었다. 이 회사 사장은 시카고에서 가장 유명한 사업가였다. 완고한 전통주의자이기도 했던 사장은 '야구는 낮에 하는 스포츠'라고 고집을 부렸다.'

슐렌스키는 열네 살에 아버지로부터 메이저리그 야구팀 시카고컵스 주식을 2주 선물 받았다. 하지만 선물 받은 이 주식은 고통만 안겨주었다. 팀 성적이 늘 형편없었을 뿐만 아니라 기업의 지배구조에 대해 쓰라린 교훈을 안겨주었기 때문이다. 컵스는 14년간 내셔널리그에서 상위 50% 안에 든 적이 한 번도 없었다. 14년 중 절반은 꼴찌에서 1~2등을 다투었다. 승률 5할을 넘은 것도 단 한 시즌에 불과했다. 경기에서만 죽을 쑨 것이 아니었다. 회사 역시 오래전부터 영업이익을 내지 못했다.

1960년대 중반부터 메이저리그 야구는 60%가 야간 경기로 진행되었다. 조명등 아래에서 진행하는 야간 경기가 선풍적인 인기를 끌었다. 대부분의 팀은 평일 경기를 거의 야간에 진행했다. 오로지 시카고컵스만 야간 경기를 거부했다. 시카고 시내 남쪽에 자리 잡은 시카고화이트삭스가 1965년 평일 야간 경기에 동원한 관중은 평균 1만 9,809명이었다. 반면에 시카고컵스가 평일에 동원한 평균 관중은 겨우 4,770명이었다. 주말 관중은 두 팀 모두 약 1만 5,000명이었지만, 화이트삭스가 주말 야간 경기에 동원한 관중은 이보다 압도적으로 많았다.[2]

슐렌스키는 시카고컵스가 악순환의 늪에 빠졌다고 믿었다. 시카고컵스가 리글리 구장에서 야간 경기를 거부한 탓에 유능한 선수를 확보하기가 어려워졌고 이 때문에 패배도 잇달았다. 관중도 감소했다. 그는 가만있을 수 없었다.

관중석을 뛰쳐나오기 시작한 투자자들

이 책은 주주행동주의를 다룬다. 상장기업 주주들은 이제 관중석에 앉아 구경만 하지 않는다. 대형 상장기업 주식을 보유한 사람들은 대부분 수동적이어서, 회사의 경영 방식이 마음에 들지 않으면 곧바로 주식을 팔아버리면 그만이다. 그러나 일부 투자자는 자신의 주식 가치를 높이려고 회사에 적극적으로 맞선다. 이 책은 주주들이 수동적인 관중에서 적극적인 참여자로 바뀌는 극적인 순간에 집중한다.

주주행동주의는 최근 들어 나타난 현상이 아니다. 대중 주주가 존재할 때부터 주주, 이사회, 경영진 사이에는 늘 갈등이 있었다. 400년 전, 네덜란드동인도회사(Dutch East India Co.)의 분노한 주주들은 압력단체를 동원해 권리 확대를 시도했고 자기거래를 한 이사들을 고발하기도 했다.[3] 19세기 미국에서도 주주들은 교량, 운하, 부두, 철도, 은행 운영을 담당하는 공익기업들을 면밀히 지켜보았다. 특히 철도회사에서 경영권 분쟁이 많았는데, 1860년대 말 험악했던 이리전쟁*이 대표적이다. 그러나 미국에서 주주행동주의가 가장 거칠게 등장했던 격변기는 지난 100년간이었다. 지난 100년간 경영진과 주주들은 권력 투쟁을 벌였고, 결국 주주들이 유례없이 막강한 권력을 행사하는 시대가 열렸다. 이제 주주들은 거대 기업에 대해서도 대결을 꺼리지 않는다. 의결권이 확보되지 않은 이상, 어느 최고경영자(CEO)나 이사도 표적이 될 수 있다.

어떻게 이런 일이 벌어졌을까? 경영권 분쟁에서 왜 주주들이 승리했을까? 이른바 주주중심주의(shareholder primacy) 시대를 연 주역은 누구일까? 이 과정을 이해하고 싶다면 그 원천 자료를 보기 바란다. 여기서 원천 자료란 위대한 투자자들이 회사 경영에 개입하려고 보낸 서한들을 말한다. 이 서한들과 그 뒷이야기들이 지난 100년간 이어진 주주행동주의의 역사를 말해준다. 1920년대 노던파이프라인(Northern Pipeline)과 전쟁을 벌인 벤저민 그레이엄(Benjamin Graham), 1980년대 제너럴모터스(General Motors, GM)와 결전을 치른 로스 페로(Ross Perot),

---

* **이리전쟁(Erie War):** 19세기 이리철도사(Erie Railway Co.)의 경영권을 놓고 미국 금융가에서 일어난 다툼. 1860년대 중반까지 이리철도는 주가 조작 전문가 대니얼 드류(Daniel Drew)가 경영했다. 경쟁 철도노선을 운영하던 코닐리어스 밴더빌트(Cornelius Vanderbilt)는 위임장 대결을 벌여 주식 중개인 제이 굴드(Jay Gould)를 이리철도의 이사회에 진출시켰다. 이후 굴드와 밴더빌트 사이에 경영권 분쟁이 발생했는데, 분쟁은 포이즌 필과 그린메일, 판사와 주의회의 매수, 심지어 무장경비원과 대포까지 등장하는 희대의 사건으로 발전했다.

착취로 악명 높은 젊고 팔팔한 오늘날의 헤지펀드 선동가 등이 그 주역이다. 우리는 이 책에서 '위임장 전문가(proxyteers)', 복합기업 경영자, 기업사냥꾼을 만나볼 것이며, 대기업들이 이들을 상대하는 방식도 살펴볼 것이다.

나는 역사적으로 중요한 경영 개입 사례로 8건을 선택했으며 그때 보낸 서한들의 원문도 소개한다. 각 사례는 다음과 같다.

1. 벤저민 그레이엄과 노던파이프라인

1927년 6월 28일, 그레이엄이 노던파이프라인 최대주주인

존 록펠러 2세(John D. Rockefeller Jr.)에게 보낸 서한

초기 주주행동주의를 주도한 벤저민 그레이엄은
노던파이프라인이 주주들에게 잉여현금을 분배하도록
록펠러재단을 설득했다.

2. 로버트 영과 뉴욕센트럴철도

1954년 4월 8일, 로버트 영(Robert R. Young)이

뉴욕센트럴철도(New York Central Railroad) 주주들에게 보낸 서한

〈배런즈(Barron's)〉가 '위임장 대결의 해'로 일컬은 1954년,
위임장 전문가 로버트 영이 뉴욕센트럴철도의 사장
윌리엄 화이트(William White)와 벌인 전쟁

3. 워런 버핏과 아메리칸익스프레스

1964년 6월 16일, 워런 버핏(Warren Buffett)이

아메리칸익스프레스(American Express) 사장 겸 CEO

하워드 클라크(Howard Clark)에게 보낸 서한

샐러드오일 거대 사기극(The Great Salad Oil Swindle)이 발생하자
아메리칸익스프레스는 파산 직전에 몰렸고 주주들 사이에서도
반발이 일어났다. 이때 워런 버핏이 투자해 인생의 전환점을 기록하는
대성공을 거두었다.

4. 칼 아이칸과 필립스페트롤리엄

1985년 2월 4일, 칼 아이칸(Carl Icahn)이

필립스페트롤리엄(Phillips Petroleum) 의장 겸 CEO

윌리엄 듀스(William Douce)에게 보낸 서한

짐 링(Jim Ling), 해럴드 시먼스(Harold Simmons), 솔 스타인버그(Saul Steinberg)를
간단히 소개하고 나서, 기업사냥꾼의 시대로 넘어간다. 칼 아이칸이
마이클 밀컨(Michael Milken)의 자금으로 필립스페트롤리엄을 공격한다.

5. 로스 페로와 제너럴모터스

1985년 10월 23일, 로스 페로가 GM 의장 겸 CEO

로저 스미스(Roger Smith)에게 보낸 서한

포이즌 필*과 그린메일**에 의해 기관 투자가들은 마침내 통제권을
상실하게 되고, GM은 최대주주 로스 페로에게 거액을 주고
이사직에서 물러나게 한다.

---

* 포이즌 필(poison pill): 기업이 적대적 인수를 막으려고 주주들에게 신주를 매입할 권리를 주는 경영권 방어 수단
  을 말한다. 신주가 기존 주주들에게 발행되므로 의결권을 희석하는 데 매우 효과적이다.
** 그린메일(greenmail): 매점한 주식을 더 높은 가격에 회사에 되사달라고 요구하는 행위를 말함.

6. 칼라 쉐러와 쉐러주식회사

1988년 8월 4일, 칼라 쉐러(Karla Scherer)가

쉐러주식회사(R.P. Scherer) 주주들에게 보낸 서한

회사를 장악한 CEO와 이사들이 쉐러주식회사의 최대주주 칼라 쉐러의
권리 행사를 방해한다. 칼라 쉐러는 창업자의 딸이자 CEO의 아내였다.

7. 대니얼 러브와 스타가스

2005년 2월 14일, 대니얼 러브(Daniel Loeb)가 스타가스(Star Gas) 의장 겸 CEO

아이릭 세빈(Irik Sevin)에게 보낸 서한

대니얼 러브는 실적이 부진한 스타가스 CEO를 잔혹하게 공개 처형한다.
헤지펀드 산업이 성숙함에 따라, 러브의 무리는 성가신 쇠파리에서
정글의 왕으로 진화한다.

8. 카를로 카넬, 존 레빈, BKF캐피털

2005년 6월 1일, 카를로 카넬(J. Carlo Cannel)이

BKF캐피털 의장 존 레빈(John A. Levin)에게 보낸 서한

2005년 6월 16일, BKF캐피털 의장 겸 CEO 존 레빈이

BKF캐피털 주주들에게 보낸 주주 서한

사내 헤지펀드매니저들에게 과도하게 보상한다는 이유로
사외 헤지펀드매니저들이 BKF캐피털을 예리하게 공격한다.
그 결과 회사는 초토화되고 주주가치가 처참하게 파괴된다.

위 사례들을 통해 주주행동주의를 역사적인 맥락에서 이해할 수 있다. 일부는 기업사냥꾼이나 위임장 전문가들이 등장하는 전형적인 주주행동주의에 해당한다. 다른 일부는 벤저민 그레이엄과 대니얼 러브 같은 혁신가들이 세련된 전략으로 경영진과 일전을 벌이는 사례다. 또 워런 버핏과 로스 페로처럼 뛰어난 인품으로 주위에 영향을 미치는 인물도 등장한다.

주주행동주의 역사를 공부하면, 투자자들이 상장기업에 행사하는 엄청난 영향력을 확인할 수 있고 장래에 생길 일도 가늠해볼 수 있다. 또한 이사회가 어떤 방식으로 운영되는지, 경영진은 무엇을 얻으려 하는지, 기업에 대한 감독은 왜 그토록 부실한지도 파악할 수 있다.

오늘날 세상은 기업들이 주도한다. 따라서 기업의 리더와 주주들에게 돌아가는 책임은 사람들이 흔히 생각하는 것보다 훨씬 크다. 기업은 지난 수백 년간 세상을 바꿔놓았다. 미래의 세상 역시 우리가 기업을 어떻게 관리하느냐에 좌우될 것이다. 로스 페로는 GM 동료 이사들에게 이렇게 말했다. "우리는 미국 기업들이 특이하게 바뀌었다는 사실을 인식해야 합니다. 이제 주식이 잘 분산된 기업에서는 주주들이 아닌 경영진 스스로가 경영진을 선임할 수 있게 되었습니다."[4]

이 말을 하고 얼마 지나지 않아 로스 페로는 GM을 떠났고, 자신이 설립해서 키운 일렉트로닉 데이터시스템즈(Electronic Data systems)까지 GM에 넘겨주었다. 기업 지배구조에 좌절한 사람은 로스 페로뿐만이 아니었다. 《스노볼(The Snowball)》에 따르면 워런 버핏은 이사회에 참여한 것을 최악의 실수라고 생각했다.[5] 세계에서 가장 낙관적이고 열정적인 기업 지도자 두 명이 상장기업 이사회의 구태에 질려 관심을 끊어버린 것이다. 워런 버핏과 로스 페로조차 이사회를 개선하기가 어렵다면 다른 사람들이 무슨 수로 개선하겠는가?

로스 페로가 GM을 떠나면서 상장기업의 지배구조는 더없이 불투명해지는 듯했으나 실제로는 지배구조 개선의 전기가 마련되었다. GM이 7억여 달러를 들여 가장 활동적인 이사를 제거했음을 알게 된 주주들은 수십 년 만에 분연히 깨어나 마침내 기업에 관심을 기울이기 시작한 것이다.

미국 주주행동주의 역사의 주인공은 다수의 의결권을 보유하고서도 무대 뒤에 서 있는 소극적 투자자들이다. 1914년 벤저민 그레이엄이 월스트리트에 진출했을 때, 대규모 철도회사를 제외하면 기업을 지배하는 주체는 주식을 대량으로 보유한 소수의 내부자가 대부분이었다. 1950년대가 다가오자 상장기업의 주식이 분산되었다. 미국의 성장에 동참하려는 신세대 투자자들이 조금씩 주식을 사들인 결과였다. 이른바 위임장 전문가들은 헐값에 나온 주식을 시장에서 사들이고, 멋지게 연출한 캠페인을 통해 주주들을 설득해 이사로 선임되었다.

1950년대 이후에는 의결권이 장기간에 걸쳐 서서히 집중되었다. 이번에는 기업 자본가가 아니라 연기금, 뮤추얼펀드 등 대형 기관들의 손으로 의결권이 넘어갔다. 1960년대는 이런 기관 투자가들이 시장을 지배했고 1970년대도 마찬가지였다. 그러나 1980년대는 기업사냥꾼과 경영자들에 밀려 주도권을 빼앗겼다. 하지만 이후 기관 투자가들은 다시 주도권 탈환을 시도했다. 현재 이들은 헤지펀드 행동주의자들과 협력해 상장기업 경영진을 철저히 감시하고 있다.

주주행동주의자들은 대개 경력이 화려하다. 그중 다수가 처음에는 월스트리트에서 인정받지 못했으나, 기발한 수법으로 상장기업들을 표적으로 삼아 거금을 벌어들인 경우다. 칼 아이칸, 로버트 영, 해럴드 시먼스, 루이스 울프슨(Louis Wolfson), 대니얼 러브 등 이들은 본질상 같은 부류다. '주주 권리'라는 미사여구와 과장된 모습 뒤에 이기심을 숨겨둔 사람들이다. 워런 버핏을 제외하면 이 책에 등장하는 투자자들은 근본적으로 다를 것이 없다. 그들의 전술만 주변 환경의 변화에 따라 조정될 뿐이다. 예컨대 자본 조달, 기업의 방어, 정부 규제, 주주 구조, 특히 다른 주주들의 반응에 따라 전술을 조금씩 바꿀 뿐이다.

내가 이 책을 쓴 목적은 개인 투자자가 주주행동주의자들의 캠페인을 평가할 때 어떤 것이 타당한지, 어떤 개입이 좋은지 나쁜지 분별하는 데 도움을 주려는 것이다. 각 장에서 우리는 행동주의자들이 내세우는 구호와 과시 행위 뒤에 숨은 의도 및 동기를 심층적으로 분석한다. 상장기업의 구조와 포이즌 필 등 경영권 방어 수단에 대해서도 논의한다. 이 책은 학술논문이 아니므로, 우리의 관심은 지배구조의 모범사례를 분석하는 데 있지 않고 기업의 현실을 제대로 평가하는 데 있다.

주주행동주의는 선용될 수도 있고 악용될 수도 있다. 주주행동주의는 소중한 자산을 낭비하는 비효율적인 기업에 문제를 제기할 수도 있지만, 근시안적인 의사결정을 조장해 기업을 혼란에 빠뜨릴 수도 있다. 주주행동주의의 핵심 문제를 요약하면 누가 기업 경영을 더 잘할 수 있느냐다. 즉 '전문 경영인과 허울뿐인 이사회가 나은가? 아니면 자신의 이익을 추구하는 투자자들이 나은가?'의 문제다.

주주 포퓰리즘의 등장

1950년대는 '대중자본주의(people's capitalism)'와 함께 주식이 분산되면서 주주 포퓰리즘(shareholder populism)이 등장했다. 이 무렵부터 사회 공익적인 목적을 가지고 행동주의를 주도한 사람들이 생겼다. 길버트(Gilbert) 형제, 윌머 소스(Wilma Soss), 랠프 네이더(Ralph Nader) 등이 그렇고, 내가 존경하는 제임스 펙(James Peck) 같은 인물이 그런 부류에 속한다. 제임스 펙은 그레이하운드버스 주식을 1주 사서, 회사가 남부 버스노선을 통합하도록 압력을 행사한 인물이다. 그 밖의 주주행동주의에 관해서 나는 대체로 인정하지 않는 편이다. 주주행동주의자들은 회사 경영진을 강하게 압박하는 과정에서 투자수익을 추구하는 주주들의 동기를 자극할 수밖에 없었다. 지난 수백 년간 기업 지배구조 지형에서 가장 큰 변화를 일으킨 주체는 어느 정도 지분을 가지고 투자수익을 추구한 대주주들이었다. 바로 그들이 이 책의 초점이다.

주주와 이해관계자(노동자와 지역 사회) 사이에도 갈등이 존재하지만 이 책에서는 다루지 않는다. 칼 아이칸이 애플(Apple)을 향해 주주들에게 현금을 돌려달라고 주장하는 모습을 보면서, 사회 전체의 공익을 우선시하는 사람들은 실망했을지도 모른다. 그러나 이 책은 자본주의의 장단점에 관해서는 논외로 한다. 또한 '상장기업은 법의 테두리 안에서 주주들을 위해 투자수익을 창출하는 것이 목적'임을 핵심 전제로 한다.

이런 전제는 회사 제도를 둔 목적과 일치하지 않을 수도 있고 독자들의 생각과 맞지 않을 수도 있다. 그러나 오늘날 주주들이 선출하는 이사회를 중심으로 한 기업 지배구조의 현실은 그런 전제를 바탕으로 한다. 따라서 기업사냥꾼이 어느 목재 기업의 경영권을 획득해 수백만 제곱미터에 이르는 임야의 삼나무를 모두 베어버린다면, 나는 이를 기업사냥이나 주주행동주의의 폐단으로 보지 않고 무절제한 자본주의가 빚어낸 유감스러운 결과로 본다.

1970년 〈뉴욕타임스매거진(New York Times Magazine)〉에 밀턴 프리드먼(Milton Friedman)의 '기업의 사회적 책임은 이익 증대(The Social Responsibility of Business Is to

Increase Its Profits)'라는 글이 실리면서 학자들은 주주중심주의의 새 시대가 열렸다고들 했다. 오늘날 프리드먼의 글을 다시 읽어보면 그가 기업의 목적을 그렇게 서술한 것이 당연하게 느껴진다. 이 책에서 우리는 주주들이 미국 기업을 지배하게 된 과정과 이유를 살펴볼 것이다.

슐렌스키가 야간 경기를 거부한 시카고컵스를 상대로 소를 제기하자, 회사는 야간 경기가 지역 주민들에게 피해를 준다고 주장했다. 법원은 지역 주민들을 배려한 회사의 판단이 옳다고 판결했다. 이 판결로 모처럼 이해관계자들이 주주들에 대해 승리를 거둔 것처럼 보였다. 그러나 이 승리는 오래가지 않았다. 판결이 경제 원리까지 뒤집을 수는 없었기 때문이다. 마침내 슐렌스키는 11만 와트 조명 아래서 야간 경기를 관람하게 되었다.

경영자와 협조한다는 착각

나는 소규모 헤지펀드를 운용하면서 주주행동주의에 관한 관점을 정립하게 되었다. 이 과정에서 내게 편견이 생겼을지 모른다는 점을 밝혀둔다. 우리는 장기간 집중투자하는 방식으로 포트폴리오를 운용했다. 우리가 보유한 종목은 약 15개에 불과했으므로 우리가 최대주주가 될 때가 많았다. 우리는 수익률을 높이려고 유동성을 포기했으며 주로 초장기 투자자들을 고객으로 확보했다. 그래서 경영진이나 이사회가 마음에 들지 않으면 주식을 팔고 떠나는, 이른바 '발로 하는 의결권 행사'도 하기가 어려웠다. 서둘러 주식을 처분하면 커다란 손실을 보기 때문이다.

우리가 좋은 실적을 얻으려면 경영진이 회사를 잘 경영하고 현금흐름을 잘

관리해야 한다. 이처럼 실적에는 경영진의 자질이 지극히 중요하므로, 나는 경영진과 이사회 평가에도 기업 가치평가 못지않게 많은 시간을 할애한다. 물론 이 과정에서 낙심하는 사례도 발생한다. 저평가된 우량기업들은 대개 지배구조에 문제가 있다. 그래서 운 좋게 지배구조에도 문제가 없는 기업을 발견하면 나는 과감하게 매수해 장기간 보유한다.

거의 9년 동안 펀드를 운용하면서 나는 상장기업 경영 방식을 점차 냉소적으로 바라보게 되었다. 내가 주로 투자하는 소형주 분야는 지배구조가 최악이었다. 상장기업이 의도적으로 주주들의 돈을 빼앗은 사례도 많이 보았다. 내가 대규모로 투자한 여러 회사에서도 이런 사례가 발생했다. 그러면서 단기 차익만 챙기는 칼 아이칸 같은 투자자들을 더 높이 평가하게 되었다.

아이칸은 기업들을 무자비하게 공격하는 과정에서 사람들의 분노를 산다. 나 역시 단기 차익을 추구하는 그의 행태에 분노하지만, 그때마다 그의 투자 경력이 50년이라는 사실을 떠올린다. 나는 겨우 10년 투자하고서 냉소적이 되었다. 투자 경력이 길어질수록 나는 경영진을 철저히 불신하는 아이칸에게 더 공감하게 된다. 회사를 매각해 경영진을 교체하면 단기 차익을 챙길 수 있는데, 기존 경영진이 회사를 말아먹도록 내버려 둘 이유가 있는가?

자신이 투자한 회사를 제대로 파악하지도 못한 채 목소리만 키우는 펀드매니저들의 모습도 눈에 거슬린다. 몇 년 전 나는 상장 폐지 절차를 진행 중인 기업 설립자에게 서한을 보내, 우리 펀드가 대량으로 보유한 주식 가치를 더 높여달라고 요구했다. 서한을 작성하는 동안 몇몇 대주주와 함께 그 CEO를 만났던 일을 계속 떠올렸다.

3개월 전부터 경영을 맡은 CEO는 회사를 다시 일으켜야 하는 상황이었다. CEO가 해야 할 일이 많았다. 그가 조사해보니 소비자들은 수익성과 규모 면에서 앞서는 경쟁사 브랜드보다 이 회사의 브랜드를 더 높이 평가했다. 세계시장에서는 글로벌 브랜드들이 경쟁하고 있었지만, 이 회사는 주로 미국에서만 사업을 벌였다. CEO는 자사 브랜드에 투자하면 가치를 창출할 수 있다고 주장했지만 그의 말은 전혀 먹히지 않았다. 맨해튼 어느 호텔에서 주주들이 그 CEO에게 보유현금 사용 계획을 묻는 등 파상 공세를 퍼부었다. 물론 주주들은 보유현금이 사업에 투자되는 것을 조금도 원치 않았다. 몇 달 뒤 회사가 상장 폐지 계획을 발표했을 때, 나는 CEO를 비난할 수가 없었다.

나는 주주로서 기업 경영에 개입하거나 이사회에 참여하는 것보다 유망한 투자 아이디어를 탐색하는 편이 적성에 훨씬 잘 맞았다. 투자한 회사마다 찾아다니며 변화를 유도하는 것은 내 스타일이 아니었다. 이사회에 참여하더라도 주로 방어 목적이었고 내 재산을 지키려고 기업의 자본 지출을 감시하는 정도였다. 그래도 소기업에 대해서는 우리 펀드가 보유한 지분이 적지 않았으므로 어쩔 수 없이 자주 싸우게 되었다.

운용 초기에는 내가 경영진과 잘 협조하는 건설적인 행동주의자라고 생각했다. 그러나 머지않아 이런 생각은 착각임을 깨달았다. 열 번 중 아홉 번은 협조할 수 있었지만 정작 중요한 한 번, 경영진과 이해가 충돌하는 일이 발생했다. 기업의 장래에 영향을 미치는 중요한 결정을 내릴 때 기업은 '협조하는' 주주들을 깔아뭉갰다.

대가들의 서한에서 얻어야 할 것

나는 헤지펀드 붐이 일던 2000년대 초에 투자를 시작했다. 이때가 주주행동주의가 번창하던 시기였다. 당시 상황을 잘 보여주는 자료가 2004년 〈뉴욕 타임스매거진〉에 표지 기사로 실린 스티븐 피시먼(Steve Fishman)의 '벼락부자 (Get Richest Quickest)'였다. 지금은 사라진 헤지펀드의 20대 애널리스트가 55세인 상장기업 CEO에게 잔소리를 늘어놓는 장면으로 글은 시작된다. "내년에도 우리는 이 자리에 있겠지만 당신은 없을 거요"라고 애널리스트가 독설을 뱉는다.[6]

당시 나는 사무실 동료들과 이 기사를 보면서 그 건방진 젊은이에 대해 함께 역겨워했다. 그러나 지금 다시 읽어보니 우리도 그 젊은이와 다를 바가 없었다. 우리 역시 경영 부실을 확신하며 이런저런 기업을 문제 삼았던 풋내기 20대 시절이 있었다.

2004년 초 나는 생전 처음으로 패밀리 레스토랑 데니스(Denny's)에 보내는 행동주의 서한을 작성했다. 이 서한은 요즘도 읽는 사람이 많다. (최근 데니스의 주가는 우리가 최초로 매수한 가격보다 20배 이상 상승했다.) 당시 나는 아는 것이 거의 없었는데도 자신감이 넘쳤다. 그 서한을 작성하기 3년 전까지만 해도 재무상태표나 현금흐름표라는 용어를 들어본 적이 없었고 워런 버핏이 누군지도 몰랐다. 헤지펀드나 투자은행이 무슨 일을 하는지는 당연히 알지 못했다. 그러나 이는 중요하지 않았다. 우리는 경험도 없었고 자본도 충분치 않았지만 정말로 예리했다. 창의적인 아이디어도 조금은 있었다.

신생 헤지펀드가 값비싼 수업료를 치르지 않고서도 실력을 키우는 방법은 거의 없다. 이런 방법을 알려주는 책은 거의 없으며, 증권분석을 제대로 가르쳐주는 경영대학원도 몇 군데 되지 않는다.

우리는 투자 실력을 키우려고 워런 버핏의 버크셔 해서웨이(Berkshire Hathaway) 주주 서한과 《주식시장의 보물찾기(You Can Be a Stock Market Genius)》를 읽었다. 행동주의 서한을 수집하기도 했다. 본문에서 다루겠지만, 펀드매니저 로버트 채프먼(Robert Chapman)은 분노에 찬 13D 양식* 작성이라는 전통을 확립했다. 우리는 그런 서한들을 수집했다.

이 책은 '주주가 기업에 보내는 서한**'을 바탕으로 이야기가 전개된다. 가치투자자들은 손수 사실을 수집해서 분석해야 하므로 어떤 면에서 보면 기자와 같다. 나는 주요 인물들이 이야기를 끌어가는 방식으로 진행하려고 그들의 말과 글을 광범위하게 인용했다. 여기에 실은 서한들은 주주행동주의에 관해서도 가르쳐주지만 경영과 투자에 대해서도 소중한 교훈을 준다.

워런 버핏은 자신이 투자 과목을 가르친다면 "모든 수업이 가치평가로만 이루어질 것"이라고 말했다.[7] 1950년대 버핏이 다녔던 컬럼비아 경영대학원의 가치투자 교과 과정은 대부분 이런 아이디어를 바탕으로 구성되었다. 나도 그곳에서 가치투자를 가르치는데, 학생들에게 매주 새로운 회사를 분석하게 한다. 내 수업에는 교과서도 없고 과제로 읽어야 할 참고도서도 없다. 그래서인지 추천도서를 알려달라는 학생이 많다.

그러나 투자는 이론적으로 정립해서 그 방법을 책에 담을 수 있는 분야가 아니다. 나는 추천도서를 요청하는 학생들에게 대가들이 회사에 보낸 서한을 읽어보라고 권한다. 주주가 이사회 의장이나 CEO에게 보낸 훌륭한 서한을 보면, 이사나 경영진과 어떻게 소통하고 표적 기업에 대해서는 어떻게 생각해야 하는지, 또 투자수익은 어떻게 얻는지 배울 수 있다.

기업 정보는 놀라울 정도로 많은 양이 사라진다. 대학 풋볼 경기는 수십 년

---

* 13D 양식: 상장기업 주식의 5% 이상을 취득한 자가 미국증권거래위원회(Securities and Exchange Commission, SEC)에 신고할 때 사용하는 양식
** 정확히 말하면, 주주가 기업 CEO나 회장에게 보낸 서한 외에도 동료 주주(들)에게 보낸 서한, 기업 CEO가 주주들에게 보낸 주주 서한이 본문에 포함된다.

이 지났어도 선수 기록을 쉽게 찾을 수 있지만 중소기업의 1975년 사업보고서는 찾기가 대단히 어렵다. 이는 우연이 아니다. 그동안 월스트리트 금융회사와 미국 기업들이 경솔한 행위를 일삼고 그 주역들이 부적절하게 처신한 탓에 쫓겨난 결과다. 거품이 붕괴하고 나면 대중은 장기간 도덕적 문제에 관심을 기울이지만* 곧 언제 그랬냐는 듯 잊어버린다.

내 사무실 근처에 커다란 금융사 박물관이 있다. 여기에는 과거 주권, 채권, 은행권은 물론 주식 시세 표시기와 계산기도 진열되어 있다. 그러나 이런 물건들이 무슨 대수인가? 그것들은 과거 금융 시스템에서 배출한 폐기물에 불과하다. 정말로 중요한 것은 대가들의 사상과 아이디어다. 부끄럽게도 우리는 정작 그들의 사상과 아이디어를 제대로 보존하지 못하고 있다.

상장기업에는 모순과 이해 충돌이 많다. 그런 모습이 가장 잘 드러나는 곳으로 주주와 경영진 및 이사들이 만나는 단층선(斷層線)이 있다. 우리는 로스 페로, 칼 아이칸, 워런 버핏, 벤저민 그레이엄 등과 함께 그런 단층선을 둘러볼 것이다. 그 위대한 자본가들이 우리를 안내해줄 것이다.

내 책상 위에는 주주들의 서한 모음집이 늘 놓여 있다. 여기에는 주주가 경영진과 대결을 결심하는 순간을 담은 매력적인 순간들이 그려져 있다. 지저분한 기업의 세계를 파악하려면 이들의 갈등을 연구하는 것보다 더 좋은 방법은 없을 것이다. 또한 이 서한들은 대가들의 목소리를 통해 미국 기업들이 실제로 굴러가는 방식을 알려줄 것이다.

---

* 이에 관해서는 다음 책 참조: 《The Go-Go-Years(1960년대 호황기)》《라이어스 포커(Liar's Poker)》《천재들의 머니게임(When Genius Failed)》《대마불사(Too Big to Fail)》

일러두기

1. 각 장 끝에 실은 서한들은 저작권자의 허락을 받은 원문의 번역본이다.
2. 서한의 영어 원문은 각 장 자료에 있는 QR코드를 스캔하면 확인할 수 있다.
3. 저자 주석(자료 주석은 예외)은 숫자로 표기해 미주 처리했으며, 역자 주석은 기호(*)로 표기해 각주 처리했다.
4. 단행본은 《 》, 잡지(월간지, 비정기간행물), 일간지 및 영화는 〈 〉, 논문과 기사는 ' '로 표기했다.
5. 해외 단행본 중 국내 번역서가 있는 경우는 《스노볼(The Snowball)》식으로, 번역서가 없는 경우는 《The Go-Go-Years(1960년대 호황기)》식으로 표기했다.
6. 고유명사의 원문은 단어가 처음 나올 때만 표기하는 것을 원칙으로 한다.

가장 사업처럼 하는 투자 주주행동주의

1장

현대 주주행동주의의 탄생

벤저민 그레이엄,
역사상 최초로
기업의 잉여현금을 돌려받다

"파이프라인회사들이 일상 업무와 우발 손실 준비금 적립에
사용하고 남은 잉여현금은
특별배당이나 유상감자 형식으로
그 주인인 주주들에게 반환해야 마땅합니다."

—

벤저민 그레이엄, 1927

이해 상충에서 찾아낸 기회

"그때 나는 태평양을 발견한 발보아(Vasco Núñez de Balboa)처럼 독수리의 눈으로 새로운 태평양을 바라보고 있었다."[1] 1926년 벤저민 그레이엄은 워싱턴 D.C. 주간통상위원회(Interstate Commerce Commission, ICC) 열람실에 앉아 노던파이프라인의 재무상태표를 살펴보고 있었다. 오래전부터 노던파이프라인을 분석한 증권회사까지 포함해도, 이 기업이 ICC에 제출한 보고서를 찾아본 사람은 한 명도 없었다. 노던파이프라인의 주가는 65달러에 머물러 있었지만 주당 이익은 6달러가 넘었고 보유 유가증권이 주당 90달러에 이른다고 보고서는 말하고 있었다. 그레이엄은 당시 '양손에 보물을 쥔' 기분이었다고 훗날 회고록에서 밝힌다.[2] 남은 것은 회사의 잉여 재산을 주주들에게 돌려주라고 경영진을 설득하는 일뿐이었다.

주식시장이 도박판이나 다름없던 당시, 그레이엄은 회사의 펀더멘털을 철저히 분석하는 가치투자 기법을 개발했다. 회사의 내재가치에 주목한 그레이엄과 그의 추종자들은 투기 대중이 빚어내는 시장의 비효율성을 이용해 엄청난 성공을 거두었다. 이후 그레이엄을 따르는 사람들이 점차 증가하면서 시장의 효율성이 개선되어 주가가 내재가치에 접근했다. 그러나 아직 남아 있는 차익거래의 기회가 하나 있다. 그것은 바로 경영진과 주주들 사이의 이해 상충에서 비롯되는 기회였다.

그레이엄은 1926년 노던파이프라인과 대결하면서 전인미답의 길로 들어섰다. 당시 기업 경영에 개입하는 주체는 대개 소액주주 집단이나 경영권을 획득하려는 기업 인수자들이었다. 최근 연구에 따르면 1900~1949년 동안 펀드사 등 투자회사가 적대적으로 경영에 개입한 사례는 7건에 불과했다.[3] 게다가 개입 방식도 온순했다. 예컨대 1911년 증권회사 배시(J.S.Bache)는 센트럴레더 (Central Leather)의 이사회에 진출하고자 했는데, 그 목적은 단지 회사의 분기 재무보고서를 제공받는 것뿐이었다.[4]

20세기 초에는 왜 주주행동주의가 그렇게 드물었을까? 첫째, 상장기업의 지분이 대개 설립자, 설립자 가족, 자본가 등 극소수에 집중되었기 때문이다. 그래서 외부 주주들은 회사에 영향을 미치기가 어려웠다.[5] 둘째, 상장기업들은 재무 정보를 거의 공개하지 않아서 투자자들이 회사의 가치를 객관적으로 평가하기가 어려웠다. 노던파이프라인도 마찬가지였다. 이 회사가 보유한 현금이 그토록 많다는 사실을 아는 주주는 아무도 없었으며, 23% 지분을 보유한 록펠러재단이 실질적으로 회사를 지배하고 있었다. 게다가 월스트리트는 주제넘게 나서는 주주들을 강도 취급했다.

이런 상황은 바뀌기 시작했다. 벤저민 그레이엄이 주도한 혁신적인 증권분석은 1934년 증권거래법의 공시 조항 덕분에 힘을 얻게 되었다. 상장기업들의 소유권이 빠른 속도로 분산되면서 기업 감독의 성격도 대폭 바뀌었다. 그래도 관례라는 게 있지 않을까? 돈 문제가 걸리면 관례는 가차 없이 밀려나고 만다. 가장 먼저 대규모 철도회사들이 상세한 재무 정보를 주주들에게 널리 공시했다. 19세기 말까지도 철도회사들은 경영권을 차지하려고 거친 싸움을 벌였다. 이리철도 위임장 대결이 그랬고, 코닐리어스 밴더빌트가 뉴욕센트럴철도를 인수한 것이 그랬다.[6]

일각에서는 벤저민 그레이엄을 헤지펀드와 주주행동주의에 이론적 토대를 제공한 인물로 간주한다. 그러나 그것은 지나친 과소평가다. 그레이엄은 헤지펀드를 개척한 인물이다. 그는 세계 최초로 헤지펀드를 창시했다고 알려진 앨프리드 W. 존스(A. W. Jones)보다 10여 년 앞서 투자조합을 결성해 공매도 전략을 구사하면서 성과보수를 받았다.[7] 그레이엄은 투자 전략으로 주주행동주의를 자주 사용한 최초의 인물이기도 하다. 그가 처음으로 경영에 개입한 기업이 노던파이프라인이다. 노던파이프라인으로부터 현금을 분배받는 것은 절대 만만치 않은 일이었지만, 그는 주주가 기업으로부터 잉여현금을 돌려받은 전형적인 사례를 만들어냈다. 이는 주주행동주의의 최초 사례이기도 하다.

안전마진이라는 혁신적 아이디어

얼마 전 나는 노던파이프라인과 관련해서 그레이엄이 록펠러재단에 보낸 서한을 찾아보려고 뉴욕 슬리피할로로 향했다. 가는 길에 그레이엄과 관련된 장소도 몇 군데 지나쳤다. 먼저 브루클린으로 갔다. 100여 년 전 그레이엄이 다녔던 고등학교가 있는 곳이다. 브루클린 배터리 터널을 통과하면 월스트리트가 나온다. 그레이엄이 1914년 직장생활을 시작해 '투자 분야의 실력자'로 성장한 곳이다.[8] 헨리 허드슨 파크웨이를 지나면 컬럼비아대학교가 나온다. 그곳에서는 지금도 그레이엄이 쓴 교과서로 증권분석을 가르친다.《증권분석(Security Analysis)》초판은 80년 전에 발간되었다. 다음으로 간 곳은 웨스트체스터 카운티였다. 오마하에 살던 버핏은 1954년 그레이엄뉴먼(Graham-Newman)에 취직하고 나서 가족과 함께 그곳에 이사했다. 나는 1976년 그레이엄의 유해가 묻힌 웨스트체스터힐 공동묘지도 지나쳤다.

그레이엄은 숨을 거두고 40년이 지났는데도 여전히 투자계의 거물로 남아 있다. 그는 투자 실적이 탁월(그레이엄뉴먼은 21년간 상당한 초과수익률을 기록했다)했을 뿐만 아니라 저서도 훌륭했고 제자들도 엄청난 성공을 거두었다.[9] 그레이엄의 수제자 워런 버핏뿐만 아니라 다른 제자들도 탁월한 실적을 기록했다. 그레이엄뉴먼에서 애널리스트로 일했던 월터 슐로스(Walter Schloss)는 1955년 펀드 운용을 시작했는데, 2000년까지 S&P500 수익률이 연 11.2%였던 반면 그의 펀드는 연 15.7%를 달성했다. 1955년 S&P500에 1달러를 투자했다면 약 120달러가 되었지만, 슐로스의 펀드에 투자했다면 700달러가 넘었다.[10] 빌 루안(Bill Ruane)과 어빙 칸(Irving Kahn)이 각각 운용한 펀드 역시 장기간에 걸쳐 시장 실적을 훌쩍 뛰어넘었다.

그레이엄의 저서들도 최고의 고전으로 칭송받으며 지금까지 꾸준히 판매되고 있다. 데이비드 도드(David Dodd)와 함께 쓴 《증권분석》은 구식 회계와 지루한 철도회사 채권 분석이 잔뜩 들어 있는, 700쪽에 이르는 묵직한 책이다. 일부 가치투자자들은 《증권분석》의 여러 판본(1~6판) 중 특정 판본을 선호한다. 마치 록밴드 벨벳 언더그라운드에 환호하는 록 마니아처럼 말이다. 나는 특히 일반인을 위해 저술한 《현명한 투자자(The Intelligent Investor)》(1949)를 좋아한다. 이 책은 1950년 열아홉 살 워런 버핏의 마음을 사로잡고 인생을 바꿔놓았다.

《증권분석》은 주로 주식과 채권을 평가하고 사업을 분석하지만 《현명한 투자자》는 시장을 보는 관점을 가르쳐준다. 시장 변동성을 견디지 못하고 몰락하는 투자자가 가장 많다는 점을 고려하면 시장을 보는 관점이야말로 그레이엄이 가르쳐주는 가장 중요한 교훈이다. 가치평가 기법을 배우기는 쉬울지 몰라도 시장 변동성을 이해하지 못하면 곤경에 처하게 된다.

《현명한 투자자》에서 가장 널리 알려진 대목은 미스터 마켓(Mr. Market)의 우화와 '안전마진(margin of safety)' 개념이다. 그레이엄은 투자자들이 시장 변동성 탓에 재정적·심리적으로 피해를 본다고 설명하면서 미스터 마켓을 소개한다.

미친 듯이 오르내리는 주가를 미스터 마켓으로 의인화했다. 이를테면 미스터 마켓과 함께 투자해 비상장기업을 설립했다고 가정해보자. 미스터 마켓은 매일 찾아와 우리 회사의 매매 가격을 제시한다. 가끔은 제시하는 가격이 합리적일 때도 있지만, 탐욕이나 공포에 휩쓸려 지나치게 높거나 낮아질 때가 많다. 그런데도 미스터 마켓은 자신이 제시한 가격에 반드시 사거나 팔아주며, 우리가 거래하지 않겠다고 해도 절대 화내지 않는다. 미스터 마켓은 이튿날 다시 찾아와 또 새로운 가격을 제시한다.

미스터 마켓은 유동성을 제공해주므로 소중한 동업자다. 미스터 마켓이 제시하는 가격이 지나치게 높으면 그에게 팔면 되고, 지나치게 낮으면 그로부터 사면 된다. 미스터 마켓이 제시하는 가격 때문에 내가 평가한 가치를 바꿀 이유는 없다. 그러나 현실 세계에서는 미친 듯이 오르내리는 가격에 현혹되어 부적절한 시점에 주식을 사고파는 사람이 많다. 주가가 상승하면 사람들은 유혹에 빠져 투기적 매수세에 가담한다. 주가가 하락하면 비관론에 휩싸여 자신감을 상실한다.[11] 그레이엄은 이렇게 말한다. "진정한 투자자에게 주가 등락이 주는 의미는 한 가지뿐이다. 주가 급락은 주식을 현명하게 살 기회이고, 주가 급등은 주식을 현명하게 팔 기회라는 의미다. 평소에는 주식시장을 무시하고 기업의 영업 실적과 배당수익에 관심을 기울이는 편이 낫다."[12]

그레이엄은 《현명한 투자자》의 마지막 장에서 안전마진이 '투자의 중심 개념'이라고 설명하면서 안전마진 개념을 상당히 구체적으로 제시했다. 가령 철도회사 채권이라면 세전이익이 고정비의 5배 이상이어야 한다. 주가가 내재가치보다 훨씬 싼 저평가 주식이라면 안전마진이 있으므로, 회사의 이익이 감소해도 손실을 피할 수 있다.[13] 이 '안전마진' 개념이 지금은 당연하게 들릴지 몰라도 그레이엄이 활동하던 시대에는 혁신적인 아이디어였다.

1914년 그레이엄이 월스트리트에 진출한 시점에는 주식시장보다 회사채 및 우선주 시장이 훨씬 컸다. 예를 들어 철도회사 채권의 시가총액이 철도회사 주식의 시가총액보다 50% 이상 많았다.[14] 하지만 철도회사 주식이 전체 상장 기업 주식에서 차지하는 비중은 40%가 넘었다.[15] 그런데도 철도회사들은 20년이 지나서야 증권거래법에 따라 ICC 등 규제 당국에 정기적으로 보고서를 제출했다. 주식 상호 보유는 매우 흔해서, 철도회사들도 종종 다른 철도회사의 주식을 보유하고 있었다. 따라서 저평가된 철도회사 주식을 발굴해내면 그 회사는 물론 그 회사가 보유한 다른 철도회사 주식에서도 이익을 얻을 수 있었다.

당시에는 이처럼 철도회사에 관한 공개 자료가 많았을뿐더러 저평가된 철도회사를 발굴하면 큰 이익을 얻을 수 있었다. 따라서 당시 월스트리트 사람들은 당연히 ICC 보고서를 자세히 조사했을 것으로 짐작하기가 쉽다. 그러나 그레이엄이 회고록에 남긴 이야기는 전혀 다르다. "이 막대한 재무 정보는 주식 분석에 제대로 활용되지 않았다"라고 그는 밝혔다.[16] 실제로 시장은 루머와 내부 정보가 좌우했다. 어떤 주식에 대규모 매수 주문이 예상되면 그 종목은 급등했다. 사람들은 큰손들의 매매 동향에 이목을 집중했다. "월스트리트의 노련한 투자자들은 따분한 통계 자료를 분석하는 사람을 바보라고 생각했다. 주가는 전혀 다른 요소들이 좌우한다고 본 것이다. 매우 인간적인 결함이었다"라고 그레이엄은 말한다.[17]

그레이엄은 시장의 루머를 무시한 채 각 기업의 과거 재무 정보에 관심을 집중했다. 그는 월스트리트의 소음에서 벗어나 기업의 실체를 냉정하게 바라보면서 미래 이익이나 보유자산 청산을 기준으로 내재가치를 평가했다. 주식은 회사 일부에 대한 소유권이라 생각했다. 그레이엄은 월스트리트를 "예리한 증권분석이 통하는 처녀지로 보았다."[18]

그레이엄에게는 '월스트리트의 학장'이라는 별명이 어울렸다. 증권계의 거물을 다수 키워낸 데다가 실제 매우 학구적이었다. 그레이엄의 회고록에는 주식시장에서 인용한 글보다 고대 로마 시인들에게서 인용한 글이 더 많다. 컬럼비아대학교를 졸업하던 달, 그는 3개 학과(철학, 수학, 영어)에서 전임강사 자리를 제안받기도 했다. 그는 투자업계에서 이단아였기 때문에 오히려 더 유리했다. 월스트리트의 허튼소리에 휘말리지 않고 독자적으로 내재가치를 추구할 수 있었기 때문이다.[19]

그레이엄은 저평가 주식에 투자하면 안전마진을 확보하면서 대체로 채권보다 더 높은 수익을 얻을 수 있다고 보았다. 이 역시 시대를 앞서가는 관점이었다. 1914년 무렵 투자자들은 대개 주식을 순전히 투기 대상으로 생각해 채권에만 관심을 두었다. 그레이엄이 은퇴하던 1950년대 중반까지도 주식시장은 흔히 사기꾼과 투기꾼들이 판치는 정글로 간주되었다. 이런 정글에서 그레이엄과 그의 제자들은 조용히 거금을 벌어들였다. 그런데도 채권 투자자들은 주식으로 돈을 벌 수 있다는 사실을 무시했다. 주식을 보유하면 의결권을 행사할 수 있고, 어느 정도 지분을 가진 주주들은 경영에 개입할 수 있었는데도 그랬다. 당시에도 주식시장은 경영권이 거래되는 시장이었다.

방심한 표적 기업

존 록펠러 1세(John D. Rockefeller Sr.)의 스탠더드오일(Standard Oil)이 미국 대법원의 반독점 판결에 의해 1911년 해체되는 과정에서 파이프라인회사 8개가 분사되었다. 1926년 그레이엄은 철도에 관한 정보를 얻으려고 ICC 사업보고서를 훑어보다가 파이프라인회사들에 관한 통계표를 발견했다. 표 아래에는 'ICC에 제출한 사업보고서에서 인용함'이라는 각주가 달려 있었다.[20] 그는 파이프라인회사들이 ICC에 재무 정보를 제출한다는 사실을 알지 못했다. 다른 투자자들도 이 사실을 알지 못하리라는 생각이 들자 그는 곧바로 워싱턴행 기차에 몸을 실었다.

알고 보니 파이프라인회사들은 매우 상세한 재무 정보가 담긴 20쪽짜리 연례보고서를 ICC에 제출하고 있었다. 이 보고서에는 종업원 급여, 자본적 지출, 주주들의 이름과 주소, 그리고 특히 유가증권 명세가 들어 있었다. 반면에 파이프라인회사들이 주주들에게 제공하는 보고서는 믿기 어려울 정도로 빈약해서, 한 줄짜리 손익계산서와 매우 간략한 재무상태표가 전부였다. 그런데 노던파이프라인이 ICC에 제출한 보고서에는 수백만 달러에 이르는 미국 국채와 철도채권 명세가 나와 있었다.

노던파이프라인의 영업 실적을 분석한 그레이엄은 이 회사가 주당 90달러까지 특별배당을 지급하더라도 무리가 없을 것이라고 생각했다. 특별배당을 지급하고서도 차입금 없이 계속 이익을 낼 수 있는 회사였다. 회사가 특별배당을 한다면 주주들에게는 횡재였다. 현재 주가는 65달러지만, 주주들은 주당 90달러에 이르는 특별배당을 받고서도 회사의 미래 이익에 대한 지분을 그대로 유지하게 된다. 그레이엄은 경영진이 특별배당을 지급하도록 설득하기만 하면 된다. 그러나 "경영진을 쉽게 설득할 수 있으리라는 생각은 순진한 착각이었다"라고 그레이엄은 회고한다.[21]

그레이엄은 노던파이프라인 경영진과 만난 과정을 회고록에서 자세히 설명한다. 노던파이프라인 경영진은 잉여현금을 주주들에게 분배하라는 요구에 충격을 받았다. 그들은 그레이엄의 주장을 모두 묵살하고 이렇게 말했다. "파이프라인 사업은 복잡하고 전문적이어서 당신은 이해할 수 없겠지만 우리는 이 사업에 평생을 바쳤소이다. 회사와 주주들에게 무엇이 최선인지는 당신보다 우리가 더 잘 알아요. 우리 정책을 인정하지 못하겠다면 다른 투자자들처럼 주식을 팔든지."[22]

그레이엄은 주당 90달러 배당이 가능한 회사의 주식을 65달러에 팔 이유가 없다고 생각했다. 회사가 보유한 현금과 유가증권의 가치만 더해도 회사의 시가총액을 초과했다. 기존 사업에는 추가로 투자할 필요가 없었고 기업 인수 등을 통한 사업 확장 기회도 없었으므로, 회사는 잉여현금을 사용할 일이 없었다.

그레이엄이 처음 시도한 주주행동주의는 매우 온건한 방식이었다. 그는 주주총회에서 발표할 기회를 달라고 요청했다. 경영진은 내심 놀랐지만 1927년 1월 주주총회에 참석하면 발언 기회를 주겠다고 약속했다. 노던파이프라인 사무실은 월스트리트에서 겨우 몇 블록 떨어진 브로드웨이 26번가 스탠더드 오일 건물에 있었다. ICC 보고서에 올라 있는 주주 23명 중 17명의 주소가 뉴욕이나 뉴욕 근처였다. 그런데 노던파이프라인의 주주총회 장소는 펜실베이니아주 오일시티로, 피츠버그 북쪽 140킬로미터 거리에 있는 소도시였다.* 결국 임직원을 제외하면 주주총회에 참석한 주주는 그레이엄 한 사람뿐이었다.

주주총회의 통상적인 절차가 마무리된 뒤 그레이엄은 자리에서 일어났다. 그리고 노던파이프라인의 재무상태에 관해 발표하고 싶다고 의장에게 말했다. 그러자 의장은 "그레이엄 씨, 동의(動議) 형식으로 제안해주시겠습니까?"라고

---

* 우리나라는 이사회가 주주총회를 소집할 때 장소를 정한다(상법 제362조). 주주총회 장소는 주주들의 출석이 용이한 곳이어야 한다. 그렇지 않으면 주주총회가 취소될 수 있다.

응했다. 그레이엄은 발표를 허락해달라고 동의했다. 의장이 주주들에게 물었다. "이 동의에 재청(再請)하는 분 계십니까?" 그레이엄은 야간열차로 피츠버그까지 와서 다시 불편한 완행열차로 갈아타고 오일시티까지 찾아온 유일한 외부 주주였다. 그의 동의에 재청하는 사람은 아무도 없었다. 의장은 "유감스럽게도 재청하는 분이 없는 듯합니다. 그러면 이것으로 주주총회를 마치고자 합니다"라고 선포했다. 주주총회는 끝났고 그레이엄은 뉴욕으로 돌아왔다.[23]

오일시티에서 아무 성과 없이 돌아온 그레이엄은 이듬해 주주총회에서 설욕할 계획을 세웠다. 노던파이프라인 주식도 더 사들이기 시작했다. 그는 위임장 대결을 벌여 이사회 5석 중 2석을 확보하기로 결심했다. 그래서 100주 이상 보유한 주주들을 일일이 만나 설득하기로 했다. 위임장을 충분히 모아 이사회에서 2석을 확보하면 그들을 통해 잉여현금 분배를 추진할 생각이었다. 가장 중요한 설득 대상은 최대주주인 록펠러재단이었다.

1927년 그레이엄은 록펠러재단에 서한을 보냈다. 노던파이프라인 등 파이프라인회사들의 '부당하고도 터무니없는 상태'를 설명하는 서한이었다(54쪽 참조).[24] 그레이엄은 자신이 록펠러재단에 이어 노던파이프라인의 2대 주주라고 밝힌 뒤, 파이프라인회사들이 보유한 유가증권을 보면 일반 기업보다 투자회사에 가까운 모습이라고 지적했다. 결국 파이프라인회사들의 주식은 '회사에 대한 지분'보다도 '우량등급 채권의 속성'이 더 큰 비중을 차지하는 이상야릇한 혼성증권이 되어 있었다. 이 특이한 구조 탓에 록펠러재단 같은 주주들은 더 큰 손해를 보게 된다. 파이프라인회사들은 채권 이자소득에 대해 법인세를 내야 할 뿐만 아니라, 심지어 투자자는 시장에 주식을 팔 때 보유 채권의 가치를 제대로 인정받지 못하기도 한다. 파이프라인회사들이 잉여현금을 주주에게 분배하는 것이 주주에게는 훨씬 득이 된다.

　　　　　　　　　　　가장 사업처럼 하는 투자 주주행동주의

끝으로 그레이엄은 잉여현금 이용 방법은 주주들이 결정할 사안이라고 주장했다.

잉여현금을 어떻게 이용할지는 경영진이 아니라 주주들이 결정할 사안이라고 해도 지나치지 않다고 생각합니다. (…) 잉여현금을 회사에 남겨둘지 말지는 그 현금의 주인인 주주가 결정해야지, 경영진이 결정할 일이 아닙니다.

록펠러재단의 재정 고문 버트럼 커틀러(Bertram Cutler)는 서한을 읽고 나서 그레이엄을 만났다. 록펠러재단은 투자한 회사의 경영에 개입한 적이 없다고 커틀러가 설명했다. 그레이엄은 이 사안은 경영 개입이 아니라 잉여현금 분배일 뿐이라고 강조했다. 커틀러는 그레이엄의 말에 정중히 귀를 기울였으나 뜻을 바꾸지는 않았다.

록펠러재단의 지지는 얻어내지 못했지만 그레이엄은 소액주주들을 차례로 만나 위임장을 받아냈다. 1928년 1월, 그는 이사 2석을 확보할 수 있는 의결권을 모았다. 주주총회 전날 밤 오일시티에서 그레이엄은 동료 변호사와 함께 노던파이프라인 경영진을 만나 의결권 현황을 점검했다. 위임장 대결에서 주주들은 중복투표가 가능했지만 최근 투표만 집계되었다. 그레이엄은 당시 상황을 다음과 같이 회고한다.

경영진은 자신이 모은 의결권 중 다수가 나중에 우리 쪽으로 넘어온 사실을 알고 불편한 기색을 감추지 못했다. 우리 쪽으로 넘어온 300주짜리 의결권을 발견했을 때 노던파이프라인 CEO가 자신도 모르게 탄식하던 모습이 지금도 생생하게 떠오른다. 그는 충격에 숨이 막히는 듯 말했다. "오랜 친구인데 이럴 수가! 점심을 사며 위임장을 받기도 했는데."[25]

1928년 노던파이프라인 주주총회에서 그레이엄과 동료 변호사는 이사회 의석 5석 중 2석을 확보했다. 두 사람은 외부인으로는 처음으로 스탠더드오일 자회사 이사로 선출되었다.[26] 그러나 이사회에서는 여전히 소수였으므로 그레이엄은 나머지 3명의 이사와 격렬히 싸울 작정이었다. 그런데 싸울 필요가 없어졌다. 주주총회 몇 주 후, 노던파이프라인 경영진이 잉여현금을 분배하기로 한 것이다.

재판관이 자기 사건에 관여하다

당시 노던파이프라인 경영진의 행태가 터무니없어 보일 수도 있지만 이런 행태는 지금도 비일비재하게 나타난다. 오일시티처럼 외딴곳에서 주주총회를 개최하는 사례는 요즘도 많다. 본사가 샌프란시스코에 있는 쉐브론(Chevron)은 2014년 주주총회를 주요 공항에서 4시간 이상 걸리는 텍사스주 미들랜드에서 개최했다. 상장기업은 주주총회에서 주주들의 질문에 답하도록 법에 명시되어 있는데 이를 거부하기도 한다. 2006년 홈디포(Home Depot) 이사회는 주주총회를 아예 생략했다. 궁지에 몰린 CEO 로버트 나델리(Robert Nardelli)는 홈디포 앞치마를 두른 폭력배까지 동원해 주주들의 질문을 1인당 1건 60초로 제한하기도 했다.[27]

그레이엄과의 첫 만남에서 "내 방식이 싫으면 당신이 떠나라"라고 했던 노던파이프라인 CEO 같은 행태는 지금도 드물지 않게 발견된다. 그레이엄의 시대 이후 이렇게 주장한 경영진은 수없이 많다. 일부 경영진은 사람들이 자사 주식을 사지 않게 하려고 실적을 실제보다 축소해서 말하기도 한다. 워런 버핏이 초창기에 투자했던 머천트내셔널 손해보험(Merchants National Property)의 사장은 버핏이 자사의 가치를 지나치게 높이 평가했으며 이듬해에는 순이익이 대폭 감소할 것이라는 주주 서한을 보내기도 했다.[28] 한 상장기업 의장은 내게 자기 회사는 가치가 없으므로 주식을 사면 미친 짓이라고 말하기도 했다.[29]

노던파이프라인 경영진의 잘못은 주주를 무시한 데서 그치지 않는다. 들어가는 말에서도 이야기했지만, 상장기업이 존재하는 목적은 법의 테두리 안에서 주주들을 위해 이익을 창출하는 것이다. 즉 경영진과 이사회는 회사 자산을 최대한 활용해 수익률을 극대화해야 한다. 그러나 노던파이프라인 경영진은 회사가 막대한 현금과 채권을 보유하고 있다는 사실을 주주들에게 숨겼다. 잉여현금을 주주들에게 돌려주지 않으려 했을 뿐만 아니라, 이 과정에서 막대한 유동자산을 숨김으로써 주식의 가치가 저평가되도록 한 것이다.

노던파이프라인은 회사 권력이 상호 견제를 통해 균형을 이루지 못한 전형적인 모습을 보여준다. 주주들은 무관심했고 이사회는 경영진에 지배당했다. 이사회 구성원 5명 중 3명이 CEO와 스탠더드오일 관련사의 임원이었다.[30] 미국 4대 대통령 제임스 매디슨(James Madison)은 《페더럴리스트 페이퍼(The Federalist Papers)》에서 "누구든 자신이 관여하는 사건에 대해서는 재판관이 될 수 없다"라고 경고했다.[31] 노던파이프라인 경영진은 이사회를 지배함으로써 자기 자신을 감시하는 역할까지 맡았다. 이사회는 본디 주주들을 대변하는 기관이나, 그레이엄이 개입하기 전까지는 주주들을 전혀 대변하지 못했다.

록펠러재단은 막대한 지분을 보유하고서도 소극적인 태도로 일관했다. 그레이엄이 오일시티 주주총회장을 찾아가기 몇 년 전, 톰 데비보이즈(Tom Debevoise)

는 록펠러재단의 이사 겸 일반교육위원회 위원장 위클리프 로즈(Wickliffe Rose)
에게 보낸 서한에서, 상장기업 주주로서 일반교육위원회의 역할에 대해 이렇
게 주장했다. "일반교육위원회는 공익 법인의 입장을 반드시 고수해야 하며,
오로지 투자 목적만으로 유가증권을 보유해야 한다고 생각합니다. 즉 기업 활
동에 관여해서는 안 되며, 투자한 기업의 경영진이 불만스럽다면 유일한 대응
방법은 유가증권을 처분하는 것뿐입니다."[32]

그레이엄이 나서기 전까지 노던파이프라인 경영진은 누구도 책임을 지지
않았다. 경영진은 막대한 현금과 유가증권을 자기 자리를 보호하는 방패로 삼
았다. 이들은 회사의 건전한 재무상태가 외부에 알려지지 않도록 철저히 관리
했다. 책임을 지지 않는 상황에서 경영진이 주주보다 자신의 이익을 앞세우는
것은 지극히 인간적인 모습일 수도 있다.

이렇게 잉여현금을 비효율적으로 배분한 기업은 노던파이프라인만이 아니
었다. 거의 모든 파이프라인회사를 포함해 많은 기업이 잉여현금을 주주들에
게 돌려주지 않았다. 노던파이프라인과 위임장 대결을 하고 수십 년이 지난 뒤
에도 그레이엄은 현금이 풍부한 기업들에 대해 비슷한 행동주의 캠페인을 벌
여 배당을 늘리도록 압박했다. 대상은 대체로 노던파이프라인처럼 주주들을
무시하는 나태한 기업들이었다. 한 예로 1947년 그레이엄이 위임장 대결을 벌
인 뉴암스테르담 캐주얼티(New Amsterdam Casualty)는 주주가 대부분 소액주주여
서 배당 인상에 관심이 없을 것이라고 주장했다.

노던파이프라인 이사회는 주주들에게 이런 주장을 담은 주주 서한을 발송
했다.

이 모든 문제는 한 가지 질문으로 요약할 수 있습니다. 즉각적인 현금 분배 주장이

나오고 있지만, 이처럼 전문적인 회사의 경영권을 경험이 전무한 사람에게 넘겨주고 싶습니까?[33]

그레이엄은 경영권을 원하지 않았고 경영에 개입할 의도도 없었으므로, 이같은 이사회의 주장은 주주들을 호도한 셈이다. 핵심은 자본배분의 문제였다. 장기적으로 높은 수익을 원하는 투자자라면 경영진과 이사회를 믿어야 할까? 아니면 배당 인상과 자사주 매입이라는 선물을 안겨줄 행동주의 주주를 믿어야 할까? 경영진은 자신의 자리를 보전하는 데 치우치는 경향이 있고, 행동주의 주주는 단기 이익에 끌리는 경향이 있다. 이론적으로는 이사회가 이런 편향을 없애야 하지만 현실적으로 이사회는 경영진을 따를 수밖에 없다. 이로부터 험악한 결과가 나올 수 있다.

자본배분 개선에 초점을 두다

상장기업들은 자본을 터무니없이 지출하기도 한다. 몇 가지 사례를 제시하겠다. 나중에 좀 더 자세히 다루겠지만 1980년대 GM 사례가 대표적이다. GM의 CEO 로저 스미스는 미심쩍은 기업 인수와 프로젝트에 수백억 달러를 낭비했을 뿐만 아니라, 로스 페로를 이사회에서 내보내려고 7억 달러를 썼다. 1989년 옥시덴탈 페트롤리엄(Occidental Petroleum)은 의장 겸 CEO 아먼드 해머(Armand Hammer)의 미술 소장품을 전시할 미술관 건립에 5,000만 달러를 지출한다고 발표했다. 전해진 바로는 최종 비용이 1억 5,000만 달러를 초과했다.[34] 해머는 미술품도 회사 자금으로 샀는데, 레스터 코덱스(Leicester Codex)라는 레오나르도 다빈치의 노트를 500만 달러에 사서 코덱스 해머(Codex Hammer)로 개명했다.

아먼드 해머의 자기거래는 경영진의 사리 추구 행태를 보여주는 빙산의 일각에 불과하다. 2002년 월드컴(WorldCom)이 파산하기 2년 전, CEO 버나드 에버스(Bernard Ebbers)는 회사가 보유한 현금의 20%를 대출받아 개인 거래 계좌의 신용융자 상환에 사용했다.[35] 홈디포, 휴렛팩커드(Hewlett-Packard), 메릴린치(Merrill Lynch), 화이자(Pfizer) 등에서 실적도 내지 못한 임원들에게 지급한 후한 급여와 특전, 퇴직금도 명백한 자본 낭비 사례다.

기업 인수에도 막대한 자본이 낭비되었다. 2008년 금융위기 직전에 ABN암로(ABNAmro)은행이나 컨트리와이드파이낸셜(Countrywide Financial)을 인수한 기관들은 겨우 몇 개월 만에 지급 불능에 빠졌다.[36] 2010년과 2011년 여러 광업 회사도 경기순환기의 정점에서 무리하게 기업을 인수하다가 막대한 손실을 떠안았다. 2000년 AOL과 합병하면서 지분 55%를 넘겨준 타임워너(Time Warner) 사례도 여기서 언급하지 않을 수 없다.

그러나 주주들에게도 책임이 없는 것은 아니다. 기업이 변덕스러운 주주들을 달래려다가 자본배분에 무리수를 두는 사례가 많기 때문이다. 기업들이 경기순환기가 정점에 도달할 무렵 자산을 사들이듯이, 투자자들은 주가가 정점에 도달할 무렵 주식을 더 사들이는 경향이 있다.[37] 윈딕시(Winn-Dixie)와 오피스디포(Office Depot) 등은 수익금을 재투자하기보다 배당을 지나치게 늘린 탓에 심각한 타격을 입은 사례다.[38] TV 화면의 선명도와 오디오 음량을 과시하려고 전 매장을 어두운 동굴처럼 리모델링하는 데 투자한 전자제품 소매회사 서킷시티(Circuit City) 사례도 있다.[39] 베스트바이(Best Buy)와 코스트코(Costco)가 매장 리모델링 대신 편안한 쇼핑 환경을 제공한 것과는 대조적이다. 한편 서킷시티는 2000년대 중반 자사주 매입에 수십억 달러를 지출한 탓에 마침내 파산해 청산되었다.

잘못된 자본배분을 사후에 조롱하기는 쉽지만 사전에 판단하기는 매우 어렵다. 위임장 대결 역시 어느 쪽이 옳은지 판별하기가 쉽지 않다. 노던파이프라인처럼 단순한 위임장 대결에서도 복잡한 지배구조 문제가 드러난다. 앞에서는 주로 경영진을 비난했지만 경영진에만 잘못이 있는 것은 아니다. 록펠러 재단을 비롯해 노던파이프라인 주주들은 그레이엄이 나서기 전까지 경영진의 전횡을 방치했다. 경영진을 감시해야 할 이사회는 경영진에 힘없이 휘둘렸다. 주주들도 이사회도 노던파이프라인의 '부당하고도 터무니없는 상태'에 대해 책임져야 마땅했다.

그레이엄의 주주행동주의는 기업의 자본배분 개선에 초점을 두었다. 매우 타당한 방식이다. 사업 운영에 탁월한 경영진도 자본배분에는 서툴 수가 있다. 반면에 기업 가치평가와 자본배분에 대해서는 오히려 투자자들이 전문성을 발휘할 수도 있다. 기업의 경제성을 제대로 파악할 수 있다면 투자자들이 자본배분의 효율성을 더 높일 수도 있다는 말이다. 자본배분의 대안으로는 자본 재투자, 자사주 매입, 배당 지급, 기업 인수 및 투자를 들 수 있다. 이런 식의 주주 개입은 상장기업의 구조에도 어울린다. 이사회는 경영진을 감시하고 자본 지출을 통제한다. 경영진은 사업을 운영하고 임직원들의 급여를 결정하며 주주들의 질문에 답한다. 그러나 그레이엄이 시작한 주주행동주의는 이제 자본배분의 수준을 훨씬 넘어서서 경영진 임면과 경영권 획득 수준까지 이르고 있다.

새로운 세계 질서

1927년 그레이엄이 야간열차를 타고 오일시티 주주총회에 참석했을 때, 노던파이프라인 경영진은 그의 결전 의지를 과소평가해 위협이 되지 않는다고 생각했다. 당시에는 위임장 대결이 매우 드물었으므로 경영진이 무사안일에 빠질 만도 했다. 심지어 월스트리트는 경영에 개입하려는 주주들을 강도 취급까지 했다. 그레이엄은 회고록에서 "초창기 월스트리트가 돌아가는 방식은 정교한 규칙을 준수하는 신사들의 게임이었다. 기본 원칙은 '남의 영역을 침범하지 않는다'였다"라고 말한다.[40]

그레이엄은 기본 원칙을 지킬 생각이 없었다. 그동안 투자자들이 경영진에 지나치게 관대했다고 생각한 그는 싸움을 피하려 하지 않았다. 이 결연한 태도에 영향을 받은 사람들이 월스트리트 기득권층에 대항해 일어섰다. 그레이엄이 나서기 전에는 투기꾼들이 주식을 매매해도 기업에 미치는 영향은 거의 없었다. 그러나 그레이엄은 새로운 세계 질서를 도입했다. 그는 주식을 회사의 일부에 대한 소유권으로 보았으므로, 주식을 이용해 경영진과 이사회에 실적에 대한 책임을 물었다.

그레이엄의 캠페인은 월스트리트 엘리트들에게도 영향을 미쳤다. 1928년 주주총회 직후 노던파이프라인 경영진은 잉여현금 분배에 반대하던 태도를 갑자기 바꾸었다. 나중에 알게 되었지만, 경영진에 위임장을 넘겨주었던 록펠러재단조차 마침내 잉여현금을 분배하라고 요구했다. 나머지 파이프라인회사들도 대부분 잉여현금을 주주들에게 분배했다. 그레이엄이 보낸 강력한 서한이 결국 록펠러재단 경영진의 생각을 바꿔놓은 것이다.[41] 투자한 회사의 경영에 개입한 적이 없다고 말했던 록펠러재단은 그로부터 1년 뒤 손수 위임장 대결까지 벌여 인디애나 스탠더드오일(Standard Oil of Indiana) 의장을 축출하기도 했다.

그레이엄은 노던파이프라인에서 높은 수익률을 기록했지만, 종목 비중이 크지 않아 전체 포트폴리오에는 그다지 기여하지 못했다. 그는 승리를 통해 얻는 수익보다도 스릴 넘치는 대결 과정을 즐겼다. 바로 그것이 그레이엄이 살아가는 방식이었다. 은퇴 후 그레이엄은 버나드 바루크(Bernard Baruch)의 자서전을 읽던 중, 바루크가 일을 그만두고 투자에 전념하는 대목을 접한 뒤 다음과 같이 한탄했다.

구차하고 이기적인 그의 결정에 조소를 금할 수가 없다. 재능 넘치는 젊은 거부가 오로지 재산 증식에 몰두했다니, 이 얼마나 부끄러운 일인가?[42]

《스노볼》에는 그레이엄이 버핏에게 돈에 집착하지 말라고 조언하는 대목이 나온다.

꼭 기억해두게. 자네나 나나 인생에서 돈은 중요하지 않다네. 우리는 매일 함께 식당에서 점심을 먹고 일하면서 잘 지내고 있지 않은가?[43]

회사에서 버핏이 애널리스트로서 두각을 나타내기 시작하자 그레이엄은 버핏을 댄스 교습소에 등록시켜주었고, 댄스를 배우는지 확인하려고 교습소까지 따라가기도 했다.

그레이엄은 겨우 예순한 살에 은퇴하면서, 버핏에게 그레이엄뉴먼의 제너럴 파트너* 겸 포트폴리오 매니저 자리를 맡아달라고 제안했다. 버핏은 영광으로 생각했지만, 자신의 영웅 그레이엄과 함께 일할 수 없다면 더는 뉴욕에 머물 이유가 없다고 판단했다. 그레이엄이 은퇴하자 버핏은 오마하로 돌아가 회사를 세웠다. 1956년 그레이엄은 회사를 청산하고 캘리포니아로 갔다.

그레이엄은 은퇴 후 20년간 자기가 원하는 인생을 즐겼다. 세계 여행을 하고 의회에 증인으로 출석하기도 했다. 가이코(GEICO) 이사회에 참여하고 투자 강의도 했다. 《증권분석》과 《현명한 투자자》의 개정판을 내고 우루과이 소설을 번역하기도 했다. 심지어 계산자와 모스 부호 기억 시스템을 개발하기도 했다. 버핏은 그레이엄과 계속 긴밀한 관계를 맺었으며 그레이엄과 그의 제자들에게 자주 휴양지를 제공했다. 말년에 그레이엄은 프랑스에서 살다가 1976년 세상을 떠났다. 그레이엄이 《현명한 투자자》의 마지막 개정판을 낸 것은 월스트리트 진출 후 60년이 되던 해이자 세상을 떠나기 얼마 전이었다. 거기서 그는 이렇게 말한다. "1934년 이후 우리는 줄곧 주주들이 경영진에 대해 더 현명하고도 강력한 태도를 견지해야 한다고 주장했다."[44]

이후 제자들이 벌어들인 막대한 재산을 보았다면, 아무리 통찰력이 뛰어난 그레이엄이라 해도 깜짝 놀랐을 것이다. 버핏이 인수한 버크셔 해서웨이는 1976년 말 순자산가치가 1억 2,100만 달러였고 1996년에는 280억 달러였다.[45] 2013년 버크셔가 보유한 보통주는 1,280억 달러였으며 가이코, BNSF, 미드아메리칸에너지(Mid American Energy) 등 초우량 비상장기업도 보유했다.[46] 버핏 등은 그레이엄의 가치투자 기법을 바탕으로 개발하고 다듬은 자신의 투자 스타일로 미국의 장기 성장에 편승해 거대한 부를 창출했다.

---

* 제너럴파트너(General Partner): 상법 용어로는 무한책임사원이라고 한다.

미국이 점점 부유해지고 상장기업의 소유권이 분산됨에 따라, 곳곳에서 경영권 분쟁이 일어났다. 그레이엄이 노던파이프라인을 상대로 벌인 위임장 대결은 현재 기준으로 보면 온건한 수준이었다. "우리는 이사를 많이 선출하려 하지 않았다. 많은 이사를 선출하면 회사 운영에 책임을 져야 하는데, 우리에게는 그럴 권리가 없다고 생각했다"고 그레이엄은 회고한다.[47] 후대의 행동주의 투자자들은 이런 식으로 절제하지 않을 것이다. 그레이엄의 캠페인은 게릴라식 기습 공격이었다. 1950년대까지는 이사회실이 일종의 작전실로 확대되는 일이 비일비재했다.

**벤저민 그레이엄이 노던파이프라인
최대주주에게 보낸 서한**

영어 원문 보기

1927년 6월 28일
———

수신

존 록펠러 2세, 레이먼드 포스딕, 프레더릭 스트라우스,
뉴욕시 록펠러재단 재무위원회

관계자 귀하,

과거 스탠더드오일 자회사였던 여러 파이프라인회사의 현재 상황에 주목
해주시기를 정중히 부탁드립니다. 록펠러재단과 나머지 주주들의 이익을 위
해 당장 그들에게 무언가 조치를 취해야 합니다. 우리는 그 대부분의 기업에
상당한 지분을 보유하고 있으며, 노던파이프라인에 대해서는 귀 재단에 이어
2대 주주입니다. 게다가 우리는 많은 소액주주와도 접촉하고 있는 만큼, 소액
주주의 견해도 대변한다고 말할 수 있습니다.

1915년 록펠러재단이 이들 기업에 투자를 시작한 이후, 그들의 산업 환경과 재무상태는 크게 바뀌었습니다. 그런데도 12년 전에 합리적이고 만족스러웠던 특정 정책을 지금까지 유지한 결과, 부당하고도 유감스러운 상황이 벌어졌습니다. 그동안 이들이 보유한 유가증권은 대폭 증가했는데도, 프레리 지역과 일리노이주의 회사를 제외하면 이들 주식의 시장가격은 최근 몇 년간 대폭 하락했습니다. 1915년에는 설비와 현금의 구성비가 합당했으나, 지난 몇 년간은 현금 비중이 지나치게 커져서 전례 없이 기이한 상태가 되었습니다.

현재 이들 기업의 성격은 일반 기업보다 투자회사에 훨씬 더 가깝습니다. 주주들의 자금이 대부분 초저수익 우량증권에 투자되어서 그렇습니다. 유감스럽게도 이런 상태는 록펠러재단에 매우 불리하며 나머지 파이프라인 주주들에게는 훨씬 더 불리합니다. 파이프라인회사들이 보유한 유가증권은 상당량이 철도채권이어서 이자소득에 대해 법인세 13.5%가 부과됩니다. 이 철도채권을 파이프라인회사를 통하지 않고 록펠러재단이 직접 보유한다면, 이자소득에 대해 법인세가 면제되므로 수익률이 훨씬 높아집니다. 이런 과중한 세금을 피하려고 파이프라인회사들은 현금 중 상당액을 국채와 지방채에 투자했습니다. 그러나 이런 국채 투자 역시 재단에 불리하다고 보아야 합니다. 재단이 직접 투자하면 국채를 선택하지 않더라도 법인세를 면제받으므로 훨씬 높은 수익률을 얻을 수 있기 때문입니다.

이들 기업의 이례적인 재무상태 탓에 나머지 주주들이 감수하고 있는 엄청난 불이익도 진지하게 고려해주시기를 바랍니다. 록펠러재단은 최대주주이자 명성 높은 기관이므로 소액주주들의 수탁자로서 어느 정도는 윤리적 책임이 있다고 볼 수 있습니다. 따라서 우리는 재단이 수많은 분야에서 보여준 고결하고 관대한 배려를 동료 주주들에게도 어느 정도 베풀어주시기를 희망합니다.

현재 파이프라인회사 주식은 금융시장의 일반적인 사고에서 벗어난, 이상한 혼성증권이 되어버렸습니다. 우량등급의 채권이 큰 비중을 차지하는 가운데, 실적이 변덕스러우면서 명백하게 쇠퇴하는 기업의 증권이 혼합된 양상을 보입니다. 이런 상황에서는 이 주식이 지닌 확실한 투자 가치가 파이프라인 사업의 투기적 속성에 가려지게 됩니다. 게다가 우량증권 투자에서 나오는 소득은 특히 파이프라인 사업과 비교했을 때 지나치게 낮습니다. 따라서 우량증권 투자의 실제 가치가 대중과 주주들에게 터무니없이 낮게 평가됩니다. 더군다나 회사가 주주들에게 실제 보유 자산과 수익력을 제대로 알려주지 않는 탓에 이런 유감스러운 상태가 악화하고 있습니다.

이런 상황에서 주주들이 당하는 불이익은 단지 상상이 아닌 현실로 드러나고 있습니다. 1924년 말 2,154명이던 노던파이프라인 주주가 1926년 말에는 1,909명으로 감소했다는 사실이 모든 것을 말해줍니다. 즉 2년간 최소 12%의 주주가 모든 주식을 처분했다는 뜻입니다. 그 주주들이 주식을 처분할 때 받은 가격은 주당 잉여현금에도 미치지 못했습니다. 상당한 이익을 내고 있던 파이프라인이 가치를 전혀 인정받지 못했다는 뜻입니다. 그중에는 주당 잉여현금의 겨우 80%만 받은 주주도 있습니다.

이런 상황을 보여주는 예로 3개 회사의 몇 가지 수치를 첨부합니다.

1926/12/31 기준	뉴욕트랜짓	유레카파이프라인	노던파이프라인
주당 현금 및 투자 (시장 평가액)	$52.40	$49.50	$89.60
주당 기타 자산 (순자산가치)	$77.60	$101.20	$21.30
주당 자산 합계	$130.00	$150.70	$110.90
주가	$31.25	$50.50	$72.50
현재(1927/06) 주가	$35	$57	$85

록펠러재단과 다른 주주들의 이익을 지키기 위해 시급히 해야 할 일이 있습니다. 복잡한 일이 아닙니다. 이들 파이프라인회사들이 일상 업무와 우발손실 준비금 적립에 사용하고 남은 잉여현금은 특별배당이나 유상감자 형식으로 그 주인인 주주들에게 반환해야 마땅합니다. 이미 두 곳의 파이프라인회사가 그렇게 조처했습니다. 서던파이프라인(Southern Pipeline)은 주당 50달러를 분배했고, 컴벌랜드파이프라인(Cumberland Pipeline)은 특별배당 33달러를 지급했습니다. 그러나 나머지 회사는 적정 기간 안에 이런 조처를 실행하겠다는 약속이나 암시가 없습니다. 이런 조처는 어려운 것이 아니므로 우리가 그저 기다리기만 하는 것은 적절한 해결책이 아닙니다.

필자들은 지난 2년간 여러 차례에 걸쳐 노던파이프라인 및 서던그룹의 사장과 이 문제를 논의했습니다. 여러 해 전 록펠러재단도 비슷한 제안을 했으나, 조세채권 소송이 계류되면서 실행이 연기된 것으로 알고 있습니다. 이제 그 소송은 유리한 조건으로 해결되었으니 이 문제를 다시 신중하게 검토해보시라고 정중히 제안합니다.

잉여현금을 어떻게 이용할지는 경영진이 아니라 주주들이 결정할 사안이라고 해도 지나치지 않다고 생각합니다. 법적으로도 그렇고 현실적으로도 그렇습니다. 잉여현금을 회사에 남겨둘지 말지는 그 현금의 주인인 주주가 결정해야지, 경영진이 결정할 일이 아닙니다. 따라서 필자들은 대주주 겸 다른 주주들의 대변자로서, 록펠러재단 대표자들과 함께 현 상황을 타개해 모든 주주의 지위를 개선할 종합계획을 협의하고자 긴급히 요청합니다.

벤저민 그레이엄
뉴욕시 비버 스트리트 60

R.J. 머로니
뉴욕시 브로드웨이 42

※ 참조: 존 록펠러 2세, 레이먼드 포스딕, 프레더릭 스트라우스

2장

위임장 전문가들의 공격

로버트 영,
화약공장 말단 직원에서
뉴욕센트럴철도 의장이 되다

"뉴욕센트럴철도가 이렇게 곤경에 처한 근본적인 이유는
현 이사들이 보유한 주식이 (작년 '위임장 권유 신고서'에 의하면)
지분의 0.25%에도 못 미치는
1만 3,750주에 불과한 데 있다고 생각합니다."

—

로버트 영, 1954

월가를 긴장시킨 대담한 젊은이

텍사스 출신 로버트 영은 월스트리트 '악덕 은행가'들에게 거친 욕설을 내뱉는 것으로 악명이 높았다. 그는 1938년 체서피크&오하이오철도(Chesapeake & Ohio Railway, C&O철도) 경영권을 유지하려고 치열한 싸움을 벌였다. 상대는 영이 보유한 C&O철도 주식을 담보로 8,000만 달러를 대출해준 '악덕 은행' 개런티트러스트(Guaranty Trust)였다. 개런티트러스트은행은 로버트 영이 제공한 주식의 담보 가치가 기준가 밑으로 떨어졌다면서, 담보권을 실행해 그의 주식을 취득하고 그의 주식으로 의결권을 행사해 그를 이사회에서 축출하려고 했다. 영이 경영권을 인수하고서 겨우 1년 만에 C&O철도가 주요 대출 은행들과 거리를 두기 시작하자, 개런티트러스트은행은 다른 악덕 은행 JP모간(JP Morgan)과과 공모해 영을 철도산업에서 몰아내려 한 것이다.

C&O철도 주주총회 몇 주 전, 연방법원은 담보 주식에 대해 개런티트러스트와 로버트 영 양쪽의 의결권 행사를 제한하는 가처분을 내렸다. 따라서 양쪽은 다른 주주들을 동원해 위임장 대결을 벌일 수밖에 없었다. 이제 C&O철도 소액주주 6,000명의 지지를 얻으려는 경쟁이 벌어지게 되었다.

영은 생애 최초의 위임장 대결에서 은행들을 능란한 솜씨로 물리쳤다. 그는 대중매체를 통해 월스트리트 은행들에 대한 대중의 반감을 자극해 지지를 끌어모았다. 우선 개런티트러스트은행을 비난하는 공개서한을 잇달아 신문에 실었다. 은행보다 C&O철도 소액주주들을 겨냥해 작성된 이 공개서한들은 강력한 힘을 발휘했다.[1] 영은 C&O철도 주식의 41%에 해당하는 위임장을 얻었다. 법원에 의해 의결권 행사가 제한된 주식을 제외한 주식의 70%가 넘는 압도적인 수량이었다.[2]

C&O철도 위임장 대결은 미국의 모든 상장기업을 긴장시키는 경고 사격이 되었다. 마흔한 살의 영이 큰돈 들이지 않고 소액주주들의 지지를 이용해 개런티트러스트와 JP모간을 물리치자, 〈새터데이 이브닝포스트(Saturday Evening Post)〉는 그를 '월스트리트의 대담한 젊은이'라고 불렀다.[3]

영에게 주목한 공격적 젊은이 몇몇은 대공황 기간에 자신의 기업제국을 건설하기 시작했다. 그들은 영의 C&O철도 위임장 대결을 보고 경영권 획득 전략을 배웠다. 제2차 세계대전 이후 미국 경기가 확장하자, 그들은 영이 수립한 계획을 이용해 실적이 부진한 상장기업들을 공격 대상으로 삼았다. 거기에는 주요 철도회사를 비롯해 몽고메리워드(Montgomery Ward), 데카레코드(Decca Records), 20세기폭스(Twentieth Century-Fox), MGM-로우스(Loews) 등 유명 기업이 포함되었다. 1951년 유나이티드 시가웰런스토어(United Cigar-Whelan Stores Corporation) 경영진이 찰스 그린(Charles Green)을 '위임장 전문가'라고 부른 이후, 이 가공할 기업사냥꾼 집단은 위임장 전문가로 통하게 되었다.[4]

1950년대는 다우지수가 240% 상승하면서 투자자들에게 최고 수준의 수익을 안겨준 풍요로운 기간이었다.[5] 상장기업들의 소유 구조가 대폭 변경된 기간이기도 했다. 이 기간, 뉴욕증권거래소(NYSE)의 '미국 기업 주식 소유하기 운동'을 포함해 미국 금융계는 주주 저변 확대 운동을 활발히 펼쳤다. 이 운동은 위임장 전문가들에 의해 시험대에 올랐다. 위임장 전문가들은 지분을 청산하는 주주로부터 종종 대규모 지분을 인수해, 주주의 권리라는 미명 아래 경영진을 공격했다. 경영진들은 못 믿겠다는 태도였다. 경영진이 흔히 보인 첫 반응은 "도대체 누구야? 한 번도 들어본 적 없는 녀석인데"였다. 그러나 위임장 전문가들은 만만한 상대가 아니었다. 찰스 그린은 "주식을 보유해도 동업자가 될 수 없다면, 주주는 미국 기업의 동업자라던 말이 모두 거짓이란 뜻인가?"라

고 반문했다.[6]

위임장 전문가들에게서 오늘날의 기업사냥꾼이 탄생하게 되었다. 1890년 대 말 기업 인수 열풍이 불고 1920년대 주가 조작이 판쳤듯이, 위임장 전문가들은 미국의 자본주의 개념에 도전장을 던졌다. 미국인들은 주주 이익이 우선이라고 주장하면서 기업을 공격하는 젊은이들을 예의 주시했다. 당시 경영진을 포함한 미국인은 대부분 주주의 이익보다 노동자와 지역사회가 우선이라고 믿었다. 그러나 이런 순진한 생각은 머지않아 사라졌다. 〈배런즈〉의 언급처럼 1954년은 '위임장 대결의 해'였다.[7] 같은 해 엘비스 프레슬리가 육감적인 춤과 함께 내놓은 첫 싱글 앨범은 미국인들을 충격에 빠뜨렸다. 그로부터 30년이 못 돼 블랙 사바스라는 헤비메탈 밴드의 리드 싱어가 알라모 요새에서 박쥐의 머리를 물어뜯으며 방뇨한 사건이 있었다. 칼 아이칸이 표적 기업 CEO에게 "나의 관심사는 오로지 돈이오"라고 말한 것도 그 무렵이었다.[8]

로버트 영은 1954년 최대의 위임장 대결을 일으킨 장본인이다. C&O철도 위임장 대결에서 승리해 자신감을 얻은 영은 밴더빌트가 세운 미국 2위의 철도회사 뉴욕센트럴을 표적으로 삼았다. 기업 민주주의를 보여준 이 위임장 대결은 미국인들의 이목을 사로잡았다. 양측이 위임장 대결에 지출한 비용은 200만 달러가 넘었다.[9] 이들은 시사 대담 프로그램에서 토론을 벌였고 일간신문에 지지를 요청하는 광고를 가득 싣기도 했다.

1867년 코닐리어스 밴더빌트는 은밀히 주식을 매집하는 치열한 경쟁을 거쳐 뉴욕센트럴철도의 경영권을 확보했다. 거의 90년 후, 영은 주주들의 지지를 이용해 뉴욕센트럴철도를 공격했다. 그는 공식적이고 법률적인 서류를 흥미롭고 무례한 서한으로 탈바꿈해 주주들의 마음을 사로잡았다. 예를 들어 뉴욕센트럴철도 주주들에게 보내는 한 서한에서는 다음과 같은 도발적인 말로 끝을 맺었다.

뉴욕센트럴철도 위임장 대결은 베테랑 위임장 전문가 로버트 영의 이력에
정점을 찍는 일대 사건이었다. 영은 이미 팜비치, 플로리다, 뉴포트, 로드아일
랜드에 저택을 소유할 정도로 부자였다. 하지만 모간 등을 물리치고 궁극의
전리품을 획득할 기회를 놓칠 수 없었으니, 그것이 바로 뉴욕센트럴철도 위임
장 대결이었다.

완벽한 자율권을 찾아서

로버트 영은 1916년 듀퐁(DuPont) 화약공장에서 말단 화약 운반수로 직장생
활을 시작했다. 그는 작업 실적이 가장 뛰어난 데다가 읽기와 쓰기도 가능했
으므로 곧 감독의 눈에 띄어 승진했다. 제1차 세계대전이 끝날 무렵, 영은 승
진을 거듭해 델라웨어주 윌밍턴시 듀퐁 본사 자금부에서 자금부장 도널드슨
브라운(Donaldson Brown)의 직속 부하로 근무하게 되었다.

피에르 듀퐁(Pierre Du Pont)이 회사의 경영권을 인수한 직후, 영은 브라운을
따라 GM으로 이직했다. 그는 GM에서 지낸 7년에 대해 훗날 이렇게 회고했다.

"나는 기업 재무에 관한 한 미국 어디에서도 받을 수 없는 훈련을 GM에서 받았다고 생각한다."[11] GM의 전성기가 시작되던 1927년, 영은 자금부 차장이 되었다. 브라운은 영에게 장차 고위 임원으로 승진하게 될 것이라고 장담했다. 그러나 영은 GM의 최고위직이 앨프리드 슬론(Alfred Sloan)과 도널드슨 브라운의 몫임을 알고 있었다. 1929년 여름, 영은 거부의 꿈을 안고 월스트리트로 진출했다.

영은 피에르 듀퐁과 존 라스콥(John J. Raskob)이 새로 설립한 투자회사 에퀴셰어즈(Equishares)의 자금부장이 되었다.[12] 여기서 그는 주가 하락을 정확히 예측했고 종목 선정에서도 실력을 발휘했다. 결국 좋은 평판을 얻어 거액을 보유한 고객들을 확보하게 되었다. 1931년 영은 뉴욕증권거래소 회원권을 사서 브라운과 슬론 등 몇몇 고객과 함께 자신의 거래소회원 계정으로 투자하기 시작했다. 그는 탁월한 실적을 올렸다. 고객 계좌를 운용한 1931년 3월부터 1934년 1월까지 시장은 70% 이상 하락했지만 영의 포트폴리오는 40%에 육박하는 수익을 냈다.[13]

그러나 영은 이번에도 이른바 '봄의 불안감'에 사로잡혔다. 사실 그가 지금까지 브라운과 슬론의 계좌를 운용한 것은 그들이 완벽한 운용 자율권과 두둑한 성과보수를 약속했기 때문이다. 그러나 머지않아 그들의 계좌 운용을 후회했다. 양해도 구하지 않고 해외로 휴가를 다녀왔다고 브라운이 짜증을 부리자, 영은 완벽한 운용 자율권을 약속한 것은 거짓임을 깨달았다. 브라운과 슬론은 10년 전 GM에서 자신에게 지시를 내리던 상사의 모습 그대로였다. 영은 자기 회사를 운영하고 싶어졌다.

뉴욕센트럴 이사요? 빈말이 아닙니다

1935년 반 스웨링겐(Van Sweringen) 형제가 지배하던 철도제국 앨러게이니(Alleghany Corporation)가 과중한 부채를 감당하지 못하고 무너졌다. 형제는 경매에서 회사를 다시 사들일 만큼 자금을 조달했지만, 그 후 15개월이 못 되어 둘 다 세상을 떠났다. 1937년 영은 두 동업자와 함께 반 스웨링겐이 보유하던 앨러게이니의 지분 43%를 고작 640만 달러에 인수했다. 영은 마흔한 살에 순자산가치가 30억 달러에 이르는 3만 7,000킬로미터의 철도를 사실상 지배하게 되었다.[14] 그러나 이 회사는 부채가 많았으므로, 경영권을 유지하려면 대출 기관들과 맞서 싸워야 했다. 첫 번째 싸움은 1938년 C&O철도를 놓고 개런티트러스트은행과 벌인 위임장 대결이었다. 영은 1942년이 되어서야 앨러게이니의 안정적인 지분을 확보했고 C&O철도 이사회에서도 확실히 다수를 차지하게 되었다.

이후 영은 기업 인수를 여러 건 시도했으나 1954년 뉴욕센트럴철도와 대결하기 전까지는 실패를 거듭했다. 첫 번째 표적은 침대차를 운영하는 풀먼(Pullman Co.)이었다. 이 회사는 1944년 정부가 모회사 풀먼주식회사(Pullman Inc.)를 분할하라고 명령한 후 매물로 나왔다. 영이 최고가로 응찰하자 뉴욕센트럴철도가 이끄는 철도회사 컨소시엄도 응찰했다. 영이 응찰 가격을 높이자 컨소시엄도 똑같이 올렸고, 풀먼 이사회는 컨소시엄의 응찰을 받아들였다. 영은 부당하다고 주장했다. 그는 ICC와 법원에 제소하는 한편 대중에게도 이 사실을 알렸다.

1947년 ICC와 대법원은 컨소시엄의 풀먼 인수를 인정했다.[15] 그러나 여론으로는 영이 완승을 거두었다. 1945년 말 풀먼 이사회가 컨소시엄의 응찰을 받아들인 직후, 영은 전국 신문에 철도산업을 공격하는 광고를 실었다. 컨소시엄이 풀먼을 인수하면 독점이 빚어내는 저질 서비스만 영원히 이어질 것이라고 주장했다. 그중 이렇게 시작되는 가장 유명한 광고가 있다. "돼지라면 몰라도 우리는 이런 열차로는 대륙을 횡단할 수 없습니다." 오랜 기간 부실한 서비스에 염증을 느꼈던 고객들은 영의 주장에 공감했다. 영은 C&O철도야말로 고객을 우선하는 현대적 철도라고 홍보했다.

1947년 영은 처음으로 막강한 뉴욕센트럴철도에 덤벼들었다. 영은 C&O철도를 통해 뉴욕센트럴철도 주식을 6% 이상 매수하고 나서 이사회 의석을 요구했다. 그리고 풀먼에 적용했던 것과 비슷한 광고 캠페인을 시작했다. 그것은 C&O철도가 뉴욕센트럴철도에 보내는 메모 형식의 광고로 이렇게 시작했다. "C&O철도가 뉴욕센트럴철도에 보내는 메모 2. 오랜 기간 무시당한 승객들을 위한 요청: 즉시 개선할 수 있는 사항들을 지금 개선해주십시오."[16]

ICC는 영이 C&O철도와 뉴욕센트럴철도의 이사를 겸직하면 두 철도회사 사이의 경쟁이 저하되므로 허용할 수 없다고 통보했다. 영은 ICC가 컨소시엄의 풀먼 인수는 인정하는 등 다양한 사안을 허용했다는 점을 들면서 '이중 잣대'를 적용한다고 반박했다. 결국 영이 패배해 물러났지만, 대중은 영의 노력에 더 높은 점수를 주었다. 심지어 그의 얼굴이 〈타임(Time)〉지 표지에 실리기까지 했다. ICC가 이사 겸임을 금지하기 직전, 영은 언제든 C&O철도 의장에서 물러나 '공개시장에서 끝까지 싸울' 용의가 있다고 기자에게 밝혔다. 그리고 "내 말이 빈말이 아님은 그들도 잘 알 겁니다"라고 덧붙였다.[17]

다윗과 골리앗의 싸움이 시작되다

1954년 1월 19일 영이 C&O철도 이사직을 사임한다는 발표가 났다. 또한 앨러게이니가 C&O철도 주식을 대량 매각하고 '뉴욕센트럴철도 주식을 대량 매수'했다는 보도도 이어졌다.[18] 뒤이어 C&O철도는 보도자료를 통해, 영이 '이제는 다른 철도회사의 경영권을 인수할 수 있다'는 사실을 명확하게 알렸다.[19]

며칠 뒤 영은 팜비치에 사는 해럴드 밴더빌트(Harold S. Vanderbilt)를 방문했다. 해럴드 밴더빌트는 코닐리어스 밴더빌트의 증손자로, 요트를 타고 파나마 운하를 통과하는 동안 콘트랙트브리지(contract bridge, 카드게임의 일종)를 개발한 사람이었다. 해럴드 밴더빌트는 팜비치와 뉴포트에 있던 시절, 영의 동네 친구이자 뉴욕센트럴철도 이사회의 구성원이었다. 영은 밴더빌트에게 자기가 동업자 앨런 커비(Allan Kirby)와 함께 뉴욕센트럴철도 주식을 대량으로 매수하고 있으며 의장 겸 CEO 자리를 원한다고 말했다. 밴더빌트는 2월 10일 이사회에서 그 문제를 다룰 예정이라고 영에게 귀띔해주었다. 밴더빌트는 한편 그 소식을 뉴욕센트럴철도 CEO 윌리엄 화이트에게 전하면서 이렇게 덧붙였다. "다음 주주총회에서는 위임장 대결을 벌이게 될 듯합니다."[20]

당시는 윌리엄 화이트가 뉴욕센트럴철도의 CEO를 맡은 지 2년도 지나지 않은 때였다. 화이트는 영과 동갑이었고 영과 마찬가지로 고속 승진을 거듭해 권좌에 올랐다. 영은 폭발물, 승용차, 재무제표에 관해 전문가였던 반면, 화이트는 시종일관 철도 전문가였다. 화이트는 열여섯 살에 고등학교를 중퇴하고 이리철도에서 일을 시작했다. 25년간 승진을 거듭해 부장이 된 뒤 그는 버지니아철도(Virginian Railway)에 채용되었다. 3년 뒤 델라웨어 래커워너&웨스턴

(Delaware, Lackawanna & Western)의 사장이 되었고 탁월한 경영 능력을 발휘해 흑자 전환을 달성했다.

1954년 2월 2일 영과 화이트는 크라이슬러빌딩 꼭대기 층에서 만나 점심을 먹었다. 철도산업에 관해 화기애애한 대화를 나눈 뒤 영은 타협안을 제시했다. 화이트는 사장 겸 CEO직을 유지하고, 영은 의장 겸 CEO가 되어 화이트에게 상당한 스톡옵션을 제공한다는 내용이었다. 화이트는 영 밑에서 일할 생각이 없었다. 그는 뉴욕센트럴철도를 맡은 이후 이익을 37%나 늘렸고 배당은 연 50센트에서 1달러로 높였다. 게다가 미국에서 가장 존경받는 철도 경영자의 반열에 들었다. AT&T와 내셔널비스킷(National Biscuit, 이후 '나비스코'로 개명) 등의 이사회에도 참여했다. 화이트는 영의 제안을 즉시 거절했다. 몇 주 뒤 영과의 점심 회동에 관해 질문하자 그는 "별일 없었소"라고 대답했다.[21]

이사회 당일, 영은 자신과 커비를 이사회에 참여시키지 않으면 위임장 대결을 벌이겠다고 엄포를 놓았다. 뉴욕센트럴철도 이사회는 이를 무시한 채 이렇게 발표했다. "영의 요구는 회사의 이익에 반합니다. (…) 회사는 약 18개월 전 윌리엄 화이트를 사장 겸 CEO에 선임했으며, 이사회는 화이트의 사임을 원치 않습니다."[22]

싸움이 시작되었다. 영은 "우리 미국의 모든 정직한 기업에서 주주와 대중이 무시당하지 않고 제대로 대접받으려면 무엇이 필요한지가 관건입니다. 바로 주주들로 구성되어 주주들을 강력하게 대변하는 이사회가 필요합니다. 5월 26일 뉴욕센트럴철도 주주들이 올바른 답을 제시할 것으로 나는 확신합니다"라고 응수했다.[23]

개미군단을 규합하다

화이트는 주주들에게 "맨주먹으로 싸우겠다"고 약속했다.[24] 하지만 그는 광고 예산을 모두 위임장 대결에 배정했고 뉴욕 최고의 홍보회사와 계약을 맺었다. 또한 대표적인 위임장 권유 대행사 조지슨앤코(Georgeson & Co.), 로펌인 크라바스 스웨인&무어(Cravath, Swaine & Moore), 클리어리 고틀립(Cleary Gottlieb) 등 일류 회사들로 팀을 꾸렸다.[25] 이들은 주주들의 현황을 면밀히 분석해 우선적으로 공략할 지역과 매체를 선정했다. 주주 비중은 뉴욕이 약 30%로 가장 많았고 오하이오, 펜실베이니아, 일리노이가 그 뒤를 이었다. 매사추세츠와 캘리포니아에도 주주가 많았으므로 캠페인은 전국 규모로 확대되었다.

뉴욕센트럴철도 이사회에는 미국 최강 은행 임원들을 포함해 업계 거물이 그득했다. JP모간의 의장 조지 휘트니(George Whitney)를 비롯해 체이스내셔널은행, 멜론내셔널은행, 트러스트&퍼스트내셔널은행의 행장들이 이사회에 포진했다. 밴더빌트의 두 증손자 해럴드와 윌리엄(William H. Vanderbilt)을 비롯해 기타 성공한 사업가도 다수 있었다.

화이트의 전략은 단순했다. 그는 취임 이후 회사의 실적을 가지고 자신의 경영 성과를 옹호할 작정이었다. 주주들이 영의 구호를 간파한다면 제정신으로 돌아와 기존의 노련한 경영진을 지지할 것으로 믿었다. 영이 주도하는 대중영합주의를 격퇴하는 것이 미국 기업계에 대한 자신의 책무라는 생각도 들었다. 화이트는 뉴욕센트럴철도가 위임장 전문가들의 손에 넘어가는 최초의 대기업이 되는 모습을 보고 싶지 않았다. 첫 번째 캠페인 준비 회의에서 화이트는 직원들에게 이렇게 호소했다. "현재 미국 기업에 대한 소유권은 과거 어느 때보다도 광범위하게 분산되어 있습니다. 이는 민주적인 현상이며 좋은 일입

니다. 그러나 이런 소유권 분산이 선동가들에게 이용당하는 불상사가 발생해
서는 안 됩니다."[26]

영은 소규모로 팀을 구성했다. 그는 이사 후보자 명단을 한꺼번에 발표하지
않고, 캠페인 진행 과정에서 한 사람씩 소개하는 방식으로 대중매체의 관심
을 최대한 끌어냈다. 홍보회사나 광고대행사를 이용하지 않고 직접 광고 문안
을 작성했다. C&O철도의 홍보 책임자를 데려오고 관리 업무와 전화 응대를
담당할 보조 인력도 몇 사람 고용했다. "가정주부도 이해할 수 있는 쉬운 말로
대중에게 철도산업에 대해 설명"할 계획이었다.[27] 당시 홍보를 담당한 한 임원
은 '한 음절짜리 단어만으로' 강력한 문안을 작성하는 영의 능력에 혀를 내둘
렀다고 한다.[28] 영은 이처럼 단순한 언어로 정교하고도 다면적인 공세를 펼쳤
다. 그가 제시한 비전은 다음 세 가지였다.

(i) 은행가가 지배하는 뉴욕센트럴철도 이사회를 '주주들이 주도하는 이사회'로 바
꿔야 한다. (ii) 뉴욕센트럴철도의 부진한 영업 실적과 배당 실적을 C&O철도 수준
으로 끌어올려야 한다. (iii) 기존 철도의 열악한 서비스 수준을 개선해 고속철도와
대륙횡단 직행 철도 서비스를 제공한다.

영은 자신의 캠페인을 다윗과 골리앗의 싸움에 비유했다. 뉴욕센트럴철도
이사회를 지배하는 은행가들이 회삿돈으로 위임장 권유 대행사, 광고대행사,
로펌 등 블레셋 군대를 동원한다고 주장했다. 영은 모든 비용을 자기가 댔다.
또한 위임장 대결에서 승리한다면 이사회 의장으로 연봉 1달러만 받겠다고 약
속했다. 그가 주주들로 이사회를 구성하면 이른바 '개미군단'으로 불리는 소액
주주들의 이해관계와 회사의 이해관계가 일치하게 된다고 설명했다.

영이 택한 전략의 이점은 소액주주들에게 신속하게 메시지를 전달한다는 것이었다. 화이트는 실적이 부진한 거대 철도회사를 경영하느라 바빠서 전략 회의를 매주 2회밖에 열 수 없었다. 영은 매일 위임장 대결을 준비했다. 매일 기자회견을 열었고 손수 몇 시간씩 전화 응대를 하기도 했다. 영의 집중 공세에 화이트는 즉각적으로 대응하기가 어려웠다. 또 화이트가 대응하면, 영은 그가 회사는 돌보지 않고 위임장 대결에 시간을 낭비한다고 비난했다. 그러면 화이트는 위임장 대결에 승리해 주주들을 보호하는 것도 CEO의 책무라고 응수했다. 덧붙여 "뉴욕센트럴철도의 모든 노선을 적극적으로 운영하고 있지만, 팜비치나 뉴포트로 이어지는 노선은 절대 운영하지 않겠다"고 으름장을 놓았다.[29] 위임장 대결을 6일 남겨두고서는 인신공격까지 난무했다.

주식 인수자 확보에 주력하다

1954년 2월 23일 화이트는 C&O철도가 보유한 뉴욕센트럴철도 주식 80만 주(약 12%)가 팔린다는 소식을 들었다. 그런데 그 정보의 출처가 매수자도 매도자도 아니었으므로 화이트는 "뭔가 음모가 있는 듯하다"고 발표했다.[30] C&O철도가 보유한 뉴욕센트럴철도 주식에 의해 위임장 대결의 승패가 갈릴 상황이었다. 금융 칼럼니스트 조셉 리빙스턴(Joseph A. Livingston)은 "뉴욕센트럴철도 경영권은 이 주식을 따라간다"고 논평했다.[31]

영의 측근 사이러스 이튼(Cyrus Eaton)이 이끄는 경영진은 독점금지법을 준수하려고 C&O철도가 보유한 주식을 위탁한 상태였으므로 의결권을 행사할 수가 없었다. 의결권 수탁기관은 체이스내셔널은행이었는데 행장 퍼시 에봇(Percy

Ebbott)이 뉴욕센트럴철도 이사였다. 1월에 에봇을 만나본 영은 이 은행이 위임장 대결에서 중립을 지킬 것으로 확신했다. 그러나 에봇이 참여한 뉴욕센트럴철도 이사회 투표에서 영의 요구 사항이 만장일치로 부결되자, 영은 이 은행이 결국은 자신을 반대하는 쪽으로 의결권을 행사할 것으로 판단했다. 영은 이 주식을 우호 세력에 넘기기로 했다.

영은 주식 인수자로 텍사스의 저명한 석유 사업가 시드 리처드슨(Sid Richardson)과 클린트 머치슨 1세(Clint Murchison Sr.)를 찾아냈다. 두 사람이 떠안을 위험을 덜어주는 대가로 만족스러운 가격을 받으려고, 앨러게이니가 인수 대금 2,000만 달러 중 750만 달러를 대출해주었다. 게다가 앨러게이니는 두 사람에게 주가가 하락해도 인수 가격에 주식 절반을 되팔 수 있는 '풋옵션'까지 제공했다. 영의 동업자 앨런 커비도 두 사람에게 추가로 500만 달러를 대출해주면서 나머지 주식에 대해서도 풋옵션을 제공했다. 다시 말해 앨러게이니와 커비는 두 사람에게 인수 대금의 60% 이상을 대출해주면서 투자 원금까지 보장해준 셈이었다.

뉴욕센트럴철도는 수단과 방법을 가리지 않고 이 주식 거래를 막으려 했다. 실물 주권의 양도를 거부하는 동시에 ICC에 조사를 요청했다. 이 거래는 통정 행위라고 주장하며 뉴욕 대법원에 소를 제기했다. 소송은 5월 26일 주주총회일까지 이어질 예정이어서 어느 쪽도 의결권을 행사할 수 없게 되었다. 영은 소기의 목적을 달성했다. 이로써 리처드슨과 머치슨이 포함된 이사 후보자들의 명성까지 높아지게 되었다. 두 사람 모두 상당한 정계 인맥을 갖춘 노련한 사업가로 평가받기에 이르렀다. 이제 영의 '주주 이사회'는 보유 주식이 100만 주에 육박했다. 화이트는 실망했지만 공격거리를 찾아냈다. 그는 영이 소액주주들을 옹호한다고 주장하면서 자기 회사 앨러게이니의 소액주주들은 무시했다고 비난했다. 왜 앨러게이니의 소액주주들이 텍사스 부자들의 투자 원금을 보장해주어야 하느냐고 따진 것이다.

파격적인 배당 약속

1954년 3월 5일, 영은 처음으로 뉴욕센트럴철도 주주들에게 서한을 발송했다. 앨러게이니 회사 편지지에 이사회 후보자로 영, 커비, 리처드슨, 머치슨을 소개하면서, 기존 이사회가 보유한 주식은 1만 3,750주에 불과하지만 이들이 보유한 주식은 90만 주가 넘는다고 밝혔다.[32] 법률 문서처럼 격식을 갖춰 간결하게 작성한 서한이었다. 영은 여러 차례 자신을 '서명자'로 지칭했다. 위임장 전문가들이 등장하기 전, 회사가 주주들과 소통할 때 관행이 그랬다. 예를 들어 노던파이프라인 이사회는 벤저민 그레이엄의 공격에 대응할 때, "여러분의 이사들은 그 서한에 흥미를 느끼며 주목했습니다"라는 표현으로 공격당한 사실을 품위 있게 인정하면서 서한을 시작했다.[33]

하지만 영은 곧 그 관행을 내던졌다. 다음 달 그는 더 날카롭고 매력적인 문장으로 캠페인의 핵심 제안을 공들여 작성했다. 4월 8일 영이 뉴욕센트럴철도 주주들에게 보낸 절묘한 서한 전문을 자료로 실었으니 참고하라(92쪽). 첫 쪽은 겨우 두 문장뿐이었다.

친애하는 동료 주주 여러분, 우리에게 맡겨주시면 주가를 높이겠습니다. 우리가 현재 시장가격으로 2,500만 달러 상당의 주식을 산 것은 확신이 있기 때문입니다.

이 서한에서 영은 뉴욕센트럴철도 이사들을 교체해야 하는 근거를 제시했다. 그는 화이트와 이사회를 비난하면서, 뉴욕센트럴철도의 부실한 실적을 자신이 C&O철도에서 올린 실적과 비교했다. 뉴욕센트럴철도의 자본배분 결정에 대해서도 의문을 제기했고, 화이트가 받는 푸짐한 보상과 퇴직금도 문제 삼았다. 끝으로 기존 이사들의 숨은 의도에 대해 '경고'를 날렸다. 바로 이 경고가 뉴욕센트럴철도 이사들의 심기를 건드렸다. 숨은 의도 운운하는 대목에서 모욕감을 느낀 것이다. 한 이사는 공개서한을 통해 영이 케케묵은 선동으로 은행가를 악당으로 몰아간다고 매도했다.[34]

이사회의 격한 반응에 놀란 영은 그 경고만으로 광고를 제작해 전국에 내보내기로 했다. 실제로 케케묵은 선동이었을지는 몰라도 그것이야말로 4월 8일 서한에서 가장 강력한 구절이었다. 경고 내용은 이랬다.

보유 주식이 모두 합쳐 450주에 불과한데도 4명의 은행가가 이사회에서 악착같이 버티는 이유가 무엇일지 생각해보십시오. 그동안 4개 은행이 예금과 신탁 등 기타 수많은 방법으로 막대한 이득을 챙겼기 때문이 아니겠습니까?

2월 캠페인 첫날부터 5월 26일 주주총회 당일까지, 영은 다음의 '단순한 질문'이 가장 강력한 메시지라고 생각하면서 이를 적극적으로 활용했다.

당신은 자신과 이해관계가 일치하는 대주주들의 이사회를 원하십니까? 아니면 보유 주식이 거의 없어서 자신과 이해가 충돌하는 은행가들의 이사회를 원하십니까?[35]

뉴욕센트럴철도 이사회는 캠페인 기간 내내 영의 주장이 경박하다고 성토했다. 화이트도 "독재자는 누구나 허수아비를 세우려 합니다. 시저를 모방하는 전술이지요"라며 공격을 보탰다.[36]

화이트는 이사회 15석 중 은행가는 4석에 불과하고 이 은행가들은 주주들의 이익을 충실하게 보호한다고 주장했다. 그러나 화이트의 주장은 영의 설명에 완전히 묻혀버렸다. 영은 4월 8일 서한에서 이렇게 묻는다. "이 은행가 4명은 다른 제조회사 50개 및 철도회사 14개와도 관계를 맺고 있으며, 이 회사들의 자산은 1,070억 달러가 넘습니다. 은행가들이 과연 뉴욕센트럴철도에 얼마나 충실할 수 있겠습니까?"

영은 뉴욕센트럴철도가 '비참한 상태'에 빠졌다고 여러 문단에 걸쳐 주장했다. 그는 뉴욕센트럴철도 주식의 부진한 실적을 자신이 경영했던 C&O철도 주식의 실적과 비교하는 동시에, 뉴욕센트럴철도를 포함해 화이트가 과거에 경영했던 델라웨어 래커워너&웨스턴의 저조한 영업 실적을 집중 조명하기도 했다. 이에 대응해 화이트도 평가 기간과 척도를 임의로 선택해 C&O철도의 실적을 비슷한 방식으로 비판했다. 예를 들어 화이트가 사장으로 재직한 11년 동안 델라웨어 래커워너&웨스턴 주가는 157% 상승했지만, 같은 기간 C&O철도 주가는 7% 하락했다고 주장했다.[37]

영은 화이트가 세운 4~5년 후 배당 목표는 2달러에 불과하다고 조롱했다. 이런 조롱이 위임장 대결 기간 내내 화이트에게 극도의 좌절감을 안겨주었다. 영은 자기가 뉴욕센트럴철도를 맡으면 훨씬 더 많은 배당을 지급할 수 있다고 거듭 주장했다. 한 토론에서 영은 화이트에게 "뉴욕센트럴철도의 자본이익률을 C&O철도와 같은 수준으로 끌어올린다면 주당 이익이 11달러가 될 것입니다. (…) 운송량이 작년 수준으로 유지된다면, 5년이면 뉴욕센트럴철도의 효율성을 C&O철도 수준까지 무난히 높일 수 있습니다. 그때는 보수적으로 잡아도 이익의 60%를 배당으로 지급할 수 있습니다"라고 이야기했다.[38] 결국은 돈이 말을 하는 법. 소액주주들은 특히 배당 이야기에 귀를 기울였다.

화이트는 배당을 높이겠다는 영의 약속을 '가장 비현실적인 악질 선동'으로 보았다.[39] 그는 〈뉴욕타임스〉 인터뷰에서 '도무지 말도 안 되는 소리'라며 영의 말을 깎아내렸다. "실현 가능성이 없는데도 배당을 대폭 높이겠다고 주주들에게 미끼를 던지는 행위는 매우 불공정하다고 생각합니다. 장담컨대 영이 말하는 실적은 나나 그가 살아 있는 동안은 불가능합니다."[40] 화이트는 나중에 다음과 같은 광고를 내보내기도 했다.

평소 나는 발전을 논하기 전에 발전을 추진하고, 실적을 논하기 전에 실적을 추구합니다. 그러나 지금은 평소와 다릅니다. (…) 뉴욕센트럴철도 주주들이 선택해야 할 때입니다. 현 경영진을 선택해 회사를 계속 발전시킬 것입니까? 아니면 허황된 약속에 넘어가 발전을 모두 포기할 것입니까?[41]

이제 곧 무대에 오를 시간

양쪽이 서한과 광고 공세를 퍼붓는 동안, 영은 이사 후보자 명부를 작성하기 시작했다. 후보자 공모에 응해 가장 먼저 명부에 올라간 사람은 볼티모어의 존경받는 외과의사 월터 그레이엄(R. Walter Graham)이었다. 영이 한 번도 만나본 적은 없는 인물이었지만 보유 주식이 4만 1,800주여서 후보 자격은 충분했다.

영이 선택한 이사 후보들은 리처드슨과 머치슨처럼 대부분 저명한 기업가였지만 뜻밖의 인물도 몇 사람 있었다. 위임장 대결 초기에 영은 여성도 명부에 넣겠다고 발표했다. "철도회사에도 여성의 손길이 필요합니다"라고 그는 말했다.[42] 결국 〈리더스 다이제스트(Reader's Digest)〉 공동 설립자 겸 공동 편집자 릴라 벨 애치슨 월리스(Lila Bell Acheson Wallace)가 이사 후보에 선정되었다. 미국 기업여성주주연합(Federation of Women Shareholders in American Business) 설립자이자 유명한 잔소리꾼이던 윌머 소스(Wilma Soss)는 이 소식을 반겼다. 윌머 소스가 화이트에게 뉴욕센트럴철도도 여성을 이사 후보에 넣을 계획이냐고 묻자 화이트는 "이사회에 빈자리가 없습니다"라고 답했다.[43]

영은 월리스를 이사 후보로 선정한 직후, 뉴욕센트럴철도에서 기관사로 근무하다가 은퇴한 윌리엄 랜더스(William Landers)도 선정했다. 랜더스는 42년 근무한 베테랑이자 기관사 노조원이며 주주였다. 1930년대 초 그는 우리사주제도에 따라 80주를 샀다. 진정한 장인이었던 랜더스는 많은 시간을 들여 뉴욕센트럴철도 노선 곳곳을 누비고 다니면서 영을 지지해달라고 호소했다.

영이 나중에 추가한 후보 중에는 그레이트레이크 드레지&독(Great Lakes Dredge & Dock Co.)을 경영하는 윌리엄 필리(William Feeley)도 있었다. 미국 인디애나주 노트르담대학교 졸업생인 필리는 총장인 시어도어 헤스버그(Theodore Hesburgh) 신부가 추천한 인물로, 노련한 경영자이자 독실한 가톨릭 신자였다. 저술가 존 브룩스(John Brooks)는 〈뉴요커(New Yorker)〉에 필리가 선정되었다는 발표가 나간 직후 화이트의 한 직원이 "저런, 큰일 났네"라고 소리를 질렀음을 알렸다.[44]

후보자 명부 작성을 마친 직후, 영은 양측 후보자들이 보유한 주식 명세표를 배포했다. 영의 후보자들이 보유한 주식은 108만 9,880주였고, 현재 이사회가 보유한 주식은 7만 3,600주였다. 영의 후보자 중에는 1만 주 이상을 보유한 사람이 8명이었다. 화이트 측에서는 해럴드 밴더빌트만 6만 주를 보유했을 뿐, 화이트 본인이 보유한 주식도 1,000주에 불과했다.

5월 26일 주주총회가 다가올수록 양측의 공세가 격렬해졌다. 이들은 10여 회 라디오와 TV 생방송에 출연해서 갈수록 날카로운 비난을 퍼부었다. 뉴욕센트럴철도는 주주들에게 보낸 23쪽짜리 소책자에서 "로버트 영이 누구인지 아는가?"라고 목청을 높였다. 영도 23쪽짜리 소책자(《소인배 화이트의 거짓말-중상모략에 대한 답변》)를 만들어 응수했다. 이에 대해 화이트는 〈로버트 영에 관한 명명백백한 사실〉이라는 소책자에서 뉴욕센트럴철도의 영업 실적을 C&O철도와 비교한다면 지극히 어리석은 짓이라고 주장했다. 그러자 영은 〈겉만 번드르르한 화이트〉의 소책자로 응수했다.

어떤 광고는 전문적이고 알쏭달쏭했다. 예컨대 영이 JP모간의 조지 휘트니에게 보내는 공개서한 형식의 광고는 1937년 채권 워크아웃에서 뉴욕센트럴철도가 247만 달러에 이르는 손실을 보았다고 비난하는 내용이었다. 대체 무슨 소리인지 알 수 없는 광고도 있었다. 요트와 브리지게임을 좋아하는 뉴욕센트럴철도 이사 해럴드 밴더빌트가 작성한 다음과 같은 광고가 그랬다.

사람들은 잘 모르지만 영이 많은 시간을 보내는 팜비치, 뉴포트, 기타 휴양지에서는 기차도 쉬어 갑니다. 최근 몇 년간 나도 그곳에서 많은 시간을 보냈기 때문에 아는 사실입니다. 나는 이제 뉴욕센트럴철도의 CEO 자리를 열망하지 않습니다.[45]

설득력이 매우 강한 광고도 있었다. 그중 최고는 전직 기관사 랜더스가 서명한 전면광고였다. "나는 42년간 뉴욕센트럴철도의 충성스러운 종업원이었고

23년간 주주였습니다. 내가 한때 훌륭한 회사라고 믿으며 긍지를 느꼈던 뉴욕 센트럴철도의 비참한 배당 실적을 보면 우울해집니다." 이런 문구 바로 아래 랜더스가 주식을 산 1931년 이후 배당 실적이 표로 정리되었다. 그동안 투자에서 입은 원금 손실을 고려하면 차라리 돈을 침대 밑에 깔아두는 편이 나았다고 밝힌 뒤 그는 이렇게 마무리했다.

> 내가 뉴욕센트럴철도를 배신했다고 말하는 사람도 있겠지만 그것은 틀린 말입니다. 나는 은퇴할 때 자랑스럽게도 우수서비스 표창을 받았으며, 내 이름은 회사의 수상자 명단에 올랐습니다. 진짜 배신자는 현재 이사회를 차지한 은행가들입니다. 그들은 100만 주 이상을 보유한 주주들의 이사회 진입을 가로막고 있습니다. 현 이사들이 나처럼 80주를 보유했는지 10만 주를 보유했는지는 종업원들도 알고 주주들도 아는 사실입니다.[46]

▎ 뉴욕센트럴의 절망적인 재무상태

캠페인 막판에 화이트는 〈포천(Fortune)〉지 5월호를 보고 갑자기 기운이 솟았다. 이 잡지에 '로버트 영의 소음과 분노'라는 잔혹한 제목의 사설이 실린 것이다. 사설은 영의 '사업 기법과 도덕성'에 의문을 표하며, 그가 경영권을 확보하면 '공포감이 확산될 가능성'이 있다고 말했다.[47] '뉴욕센트럴은 다시 굴러간다'라는 기사에서는 회사의 최근 실적에 찬사를 보냈다. 두 기사에 흥분한 화이트 진영은 기사를 캠페인에 활용할 방법을 강구했다. 그러나 변호사들은 광고에 기사를 대량으로 인용하면 안 된다고 만류했다. 〈포천〉의 모회사 〈타임〉은 기사가 캠페인에 사용되는 것을 원치 않았으므로, 뉴욕센트럴철도에 기사 복제를 허락하지 않았다.

화이트는 변호사들에게 윽박질렀다. "제기랄! 하면 안 된다는 이야기는 집 어치우고, 내가 무엇을 할 수 있는지 말하라고!" 퓰리처상을 수상한 기자 출신 홍보 전문가는 화이트에게 "어차피 저작권 위반을 감수할 생각이라면 과 감하게 밀어붙이는 편이 낫습니다"라고 조언했다. 화이트는 "나와 말이 통하는 사람이 바로 여기 있네"라고 반겼다.[48] 그들은 〈타임〉의 허락도 얻지 않고 두 기사를 모두 복제해 모든 주주에게 발송했다. 이에 〈타임〉은 소송을 제기 했고 뉴욕센트럴철도는 7,000달러에 합의를 보았다. 화이트는 그 돈을 위임장 대결 과정에서 가장 잘 쓴 돈이라고 생각했다.

주주총회 이틀 전, 화이트는 위임장 대결을 취재한 기자들을 만찬에 초대했 다. 그는 '로버트 영의 소음과 분노'를 소재로 농담을 던졌다.

나는 문학을 그다지 좋아하지 않아서 이런 인용문도 모르고 살 뻔했습니다. 세 익스피어의 〈맥베스〉에 나오는 대사지요? '인생은 백치가 지껄이는 이야기 같아 서, 소음과 분노만 가득할 뿐 아무 의미가 없다.' 참 멋진 말 아닌가요?[49]

밤이 깊어지자 위스키에 취한 화이트가 연설하던 중 갑자기 대본에 없던 말을 꺼냈다. "내가 이런 말을 하면 놀라실 겁니다." 화이트는 캠페인 기간 내 내 자신감과 침착성을 잃지 않았다. 나쁜 소식을 들어도 낙담하는 모습을 절 대 보이지 않았다. 그러나 그날 밤, 화이트는 남모르는 문제로 고심하고 있었 다. 뉴욕센트럴철도의 재무상태가 절망적이었던 것이다. 자금을 차입하지 않으 면 급여조차 지급하지 못할 상황이었다. 그는 연설을 이렇게 마무리했다.

그럴 리는 없겠지만 만일 우리가 이 싸움에서 패배한다면, 나는 32층에서 영이 날이면 날마다 발생하는 문제에 관해 대책회의를 주재하는 모습을 보고 싶습니다. 그가 5년을 계속 버틸 수 있는지 꼭 보고 싶습니다.[50]

로버트 영의 승리

1954년 5월 26일 뉴욕센트럴철도는 그랜드센트럴 터미널에서 올버니까지 주주들을 수송하는 특별열차를 운행했다. '사랑해요 영' '화이트를 원해요' 같은 문구가 새겨진 배지를 단 승객들이 무리 지어 몰려다녔다. 올버니에서는 2,200명이 넘는 주주와 기자들이 워싱턴 애비뉴아모리 스포츠 컨벤션센터를 가득 메웠다. 기자들은 이 행사를 전당대회에 비유했다. 애비뉴아모리센터는 요새처럼 생긴 거대한 건물로, 지금은 마이너리그 농구팀 올버니레전드가 소유하고 있다. 가끔 종합격투기, 공연, 가면무도회 등 라이브 행사가 열리기도 한다. 현재 모습과 비교하면 1954년 뉴욕센트럴철도 주주총회는 그야말로 거대한 행사였다.

화이트는 일정대로 행사를 진행하려고 최선을 다했으나 선동가들이 빈번하게 소란을 피우는 바람에 차질이 생겼다. 몇몇 주주는 즉흥 연설을 하면서 돌아다녔다. 확성기가 귀를 찢는 소음을 냈다. 영이 등장해 후보자들을 소개하자 대중의 환호가 극에 달했다. 무료로 제공된 도시락을 먹을 때만 잠시 조용했다. 이어서 혼란 속에 질의응답 시간이 진행되었다. 윌머 소스는 일장연설을 하고서 무대에 올라가 화이트를 꾸짖다가 경비들에게 쫓겨났다.

회의장이 진정되자 영이 나서서 말했다. "기쁘게도 여러분이 승리했습니다."

화이트가 마이크에 대고 "당신이 무슨 자격으로 그런 발표를 하는 겁니까?"라고 따졌다.[51] 영은 그럴 자격이 없었다. 법학 교수 세 사람이 투표를 집계하려면 1주일이 걸리고 공식 결과가 나오려면 2주가 더 걸린다. 주주의 90%가 투표에 참여한 탓에 개표는 고된 작업이 되었다. 게다가 양쪽에서 발송한 위임장이 각각 7장이나 되었다. 위임장은 가장 최근 것만 유효하지만 중복 제출자가 많아서 확인해야 할 위임장이 수십만 장에 이르렀다.

1954년 6월 2일 영이 완승을 거두었다는 말이 새어 나왔다. 공식 집계는 6월 14일 발표되었다. 영은 106만 7,273표 차이로 승리했다. 리처드슨과 머치슨이 투표한 80만 주가 무효화되었더라도 영의 승리는 확실했다. 발표 직후 영은 크라이슬러빌딩에서 나와 뉴욕센트럴철도의 새 사무실로 걸어 들어갔다.

봇물 터진 위임장 대결

영이 뉴욕센트럴철도를 상대로 벌인 위임장 대결은 모든 신문에서 주요 뉴스가 되었을 뿐만 아니라 다른 사건에도 많은 영향을 미쳤다. 뉴욕센트럴철도 주주총회가 있은 지 몇 주 뒤, 규모가 훨씬 작은 미니애폴리스&세인트루이스철도(Minneapolis & St. Louis Railway, M철도)에서도 위임장 투표 결과가 집계되고 있었다. 명석한 젊은(40세) 변호사 벤 하인먼(Ben Heineman)이 이끄는 투자그룹은 주식 25%를 사들인 후 이사회 11석 중 3석을 요구했다. 하인먼은 3년 전 시카고 그레이트웨스턴철도(Chicago Great Western Railroad)에 배당을 높이라는 요구를 관철해 명성을 얻은 인물이다. M철도의 의장 겸 CEO 루시안 스프레이그(Lucian Sprague, 69세)는 이 졸부의 요구를 무시했다. "하인먼이 실제로 유통주식의 10%를 보유하고 있다면 임시 주주총회를 소집할 수 있겠지요. 우리는 그러길 바랍니다."[52] 결국 하인먼은 스프레이그에게 도전장을 내밀었다. 이제 하인먼은 이사회 3석 대신 위임장 대결을 통해 경영권을 인수하기로 결심했다.

하인먼이 벌인 싸움은 1950년대 벌어진 많은 위임장 대결과는 달랐다. 당시 위임장 전문가들은 흔히 주주에게 불신당하는 부실기업을 표적으로 삼았다. 그러나 M철도는 번창하고 있었다. 혼잡한 시카고철도를 우회하려고 M철도를 이용하는 운송업자가 많아 상당한 이익을 내고 있었다. M철도는 부채가 거의 없었고 100% 디젤기관차로 현대화되었다(뉴욕센트럴철도는 디젤기관차 비중이 75%였다).[53]

스프레이그는 M철도를 성공으로 이끈 주역으로 인정받고 있었다. 1935년 그를 윈타철도(Uintah Railway)에서 데려오기 전까지, M철도는 12년째 법정관리를 받고 있었다. 스프레이그는 적자에 허덕이던 M철도를 막대한 흑자 기업으로 바꿔놓았다. 그런데 철도 분야에 경험도 없는 변호사가 느닷없이 나타나 파산에서 회사를 구해낸 자신을 밀어내려 하다니, 스프레이그는 그 사실이 믿기지 않았을 것이다.

하인먼의 불만은 M철도의 낮은 배당성향이었다. 다른 철도회사들보다 배당성향이 훨씬 낮았다. 스프레이그는 이익 재투자야말로 미래 수익 확보에 최선책이라고 응수했다. 그러나 하인먼은 회사의 자본 효율성이 낮다고 지적하며, 경영진이 누리는 터무니없는 특전 등 불필요한 비용만 줄여도 이익이 훨씬 증가할 것이라고 주장했다. 하인먼은 주주들에게 보내는 서한에서 "유감스럽게도 그동안 M철도는 경영진에만 횡재를 안겨주었습니다"라고 불만을 토로했다.

하인먼은 주주들에게 〈횡재철도 이야기!〉라는 소책자를 배포했다. 소책자에는 스프레이그의 실제 급여보다 몇 배나 많은 사치성 비용 명세가 들어 있었다. 부부 동반 해외여행, 차량 수당을 받으면서도 이용한 기사 딸린 캐딜락 두 대, 미네소타의 개인 소유 섬 등이 포함되었다. 또한 스프레이그와 기존 이사회는 보유 주식이 2,350주에 불과해 비용 절감에 무관심할 수밖에 없다고 지적하면서, 하인먼그룹은 20만 주를 보유하고 있다고 밝혔다.[54]

뉴욕센트럴철도 주주들이 화이트를 쫓아낸 1954년 5월, M철도 주주들도 스프레이그를 쫓아냈다. 미국 기업의 엘리트들은 화이트보다도 스프레이그가 쫓겨났다는 사실에 더 큰 충격을 받았을 것이 분명하다. 이제 스프레이그는 집에서 장난감 철도나 만지작거리는 신세로 전락했다.[55] 이로써 수익성 높은 우량기업조차 위임장 전문가들에게 넘어갈 수 있다는 사실이 모두에게 알려졌다.

이유 있는 반항

미국인들이 반항을 매력적인 것으로 인식하던 시절, 위임장 전문가들이 주목받기 시작했다. 1955년 〈타임〉에 '경영진에 도전하는 기업사냥꾼들'이라는 기사가 실렸다. 이 기사에서 한 위임장 전문가는 "우리 역할은 경영진의 과잉 혁명에 대한 반혁명입니다"라고 주장했다. 다른 위임장 전문가는 "주인들이 펼치는 저항입니다"라고 주장했다.[56] 논리적인 하인먼은 주주행동주의의 근거를 〈포천〉에서 이렇게 밝혔다. "기업사냥은 말하자면 투자자 집단이 경영진에 맡겼던 경영권을 회수하는 행위입니다."[57]

위임장 전문가들은 대부분 자신의 역할을 실제보다 더 낭만적으로 생각했다. 로버트 영이 자신을 골리앗에 맞서는 다윗으로 본 것처럼, 위임장 전문가들은 주주들의 권리를 보호하는 용감한 전사라고 자부했다. 위임장 전문가 루이스 울프슨은 "나는 주주들의 돈으로 운영되는 클럽하우스를 지금까지도 때려 부쉈고 앞으로도 때려 부술 것입니다"라고 소신을 밝혔다.[58]

울프슨은 영화배우 뺨치는 외모를 지닌 대학 풋볼 선수 출신으로, 무자비한 청산 전문가가 되었다. 1949년 그는 워싱턴 D.C.의 캐피털트랜짓(Capital Transit Co.) 지분 51%를 순운전자본의 고작 몇 분의 1 가격에 사들였다. 그는 즉시 배당을 높였고 오래지 않아 투자 원금의 1.5배를 회수했다. 또한 당국에 요금 인상을 요구하면서도 연금에 관한 노동조합의 요구는 무시했다. 1955년 파업이 발생해 워싱턴 버스와 시내전차 운행이 중단되었다.

당국은 분노했다. 울프슨이 상원 소위원회에 소환되었다. 한 상원의원이 의원석에서 울프슨은 "의회를 무시하는 것 같다"고 발언했다.[59] 정확한 지적이었다. 울프슨은 청문회에서 거만한 태도를 보였다. 그는 캐피털트랜짓의 정책을 옹호하며 두둑한 배당을 지급하는 자신의 철학을 설명했다. 요금 인상을 허용하지 않으면 종업원들의 급여도 인상하지 않겠다고 했다. 울프슨에게는 주주가 우선이고 주주가 의회보다 중요했다.

당시 울프슨은 몽고메리워드와 위임장 대결을 벌이는 것으로 세간의 주목을 받고 있었다. 이미 막대한 재산을 모았는데도 기업과 싸우는 이유가 무엇이냐는 기자의 질문에 울프슨은 이렇게 답했다. "내게는 주주들을 보호할 책임이 있습니다. 워싱턴에서 오로지 캐피털트랜짓 배당소득만으로 생활해나가는 한 힘없는 노파가 내 승리를 위해 기도한다고 말하더군요. 이런 말을 듣고도 감동이 없다면 어찌 인간이라 하겠습니까?"[60]

콧대가 센 울프슨은 한 노파의 배당을 지켜주겠다는 명분으로 파업은 나몰라라 한 채, 수많은 노인이 먼 길을 걸어 다니게 했다. 그는 의회와 당국을 무시하고 SEC에 정면으로 맞서다가 값비싼 대가를 치렀다. 주식 매도에 관한 SEC 등록제한 위반으로 경력에 오명을 남기고 교도소에 수감된 것이다.[61] 어쨌든 울프슨은 다른 행동주의 투자자들이 하지 못한 일을 해냈다. 자신에게 횡재를 안겨주던 투자기구 메리트채프먼(Merritt-Chapman)을 청산해 주주들에게 이익을 돌려준 것이다.[62]

다른 위임장 전문가들이 내세우는 주주 우선주의에는 결함이 적지 않았다. 경영진의 악행을 매도하던 이들이 막상 이사회를 장악하면 역시 똑같은 악행을 저질렀다. 로버트 영은 C&O철도를 통해 뉴욕센트럴철도 지분을 사들일 때 앨러게이니의 자본을 사용했다. 이 과정에서 모든 위험은 앨러게이니 주주들에게 떠넘기고 수익 잠재력은 리처드슨과 머치슨에게 다 넘겨주었다. 과도하게 착복하다가 고발당한 위임장 전문가가 결국 다른 위임장 전문가들의 표적이 되어버린 경우도 많았다.

장기간에 걸쳐 80개가 넘는 기업의 경영권을 차지한 토머스 멜론 에번스(Thomas Mellon Evans)는 상습적으로 소액주주들을 속였다. 그가 만든 두 개의 투자기구 크레인(Crane Co.)과 HK포터(H. K. Porter)는 거대 기업으로 성장했다. 에번스는 소액주주들의 반대에도 HK포터를 비상장기업으로 전환했다. 크레인에는 황금 낙하산*과 포이즌 필을 도입해 다른 주주들의 공격에 대비했다. 다이애나 헨리크(Diana Henrique)가 쓴 《The White Sharks of Wall Street(월스트리트의 백상아리)》에는, 기업사냥꾼들이 주주들에게 충분한 프리미엄을 지급하지도 않고 지배지분을 인수하는 '나쁜 기업 인수 관행'을 포이즌 필이 방지해줄 것이라고

---

* **황금 낙하산(golden parachute):** 적대적 인수합병이 성공적으로 이루어져 기존 경영진이 축출되는 경우, 기존 경영진에 거액의 특별퇴직금을 지급하게 하는 경영권 방어 수단을 말함.

에번스가 말했다는 대목이 나온다. "포이즌 필은 에번스가 즐겨 사용하는 수법이 되었다"라고 저자 헨리크는 지적했다.[63]

어떤 면에서 위임장 대결은 포퓰리즘보다는 강력한 투자 전략에 가깝다. 강세장이 장기간 이어지면서 기업 인수 붐이 일어나면 그 기회를 이용하는 전략으로 볼 수 있다. 1950년대는 위임장 대결을 통한 인수가 그런 전략이었다. 그러나 위임장 대결이 시장과 상장기업에 미친 심대한 영향은 무시할 수 없다. 그동안 잊혔던 주주의 권리와 주주가치 개념, 그리고 상장기업들의 역할이 위임장 대결로 다시 논의되기 시작했다. 결국은 주주의 권리와 주주가치 개념이 존중받게 될 것이다. 이제 위임장 전문가는 대부분 사라졌지만 이들이 사용하던 전술은 다음 세대 복합기업, 기업사냥꾼, 헤지펀드 행동주의자들이 이어받아 더 발전시키게 된다.

끝없는 내리막길

뉴욕센트럴철도 이사회 의장이 된 첫해, 로버트 영은 사람들의 기대에 부응했다. 그는 덴버&리오그란데 웨스턴철도(Denver & Rio Grande Western Railroad)에서 영입한 앨프리드 펄먼(Alfred Perlman)과 함께 회사의 취약한 재무 구조를 개선하고 낡은 자산을 현대화했다. 1955년에는 회사의 이익과 주가가 급등해 한때 영의 투자 원금이 두 배 이상 불어나기도 했다. 그러나 1957년 화물 운송량이 급감하자 철도산업 전체가 휘청거렸다. 1958년에는 경기 둔화로 뉴욕센트럴철도의 이익이 78%나 감소했다.[64]

1957년 말, 영이 재정난에 처했다는 소문이 퍼지기 시작했다. 이 무렵 뉴욕센트럴철도의 주가가 리처드슨과 머치슨의 풋옵션 행사 가격의 절반 수준으로 떨어지자, 그들은 80만 주를 모두 앨러게이니와 앨런 커비에게 되팔았다. 결국 앨러게이니와 뉴욕센트럴철도의 주가가 폭락해 영도 타격을 입었다.

이듬해 1월 재정 문제를 논의하려고 소집된 뉴욕센트럴철도 이사회는 표결을 통해 분기 배당을 중단하기로 했다. 회의 중 다른 생각에 잠긴 듯 침묵을 지키는 영을 보면서 이사들은 뭔가 문제가 있음을 감지했다. 이사들도 소문을 들었으므로 영에게 도움을 주겠다고 제안했지만, 영은 재정에는 아무 문제가 없다며 거절했다. 그 주 후반, 영은 팜비치 저택에서 엽총으로 자살했다. 앨러게이니와 뉴욕센트럴철도 주가가 폭락해 영이 무일푼으로 죽었다는 소문이 퍼졌다. 그러나 영은 현금, 증권, 미술품, 부동산 등 막대한 유산을 남겼다.[65] 그는 생애 대부분을 우울증에 시달렸다. 20년 전 개런티트러스트은행이 그에게 채무불이행을 선언했을 때, 그는 쓰러져 입원했다. 기운을 회복해 개런티트러스트은행과 위임장 대결을 벌이기 전, 그는 요양소에서 다음과 같은 시를 썼다.

오늘까지도 내 길이 오르막길 같았는데
이제 보니 끝없는 내리막길이었네
어둠 속에 보이는 것은
멀리 흐릿한 공허함뿐…[66]

영이 세상을 떠난 후, 앨러게이니 대주주들 사이에서 경영권 다툼이 벌어졌다. 앨런 커비가 잠시 의장 겸 사장이 되었다가 1961년 머치슨의 두 아들 클린트 2세와 존에게 축출당했다. 쫓겨난 커비는 경영권 탈환 방법을 찾아보았지만, 이 무렵 상장기업들은 위임장 대결에 대해 훨씬 정교한 방어책을 확보하고 있었다. 스프레이그처럼 경영자가 과신에 빠져 상대를 과소평가하던 시절은 이미 지난 뒤였다.

과거 영세업체 수준이던 위임장 대결 관련 기업들(홍보회사, 위임장 권유 대행사, 로펌)이 1950년대 말에는 대기업으로 성장했다. 특히 막대한 자본과 인재들이 로펌으로 유입되면서, 기업 인수 전쟁을 전문적으로 취급하는 명석한 신세대 변호사들이 등장했다. 1959년 유나이티드 인더스트리얼(United Industrial Corporation) 위임장 대결에서 경험을 쌓은 조 플럼(Joe Flom)과 마틴 립튼(Martin Lipton)은 이후 수십 년 동안 기업 인수 산업의 발전을 이끌었다.[67] 플럼은 기업 인수 사업을 육성해 스캐든압스(Skadden Arps, 다국적 로펌)를 세계 최대 기업으로 성장시켰다. 포이즌 필을 개발한 립튼은 가장 유명한 기업 방어 전문가가 되었다.

이런 고급 두뇌들을 이용해 기업들은 적대적 주주들을 격퇴하는 기발한 전술들을 개발했다. 하인먼의 공격을 받은 BF굿리치(B. F. Goodrich)는 인수당하는 즉시 부도가 발생하는 2억 5,000만 달러 규모 대출 계약을 맺었다.[68] 일부 기업은 다른 기업을 인수해 잉여현금을 고갈시키기도 했고, 자신을 인수하면 투자기구에 독점금지법 문제가 발생하는 장치를 마련하기도 했다. 방어책으로 반격을 시도하는 기업도 있었다. 레오폴드 실버스타인(Leopold Silberstein)에게 위임장 대결 도전을 받은 페어뱅크모스(Fairbanks Morse)의 사장 로버트 모스 2세(Robert Morse Jr.)는 아트 랜다(Art Landa)를 지원해 실버스타인의 투자기구 펜텍사스(Penn-Texas)를 성공적으로 공략했다.[69]

커비는 노련한 머치슨 형제를 대상으로 많은 비용을 들여 불확실한 위임장 대결을 벌이고 싶지 않았다. 대신 그는 신속하게 막대한 주식을 사들여 경영권을 확보했다. 이것이 그에게는 최고의 공격 전술이었는데, 1960년대 가장 인기 있는 기업 인수 기법이 되었다. 시장에서 막대한 주식을 사들이는 가장 효

가장 사업처럼 하는 투자 주주행동주의

과적인 방법은 적대적 공개매수*다. 위임장 대결이 적대적 공개매수에 자리를 내주자 위임장 전문가도 기업사냥꾼에게 밀려났다.

---

* **공개매수**: 특정 회사의 불특정한 주주들로부터 주식의 전부 또는 일부를 매수하겠다는 확정적인 의사표시를 말한다.

**로버트 영이 뉴욕센트럴철도
주주들에게 보낸 서한**

영어 원문 보기

친애하는 동료 주주 여러분, 우리에게 맡겨주시면 주가를 높이겠습니다.

우리가 현재 시장가격으로 2,500만 달러 상당의 주식을 산 것은 확신이 있기 때문입니다.

로버트 영
앨러게이니영커비 주주 이사회 후보

1954년 4월 8일
위임장을 동봉한 봉투에 넣어 반송해주시기 바랍니다.
우표는 필요 없습니다.

최고경영자 교체가 절실히 필요한 이유

3월 5일 뉴욕 증권분석가들 앞에서 화이트 씨가 뉴욕센트럴철도 주주들에게 제시한 배당금의 최대 기대치는 4~5년 안에 연 2달러 이하였습니다. 우리 기대치도 이 정도였다면 주식을 사지 않았을 것입니다.

1929년 뉴욕센트럴철도의 세후 순이익은 7,700만 달러였습니다. 그해 지급한 배당은 주당 8달러로, 현재 주식 수 기준으로는 주당 5.75달러에 해당합니다. 1953년 1등급 철도회사들의 순이익은 1929년의 102%였지만, 뉴욕센트럴철도의 순이익은 1929년보다 56% 감소한 3,400만 달러였습니다. 이 기간 뉴욕센트럴철도는 시설 개선에 7억 5,000만 달러가 넘는 자본을 지출했는데도 이익이 감소한 것입니다.

1929년 무디스(Moody's) 철도주지수 저가는 96.92달러였습니다. 뉴욕센트럴철도 주식의 저가는 160달러였습니다. 올해 4월 2일 무디스지수는 52% 하락한 46.33달러였지만 뉴욕센트럴철도 주가는 85% 하락한 23.62달러였습니다. 따라서 지난 25년간 뉴욕센트럴철도 주가는 철도주 평균보다 33% 포인트 더 하락했습니다. 뉴욕센트럴철도 주가가 철도주 평균 수준을 유지했다면, 현재 주가는 53달러 높은 약 77달러가 되었을 것입니다.

이는 지난 25년간 밴더빌트 일가, 퍼스트내셔널은행, JP모간, 기타 뉴욕센트럴철도 이사회의 은행 이해관계자들이 달성한 재무 실적입니다.

훌륭한 경영진이 올린 실적

이와 관련해 102쪽 표를 보시기 바랍니다. 1938~1954년 앨러게이니와 그 자회사들의 주가를 비교해놓았습니다. 이 기간에는 산업의 수익력이 증대된 덕분에 주가가 전반적으로 상승했습니다.

훌륭한 경영진은 증가한 이익을 사용해 고전하는 기업들을 살려내며, 이때 성과는 이후 주가에 반영됩니다. 앨러게이니 포트폴리오에 포함된 주요 철도주와 산업주 중에서 1938년 재무상태가 건전한 회사는 C&O철도 하나뿐이었습니다. C&O철도는 포트폴리오의 다른 철도주만큼 하락하지 않았고, 이후 다른 철도주만큼 상승하지도 않았습니다.

앨러게이니는 석탄의 경쟁력이 약해진다는 점을 고려해 1938~1954년 동안 C&O철도 주식 100%, 즉 194만 1,033주를 매각해 약 8,300만 달러를 조달했습니다. 평균 매도 단가가 42.88달러였는데, 올해의 경우 고가는 36.875달러이고 저가는 33.125달러입니다.

부진한 영업 실적

동부 지역, 포카혼타스 지역, 남부 지역 가운데 주간통상위원회 교통통계국에서 19대 철도회사를 선정해 작성한 일람표에 의하면, 뉴욕센트럴철도는 1952년 화물 서비스 영업비(매출 대비 비용) 부문에서 18위였습니다. 18개 철도회사의 영업비 평균이 66.72%인 가운데 뉴욕센트럴철도는 73.85%였습니다.

이 수치를 보면 뉴욕센트럴철도의 영업 실적이 부진했던 이유를 단지 승객 수송 비중이 상대적으로 높은 데서 찾은 것은 완전히 착각이라고 생각합니다.

뉴욕센트럴철도의 영업 지역은 가장 선호도 높은 해수면 고도 노선으로, 세계에서 교통이 가장 유리한 지역입니다.

화이트 씨가 1952년까지 11년 동안 사장으로 재직했던 델라웨어 래커워너&웨스턴철도 역시 실적이 부진했습니다. 1953년 영업비가 동부 77개 철도

회사 중 74위였는데, 최하위권 3개 사는 파산한 롱아일랜드(Long Island), 캐나다 정부가 운영하는 그랜드트렁크웨스턴(Grand Trunk Western), 소규모인 서스쿼해나(Susquehanna)였습니다.

뉴욕센트럴철도가 곤경에 처한 이유는?

뉴욕센트럴철도가 이렇게 곤경에 처한 근본적인 이유는, 현 이사들이 보유한 주식이 (작년 '위임장 권유 신고서'에 의하면) 지분의 0.25%에도 못 미치는 1만 3,750주에 불과한 데 있다고 생각합니다.

보유 주식이 모두 합쳐 450주에 불과한데도 4명의 은행가가 이사회에서 악착같이 버티는 이유가 무엇일지 생각해보십시오. 그동안 4개 은행이 예금과 신탁 등 기타 수많은 방법으로 막대한 이득을 챙겼기 때문이 아니겠습니까?

이 은행가 4명은 다른 제조회사 50개 및 철도회사 14개와도 관계를 맺고 있는데, 그 회사들의 자산은 1,070억 달러가 넘습니다. 은행가들이 과연 뉴욕센트럴철도에 얼마나 충실할 수 있겠습니까?

승객 부문 적자

우리가 가장 먼저 할 일은 작년 5,000만 달러가 넘는 적자를 기록한 뉴욕센트럴철도의 승객 부문 문제에 강력히 대처하는 것입니다.

C&O철도는 ('풀먼스탠더드 카매뉴팩처링'의 지원을 받아) 저상(低床) 경량 신형 열차 X를 개발 중입니다. 엔지니어들은 열차 X가 주간통상위원회 안전 기준을 충족한다고 합니다. 운영비용은 현재 장비의 절반에 불과하고 제작비용은 3분의 1로 추정합니다. 열차 X는 뉴욕센트럴철도 승객 부문 적자 해소에 큰 도움이

되리라 믿습니다.

뉴욕센트럴철도가 철도 연결에 협조하지 않으면 C&O철도가 열차 X를 설치할 수 없습니다. 뉴욕센트럴철도가 결정할 문제입니다.

뉴욕시 부동산

1947년부터 C&O철도는 뉴욕시 부동산을 매각하라고 뉴욕센트럴철도에 재촉했습니다. 이 부동산의 장부가액은 4,876만 달러이고 현재 평가액은 1억 5,000만 달러로 추산됩니다. 현재 이 부동산의 수익률은 5% 미만으로 추정됩니다. 이 부동산 매각 대금으로 현재 시장에서 30% 할인된 가격에 거래되는 뉴욕센트럴철도 채권을 사들이면 회사의 재무 구조를 대폭 개선할 수 있다고 믿습니다. 우리가 계속 압박하자 뉴욕센트럴철도는 마침내 채권 수탁기관인 JP모간과 4개 은행에 소를 제기했고, 뉴헤이븐철도(New Haven Railroad)에 대해서는 부동산 매각 대금 용도에 관해 법원에 확인의 소*를 제기했습니다.

상원의원 랭거의 서한

다음 서한의 인용문을 보면 130개 1등급 철도회사에 대한 은행의 지배를 상원의원도 걱정하고 있습니다. 이 서한은 1954년 3월 18일 미국 상원 사법위원회 위원장 윌리엄 랭거(William Langer, 공화당, 노스다코타주)가 주간통상위원회 위원장 J. 먼로 존슨(J. Monroe Johnson) 대령에게 보낸 것입니다.

---

* **확인의 소**: 권리, 의무 같은 법률관계의 존재 또는 부재를 확정해달라는 종류의 소송

상원 사법위원회 위원장으로서 나는 뉴욕, 피츠버그, 필라델피아 소재 소수 은행들이 미국 철도회사들을 지배하는 현상을 한동안 조사해보았습니다. 나는 소수에 의한 지배 현상을 우려해 우리 철도회사들에 대한 모간, 쿤 러브, 멜론의 장기 지배를 누군가 중단시켜주기를 희망했습니다.

그래서 나는 로버트 영 씨가 뉴욕센트럴철도의 경영권 인수를 시도한다는 글을 읽고 매우 기뻤습니다. 나는 지금이야말로 뉴욕센트럴철도가 은행들의 지배에서 벗어나 주주들에게 돌아가야 할 적기라고 생각합니다. 내가 알기로는 영 씨가 제안한 이사들의 주식 지분이 가장 많습니다. 영 씨와 동료들이 현재 위임장 대결에서 승리하면 독점적 지배 현상을 타파하는 데 큰 도움이 될 것으로 생각합니다.

여러분을 대신한 소송

부당하게도 현 이사회는 뉴욕센트럴철도 주식을 100만 주 이상 보유한 우리 후보자들을 배제한 채, 이사 자리를 보존하려고 회사 자금을 무제한 사용하고 있습니다. 현 이사회는 신문, 라디오, TV, 잡지를 통해 전면적인 캠페인을 벌이겠다고 말했습니다.

이들은 강력한 홍보회사 로빈슨한네간 어소시에이츠(Robinson-Hannegan Associates)를 고용한 데 이어, 여러분의 표를 끌어오려고 전문적인 위임장 권유 대행사 조지슨앤코도 고용했습니다. 이들은 자신의 선거운동에 여러분의 돈을 사용하고 10만 임직원에게 위임장 권유를 지시하더라도 주주들이 가만있을 것으로 믿는 듯합니다.

우리는 회사와 여러분을 대신해 현 경영진에 대해 이런 자금 지출을 중단하고 주주들의 손해를 배상하라는 소를 제기했습니다.

화이트 및 메츠먼의 종신계약

화이트 씨는 뉴욕센트럴철도 CEO로 오면서 65세에 은퇴할 때까지 연봉 12만 달러, 이후 70세까지 연 7만 5,000달러, 그 후에는 연 4만 달러를 받기로 계약했습니다. 이런 계약을 따냈는데 열심히 일할 이유가 없으며, 이는 주주들에게도 해가 된다고 생각합니다.

현 이사회는 이 계약은 물론 전임 사장 구스타브 메츠먼(Gustav Metzman) 씨와 맺은 연 2만 5,000달러짜리 종신계약에 대해서도 여러분의 승인을 받지 않았습니다. 메츠먼 씨는 계약이 종료되었는데도 연 2만 6,000달러나 되는 푸짐한 연금을 받고 있습니다. 게다가 68세인 지금도 미국철도차량협회(뉴욕센트럴철도 등 철도회사에 장비를 판매하는 철도차량제조회사협회)로부터 연 6만 달러에 이르는 정체 모를 급여까지 받고 있다고 합니다. (전임 사장 윌리엄슨 씨는 1942년 공급 회사로부터 10만 달러를 받았습니다.) 메츠먼 씨가 이런 보상을 받을 만큼 기여한 것이 있기는 합니까?

JP모간이나 퍼스트내셔널은행 이사를 제외하면 지금까지 뉴욕센트럴철도 임직원 중 메츠먼 씨와 화이트 씨만큼 대우받은 사람은 아무도 없습니다. 현 이사회가 주주들의 비용으로 두 사람의 노후를 보장하려는 계약에 대해 주주들에게 승인을 신청했다면, C&O철도는 승인하지 않았을 것입니다.

뉴욕센트럴철도 부속정관 7조는 이렇게 밝히고 있습니다. "이사회는 언제든 임원을 해임할 수 있으며, 이 부속정관은 모든 임원과의 계약에 포함된다." 우리 법률자문을 맡고 있는 로드 데이&로드(Lord, Day & Lord)는 이사회가 화이트 씨의 사장 임기를 언제든 변경할 수 있다고 합니다.

우리가 새로 이사회를 맡게 된다면, 화이트 씨가 회사의 수익성에 대한 자신의 비관적 견해를 수정하고 회사에 충분히 기여할 때만 그에게 연 12만 달러에 이르는 현재 급여를 계속 지급할 것입니다.

서명자는 이사회 의장으로서 주주들에게 봉사하는 대가로 연 1달러만 받을 것이며, CEO로서는 한 푼도 받지 않을 것입니다.

경쟁을 통한 비용 절감

앨러게이니영커비는 통신 및 유틸리티 산업에서 널리 사용되는 봉함경쟁입찰 원칙을 철도채권 발행에 도입했습니다. 그 결과 그동안 은행에 지급하던 비용을 절감해 주주, 소비자, 화주(貨主)들에게 수억 달러를 돌려주었습니다.

주간통상위원회가 봉함경쟁입찰 원칙을 도입하기 전, 뉴욕센트럴철도 임원과 은행가들은 이런 기본적인 경쟁 원칙이 동료 은행인 모건스탠리에 적용되지 않게 하려고 비상한 노력을 기울였습니다.

빈틈없고 열정적인 소유경영자가 업무의 모든 단계에 경쟁을 도입할 때만 이사회를 지배하면서 은행가들이 키워낸 종양 같은 영업비를 축소할 수 있습니다. 현 이사회가 유지된다면 화이트 씨는 공급 회사, 영업권 소유자, 계약자들을 대상으로 경쟁 원칙을 강력하게 적용할 수 없습니다.

여러분을 대신해 우리가 돈과 시간을 쓰는 이유

첫째, 건전하게 경영하면 뉴욕센트럴철도의 주가가 대폭 상승하고 배당도 대폭 증가한다고 전적으로 믿었기 때문에 우리는 주식을 100만 주 넘게 샀습니다.

우리가 뉴욕센트럴철도를 지배하면 주가 상승과 배당 증가로 주주들이 이익을 얻을 뿐만 아니라 철도회사, 승객, 공급 회사들에도 엄청난 혜택이 돌아갈 것입니다.

로버트 영

앨러게이니영커비 주주 이사회 추천 후보

뉴욕주 뉴욕 17

크라이슬러빌딩 4500

1954년 4월 8일

경고

이사회에 속한 은행가, 법률가, 화주, 공급업자 등이 여러분에게 철도회사를 지지하는 위임장을 요청하면, 이들이 철도회사로부터 받는 대가가 무엇인지 물어보십시오. 은행가들이 철도회사로부터 특별한 이권을 기대하듯이, 이들도 철도회사로부터 특별한 이권을 기대할지 모릅니다.

주식을 증권회사나 명의인이 보관하고 있다면, 그들이 우리에게 위임장을 보내도록 특별히 유의해주시기 바랍니다.

위임장 양식을 동봉합니다.

지금 서명하고 동봉한 봉투에 넣어 반송해주십시오.

우표는 필요 없습니다.

1938~1953년 앨러게이니 및 자회사의 증권 가격 흐름

1937년 5월 로버트 영은 앨러게이니 이사회 의장이었습니다. 두 동업자 앨런 커비와 콜베(Kolbe)도 이사회에 참여했으나, 이들이 보유한 이사회 의석은 9석 중 3석에 불과했습니다. 이후 사장과 이사회 다수가 적대적인 태도를 보였으므로, 1938년 1월 5일 이들은 기존 사장을 사임하게 하고 그 자리에 커비를 임명했습니다. 동시에 이들은 이사회 의석을 10석으로 늘리고 처음으로 이사회에서 다수를 차지하게 되었습니다. 당시 앨러게이니 채권 중 최단기물(1944년 만기)은 71이었고 1950년 만기물은 37.50였습니다.

영은 1938년 1월 19일 처음으로 니켈플레이트(Nickel Plate) 이사가 되었는데, 당일 보통주 가격은 18.50이었고 1938년 만기 6% 금화 태환 채권은 60.75였습니다. 1938년 5월 3일에는 피어마켓(Pere Marquette)의 이사가 되었는데, 당일 보통주 가격은 10이었고 다양한 만기의 선순위채권들은 56~66이었습니다. 앨러게이니는 자회사 피츠턴(Pittston)과 미주리퍼시픽철도(Missouri Pacific Railroad)의 이사회도 지배했습니다. 미주리퍼시픽철도는 77조에 따라 재건 절차가 진행되는 채무기업이었는데, 앨러게이니는 은행과 보험사들이 제안한 재건 계획 중 3건에 반대함으로써 모든 증권 보유자가 받는 처우를 개선할 수 있었습니다.

	고가 - 1938 - 저가		고가 - 1953 - 저가	
앨러게이니				
제1우선주	21	8	80[1]	
시리즈 A 우선주	17	5	152	130
보통주	1.625	0.875	5	3
			상환가격	
1944. 담보부 전환사채 5%	85	45	102.5[2]	
1949. 담보부 전환사채 5%	76	44	102.5[2]	
1950. 담보부 전환사채 5%	51	25	102.5[2]	
니켈플레이트			고가 - 1953 - 저가	
1947				
우선주	38	12	123[3]	
보통주	23	7	34[3]	
			상환가격	
1938~1941. 6% 금화 태환 채권[a]	106[a]	30	100[a]	
1947. 1회 3.5%	95	65	101[2]	
1974. 준거채권 5.5%	74	30	103.5[2]	
1978. 준거채권 4.5%	62	27	102[2]	
체서피크&오하이오				
보통주	38	22	42	33
피어마켓				
제1우선주	43	17	99	91[b]
우선주	38	15	85	67[b]
보통주	18	5	21	16[b]
			상환가격	
1956. 1회 5%	81	53	105[2]	
1956. 1회 4%	75	50	100[2]	
1980. 1회 4.5%	76	50	105[2]	
미주리퍼시픽철도				
1회 및 차환채권	25	14	118	102
1975. 일반채권 4%	8	4	117	84
1949. 전환사채 5.5%	6	3	101	69
우선주	4	1.125	58	33
보통주	2	0.5	14	6
피츠턴				
보통주	0.75	0.125	31	18
인베스터즈 다이버시파이드 서비스[c]				
보통주	18.25[d]		98	82

※ 표 주석

1. 이 주식은 대부분 1953년 새로운 4달러짜리 제1전환 우선주로 교환되었음. 교환되지 않은 주식은 주당 80달러에 상환되었음.

2. 1943~1945년 동안 모두 상환가격에 상환되었음.

3. 1947년 11월 10일 가격이며 이날 C&O철도가 C&O철도 주주들에게 특별배당으로 지급했음.

   a. 1938년에 상환되지 않은 1938년 10월 만기 6% 금화 태환 채권은 만기가 1941년으로 연장되었음. 이후 1941년 20%는 현금으로 지급되었고 나머지는 1950년 만기 6% 채권으로 교환되었는데, 이 채권은 1943년 12월 100에 상환되었음.

   b. 피어마켓은 1947년 C&O철도에 흡수되었으므로, 이 가격은 교환해서 받은 C&O철도 주식의 당시 평가액을 나타냄.

   c. 인베스터즈 다이버시파이드 서비스는 철도주와 채권을 포함해 잘 분산된 포트폴리오를 관리하는 자산운용회사임. 운용하는 3개 미국 개방형 투자회사는 인베스터뮤추얼(Investors Mutual), 인베스터스톡펀드(Investors Stock Fund), 인베스터셀렉티브펀드(Investors Selective Fund)임.

   d. 1949년 4~5월 인수한 지배지분의 취득원가.

3장

저평가된 기업을 살린
가치투자자의 행동주의

워런 버핏,
사기 사건으로 위험에 처한
아메리칸익스프레스를 구하다

"태풍이 불어닥쳐 배가 휘청거리더라도,
(말 많은 사람들은 제외하고) 대다수 주주는 선장을 믿고
배가 안정을 유지하며 전속력으로 운항하고 있다고
생각할 것이 분명합니다."

—

워런 버핏, 1964

주식은 회사 일부의 소유권이다

워런 버핏을 보면 투자가 쉬워 보인다. 버핏은 벤저민 그레이엄에게 투자철학을 배웠다. 그레이엄은 주식을 회사 일부에 대한 소유권으로 보았으며, 안전마진이 충분히 확보되는 주식을 샀다. 그러나 그레이엄과 달리 버핏은 내재가치보다 훨씬 낮은 가격에 거래되는 주식을 발견하면, 분산투자를 하지 않고 집중적으로 매수한다. 이런 가치투자는 초인적인 합리적 사고를 지닌 버핏에게는 쉬울 것이나, 평범한 사람들에게는 사지가 잘려나가는 지뢰밭처럼 위험할 것이다. 고도의 집중투자를 실행하면서 치명적인 실수를 피하기는 매우 어렵다. 버핏은 예외적인 인물로 보아야 한다.

버크셔 해서웨이 주주총회에서 버핏과 찰리 멍거(Charlie Munger)가 6시간에 걸쳐 질문에 답하는 모습을 보려고, 나는 해마다 오마하 성지를 순례한다. 기업과 산업에 대한 두 사람의 이야기는 아무리 들어도 질리지 않는다. 심지어 정치와 거시경제에 관한 이야기에도 나는 계속해서 귀를 기울인다. 그러나 두 사람이 가치투자 철학에 관해 이야기하면 나는 불안해진다.

물론 가치투자에 관해 버핏과 멍거의 말 중 틀린 말은 하나도 없다. 두 사람은 IQ가 매우 높지 않아도 투자에 성공할 수 있다고 말한다. 산업의 경쟁 역학을 분석해서 기업을 평가하기도 그다지 어렵지 않다고 말한다. 충분히 인내심을 발휘하면 시장에서 좋은 기회를 잡을 수 있고, 최고의 투자 아이디어에 제대로 집중해서 투자하면 최고의 성과를 거둘 수 있다고도 한다. 모두 옳은 말이다.

그러나 여기에는 잔인한 아이러니가 있다. 버핏 방식으로 집중투자하다 보면 합리성을 상실하기가 쉽다는 점이 그것이다. 즉 극소수 종목에 집중투자하면 탐욕과 공포에 휘둘려 약점이 노출된다. 멍거는 한 종목에 순자산의 100% 이상을 투자해도 불안하지 않다고 한다. 그러나 아무리 최고 명문대학 경영대학원 출신이라 해도 이런 식으로 투자해서 성공할 사람은 흔치 않다. 집중투자로 성과를 내려면 대단한 평정심이 필요하다.

버핏의 전기《스노볼》은 단지 열심히 노력해서 성공한 평범한 미국인에 관한 이야기가 아니다. 버핏은 최악의 실수조차 흥미로운 이야깃거리가 되는 비범한 존재다. 예컨대 버크셔 해서웨이는 실패한 투자였다. 이 회사에는 막대한 자본을 투입했는데도 투하자본이익률이 낮았다. 다시 말해 막대한 이익을 재투자해도 이익이 거의 나오지 않았다. 그런데도 버핏은 버크셔 해서웨이를 세계 최고 수준의 기업으로 키워냈다.

버크셔 해서웨이 역시 버핏만큼이나 이례적인 기업이다. 분권화된 글로벌 복합기업으로 기업문화가 탁월하다. 버크셔 해서웨이의 비즈니스 모델은 단순하다. 유능한 경영자가 운영하는 우량기업을 적정 가격에 인수해 그 현금흐름을 활용하는 것이다. 버크셔 해서웨이의 이 모델은 버핏의 가치투자 전략처럼 직관적이지만 버핏만큼 이 전략을 제대로 실행하는 사람은 거의 없다.

버핏은 시종일관 초인적인 능력을 발휘한 인물인 듯하다. 1956년 스물다섯 살에 처음 투자조합을 시작할 때부터 그는 완숙한 펀드매니저의 모습을 보였다. 이후 12년간 한 해도 손실을 보지 않으면서 놀라운 수익률을 기록했다. 이렇게 탁월한 실적을 기록하면서도 버핏은 공매도와 페어트레이딩(pair trading)까지 활용해 끊임없이 투자 스타일을 발전시켜나갔다. 1990년 〈뉴욕타임스〉 인터뷰에서 "나는 진화했습니다. 갑자기 원숭이에서 인간으로 바뀌거나, 인간에서 원숭이로 바뀐 것이 아닙니다"라고 버핏은 이야기했다.[1] 버핏은 성공은 물론 실패에서도 교훈을 얻었다. 가장 큰 성공은 아메리칸익스프레스에서 거두었다. 그의 투자 인생에 커다란 전기를 가져온 성공이었다.

1960년대 아메리칸익스프레스를 파산 직전까지 몰고 간 대담한 사기 사건으로 샐러드오일 거대 사기극이 있다. 경영자들이 중대한 시점에 현실을 외면해 치명적인 실수를 저지를 수 있다는 교훈을 안겨주는 사건이다. 이 사건은 물론 악질적인 사람들의 소행이었지만, 정직하고 유능한 사람이라 할지라도 치명적인 실수를 저지를 수 있음을 보여준다. 결국 버핏이 아메리칸익스프레스 주주 몇몇과 맞붙을 수밖에 없었던 것은 그들이 샐러드오일 채권자들을 무시한 채 단기 이익만을 극대화하려 했기 때문이다.

버핏이 대주주로서 아메리칸익스프레스 사건에 개입했을 때, 그는 이사회 의석을 요구하지 않았고 영업 실적도 물어보지 않았다. 배당을 높이라고 요구하거나 자본적 지출을 캐묻지도 않았다. 단지 사기당한 피해자들에게 충분한 보상이 이루어지기만을 바랐다. 버핏은 심층 연구를 통해 아메리칸익스프레스가 탁월한 기업임을 알고 있었다. 훗날에는 자본 재투자이익률이 매우 높다는 의미에서 이 기업을 '복리 제조기(compounding machines)'라 부르기도 했다. 그런 아메리칸익스프레스가 샐러드오일 채권자들을 외면하면 기업 평판이 손상되어 장기적으로 기업가치가 하락할 것을 버핏은 우려했다. 푼돈을 아끼려다가 그런 복리 제조기를 망가뜨리려는 근시안적인 주주들을 두고만 볼 수가 없었다. 아메리칸익스프레스 주식에 투자하기 전까지, 버핏은 이런 식으로 행동해본 적이 없었다. 버핏 또한 투자한 주식에서 최대한 빨리 이익을 뽑아내려고 덤비는 인색한 투자자였다.

버려진 꽁초에 투자하다

로버트 영이 차지한 뉴욕센트럴철도가 붕괴하기 시작한 1957년, 젊은 버핏은 투자한 회사의 이사에게 서한을 보냈다. "당신이 '머천트내셔널 손해보험'의 사외이사이므로 이 서한을 보냅니다"라고 서한은 시작된다. 거의 60년 전 서한이지만 문장 속에서 노골적으로 빈정대는 버핏의 태도를 읽을 수 있다. "나는 …에 대해 불편하게 생각합니다"라는 글로 서한은 이어진다.[2]

버핏은 협박이나 소송 같은 방법은 사용하지 않았지만 위임장 전문가들과 비슷한 전략으로 조용히 투자조합 자금을 운용하고 있었다. 그는 (대개 실적이 부진한) 저평가된 기업의 주식을 사서 이사회 의석을 차지하거나 경영권을 인수했다. 대표적인 예가 뎀스터밀 매뉴팩처링(Dempster Mill Manufacturing Co.)으로, 19세기 네브래스카주에 설립된 풍차 및 농기구 제조업체였다. 버핏은 이 회사를 "질적으로는 부실하지만 수치로 보면 지극히 매력적인 기업"이라고 평가했다.[3]

뎀스터밀은 어려운 산업 환경에서 고전하고 있었다. 이익이 거의 없었으므로 주가가 순자산가치보다 훨씬 낮았다. 버핏은 순운전자본(현금＋재고자산＋매출채권－부채)의 절반에도 못 미치는 가격에 이 회사를 인수했다. 그가 처음 뎀스터밀 주식을 산 시점은 1956년이고 1958년에는 이사회에 합류했다. 1961년에는 지분율 50%를 넘겨 경영권을 확보했다.[4]

버핏은 이익률을 개선하라고 경영진을 압박했지만 몇 년 동안 성과가 없었다. 그러던 중 그는 유능한 경영자 해리 보틀(Harry Bottle)을 발견하고는 그에게 뎀스터밀 경영을 맡겼다. 보틀은 비용 절감, 수익성 없는 설비 매각, 재고자산 정리 등을 단행했다. 그는 또한 무수익 자산을 현금화했고 버핏은 이 현금을 주식에 투자했다. 1963년이 되자 이 주식의 가치가 뎀스터밀 인수 가격을 넘어섰다. 그해 버핏은 다음과 같이 밝혔다.

> 버핏투자조합은 취득원가 126만 2,577.27달러에 뎀스터 지분 71.7%를 확보했습니다. 1963년 6월 30일 현재 오마하내셔널은행 뎀스터 대여금고에 들어 있는 증권은 평가액이 202만 8,415.25달러입니다. 여기서 지분 71.7%에 해당하는 우리 몫은 145만 4,373.70달러입니다. 이제 유가증권만으로도 이익이 나옵니다.[5]

버핏이 1960년 투자조합 서한에서 설명한 샌본맵(Sanborn Map)도 살펴볼 만한 가치가 있다. 샌본맵은 뎀스터밀보다 나은 회사였다. 미국 도시의 상세 지도를 화재보험사에 판매했는데 1950년대까지 수십 년간 높은 수익을 올렸다. 그러나 이후 보험사들이 새로운 보험영업 기법을 도입하자 매출이 감소했다. 버핏이 샌본맵 주식을 매수하기 시작한 시점, 주가는 45달러였고 주당 순자산 가치는 65달러였다.[6] 기존 사업에도 어느 정도 잠재력이 있었다. 이익이 감소하는 것은 보험사 임원들로 구성된 이사회가 기존 사업을 방치하기 때문이라고 버핏은 생각했다.

버핏은 샌본맵 주식을 대량 매수해 이사회 의석을 확보한 뒤 다른 이사들과 싸움을 시작했다. 우선 보유 증권을 주주들에게 분배하고 이사들에게는 지도 사업을 되살리라고 압박했다. 만일 이사들이 주주에게 수익을 돌려주라는 제안을 거부하면 임시 주주총회를 소집해 이사들을 교체하겠다고 협박했다.[7] 《스노볼》에서 버핏은 샌본맵에 대해 이렇게 언급했다. "사람들은 담배를 한 모금씩 빨고 내던졌습니다. 나는 그렇게 버려진 꽁초를 30% 가격에 사들였습니다. 한 모금만 빨고 내던지지 않은 사람은 나밖에 없었습니다."[8] 마침내 회사는 버핏의 요청에 따라 유가증권을 처분해 자사주 72%를 매입했다.

투자조합 초기 몇 년 동안 버핏은 자산이 많은 기업의 주식을 헐값에 사들였다. 이런 기업은 상태가 엉망이어서 관리에 많은 시간이 들고 충돌도 빈번히 일어났다. 뎀스터밀의 유일한 공장이 있던 네브래스카주 비어트리스 지역 신문은 버핏이 노동자 100명을 해고했다고 비난했다. 버핏은 이런 상황을 다시는 경험하고 싶지 않았다. 그런데 그 무렵 아메리칸익스프레스에 도무지 믿기 어려운 사건이 잇달아 벌어졌다.

사기꾼의 최종 대부자

1960년 6월 익명의 제보자가 아메리칸익스프레스에 전화를 걸어 '얼라이드 크루드 베지터블오일(The Allied Crude Vegetable Oil Co., 얼라이드)'의 거대 사기극을 알려주었다. 당시 얼라이드는 아메리칸익스프레스가 보유한 위탁창고관리회사(고객사가 자사 창고에 보관한 상품을 출장관리해 주는 회사)의 최대 고객으로서, 위탁창고관리회사는 수백만 달러 상당의 샐러드오일을 위탁 관리하고 있었다. 자신을 뉴저지주 베이온 소재 얼라이드 창고의 야간 근무자라고 밝힌 이 제보자를, 아메리칸익스프레스 직원들은 '목소리(Voice)'라고 불렀다. 그 '목소리'는 이 지역 대형 탱크 6006호를 검사해보라고 하면서, 철판으로 유량 측정기를 둘러싼 좁은 비밀 공간에만 샐러드오일이 들어 있고, 나머지는 모두 바닷물이라고 설명했다.[9]

위탁창고관리회사 직원들에게는 청천벽력 같은 이야기였다. 가득 차 있어야 할 창고가 텅 비어 있다는 뜻이기 때문이다. 위탁창고관리회사가 하는 유일한 업무는 고객 창고에 보관된 재고를 확인하는 일이었다. 아메리칸익스프레스는 얼라이드가 샐러드오일 수백 톤을 보유 중이라고 증명하는 창고증권*을 이미 발급해준 바 있었다. 얼라이드는 이 창고증권을 담보로 수백만 달러를 대출받았다. 〈월스트리트저널(Wall Street Journal)〉에 '샐러드오일 거대 사기극' 기사를 실어 퓰리처상을 받은 노먼 밀러(Norman C. Miller) 기자는 대출 기관의 말을 이렇게 인용했다. "아메리칸익스프레스가 발행한 창고증권이니 우리는 아무 문제가 없을 거라고 생각했죠."[10] 이제 베이온 지역 탱크의 내용물이 무엇이냐에 따라 아메리칸익스프레스의 자본과 명성이 날아갈 수도 있었다.

제보자와 통화한 후 위탁창고관리회사 사장 도널드 밀러(Donald Miller)는 불시 검사를 지시했다.[11] 아메리칸익스프레스 검사자들은 빈 탱크에 비밀 공간이 있는지 점검해보았으나 발견하지 못했다. 6006호를 포함해 사용 중인 탱크에서 샘플을 채취해 조사했다. 탱크의 약 15%는 수분 비중이 비정상적으로 높았다. 게다가 6006호는 유량 측정기 부위를 제외하고 모든 구멍을 용접해서 막아버렸으므로, 비밀 공간이 있는지 확인할 수가 없었다. 이는 분명 경고 신호였는데도 검사자들은 창고증권에 상응하는 내용물이 탱크에 들어 있다고 판단했다.[12]

제보자는 처음 전화할 때 좀 더 상세한 정보를 제공하는 조건으로 5,000달러를 요구했다.[13] 그러나 그해 여름이 끝날 때까지 아메리칸익스프레스가 갈피를 못 잡는 것에 좌절한 그는 돈을 못 받는 한이 있더라도 실상을 공개해 자기가 허튼소리를 한 것이 아님을 증명하고 싶었다. 제보자는 아메리칸익스프레스 사장 겸 CEO 하워드 클라크에게 전화해 사기극을 밝혀낼 6단계 계획을

---

* **창고증권**: 창고회사가 물건을 맡긴 사람에게 발행해주는 증서. 물건을 맡긴 사람은 이 증서를 가지고 물건을 양도하거나 담보로 맡기고 돈을 빌릴 수 있다.

제시했다.[14] 가장 중요한 단계는 원칙을 굽히지 않을 엔지니어를 보내 베이온 탱크들을 조사하는 일이었다.[15] 클라크의 비서는 아메리칸익스프레스 검사자들을 현장으로 급파했다.

아메리칸익스프레스 검사원 로슈(R. T. Roche)는 얼라이드의 소유주 앤서니 티노 데 안젤리스(Anthony Tino De Angelis, 티노)에 관한 놀라운 사실을 발견했다. 1960년 11월 18일 로슈의 메모에 의하면 티노는 7년 전 법무부로부터 기소당했고 국세청으로부터도 탈세 혐의로 고발당한 바 있었다. 그에게 걸린 조세재산 압류 금액이 100만 달러가 넘었으며 정부 검사관을 매수한 혐의도 있었다. 티노가 조직범죄에 연루된 것으로 판단한 로슈는 비밀 탐정을 이용하자고 회사에 제안했다.[16]

티노는 과거에도 사업에서 많은 문제를 일으켰다. 티노는 1938년 정육업을 시작한 이후 제2차 세계대전 기간 암시장에서 수상한 거래를 통해 막대한 재산을 모았다.[17] 1949년에는 미국증권거래소에 상장된 대형 정육회사 아돌프고벨(Adolf Gobel Co.)의 경영권을 인수했다. 1952년 아돌프고벨은 연방 교육기관 급식용으로 저질 육류를 공급하고 농무부에 대금을 과다 청구했다가 정부납품계약을 해지당했다.[18] 1년 뒤 SEC는 재고자산을 부풀려 이익을 과다계상한 혐의로 이 회사를 조사했다. 티노가 경영권을 인수하고 5년도 지나지 않아 이 회사는 파산했다.

SEC는 티노가 분식회계로 이익을 부풀리고 가공 재고자산을 담보로 대출을 받았다고 주장했다. 1953년 법무부는 SEC 조사 기간에 재고자산을 조작하도록 직원에게 강요한 혐의로 티노를 기소했다. 얼라이드가 아메리칸익스프레스의 최대 고객이 되었을 때, 티노는 이미 재고자산 조작 혐의로 기소당한 상태였다. 그런데도 아메리칸익스프레스는 기소당한 사람에게 재고자산 수백

만 달러에 해당하는 창고증권을 발급해준 것이다.[19]

1958년 농무부는 선적 서류를 조작해 미국 정부로부터 120만 달러를 사취한 혐의로 티노를 조사했다. 1960년 정부는 민사 사기 혐의로 티노를 고소했는데, 아메리칸익스프레스에 전화 제보로 얼라이드의 사기를 알린 일 역시 같은 해 벌어졌다.[20]

이 같은 티노의 어두운 과거는 그다지 찾기 힘든 정보가 아니었다. 아돌프고벨 사건과 티노의 민사 사기는 〈월스트리트저널〉에 보도된 바 있었다. 얼라이드에 관한 모든 신용보고서에도 티노의 세금 문제, 아돌프고벨의 파산 및법적 문제가 자세히 언급되었다. 제삼자가 객관적으로 검증한 담보가 없으면은행은 티노에게 대출을 절대 제공하려 하지 않았다. 그래서 얼라이드는 아메리칸익스프레스가 필요했다. 바로 이때 금융회사로서는 신용이 가장 좋았던아메리칸익스프레스가 얼라이드에 창고증권을 발급해줌으로써 상습 사기꾼에게 최종 대부자가 되어주었다.

눈뜬장님이었던 창고관리자

1960년에도 아메리칸익스프레스의 모습은 지금과 크게 다르지 않아서 값진 브랜드를 보유한 수익성 높은 기업으로 인정받고 있었다. 샐러드오일 사기사건에 휘말려 휘청거리기 전까지만 해도, 사람들은 아메리칸익스프레스에 위탁창고관리 자회사가 있다는 사실조차 알지 못했다. 아메리칸익스프레스의여행자수표 사업은 연 매출이 10억 달러가 넘었고, 신생 신용카드 사업은 성장률이 연 25%였다. 반면 위탁창고관리 사업은 지난 16년 중 약 절반이 적자였고, 큰 이익을 낸 적이 한 번도 없었다. 얼라이드와 거래를 하든 말든 여전히 적자를 면치 못하는 처지였다.[21]

아메리칸익스프레스의 CEO 하워드 클라크의 목표대로 설령 이 회사가 연간 50만 달러의 순이익을 달성했다 하더라도, 위탁창고관리업은 피했어야 하는 위험한 사업이었다. 위탁창고관리업자의 고객은 대부분 막대한 자금이 필요하지만 신용도가 낮아서, 독립적으로 검증받은 재고자산을 담보로 대출받아야 하는 형편이었다. 위탁창고관리회사들은 이런 고객을 확보하려고 치열한 경쟁을 벌여야 했으므로 재고자산을 철저히 검증하기가 어려웠다. 이른바 독립 위탁창고관리회사는 실제로는 고객이 보유한 창고에 간판만 바꾼 회사였다. 이른바 '독립 직원'도 위탁창고관리회사의 급여 대상자 명단에 일시적으로 이름만 올린 고객 회사 직원들이었다. 이해 충돌과 사기 발생의 여지가 많은 상황이었다.[22]

티노는 직원들이 위탁창고관리회사로 소속을 바꾼 뒤에도 계속 급여를 지급했다고 〈월스트리트저널〉은 보도했다. 티노의 회사는 아메리칸익스프레스보다 좀 더 많은 급여를 주었으므로 직원들은 티노에게 충성할 수밖에 없었다. 탱크에 연결된 복잡한 배수관 등 탱크의 내막을 아는 사람은 그들뿐이었다. 바로 그들이 재고량을 측정해 아메리칸익스프레스에 보고했다.

제보자가 아메리칸익스프레스에 얼라이드의 사기 정보를 제공한 시점은 1960년 여름이었다. 그 시점에 티노의 사기를 발견했다면 아메리칸익스프레스는 가벼운 피해만 보고 빠져나올 수 있었다. 당시 아메리칸익스프레스가 발급한 창고증권은 샐러드오일 2만 9,000톤으로 650만 달러 정도였다. 그러나 회사는 3년이 지나서야 사기를 알아차렸는데, 그 무렵에는 사기 규모가 무려 10배로 증가했다. 아메리칸익스프레스가 보증한 샐러드오일이 미국에 존재

하는 모든 샐러드오일을 합한 것보다도 많았다.[23]

사기임을 경고하는 신호는 도처에 널려 있었다. 주간 샐러드오일 재고 증가량이 터무니없이 많아서 물리적으로 수용 불가능한 수준이었는데도 아메리칸익스프레스 관리자들은 눈 하나 꿈쩍하지 않았다.[24] 창고증권을 담보로 티노에게 대출해준 은행이 "이 재고량이 확실한 건가요?"라고 전화로 물어보기까지 했다.[25] 그런데도 아메리칸익스프레스는 사기를 발견하지 못했다. 이렇게 명백한 경고 신호까지 무시할 정도라면 사악한 의도가 작용했다고 보아야 마땅하다.

아메리칸익스프레스 위탁창고관리회사 임원들은 착각에 빠져 있었다. 티노는 그들에게 뇌물을 제공한 적이 없었고 심지어 편의를 봐달라고 부탁한 적도 없었다. 그럴 필요가 없었다. 한번은 제보자 전화를 받은 아메리칸익스프레스가 불시 검사에 착수해 사기가 드러나기 직전까지 갔다. 이때 티노는 침착한 태도로 아메리칸익스프레스에 위탁창고관리 계약을 종료하겠다고 선포했다.[26] 공격이 최선의 방어라고 생각한 것이다. 그러자 아메리칸익스프레스 임원들은 즉시 태도를 바꿔 부리나케 달려가 티노를 진정시켰다.

이후 아메리칸익스프레스 관리자들은 경고 신호를 무시했다. 이들은 창고증권 발행액에 해당하는 샐러드오일이 탱크 안에 들어 있다고 검사보고서를 작성했다. 그런 뒤 이런 문구를 덧붙였다. "정체불명의 전화 제보가 있었지만, 과연 맞는 정보인지는 아직 확인할 수 없습니다. 틀림없이 탱크 안에 물이 들어 있다는 정보입니다. 당사의 창고증권이 불법적으로 사용되었을 가능성이 있으며, 그랬다면 당사는 막대한 손실을 볼 수 있습니다."[27] 그런데도 회사가 창고의 감독을 강화하지 않은 이유는 검사보고서 결론에 나온다. "얼라이드는 당사에서 매출이 가장 많은 고객이어서 이탈하면 적자를 면하기 어려우므로, 이 거래를 유지하도록 노력해야 한다고 생각합니다."[28]

위탁창고관리 자회사가 사업을 유지하려면 대규모 고객이 필요했다. 회사의 생존과 단기 실적에 눈이 먼 임원들은 얼라이드 같은 고객으로부터 발생하는 위험을 외면했다. 1963년까지도 임원들은 티노의 정직함과 진정성을 확신했다. 도널드 밀러 등 몇몇 임원은 티노의 다른 벤처 사업에 개인 자금을 투자하기도 했다.

하워드 클라크는 위탁창고관리 사업을 중단할 생각도 해보았지만 부하들이 만류했다. 클라크는 얼라이드의 설비를 직접 방문하기도 했다. 직접 올라가 본 탱크 꼭대기가 녹슬어 구멍이 났지만 클라크는 우려를 표명하지 않았다.[29] 클라크가 마침내 얼라이드와 거래를 중단하기로 마음을 먹었을 때는 이미 돌이키기 힘든 시점이었다. 겨우 몇 주 뒤 사고가 터진 것이다.

❙ 파산으로 아수라장이 된 월가

1963년 드디어 샐러드오일 거대 사기극이 만천하에 드러났다. 티노가 조용히 파산을 신청하자, 채권자들은 일제히 얼라이드 창고가 있는 베이온으로 몰려갔다. 샐러드오일 59만 톤 상당의 창고증권(18만 톤 상당은 위조 증권으로 밝혀짐)을 보유한 많은 대출기관과 수출업자들이 탱크에서 물과 정체불명의 폐기물을 발견한 순간, 혼란은 공포로 바뀌었다.[30] 파산관재인들이 6006호 탱크를 비우자, 유량 측정기를 둘러싼 좁은 철판 공간에만 샐러드오일이 들어 있었다. 뱅크오브아메리카(Bank of America), 뱅커스트러스트(Bankers Trust), 브라운브러더스해리먼(Brown Brothers Harriman), 체이스맨해튼(Chase Manhattan), 콘티넨털그레인

(Continental Grain), 모건개런티(Morgan Guaranty), 프록터&갬블(Procter & Gamble) 등 50여 기업에 파장이 미쳤다.[31]

이 사기 사건으로 월스트리트도 아수라장이 되었다. 티노는 창고증권을 이용해 개설한 신용거래계좌로 샐러드오일 시세를 조종하려고 했었다. 그러나 파산하면서 계좌 포지션을 청산해야 하므로 하루 온종일 상품거래소 문을 닫을 수밖에 없었다. 주식으로 시가 5억 달러 상당을 보유한 고객을 2만 명이나 거느린 유명 증권사는 티노에게 신용거래를 허용했다가 막대한 손실을 보았다. 뉴욕증권거래소는 이 증권사의 거래를 정지시켰고(171년 만에 발생한 두 번째 사례) 이후 청산했다.[32]

아메리칸익스프레스 상황은 한층 더 험난했다. 위탁창고관리 자회사가 가입한 보험금이 약 8,000만 달러였지만 그 금액으로는 사기로 발생한 손실을 보상할 수 없었다. 클라크는 공식 석상에서 위탁창고관리 자회사가 보험에 가입했으며 회사의 장래를 낙관한다고 언급했다. 그러나 비공식적으로는 위탁창고관리 자회사의 배상 채무를 아메리칸익스프레스 자금으로 변제해야 할지에 대해 변호사들과 은밀히 논의했다. 머지않아 클라크는 이렇게 공식적으로 발표했다.

> 우리 자회사의 법적 배상책임액이 보험금과 기타 자산의 합계액을 초과한다면, 초과 책임액 변제를 위해 아메리칸익스프레스는 가능한 한 모든 수단을 동원할 도덕적 의무가 있습니다.[33]

이후 고소와 소송이 줄을 이었고 아메리칸익스프레스의 주가는 폭락했다. 당시 서른셋이던 워런 버핏은 오마하에서 이 상황을 지켜보고 있었다.

얼라이드가 파산한 다음 달, 아메리칸익스프레스의 주가는 50% 넘게 떨어졌다. 주주가 되면 무한책임을 져야 하는 만큼, 많은 투자자가 사기극의 여파를 과도하게 우려한 탓이었다. 아메리칸익스프레스는 주식이 발행된 대규모 합명회사*로, 이런 회사로는 가장 마지막으로 상장된 회사였다. 즉 주주들이 회사의 채무에 대해 무한책임을 져야 하는 구조였다. 워런 버핏은 당시 상황을《스노볼》에서 다음과 같이 설명했다.

> 결국 미국의 모든 금융회사 신탁 부서는 다들 공황 상태에 빠졌습니다. 내 기억에 콘티넨털은행의 아메리칸익스프레스 지분은 5%가 넘었는데, 갑자기 신탁계정 주식이 휴지조각이 될 뿐만 아니라, 채무까지 떠안을 수도 있었습니다. 당연히 주식 매물이 쏟아져 나왔고, 시장은 단기간 다소 비효율적이 되었습니다.[34]

버핏은 아메리칸익스프레스 주식을 대규모로 사들였다. 한때 버핏의 포트폴리오에서 아메리칸익스프레스가 차지하는 비중이 33%에 육박하기도 했다.[35] 그러나 투자조합 서한에서는 종목을 밝히지 않은 채 지배지분을 사들였다고만 언급했다. 1964년 초 버핏이 아메리칸익스프레스 주식을 최대한 서둘러 매수할 때, 투자조합 서한에 새로 등장한 종목은 텍사스내셔널 페트롤리엄(Texas National Petroleum)뿐이었다. 소규모 기업 인수로 10만 달러 남짓 이익을 낸 종목이었다. 버핏이 언급은 자제했지만 아메리칸익스프레스는 그의 투자철학

---

* **합명회사**: 구성원들이 무한책임을 지는 회사. 주식회사와 유한회사 구성원이 유한책임을 지는 것과 구분된다.

에 깊이 영향을 미쳤다.

버핏은 포트폴리오에 포함된 종목을 세 종류로 구분했다. 첫째 뎀스터밀이나 버크셔 해서웨이 등 '지배지분', 둘째 텍사스내셔널 페트롤리엄 등 특수 상황에 해당하는 '워크아웃'*, 셋째 아메리칸익스프레스 등 '일반 종목'이 그것이다. 1963년 초 그가 일반 종목으로 사들인 주식은 대개 안전마진이 충분한 저평가 종목들이었다. 그는 이렇게 말한다. "일반 종목 투자는 일종의 '편승(便乘)' 기법으로, 자산의 수익성이나 활용도를 개선하려는 대주주들의 의지가 느껴질 때 사는 종목입니다."[36] 다시 말해 일반 종목이란 뎀스터밀과 버크셔 해서웨이처럼 주로 수익성이 저조해서 순자산가치보다 낮은 가격에 거래되는 주식을 말한다.

버핏은 아메리칸익스프레스 주식 매수 1년 뒤, 일반 종목에 대한 정의를 수정했다. "정량분석이 우선이고 절대적이지만 정성분석도 중요합니다. 우리는 훌륭한 경영진(그리고 훌륭한 산업)을 좋아하며, 지금까지 조용히 지내던 경영진이나 주주들이 조금은 '끓어오르기'를 바랍니다"[37] 아메리칸익스프레스로 거금을 벌어들인 버핏은 1967년 다음과 같이 이야기했다.

흥미롭게도 나 자신은 양적 요소를 중시하는 집단에 속한다고 생각하지만(지금까지 이탈했다가 돌아온 사람이 한 명도 없어서 이 집단에 남은 사람이 나뿐인지 모르겠지만), 정말로 '가능성이 큰 통찰'이 떠오를 때는 질적 요소를 크게 중시했습니다. 이런 통찰에서 대박이 터지니까요. 양적 요소를 평가할 때는 통찰이 아예 필요 없지만, 어떤 숫자에서 방망이로 머리를 얻어맞은 듯 통찰이 떠오르는 사례

---

* 워크아웃(work-out): 파산에 직면한 기업을 구조조정 등으로 살려내는 작업을 말함.

는 흔치 않습니다. 따라서 진짜 대박은 흔히 질적 요소를 잘 판단했을 때 터지고, 확실한 수익은 명확한 양적 요소를 잘 판단했을 때 얻게 된다고 생각합니다.[38]

버핏은 아메리칸익스프레스 투자자들이 무한책임에 겁먹고 과잉 반응한 탓에 주가가 과도하게 하락한 것으로 판단했다. 버핏이 단기 차익을 노리고 아메리칸익스프레스를 매수한 것은 아니었다. 아메리칸익스프레스의 실적을 조사한 뒤 보기 드물게 훌륭한 기업이라고 판단한 것이다.

그동안 버핏은 자산이 풍부한 기업을 싸게 사는 일에 주력했다. 아메리칸익스프레스는 공장이나 설비가 없는 회사였다. 회사의 가치는 주로 브랜드에 있었다. 버핏은 은행, 호텔, 레스토랑, 고객들을 조사하고 나서, 엄청난 사기 사건에도 아메리칸익스프레스의 브랜드 가치는 손상되지 않았다고 결론을 내렸다.[39] 그는 이 조사를 통해 무형자산의 엄청난 위력을 인식했다. 버크셔 해서웨이처럼 유형자산이 많은 기업은 운영에 막대한 투자가 필요하지만, 아메리칸익스프레스의 여행자수표 사업은 대규모 잉여현금을 창출했다. 고객들이 여행자수표를 현금으로 사고 사용하기까지 시차가 발생하므로 그 과정에서 플로트(float)가 창출되는 것이다. 버핏은 아메리칸익스프레스의 브랜드 가치가 여전히 막강하다고 생각했다. 투자 위험이라면 샐러드오일 사기 사건 수습 과정에서 일시적으로 배당 지급이 중단되는 정도가 전부라고 보았다. 그저 귀찮은 수준이지, 대참사는 아니었다.[40]

그렇다면 버핏이 말한 '가능성이 큰 통찰'은 아메리칸익스프레스의 경우 무엇이었을까? 1969년 그는 〈포브스(Forbes)〉 인터뷰에서 이렇게 설명한다. "아메리칸익스프레스라는 이름 자체가 세계 최고의 독점 판매력입니다."[41]

태풍도 지나가고

사기 사건이 드러난 후, 아메리칸익스프레스는 시가총액이 1억 2,500만 달러나 감소했다. 그러나 샐러드오일 피해자들과 합의한 보상 금액은 세후 3,200만 달러에 불과했다.[42] 그런데 이 과정에서 묘한 일이 벌어졌다. 아메리칸익스프레스 주주들이 보상금 지급을 가로막은 것이다. 몇몇 소수주주가 아메리칸익스프레스는 위탁창고관리 자회사의 채무를 대신 변제할 법적 의무가 없다고 주장하면서 보상금 지급을 금지해달라고 소송을 제기했다. CEO 클라크는 채권자들에 대해 도덕적 의무가 있다고 생각했을지 몰라도 법적 의무는 없다는 것이 그들의 주장이었다. 보상금 지급은 일종의 '증여'로, 주주가치를 훼손한다는 것이다. 특히 위조 창고증권 소지자들까지 보상받게 된다는 사실에 주주들의 좌절감은 더욱 컸다.

상장기업 주주들은 대개 의사 표시를 하지 않고 회사의 정책이 마음에 들지 않으면 주식을 팔고 떠나므로, 몇몇 주주의 목소리가 지나치게 커질 수도 있다. 게다가 이런 주주가 장기적 안목을 갖춘 헌신적인 주주라는 보장도 없다. 이렇게 소수의 주주가 보상금 지급을 가로막으면서 목소리를 높이자 버핏도 가만있을 수가 없었다.

초기에는 버핏도 자산은 많지만 실적이 저조한 기업의 경영진 및 이사회와 가끔 충돌을 빚었다. 그러다가 행동에 나설 때가 되면 경영권을 장악하고 자산을 정리하는 수순을 밟곤 했다. 예컨대 뎀스터밀에서는 최대한 신속하게 자본을 회수해 주주가치를 높였다. 그러나 아메리칸익스프레스는 전혀 다른 상황이었다. 경영진은 브랜드 가치를 지키려고 올바른 결정을 내렸지만 주주들이 이를 가로막은 사례였다. 사기 사건이 전국적으로 주요 뉴스가 되었다. 피해자 다수가 아메리칸익스프레스 여행자수표를 판매해주는 대형 금융기관이었다. 버핏은 주주들의 근시안적인 행동 탓에 아메리칸익스프레스의 브랜드 가치가 영구적으로 손상될 수 있다고 걱정했다. 버핏은 위험에 처한 우량기업의 경쟁우위를 지키고자 직접 개입하기로 했다.

1964년 6월 16일 버핏이 클라크에게 보낸 서한(135쪽 참조)은 격려의 글처럼 보이기도 한다. 그는 경영진을 칭찬하면서 기존의 훌륭한 정책을 계속 유지하라고 격려한다. 마치 이렇게 말하는 듯하다. "기운 내세요. 이제 어려운 고비는 거의 다 지나갔습니다. 이제 와서 이 훌륭한 회사를 망칠 수는 없지요." 버핏의 서한에서 가장 놀라운 것은, 얼라이드 스캔들이 결국은 아메리칸익스프레스의 평판을 높여주리라는 생각이었다. 그는 다음과 같이 다독였다.

경영진은 위탁창고관리 자회사 문제로 지옥에 떨어진 기분이 들겠지만, 3~4년만 지나면 우리 회사는 이 문제 덕에 일반 기업보다 훨씬 높은 진정성과 책임감의 기준을 정립할 것이고 위상도 더욱 높아질 것입니다.

아메리칸익스프레스의 위상이 오히려 더 높아지리라는 말은 터무니없는 상상 같기도 하고 환심을 사려는 말처럼 들리기도 한다. 피터 그로스먼(Peter Grossman)은 1987년 저서에서, 아메리칸익스프레스는 회사 역사상 최악의 위기 덕분에 오히려 강해졌다고 분석한다. "샐러드오일 스캔들 이후 아메리칸익스프레스가 오히려 훨씬 더 강해지자, 누군가 클라크에게 몇 년마다 샐러드오일 스캔들이 터지면 좋지 않겠느냐고 물었다. 클라크는 '나는 남은 인생이 길지 않아서 그럴 여유가 없습니다'라고 대답했다"고 그는 들려준다.[43] 과연 버핏의 예상은 적중했고 이렇게 오마하의 현인이 탄생했다.

버핏이 아메리칸익스프레스에 투자해 막대한 이익을 거두는 동안, 시장에서는 투자자들이 복합기업과 화려한 펀드로 몰려들었다. 그러나 버핏은 조용히 자기만의 투자 기법을 발전시켜나갔다. 그는 아메리칸익스프레스 투자를 계기로 벤저민 그레이엄의 투자 스타일에서 벗어났다. 훗날 버핏은 "나는 훌륭한 기업을 적정 가격에 사는 일에 집중했습니다"라고 설명한다. " 1969년 그는 투자조합 청산 계획을 발표했다. 그동안 정량분석을 바탕으로 충분한 자금을 모았으므로 더 큰 먹잇감을 찾아 나설 생각이었다. 버핏은 기업 인수에 관심을 가지게 되었다. 아메리칸익스프레스에 투자해보니 기업 인수가 훨씬 타당했다. 부실한 기업의 지분을 일부 사는 것보다 훌륭한 기업을 통째로 인수하는 편이 훨씬 쉽고 재미있다고 생각했다. 이후 버핏은 가치투자 기법을 사용해 망해가던 직물회사 버크셔 해서웨이를 거대 기업으로 키워나갔다.

금융 달인의 반짝 성공

버핏이 보험사와 은행을 인수하면서 버크셔 해서웨이를 거대 기업으로 키워가던 1960년대 말, 다른 경영자들은 무분별하게 기업을 인수하면서 건전했던 기업을 망가뜨리고 있었다. 1960년대 미국 주식시장에 호황기가 열려, 1890년대와 1920년대에 이어 세 번째 기업 인수 붐이 형성되었다. 그러나 무의미한 저질 인수 거래가 대부분이었다. 이전의 기업 인수 붐에서는 수평적 통합과 수직적 통합이 주류를 이루었지만 1960년대는 오로지 몸집만 부풀리는 기업 인수가 유행했다. 내용에 상관없이 월스트리트에서 푸짐한 보상을 받을 수 있어서였다. 1960년대 호황기는 곧 붕괴했고 그 폐허 속에서 신세대 기업사냥꾼들이 등장했다. 대표적 사례가 1978년 짐 링이 해럴드 시먼스를 상대로 시도한 적대적 공개매수였다.

복합기업 링템코보트(Ling-Temco-Vought, LTV)를 보유한 '기업 인수의 제왕 짐 링'은 월스트리트가 성장 기업을 높이 평가한다는 사실을 이용해 거대한 재산을 모았다. 1955년 그는 댈러스 소재 소규모 전력시공회사를 상장했다. 텍사스주 박람회에 부스를 설치하고 투자설명서를 배포하는 등 노력을 기울였고, 고전 끝에 근근이 100만 달러를 조달했다.[45] 이후에는 기업을 줄줄이 인수해 그의 회사를 〈포천〉지 선정 500대 기업 명단에 올려놓기도 했다. 링은 월스트리트에서 끊임없이 자금을 조달해 기업을 인수하고 나서, 자금을 더 조달하려고 이해할 수 없는 구조조정을 단행했다. 그는 전환우선주 등 다양한 혼성증권을 발행했고, 신규 발행 증권을 기존 증권과 교환하는 복잡한 거래를 제안하기도 했다. 1969년 챈스보트(Chance Vought), 윌슨앤코(Wilson & Co.), 존스&래플린(Jones & Laughlin)을 공개매수하자 LTV는 〈포천〉지 선정 500대 기업 명단의 14위에 올랐다. 링이 4억 2,500만 달러에 인수한 존스&래플린은 당시 현금 공개매수로는 최대 규모였다.[46]

LTV를 거대 기업으로 키워낸 링은 '금융의 달인'으로 널리 칭송받았다. 그러나 링의 성공은 월스트리트가 성장주에 높은 PER을 부여하는 습성을 이용해 투자자들을 속인 결과였다. 당시 LTV는 시장에서 높은 PER로 거래되었으므로, 링이 시장에서 손쉽게 자금을 조달해 저PER 기업들을 인수하면서 주당이익을 계속 높일 수 있었다.

그러나 이런 방식이 영원히 이어질 수는 없었다. LTV가 인수한 윌슨앤코는 성공작이었으나 챈스보트와 존스&래플린은 참담한 실패작이었다. 오래지 않아 투자자들은 복합기업의 기업 인수가 속임수임을 깨달았고 LTV 주식은 폭락했다. LTV 주식을 담보로 막대한 자금을 차입했던 링은 무일푼이 되었다.

기업 인수 제왕의 몰락

링이 기업 인수의 제왕으로 명성을 날리던 1960년대 중반, 약국 체인점 소유주 해럴드 시먼스(33세)가 링에게 만나고 싶다는 편지를 보냈다. 그는 링의 기업 인수 능력에 감명받아 링을 본받고 싶어 했다. 체인점 경영을 하지 않을 때, 시먼스는 사업보고서를 읽으면서 주식에 조금씩 투자했다. 배스아이언웍스(Bath Iron Works)가 심하게 저평가되었다고 생각한 시먼스는 링에게 자문을 구하고 싶었다. 링이 시먼스에게 훌륭한 분석이라고 칭찬해주자 시먼스는 더욱 신이 났다.

1976년 두 사람이 다시 만났을 때 링은 곤경에 빠진 상태였다. 링의 벤처기업 오메가알파(Omega-Alpha)가 곧바로 파산했기 때문이다. 한때 명성을 날리던 링은 이제 계속된 실패를 맛보는 처지가 되었다. 반면에 시먼스는 잘나가고 있었다. 그는 약국 체인점을 매각해 확보한 5,000만 달러로 상장기업들을 사냥해 10억 달러에 이르는 재산을 축적하고 있었다. 시먼스는 링이 사용했던 창의적인 공개매수 기법을 모방해 경영권을 인수했다. 링은 수단과 방법을 가리지 않고 LTV의 덩치를 키운 반면, 시먼스는 저평가 기업들만 집중적으로 인수했다. 특히 자산을 숨겨둔 기업 발굴에 탁월한 재능을 발휘했다.

링의 오메가알파가 파산하던 1975년, 시먼스는 보유 부동산이 주당 50달러인데도 주식이 겨우 5달러에 거래되는 발히(Valhi)라는 무명 회사를 발견했다. 시먼스는 자파타(Zapata Corporation)의 전직 CEO 도일 마이즈(D. Doyle Mize)가 발히에 보석 같은 자산을 숨겨두었을 것으로 생각했다. 마이즈는 자파타의 CEO 에서 물러난 뒤 소규모 부동산 자회사 사우스다운(Southdown)의 CEO가 되었다. 마이즈는 사우스다운이 모회사에서 분리될 때 이 주식을 집중적으로 매수해 막대한 재산을 축적했다. 마이즈는 이 수법을 발히에도 써먹을 작정이었다. 그는 사우스다운이 보유한 알짜 자산을 발히에 몰아주었고, 사우스다운의 CEO에서 물러나 발히의 CEO가 되면서 기업분할(spin-off)을 단행해 자신을 포함한 주주들에게 주식을 분배했다. 이때 시먼스가 주당 15달러에 기습적으로 공개매수를 발표했다. 마이즈는 17.50달러로 가격을 높여 대응했지만, 시먼스가 다시 22.50달러로 높여 마침내 경영권을 인수했다.[47]

시먼스가 발히 인수에 성공한 직후 링이 찾아왔다. 링이 동업을 제안했지만 시먼스는 거절했다. 그러나 한때 영웅으로 떠받들었던 링의 처지를 딱하게 여긴 시먼스는 링을 자신의 투자기구 콘트란(Contran)에 2년간 고문으로 위촉했다. 링이 제공하는 투자 아이디어에 따라 콘트란은 오메가알파 채권을 매수해 큰돈을 벌었다. 그러나 시먼스는 링이 똑똑하긴 하지만 허점투성이라고 판단했다. 링은 복잡한 전문 용어를 써가면서 많은 아이디어를 쏟아냈지만, 핵심은 전혀 보지 못할 때가 많았다. 링은 LTV를 파산시켜 재산을 날렸는데도 자신감이 여전했다. 콘트란과의 2년 계약이 끝나고 일주일 뒤, 링은 시먼스에게 콘트란 주식을 공개매수할 계획이라고 통보했다.

시먼스는 자신의 변호사에게 "링은 핵심을 놓치는 버릇이 있어요"라고 이야기했다.[48] 지난 2년간 링은 콘트란 주가가 심하게 저평가되었다는 사실을 파악했다. 발히 등 여러 자회사에 엄청난 자산이 숨겨져 있다는 사실을 알고 있었다. 그가 경영권을 확보하면 이런 회사들을 청산해 막대한 이익을 얻을 수 있었다. 그러나 한 가지 간과한 핵심이 있었다. 시먼스가 보유한 지분이 42%나

된다는 사실이었다. 링이 경영권을 확보하려면 나머지 유통주식을 90% 가까이 사들여야 했다. 이는 무리였다.

당시 주가는 20달러였지만 링은 주요 주주 몇몇에게 35달러를 제시했다. 이후 50달러에 공개매수를 발표해 41%까지 사들였다. 그 무렵 시먼스는 지분을 44%로 높였다. 링은 지분율 50%를 넘기면 과거의 전성기로 돌아갈 수 있었다. 그러나 실패하면 빚내어 사들인 막대한 주식을 기약 없이 끌어안고 있어야 했다.

링은 50% 지분을 확보할 수가 없었다. 설상가상으로 며칠간 50달러 수준을 유지하던 콘트란 주가가 폭락하기 시작했다. 링은 시먼스에게 주식을 50달러에 사달라고 제안했다. 시먼스는 "나는 관심 없으니 당신이나 영원히 가지시죠"라고 대답했다.[49] 시먼스는 결국 현금과 증권을 섞어 주당 30달러 이하로 링의 주식을 샀다. 한때 인수의 제왕이던 링은 다시 파산해 무대 뒤로 사라졌다. 둘이 처음 만났을 때 시먼스는 제자였지만 이제는 스승이 되었다. 링이 콘트란의 공개매수를 발표했을 때도 시먼스는 분노를 표출하지 않았다. 단지 비즈니스일 뿐이라고 말했다.[50] 이렇게 냉혹한 기업사냥의 시대가 열렸다.

서부 출신 링, 동부 출신 시먼스

링과 시먼스는 둘 다 기업에 대한 시장의 평가가 터무니없이 빗나간다는 사실을 잘 활용해 성공한 경우다. 링은 유명 펀드매니저들이 유망 성장주에 앞다투어 투기하던 시절에 성공을 거두었다. 고평가된 자사 주식으로 자금을 조달해 다른 기업들을 인수하는 방식이었다. 시먼스는 경기 침체로 시장이 폭락한 1970년대 성공했다. 엉망이 된 시장을 샅샅이 뒤져 쓸 만한 기업을 헐값에 사들이는 방식이었다. 한 사람은 시장의 과도한 낙관을 이용해 성공했고, 다른 한 사람은 시장의 과도한 비관을 이용해 성공했다. 그런데 그 무렵 학계에서는 금융시장이 거의 완벽하다는 이상한 이론이 개발되고 있었다. 이 이론 덕분에 적대적 기업 인수에 대한 반감이 완화되었고, 그늘에 숨어 있던 기업 사냥꾼들은 대기업 이사회로 당당히 진출할 수 있었다.

1960년대 시카고대학교에서 효율적 시장 가설이 개발되었다. 이 가설에 따르면 주가는 모든 가용 정보를 완전히 반영하므로 기업의 가치를 나타내는 최적 추정치가 된다. 일부 투자자가 뉴스에 비합리적으로 반응하더라도, 그 반응은 무작위여서 정규분포를 구성하므로 상쇄되어 균형을 이룬다. 효율적 시장 가설에 따르면 우리는 근사한 수학 공식을 이용해 주식의 기대수익률까지도 계산할 수 있다.

$$E\,(\tilde{r}_{j,t+1}|\Phi_t) = r_{f,t+1} + \left[\,\frac{E(\tilde{r}_{m,t+1}|\Phi_t) - r_{f,t+1}}{\sigma\,(\tilde{r}_{m,t+1}|\Phi_t)}\,\right] \frac{cov\,(\tilde{r}_{j,t+1},\,\tilde{r}_{m,t+1}|\Phi_t)}{\sigma\,(\tilde{r}_{m,t+1}|\Phi_t)}$$

나는 경제학과 재무론에는 약하지만 이런 이론들이 문제 해결에 어느 정도 유용하다는 점은 인정한다. 노벨 경제학상을 받은 머튼 밀러(Merton Miller)는 한 인터뷰에서 재무론의 유용성을 설명하면서 "이론은 지혜를 얻는 출발점이지, 종착점이 아닙니다"라고 주장했다.[51] 즉 이론이 현실 세계를 제대로 설명하지 못할 때, 어느 가정이 왜 잘못되었는지 파악하는 과정에서 지혜로워진다는 뜻이다.

그러나 연구 초기에 효율적 시장 가설 옹호자들은 실증 분석 과정에서 이 이론을 지혜의 출발점이 아니라 종착점인 것처럼 다루었다. 이들의 정보 처리는 심각하게 편향되었다. 정보에 지나치게 집착한 학자들은 주식 투자를 일종의 정보 수집 게임으로 간주했다. 시장 참가자들이 모든 정보를 똑같이 입수할 수 있다는 가정에 몰두한 나머지, 그들은 집단적 판단 오류 가능성을 간과했다. 그들은 실적 발표 후 주가 변동, 유무상 증자, 액면분할, 합병 등 개별 사건을 중심으로 실증 분석을 진행했는데, 이는 주로 시장이 효율적으로 반응하는 분야였다. 예를 들어 투자자들이 주식분할을 정확히 평가해 합리적으로 대응하기는 어렵지 않으나, 기업의 장기 전망을 합리적으로 평가하기는 매우 어렵다. 그런데도 학계에서는 수십 년간 투자자들의 평가가 합리적이라고 가정했다.

효율적 시장에서는 엇갈리는 의견들이 상쇄되면서 주가가 합리적으로 형성된다. 그러나 현실 세계에서는 판단 오류에 의해 주가가 한 방향으로 치우치기 쉬우며, 집단 히스테리도 종종 발생한다. 시장이 안정적인 기간에도 투자자들은 기업을 터무니없이 잘못 평가할 수 있다. 나는 컬럼비아대학교에서 조엘 그린블랫(Joel Greenblatt) 교수에게 증권분석을 배웠다. 그는 첫 수업에서 〈월스트리트저널〉을 펼쳐놓고 코카콜라(Coca-Cola)와 월마트(Walmart)처럼 안정적인 회사조차 52주 고가와 52주 저가 차이가 매우 크다는 사실을 지적했다. 펀드매니저 하워드 막스(Howard Marks)는 야후(Yahoo!)의 연말 시가총액이 1997~2001년 동안 30억 달러, 290억 달러, 1,150억 달러, 160억 달러, 90억 달러로 바뀌었음을 알려주었다.

이 말은 무슨 뜻일까? 시장이 비효율적이라면 그 비효율성을 이용해 돈을 벌 수 있다는 뜻이다. 기업은 주주를 이용해 돈을 벌 수 있고, 주주는 기업을 이용해 돈을 벌 수 있다. 만약 시장이 효율적이라면, 어떤 기업이 시장가격에 프리미엄을 붙여 주식을 사들이는 시점은 주주들이 이익을 극대화할 기회가 된다. 그러나 현실 세계에서는 이런 기회에 주식을 팔아도 손해를 볼 수 있다.

주가가 경영진에 미치는 영향도 간과해서는 안 된다. 자기 자리를 보전하려는 CEO는 누구나 주가 흐름에 관심을 기울일 수밖에 없다. 칼 아이칸은 "당신이 주가를 올리지 않는다면 당신 대신 누군가가 주가를 올려줄 것이오"라고 했다.[52] 그런데 주가가 잘못 형성되면 어떻게 되는가? 경영진은 잘못된 주가 탓에 잘못된 판단을 내릴 수 있다.

2006년 뉴욕공립도서관 행사에서 시어스홀딩스(Sears Holdings) 이사회 의장 겸 헤지펀드매니저 에드워드 램퍼트(Edward Lampert)가 흥미로운 문제를 지적했다. 상장기업 경영 문제를 논의하던 중, 그는 사람들이 거의 생각해본 적 없는 질문을 던졌다. 주가가 과대평가되었을 때는 회사를 어떻게 경영해야 하는가? 투자자들의 기대가 비현실적으로 높아서, 큰 위험을 떠안지 않고서는 기대를 충족하기가 어렵다면 어떻게 해야 하는가? 임직원 모두 업무를 훌륭하게 완수했지만 주가가 하락한다면?

모두 램퍼트가 실제로 경험한 일이었다. 2015년 현재는 시어스홀딩스 주가가 약 35달러지만 당시에는 175달러였다. 시장이 효율적이라면 주가를 근거로 적정 지배구조를 논할 수 있다. 그러나 시장이 비효율적이어서 주가가 멋대로 날뛴다면 주가로 지배구조를 논할 수 없다.

기업사냥꾼의 시대를 연 스타인버그

1970년대 들어 효율적 시장 가설이 널리 유행하자 기업 인수에 좀 더 관대한 분위기가 형성되었다. 1960년대는 짐 링 등 기업사냥꾼들이 중소기업을 인수하면서 자신의 복합기업을 키웠다. 월스트리트와 규제 당국은 중소기업 사냥을 용인해주었다. 그러나 우량기업까지 사냥의 표적이 되자 다들 기겁했다. 대표적인 사례가 1969년 솔 스타인버그의 케미컬은행(Chemical Bank) 인수 시도였다.

케미컬은행은 150년 역사에 자산이 90억 달러에 이르는 거대 기업이었다. 스타인버그는 1961년 스물아홉 살 때 리스코(Leasco, IBM보다 싼 가격에 IBM 컴퓨터를 대여해주는 리스회사)를 설립한 야심가였다. 그는 1965년 높은 가격에 리스코를 상장해 벌어들인 돈으로 사업을 다각화했다.

1968년 스타인버그는 릴라이언스 인슈어런스(Reliance Insurance Co.)를 공개매수한다고 발표했다. 매출이 리스코의 10배이고 자본이 남아도는 손해보험회사였다. 소규모 리스회사였던 리스코는 이 공개매수에 성공하면서 연간 이익(수익 - 비용 = 이익)이 2,700만 달러에 이르렀고 〈포천〉지 선정 500대 기업이 되었다. 1968년 말까지 5년간 리스코 주가는 5,410% 상승했다. 존 브룩스는 리스코를 "이론의 여지가 없는 1960년대 호황기의 제왕"이라 불렀다.[53]

이듬해 스타인버그는 은행에 눈을 돌렸다. 당시 은행들은 보험회사만큼이나 보수적이고 활기가 없었다. 그는 케미컬은행 주식을 사들이면서 공개매수 준비에 착수했다. 그러자 케미컬은행 경영진이 낌새를 채고 선제공격에 나섰다. 은행은 스타인버그가 케미컬은행을 인수하려 한다고 기자들에게 정보를 흘렸다. 이어서 규제 당국에 알려 스타인버그가 공개매수에 나서지 못하도록 영향력을 행사했다. 법무부는 스타인버그에게 은행 인수가 독점을 금지하는 법률에 저촉될 수 있다는 취지의 서한을 발송했다. 뉴욕주는 은행인수금지법을 통과시켰다. 미 상원 은행위원회 위원장도 은행인수금지법안을 제출했다.[54]

훗날 스타인버그는 "마치 벌집을 건드린 것 같았습니다. 우리가 대형 은행을 인수하려 한다는 이유만으로 지난 2주 동안 일면식도 없는 은행가와 기업가들이 갑자기 전화를 걸어 나를 비난했습니다. 기득권층은 항상 존재한다고 생각했고 나 역시 기득권층에 속한다고 생각했는데 말이죠"라고 털어놓았다.[55]

스타인버그의 대형 은행 인수 시도는 시기상조였다. 그러나 머지않아 스타인버그를 포함한 기업사냥꾼들의 시대가 왔다. 1970년대 효율적 시장 가설이 확산되자, 사람들은 기업사냥꾼이 시장을 위협한다기보다는 바로잡는다고 보게 되었다. 1980년대 기업사냥꾼들은 강력한 경제 성장과 마이클 밀컨(Michael Milken)의 공수표를 이용해 부와 명예를 거머쥐게 된다.

**워런 버핏이 아메리칸익스프레스
CEO에게 보낸 서한**

영어 원문 보기

1964년 6월 16일
———

수신

하워드 클라크 사장님
아메리칸익스프레스
뉴욕주 뉴욕시 브로드웨이 65
NY 10006

클라크 귀하,

　최근 우리 투자조합은 아메리칸익스프레스 주식 약 7만 주를 매수했습니다. 매수하기에 앞서 여행자수표 사용자, 은행 임직원, 신용카드 가맹점, 카드 소지자 등 다양한 분야의 경쟁자들을 광범위하게 조사했습니다. 샐러드오일 문제에도 아메리칸익스프레스의 경쟁우위와 탁월한 업계 지위는 손상되지 않았음을 이들을 통해 확인했습니다. 경영진은 위탁창고관리 자회사 문제로 지옥에 떨어진 기분이 들겠지만, 3~4년만 지나면 우리 회사는 이 문제 덕에 일반 기업보다 훨씬 높은 진정성과 책임감의 기준을 정립할 것이고 위상도 더욱 높아질 것입니다.

최근 매수한 주권의 잉크가 채 마르기도 전에 경영진에 이런 제안을 하는 것이 주제넘은 일이라는 생각도 듭니다. 지난 주주총회에서 언급했던 것처럼, 이번 중간연도 주주 서한에서도 회사의 경쟁력이 잘 유지되고 있다는 점을 강조해달라고 본인은 정중히 제안합니다. 장기 주주라면 샐러드오일 피해자들에게 지급하는 정확한 배상액이나 사건 발생 이후 6개월 순이익(계절 요인이나 전 세계적인 회계 문제 등으로 언급이 꺼려질지도 모릅니다)에 대해 과도하게 걱정하지 않을 것입니다. 그러나 여행자수표 매출, 카드 회원, 카드 교체, 외화예금 등이 샐러드오일 사건 이전과 마찬가지로 모두 성장세를 유지하고 있는지에 대해서는 장기 주주도 관심이 많을 것입니다.

아메리칸익스프레스는 샐러드오일 사건 관련 자회사의 채무를 자발적으로 떠안으려고 하나, 주주들이 이를 막는 소송을 제기했습니다. 본인은 재무분석사협회(Financial Analysts Federation) 회원이며, 기업정보위원회(Corporate Information Committee)에도 참여하고 있습니다. 몇 달 전만 해도 우리는 아메리칸익스프레스나 그 주식과 전혀 관계가 없었습니다. 만일 아메리칸익스프레스가 자회사의 채무를 무시할 것으로 우리가 생각했다면, 장기적으로 회사의 가치가 대폭 하락한다고 보았을 터이므로 우리는 주식 7만 주를 사지 않았을 것입니다. 본인은 사비를 털어 이 사실을 기꺼이 증언할 용의가 있습니다. 다시 말해 자회사의 채무에 대해 책임을 회피할 때보다 자회사의 채무를 공정하게, 오히려 넘치게 배상할 때 아메리칸익스프레스의 가치가 훨씬 더 상승한다고 우리는 판단합니다. 우리는 이런 견해를 바탕으로 약 280만 달러를 투자했습니다. 자회사의 채무를 배상하려는 경영진의 행동이 적절한 것인지를 법원이 판단할 때 우리의 증언이 유용한지는 모르겠지만, 만일 유용하다면 본인은 기꺼이 증언하겠습니다.

요즘 경영진 모두 힘든 나날을 보내고 있을 것입니다. 그러나 태풍이 불어

닥쳐 배가 휘청거리더라도 (말 많은 사람들은 제외하고) 대다수 주주는 선장을 믿고 배가 안정을 유지하며 전속력으로 운항하고 있다고 생각할 것이 분명합니다. 태풍은 지나갈 것이며, 나중에 돌아보면 배는 실제로 계속 전진했던 것으로 밝혀질 것입니다.

진심을 담아

워런 버핏

4장

현금이라는 강력한 무기를
휘두른 기업사냥꾼

칼 아이칸,
자신감 넘치는 서한만으로
필립스페트롤리엄을 인수하다

"하지만 이사회가 주주들이 보유한 주식에 대해서
공정한 가격을 받지 못하도록 하는 일에는
강력히 반대합니다."

—

칼 아이칸, 1985

베어허그의 달인

1985년 2월 4일 칼 아이칸은 필립스페트롤리엄 CEO인 윌리엄 듀스(William Douce)에게 회사를 인수하겠다는 서한을 보낸다. 자신의 제안을 거부한다면 공개매수를 시도하겠다는 내용이었다. 필립스페트롤리엄은 7년 차 기업사냥꾼 칼 아이칸의 열다섯 번째 먹잇감이었고, 아이칸이 듀스에게 보낸 기업 인수 제의는 기업사냥꾼의 전형적인 베어허그*였다. 즉 기업을 인수하겠다는 제의와 협박을 동시에 사용한 것이다. 이전에도 동일한 수법을 사용했던 아이칸이지만 이번 대결은 확실히 달랐다. 필립스페트롤리엄은 세계 최대 기업 중 하나였을 뿐만 아니라, 아이칸이 인수했던 기업들보다 적어도 몇 배는 더 큰 기업이었다.

자신의 초창기 기업사냥을 두고 아이칸은 '포커 게임'이었을 뿐이라고 이야기한 적이 있다.[1] 주식 매집을 위해 엄청난 자금을 빌려오고 지배지분을 확보하기 위해 공개매수를 하겠다고 허세를 떨며 협박하기도 했다. "장기전을 치를 자금은 없었습니다. 주식 보유를 위해 부담할 이자 말입니다."[2] 아이칸이 필립스페트롤리엄을 공개매수하겠다며 81억 달러를 제시했을 때, 이를 진지하게 생각한 사람은 없었다. 필립스페트롤리엄의 투자은행가였던 조 포그(Joe Fogg)는 "말도 안 되는 소리 하지 마세요. 도대체 석유 사업에 대해 뭘 안다고 그러세요?"라며 아이칸을 말렸다.[3] 얼마 전에 또 다른 기업사냥꾼인 T. 분 피켄스(T. Boone Pickens)와 힘겨운 싸움을 치른 필립스페트롤리엄은 신문에 이렇게 전면광고를 실었다. "아이칸 씨, 진심입니까?" 아이칸도 이번에는 진심이었다. "우

---

*베어허그(bear hug): 경영진에 갑작스럽게 기업 인수를 제안하는 공격 방법이다.

리에겐 현금이 있습니다. 석유 사업을 잘 아는 사람들을 고용할 겁니다"⁴ 라고 아이칸은 포그에게 답했다.

아이칸이 보낸 베어허그에는 드렉셀번햄 램버트(Drexel Burnham Lambert)의 레온 블랙(Leon Black)이 쓴 '자금 조성을 장담하는 의견서'가 첨부되어 있었다. 자신의 투자은행은 아이칸의 공개매수에 필요한 40억 달러의 자금 조성을 '장담한다'는 내용이었다. 인수가 시작되면 자신이 확보한 투기등급 채권 투자자들에게 정크본드와 우선주를 섞어 팔아 아이칸에게 자금을 마련해주겠다는 것이다. 그리하면 아이칸은 일반 은행에서 한 푼도 빌리지 않으면서 기업 인수 자금을 마련할 수 있었다. 필립스페트롤리엄이 드렉셀번햄의 '자금 조성을 장담하는' 의견서에 의구심을 보이며 사실상 아이칸은 현금을 확보하지 못한 것 아니냐고 하자, 아이칸은 드렉셀번햄에 초기 자금으로 15억 달러를 확보하게 했다. 드렉셀번햄이라는 현금지급기를 배후에서 조종한 마이클 밀컨은 48시간도 채 안 되는 시간에 자금을 마련했다. 아이칸도 신문에 전면광고를 내며 응수했다. "공개매수는 진심입니다."⁵

포식자의 무도회

미국 역사상 네 번째로 큰 기업 인수는 앞선 대기업 간의 사례보다 훨씬 더 중대한 의미를 지닌다. 이른바 '거래의 80년대(deal decade)'로 불린 1980년대 성사된 2만 2,000건의 기업 인수합병에는 사모펀드의 차입매병(leveraged buyouts, LBO)와 느슨한 독점금지법을 이용하려는 기업 간의 전략적 인수, 미국 시장으로 확장하려는 해외 기업들의 기업 인수 등이 포함된다.⁶ 10년간 비록 몇 안

되는 사례에 불과하지만 이 기간 월스트리트를 가장 특징짓는 것은 적대적 기업 인수였다.[7]

이토록 비호감 인물들이 벌인 전쟁에 대중이 푹 빠져 있었던 사실을 보면, 1980년대 적대적 기업 인수에 걸린 큰 판돈과 극적인 이야기에는 분명 무언가 특별한 것이 있었던 것 같다. 기업사냥꾼들이 배부르고 기름진 CEO들을 쪼아 먹는 것을 역겹게 본 사람들도 있었지만, 대부분은 거대 기업들의 최상층부에서 이루어진 격돌을 할리우드 영화나 다름없이 바라보았다.

1950년대만 해도 사람들은 기업의 CEO를 상대로 싸움을 거는 겁 없는 기업사냥꾼의 등장을 어떻게 받아들여야 할지를 몰랐다. 1980년대 이르러 기업사냥꾼은 '천하무적'으로 떠올랐다. 1980년대의 기업사냥꾼은 1950년대의 위임장 전문가와 여러모로 비슷했다. 둘 다 월스트리트의 경계에서 뛰는 젊고 공격적인 사업가들이었다. 다만 위임장 전문가가 일반 주주들의 불만을 이용해 기업 총수의 간담을 서늘케 했다면, 기업사냥꾼은 훨씬 무서운 무기를 가지고 있었는데 그 무기는 바로 현금이었다.

현금은 마이클 밀컨과 그가 창조한 정크본드 시장에서 조달되었다. 투기등급 채권을 매수하는 투자자들을 동원해 밀컨은 젊고 재주가 넘치는 기업사냥꾼에게 풍부한 유동성을 제공했다. 1984년 금융업자인 넬슨 펠츠(Nelson Peltz)는 투자자산을 특정하지 않은 합자회사(blind pool)의 형태로 1억 달러를 확보했다. 이듬해 비슷한 기업사냥꾼인 론 페렐먼(Ron Perelman)은 7억 5,000만 달러를 확보했다. 그다음 해는 '능숙한 수술용 메스'라는 별명을 가진 샌포드 시골로프(Sanford Sigoloff)가 12억 달러를 끌어모았다.[8] 불특정 합자회사는 특정한 기업 인수를 목적으로 만들어진 자금이 아니었다. 앞으로 있을 기업사냥을 위한 군자금이었다.

코니 브룩(Connie Bruck)은 마이클 밀컨과 드렉셀번햄의 성공 신화를《The Predator's Ball(포식자의 무도회)》이라는 저서에서 다룬 바 있다. 여기서 그는 필립스페트롤리엄을 상대로 한 아이칸의 싸움을 '드렉셀번햄의 갈라쇼'라 묘사했고, 아이칸에 대해서는 '거의 마술에 가까운 거인의 행보'[9]였다고 표현했다. 하지만 이 책이 출간되고 1년도 안 되어 밀컨은 기소당하고 드렉셀번햄이라는 현금지급기는 작동을 멈추고 말았다. 필립스페트롤리엄을 상대로 한 아이칸의 공격은 드렉셀번햄과 적대적인 기업사냥꾼의 등장을 알리는 경적이기도 했지만, 이들의 최후가 시작된 사건이기도 했다.

밀컨의 몰락 이후, 이윤을 찾아 전 세계를 방랑하는 자금의 규모는 엄청나게 불어났다. 밀컨이 창조했다고 할 수 있는 정크본드 시장은 10배로 늘어났다.[10] 하지만 전 세계가 값싼 자금으로 흥청망청하던 2000년대 중반에도, 실력이 검증되지 않은 기업사냥꾼들이 기업 사재기를 하려고 마구 발행하는 투기등급 채권을 사려고 줄을 선 사람은 없었다.[11] 이것만 보아도 1980년대 밀컨의 위상이 얼마나 특별했는지 알 수 있다.

밀컨이 창조한 드렉셀번햄이라는 현금지급기는 증권법 위반과 남용의 결과인지, 아니면 선견지명이 있는 천재가 만들어낸 합법적인 사업인지를 떠나, 기존의 틀에서 벗어난 것은 틀림없는 사실이다. 밀컨이 감옥에 가고 금융업에서 영구히 퇴출되자 1980년대의 기업사냥은 수그러들었다. 하지만 밀컨이라는 불꽃이 사그라지자 그의 하수인이라고 여겨지던 사람들이 엄청난 성공을 거두었다. 드렉셀번햄만 아니었으면 잔챙이라고 무시당했을 사람들이었다.《포식자의 무도회》에서 특히나 무시당했던 넬슨 펠츠는 그 후 20년에 걸쳐 슈퍼스타이자 주주행동주의의 대선배로 등극하게 된다. 그리고 빼놓을 수 없는 인물이 칼 아이칸이다. 콧대 높고 대담했던 그는 새로이 투자할 때마다 더 큰 먹잇감을 쫓았다. 그가 찍은 가장 따끈따끈한 먹잇감에는 역사상 최대 규모의 시가총액을 기록한 애플도 포함된다.

1980년대는 비단 금융뿐만 아니라 음악과 영화, 문학에서도 화려함과 현란함이 풍미한 시대였다. 하지만 그 밑바탕에는 믿을 수 없이 탄탄한 내실이 뒷받침되었다. 1980년대 가수들이 헤어스타일은 우스웠을지 몰라도 노래는 정말 좋았다. 1987년 주식시장이 폭락하자 많은 전문가가 이제 빚잔치는 끝났다고 진단했다. 하지만 잘못 본 것이다. 기업사냥꾼들은 사상누각 위에서 춤을 춘 것이 아니었다. 1980년대 경제 성장은 진짜였고 주식시장은 빠르게 회복되었다. 그 후 10년에 걸쳐 경제는 더 성장하고 더 큰 기업 인수가 성사되었다.

칼 아이칸의 행적을 보면, 그는 누구보다도 1980년대를 대표한다고 할 수 있다. 믿을 수 없을 정도의 성공을 거둔 뒤 거의 파산할 정도로 실패했지만, 오늘날 아이칸은 가장 유명한 기업사냥꾼으로 기억된다. 아이칸 자신으로 볼 때도 그는 성공한 사람이었다. 그에게 가장 의미 있는 잣대일 수 있는 부의 척도로 보면, 그는 최고의 부자였기에 그렇다. 초창기 시절의 아이칸은 단순한 그린메일러로 치부되곤 했다. 경영권을 위협하며 자신이 보유한 주식을 비싼 값에 사 가라고 기업 경영진을 못살게 구는 그런 투자자 말이다. 하지만 그가 필립스페트롤리엄과 벌인 싸움은 동물적인 감각과 총잡이로서의 면모를 제대로 과시한 사건이었다.

드렉셀번햄의 전직 고위 간부가 말한 것처럼 필립스페트롤리엄 싸움은 "칼 아이칸이 칼 아이칸으로 태어난 순간"[12]이었다. 그 사례는 또한 밀컨과 드렉셀번햄의 가공할 힘을 만천하에 드러낸 계기였는데 결과적으로는 양쪽에 시한부 인생을 선고한 셈이었다. 기업 인수합병의 역사에 한 획을 긋는 사건이자, 훗날 마틴 립튼이 고안한 포이즌 필의 초기 원형을 엿볼 수 있는 사례이기도 했다. 또한 자금 조성을 장담하는 의견서가 활용된 최초의 사례이기도 하다. 이 모든 드라마는 필립스페트롤리엄에서 경력을 쌓기 시작한 기업사냥꾼 T. 분 피켄스가 전 직장을 인수하려고 덤벼든 1984년에 시작된다.

비적자생존이 싫었던 피켄스

칼 아이칸의 유명한 궤변 중에 경영에 관한 '반(反)다위니즘'이 있다. 미국 기업은 문제를 일으키지 않고 정치적으로 행동하는 사람에게 상을 준다는 주장이었다. 기업에서 상을 받는 유형은 남들에게 호감을 사고 위협이 되지 않는 행동거지로 제일 높은 자리까지 오르는 사람이라는 것이다. 마치 바다에 나가본 적도 없이 영국 해군의 총사령관이 된 코믹 오페라의 등장인물과도 같다. 그렇게 CEO가 된 사람은 자신보다 더 멍청한 사람을 이인자로 세우므로 결국 경영진 전체가 멍청해진다. 아이칸은 자기가 탁월한 여러 경영자와 일한 적이 있다며 농담처럼 말을 흐렸지만 이는 뼈 있는 농담이었다. 가장 뛰어나고 똑똑한 사람이 사내에서 최고의 자리에 오르지 못하는 경우가 드물지 않다. T. 분 피켄스가 필립스페트롤리엄에서 겪은 경험은 아이칸의 말이 사실임을 입증한다.

1951년 대학을 졸업한 피켄스는 필립스페트롤리엄에 사원급 지질학자로 입사한다. 그는 오클라호마주에서 나고 자랐으며 부친은 텍사스주 애머릴로의 필립스페트롤리엄 지사에서 근무하기도 했다. 오클라호마주 바틀즈빌로 이사해 필립스페트롤리엄 본사에 근무하게 된 피켄스는 직장생활이 특별히 좋다는 생각은 하지 못했다. 직장생활을 썩 좋아하지 않았던 부친과 비슷했다. 상관들은 지루하고 신뢰감이 가지를 않았다. 늦게까지 일하다가 곤란을 겪는 일

— 가장 사업처럼 하는 투자 주주행동주의

도 종종 있었다. 오후 5시 15분이면 어김없이 퇴근해야 했다.[13]

피켄스는 텍사스주 코퍼스크리스티에서 관정 지질학자로 근무할 때 필립스 페트롤리엄이 비경제적인 의사결정을 내리는 현장을 목격했다. 한번은 새 관정이 완공되더라도 비용을 뽑을 만큼의 원유를 생산하지 못할 것으로 판단했다. 그의 상관은 동의하며 관정을 덮자고 했지만 본사에서는 30만 달러를 들여 완공할 것을 지시했다. 역시 짐작했던 대로 새 관정에서는 투입된 비용에 턱없이 부족한 양의 원유가 생산되었다. 하지만 본사의 상사들은 용케 책임에서 빠져나갔고 서류상 성공률만 높일 수 있다면 회삿돈이 낭비되는 것에는 신경 쓰지 않았다.

입사 3년 차에 접어들면서 피켄스는 사내에서 좋은 평판을 얻었다. 하지만 본사 임원이 "이 회사에서 높은 자리에 오르고 싶다면 입 다무는 법을 배우라"고 조언하자 피켄스는 회사에 흥미를 잃었다. 그는 당시를 이렇게 회상했다. "20년간 회사에 다니고 나서 인생의 가장 생산적인 시기를 빈둥거리면서 보냈다고 씁쓸해하긴 싫었다."[14]

그로부터 30년 후 피켄스는 필립스페트롤리엄으로 돌아온다. 당시 그는 필립스페트롤리엄의 대주주로 지분 15%를 주당 60달러에 추가 인수하겠다며 적대적인 공개매수를 천명하는 사람이 되어 있었다. 바틀즈빌 본사는 피켄스의 귀환이 그다지 달갑지 않았다. 바틀즈빌은 기업사냥꾼들 때문에 위기에 몰린 미국의 대표적인 소도시가 되어버렸다. 마을은 '피켄스를 막아라'라는 문구가 박힌 티셔츠를 입고 철야기도회에 모인 주민들로 떠들썩했다. 사람들은 그가 경영권을 장악하면 회사를 말아먹고 이어서 자신들의 삶의 터전인 마을을 파괴할 것이라고 믿었다.

회사는 공개매수를 늦추고 시간을 벌기 위해 여러 법원에서 피켄스를 상대로 소송을 제기하는 등 싸움이 지저분해졌다. 그러는 사이에 원유 가격이 떨어지고 자신의 투자철학이 손상된다고 느낀 피켄스는 모든 역량을 다른 먹잇감인 유노컬(Unocal)로 돌린다. 필립스페트롤리엄이 피켄스의 지분을 사들이는 협상에 성공하자 바틀즈빌 주민들은 환호했다. 그러나 그것은 끝이 아니었다. 전직 석유 지질학자인 피켄스가 무대 밖으로 빠져나가자마자, 뉴욕 퀸스 파로커웨이 출신의 길거리 도박사가 그 무대를 차지하려고 노렸다.

주주 평등을 천명하다

1984년 12월에 필립스페트롤리엄을 상대하기 시작했을 때 피켄스는 그린메일 전략을 쓰지 않겠다고 결심했다. 피켄스는 '다른 모든 주주도 똑같은 조건을 받지 못한다면' 자신도 필립스페트롤리엄에 자신의 지분을 되팔지 않겠노라고 기자들에게 말했다.[15] 그해 이보다 앞서 그린메일은 이미 논란거리가 되었다. 왜냐하면 텍사코(Texaco)가 바스(Bass) 형제에게 시장보다 훨씬 높은 프리미엄을 지불하고 그들의 지분을 13억 달러에 사들였기 때문이다.*[16] 그린메일이라면 칼 아이칸도 뒤지지 않을 악명을 떨치고 있었다. 필립스페트롤리엄 이전의 사례 14건 중 절반이 넘는 사례에서 그는 그린메일 전략을 사용했다. 상장기업의 주식을 소유한 일반 주주들이 1980년대 초반의 잇따른 그린메일 바이아웃에 분개하는 것은 당연했다. 기업의 CEO나 기업사냥꾼들이 주주를 위

---

* 그린메일로 특정 주주의 주식을 더 높은 가격을 주고 되사는 방식은 주주 평등의 원칙에 위반된다는 논란이 있으며, 다른 주주들로부터 많은 비난을 받을 수 있다. 이 때문에 피켄스는 대등한 조건을 천명한 것이다.

한다고 떠들어대는 구호는 가식일 뿐이었다. 그들은 사리사욕이 우선이었다. CEO들은 적대적 공격으로부터 자신을 지키기 위해 회사 자금을 거리낌 없이 사용했다. 기업사냥꾼들은 대부분 돈을 챙겼다. 이 때문에 기업이 약해지고 경영진이 자신들만의 진지를 더 공고하게 다지든 말든, 그것은 그들이 알 바 아니었다.[17]

피켄스의 회고록에 따르면 필립스페트롤리엄은 조 플럼을 앞세워 주당 70달러에 그린메일 바이아웃을 제안했다. 주주들의 비용으로 피켄스에게 3억 달러의 차익을 안겨주겠다는 의미였다.[18] 하지만 그것은 피켄스에게 그린메일을 거부하겠다고 공언한 자신의 명성뿐만 아니라 주주 권익의 수호자라는 자긍심이 걸린 문제였다. 피켄스는 자신과 필립스페트롤리엄이 공동으로 회사를 인수해 상장 철회할 것을 제안했다. 경영에는 손을 대지 않겠다는 피켄스의 약속에도 필립스페트롤리엄 경영진은 그와 한 팀이 되는 것을 탐탁지 않아 했다.

필립스페트롤리엄은 피켄스에게 주당 53달러의 현금을 주는 복잡한 내용의 주주환원 정책을 제시했다. 주주환원 정책에는 필립스페트롤리엄의 우리사주제도를 통해 유통주식의 30%를 주당 60달러의 무보증사채(debenture)로 교환하는, 사실상 주식을 매수해주는 계획이 포함되었다. 필립스페트롤리엄은 이듬해까지 채무를 줄이기 위해 자산을 매각하는 한편, 배당을 늘리고 추가로 10억 달러 규모의 자사주를 매입하기로 했다. 이 정책의 전체적인 가치가 일반 주주들에게도 주당 53달러에 해당한다고 계산한 필립스페트롤리엄은 이만하면 피켄스가 다른 주주들보다 우대받는다고 생각하지 않기를 바랐다.

"53달러는 너무 낮다고 생각했지만 우리는 일이 되게끔 하자는 분위기였다"고 피켄스는 당시를 회상한다.[19] 피켄스는 일반 주주를 위해 무보증사채를 주고 주식을 되사는 계획에서 되사는 주식의 수량을 유통주식의 30%가 아닌

50%로 인상한다면 계획을 받아들이겠노라고 했다. 양측은 결국 38%에 합의했다. 피켄스는 향후 필립스페트롤리엄을 상대로 기업사냥을 하지 않겠다는 합의서에도 서명했다. 필립스페트롤리엄이 피켄스에게 각종 비용을 보상하는 명목으로 2,500만 달러를 지급하기로 하고 양측은 소송을 취하했다. "필립스페트롤리엄으로부터 벗어난 것이 정말 좋구나. 1954년 회사를 관둘 때도 이런 기분이었지." 집으로 돌아가는 비행기에서 피켄스가 딸에게 한 말이다.[20]

자본 구조조정안의 파장

필립스페트롤리엄의 주주환원 정책은 투자자들에게는 황당한 것이었다. 그들의 반응은 코카콜라의 신제품 뉴코크를 맛본 반응과 비슷했다. 필립스의 장기 투자자들은 자기가 보유한 주식 대신에 받게 될 복잡한 무보증사채를 어떻게 이해해야 할지 알 수 없었다. 조만간 있을 바이아웃을 노리고 단기 차익 실현을 위해 필립스페트롤리엄 주식을 매집했던 사람들에게는 10억 달러 규모의 자사주 매입은 관심거리 밖이었다. 화려한 언행으로 유명했던, 캘리포니아 주의 재무 담당자 제시 빅 대디 언루(Jesse Big Daddy Unruh)는 "이게 도대체 뭐 하자는 소린지 통 모르겠다"며 그럴듯하게 '위장된 그린메일'은 아닌지 걱정된다고 했다.[21] 바이아웃을 기대하고 대규모 매집에 나섰던 차익거래자 이반 보스키(Ivan Boesky)는 피켄스가 주식을 팔아버리자 낙담했다. "크리스마스 시즌이 잖아요. 한바탕 축제를 기대했단 말입니다."[22] 이해할 수 있는 것이라곤 필립스페트롤리엄의 주가가 40달러 초반까지 18%나 폭락했다는 것과, 피켄스가 비용 명목으로 2,500만 달러와 주당 53달러씩을 현금으로 챙겨 갔다는 사실뿐이었다. 누가 보더라도 그것은 그린메일과 무척 비슷했다.

며칠이 지나서 월스트리트의 몇몇 애널리스트가 필립스페트롤리엄의 주주 환원 정책 가치는 주당 45달러 수준이라고 발표했다. 도널드슨 러프킨&젠레트(Donaldson, Lufkin & Jenrette)의 영향력 있는 에너지 분야 애널리스트 커트 월프(Kurt Wulff)는 이 정책의 가치가 주당 42달러밖에 안 된다면서도, 필립스페트롤리엄을 분할한다면 가치가 주당 75달러까지 오를 수 있을 것으로 전망했다.[23] 이런 전망이 아이칸의 관심을 끌었다. 아이칸이 보기에 에너지 분야를 잘 아는 똑똑한 피켄스는 주당 60달러를 주고 인수할 의향이 있었다. 필립스페트롤리엄은 60달러짜리 제안을 거부하고 45달러짜리 패키지를 제시해 주주들의 원성을 샀다. 게다가 주주환원 정책에 따르면 필립스페트롤리엄은 주식의 30%를 우리사주로 매입할 것이므로, 회사는 그만큼 많은 의결권을 확보하고 주주들의 의결권은 줄어든다. "의결권을 얻으려면 돈을 더 내셔야지"라는 것이 아이칸의 생각이었다.[24]

월가를 사랑한 아이칸

아이칸은 1936년 브루클린에서 태어나 파 로커웨이와 인접한 퀸스의 베이즈워터에서 자랐다. 기업사냥의 역사에 등장하는 많은 인물처럼 그도 유대인 중산층 집안의 장래가 촉망되는 아이였다. 어머니는 초등학교 교사였고 아버지는 변호사로 유대교 시너고그 성가대원이었다. 아이칸의 전기 작가인 마크 스티븐스(Mark Stevens)에 따르면 아이칸의 부모는 지나친 부에 거부감을 갖는 사람들이었다.

아버지는 부자들에 분노했다. 소수의 부자가 어마어마한 부를 누리고 그보다 훨씬 많은 사람이 절망적인 가난에 시달리는 현실을 아버지는 혐오했다.[25]

교회의 지도자 한 명이 아이칸이 무척이나 똑똑한 것을 알아보고는 그가 사립학교 장학금을 받을 수 있도록 주선해주었다. 그러나 아이칸의 부모는 사립학교를 방문해보고는 자식이 부잣집 아이들의 가치관에 물드는 것이 싫었다. 아이칸은 공립학교에 남았다.

아이칸은 파 로커웨이 고등학교의 우등생이었다. 그 학교는 리처드 파인만(Richard Feynman)을 포함해 3명의 노벨상 수상자와 유명 가수 엠씨 서치(MC Serch) 등을 배출했다. 아이칸이 프린스턴대학교로 진학하겠다고 하자 담당 교사는 "네 지원서는 읽어보지도 않을 거야"라며 웃어넘겼다. "우표를 이미 붙였는데 버릴 순 없잖아요"라며 아이칸은 지원했고 합격했다.[26]

프린스턴대학교에 진학한 아이칸은 유서 깊은 아이비클럽에서 회식이나 즐기면서 장래의 월스트리트 제왕으로 성장하지 않았다. 그는 체스를 즐겼으며 철학을 전공했다. 졸업반 때는 경험주의 인식론에 관한 논문으로 상도 탔다. 졸업 후 아이칸은 어머니의 강요에 이끌려 의대에 진학한다. 하지만 병자들과 지내는 것에 별로 재미를 느끼지 못해 군에 입대한다. 군대에 가면 적어도 어머니의 잔소리는 듣지 않아도 되겠다 싶었다. 군대 역시 아이칸의 체질에 맞지는 않았지만 상관들과 포커 게임을 해 돈은 많이 벌었다. 제대 후 뉴욕으로 돌아온 그는 월스트리트에 취직한다.

드레퓌스(Dreyfus)사에서 주식중개인이 되는 트레이닝을 받는 동안 아이칸은 포커로 번 돈으로 주식시장에서 한몫 챙기게 된다. 10만 달러 가까이 벌다가 1962년에 주가가 폭락하자 전 재산을 잃었다. 20대 중반에 파산한 아들에게 어머니는 의대에 가지 않을 거면 집에 얼씬도 말라고 엄포를 내렸다.[27] 아이칸은 계속해서 월스트리트에서 일하고 싶었다. 거기서 배운 것이 많았다. 무언가 생산적인 일에 머리를 쓰고 전문 분야를 개발해야 했다.

차익거래로 큰돈을 벌다

자기만의 전문 분야를 개발하기 위해 틈새시장을 찾던 중 아이칸은 옵션거래를 발견한다. 옵션시장은 유동성이 적었으며 중앙거래소도 없었다. 또한 주식시장보다 경쟁이 훨씬 덜했다. 아이칸은 투명한 가격을 무기 삼아 비즈니스 모델을 만들었다. 최근의 거래와 가격 동향을 알려주는 주간 소식지도 만들어 많은 구독자를 보유하게 되었다.[28] 그러자 불투명한 가격과 넓은 스프레드로 이윤을 챙기던 그의 경쟁사들은 분노했다. 하지만 아이칸의 사업이 워낙 커져서 아무도 그를 무시할 수 없었다.

1960년대 후반, 아이칸은 아이칸앤코(Icahn & Co.)를 세운다. 젊고 똑똑한 애널리스트 앨프리드 킹슬리(Alfred Kingsley)를 고용해 이후 25년간 함께 일한다. 둘은 수익성 좋은 다른 틈새시장을 찾던 중, 같은 기관에서 발행한 주식을 사고파는 차익거래를 발견하게 된다. 이를테면 짐 링이 시장에 내다 판 LTV의 전환주식을 뒤져 기초자산이 되는 주식에 비해 가치가 잘못 평가된 것을 찾아 차익거래를 노리는 식이었다. 하지만 전환주식 차익거래에서 진짜 돈을 벌어다 줄 기회는 따로 있었다. 기초자산이 되는 주식의 향방을 예측해 리스크 헤지를 비트는 일이었다. 아이칸과 킹슬리는 옵션에 대한 전문 지식을 활용해 차익거래에서 많은 돈을 벌게 된다.

아이칸과 킹슬리는 1970년대 중반 '저평가된 기회'에 관심을 갖기 시작했다. 1977년 아이칸은 부동산투자신탁인 베어드&워너(Baird & Warner)의 지분을 20% 인수해 이사회 자리를 요구했다. 요청이 묵살되자 아이칸은 경영진을 바꾸려고 위임장 대결을 벌였다. 회사의 그저 그런 실적을 공격하며, 만약 자신이 미는 후보들이 경영진이 된다면 보수나 수수료를 일절 받지 않겠다고 약속했다. 이 싸움에서 승리한 아이칸은 이사회 의장이 되어 회사명을 베이즈워터리얼티(Bayswater Realty)로 바꿔버렸다. 이어서 곧바로 회사 자산을 팔아 현금 보유고를 늘렸다. 나중에 이 돈은 기업 인수 활동의 실탄이 된다.

기업사냥꾼으로서 아이칸의 성공에는 부침이 있었다. 그는 자신의 새로운 투자 전략을 '일종의 차익거래'로 보았다.[29] 1980년 잠재적 투자자들에게 사업 기회를 설명하느라 쓴 메모에는 이런 내용이 있었다. 미국 내 자산가치는 빠른 속도로 올라가고 있지만 자산주들의 시장가치는 그렇지 못하다는 것이다. 경영진은 자기가 소유한 주식이 적기 때문에, 회사를 팔아 주주들에게 주식의 제 가치를 안겨주는 것에는 관심이 없다. 그런 기업의 주식에 관심 있는 사람은 많지만 적대적인 기업 인수를 실제로 감행할 사람은 거의 없다.

"하지만 기업의 지배권을 놓고 일단 싸움이 붙으면 주주들은 뜻밖의 횡재를 하는 경우가 많다"[30]고 아이칸은 설명한다. 그는 상장기업에 묶여 있는 자산과 경매장에 나온 자산 사이에 차익거래 기회가 있음을 간파했다. "'저평가'된 기업의 지분을 상당한 수준으로 인수하면 해당 기업의 운명을 좌지우지할 수 있습니다. 첫째 자산을 매각하거나 '백기사'에게 회사를 매각하라고 경영진을 설득하는 방법, 둘째 위임장 대결을 벌이는 방법, 셋째 공개매수를 천명하는 방법, 넷째 우리 지분을 회사에 되파는 방법 등을 이용하면 막대한 이익을 낼수 있습니다"[31]라고 그는 주장했다.

아이칸이 더 큰 거래로 승승장구하자 명성이 그를 앞지르기 시작했다. 그러자 반가운 그린메일들이 속속 날아들었다. "한동안은 말이죠, 우리가 전화만 하면 저들이 돈을 내는 식이었습니다. 우리가 전화하기 전에 먼저 전화하는 회사들도 있었습니다. (…) 마치 아기에게 사탕을 뺏어 먹는 것 같았죠"라고 킹슬리는 회고한다.[32] 아이칸에게 그린메일을 보내 거액을 낸 기업에는 색슨인더스트리, 아메리칸캔, 오언스일리노이, 앵커호킹, 댄리버 등이 있었다.

아이칸은 재산이 늘어나자 자신만의 기업 지배구조 철학을 가지게 되었다. 그는 종종 상장기업에 팽배한 책임 회피주의가 미국의 번영을 위협한다는 말을 했다. 대중의 인기에 영합하는 듯한 발언을 몇 차례 했는데도, 자기를 피켄스 같은 주주행동주의의 대변자라고는 생각하지 않았다. 70대를 눈앞에 둔 2006년 〈뉴요커〉와 인터뷰한 내용을 보면 그런 생각이 잘 드러난다.

미화할 생각은 없습니다. 나는 이기는 것과 돈 버는 게 좋습니다. 늘 뭔가에 강박적인 그런 사람이죠. 정신과 상담을 받아본 것은 아니지만, 굳이 분석한다면 아마도 나는 이기는 게 목적인 사람일 겁니다. 이긴다는 것은 곧 돈을 의미하죠.[33]

1984년 후반의 필립스페트롤리엄은 아이칸에게 마치 잘 익은 과일 같았다. 경영진은 궁지에 몰려 있었고 이미 피켄스에게 그린메일을 시도한 상황이었다. 조금만 더 압박하면 좀 더 나은 조건의 주주환원 정책을 짜낼 수 있으리라 아이칸은 확신했다. 그가 보기에 모든 상황은 마치 적대적인 인수를 기다리기라도 하는 것만 같았다. 하지만 문제가 있었다. 아이칸의 전략이 가장 잘 먹혀드는 때는 공개매수라는 큰 몽둥이를 휘두르는 경우였다. 필립스페트롤리엄은 〈포천〉지 선정 글로벌 500대 기업 중 16위였으며 전체 자산은 170억 달러에 달했다. 아이칸의 몽둥이로는 충분치 않았다. 회사 전체를 사려는 실질적인 위협을 가하려면 돈이 더 필요했다. 서른여덟 살의 천재 마이클 밀컨이 필요한 시점이었다.

█ 자금 조성을 장담하는 의견서

10년도 안 되는 기간에 드렉셀번햄은 열 손가락도 안 되는 고객을 보유한 중간 규모의 투자은행에서, 월스트리트의 부러움을 한 몸에 받는 위치로 성장했다. 그동안 마이클 밀컨은 빠르게 성장한 정크본드 시장을 지배해 회사의 매출을 25배로 키워놓았다.[34] 아이칸이 필립스페트롤리엄에 싸움을 건 1985년 밀컨은 정크본드 자금으로 적대적인 기업을 인수하는, 전망이 밝은 틈새시장에 집중하고 있었다. 드렉셀번햄의 연례 하이일드(high-yield) 콘퍼런스는 이른바 '포식자의 무도회'라 불렸는데, 여기서 CEO 프레드 조셉(Fred Joseph)은 "사상 처음으로 저희가 공정한 경쟁의 장을 마련했습니다. 덩치는 작아도 큰 상대를 대적할 수 있습니다"라고 밝혔다.[35] 콘퍼런스가 있은 지 수주 만에 피켄스는 유노컬을 노렸고 스티브 윈(Steve Wynn)은 힐튼호텔을, 제임스 골드스미스 경(Sir James Goldsmith)은 크라운 젤러바흐를, 로리마르(Lorimar)는 멀티미디어사를 공격했다.[36] 모두가 덩치 작은 회사들이 밀컨의 정크본드로 마련된 자금으로 수십억 달러짜리 회사를 먹어치우려는 시도였다. 그중에서도 가장 뒤죽박죽인 것은 단연 필립스페트롤리엄을 상대로 한 아이칸의 싸움이었다.

아이칸이 드렉셀번햄과 처음 손을 잡은 것은 그가 1984년에 인수한 전동차 제조업체 ACF를 공격하려 한 때였다. ACF와 관련해 밀컨은 3억 8,000만 달러를 공급해주었는데 1억 5,000만 달러 정도가 남는 금액이었다. 드렉셀번햄의 다른 고객들과는 달리 아이칸은 수수료를 두고 줄다리기를 했다. 또한 ACF에 투자된 지분을 내놓는 것이 거래의 일부였는데도 이를 거부했다. 아이칸이 조금만 더 양보했더라면 밀컨은 과잉 조달한 자금을 3배는 더 키워주었을 것이다. 아이칸은 코니 브룩에게 "난 지분은 내주기가 싫어요. 수년간의 경험에서 깨달은 점은 어떤 파트너보다 돈이 낫다는 것이죠"라고 말한 바 있다. [37]

아이칸이 필립스페트롤리엄 건으로 드렉셀번햄을 만났을 때도 밀고 당기기는 계속되었다. 드렉셀번햄은 아이칸이 필요로 하는 40억 달러의 자금을 끌어모으는 것을 불안해했다. 그런데도 아이칸은 1%의 확정 수수료를 내지 않으려 했다. 아이칸이 자금을 사용하지 않더라도 내야 하는 수수료였다. 솔 스타인버그가 디즈니(Disney)를 집어삼키려고 했던 사례의 경우, 거래가 그냥 그린메일로 끝나자 발행 채권을 사겠다고 서면으로 약속했던 밀컨의 고객들은 한 푼도 안 들이고 앉아서 1%의 이익을 챙겼다. 아이칸은 필립스페트롤리엄 건으로 4,000만 달러의 수수료를 내는 일은 터무니없다고 생각했다.

높은 수수료뿐만 아니라 거액의 채권을 매수하겠다는 고객들의 약속을 받아내는 일도 문제였다. 아이칸이 필립스페트롤리엄을 상대로 적대적 인수를 준비하고 있다는 귀중한 정보가 새어나가는 것을 막을 길은 없었다. 드렉셀번햄은 필립스페트롤리엄 이전에 이미 두 건의 적대적 인수에 자금을 댄 경험이 있었다. 피켄스가 걸프오일코퍼레이션(Gulf Oil Corp.)을 노렸던 건과, 스타인버그가 디즈니를 겨냥했을 때였다. 피켄스의 경우 적대적 인수를 발표하기도 전에 주가가 너무 올라서 도저히 매력적인 인수가를 제시할 수 없었다. 디즈니의 경우는 잠재적인 채권 매수자들에게 밀봉된 서한을 보내면서 중대한 내부자 정보가 들어 있다는 경고를 덧붙이는 식으로 일을 처리했다. [38] 불법적인 내부자

거래를 마다하지 않는 드렉셀번햄의 고객이라면 이는 '선행매매*에 참여하라는 초대장이나 마찬가지였다.**

아이칸은 일반 상업은행이 기업 인수를 위한 자금 조달을 할 때처럼 드렉셀번햄도 확약서를 써줄 것인지 물었다. 드렉셀번햄의 레온 블랙은 펄쩍 뛰었지만 자금 조성을 '장담한다'는 의견서는 써줄 수 있다고 했다. 이런 제안을 검토한 아이칸이 변호사에게 "어떤 것 같아요?"라고 자문을 구하자 변호사는 "레온 블랙은 터무니없는 거짓말쟁이예요. 법적 효력도 없는데 그런 걸 뭐에다 쓰겠어요?"라고 답했다고 한다.[39] 드렉셀번햄의 자신감에 문제가 생긴다면 아이칸은 바보가 될 처지였다.

아이칸은 하룻밤 동안 생각해본 후 블랙에게 전화를 걸어 한번 해보자고 했다. 비싼 확정 수수료를 내기 싫었던 아이칸과, 정크본드 고객들에 의해 내부 정보가 새어나가는 것을 막으려는 밀컨의 이해관계가 맞아떨어진 것이다. 이렇게 해서 '자금 조성을 장담하는 의견서'가 탄생했다. 이후 금융계가 재빠르게 채택한 이 방법은 기업을 인수하려는 사람이 자금 동원을 입증할 때 신뢰할 만한 근거로 사용되었다. 진정한 확약서는 아니지만 투자은행가들은 이런 진짜 아닌 수법에서 두둑한 진짜 돈을 벌 수 있음을 깨달았다. 아이칸이 필립스페트롤리엄을 공격하기 시작하고 두 달 뒤 피켄스가 유노컬을 노리고 덤벼들었을 때, 드렉셀번햄은 피켄스에게 350만 달러를 받고 의견서를 써주었다.[40]

---

* **선행매매**(front run): 공시 전에 앞질러 거래하는 것을 말함.
** 공개매수의 내부자가 공개매수 사실을 먼저 알고 선행매매를 하면 내부자거래로 처벌될 수 있다.

아이칸의 공격 개시

전쟁으로 지친 필립스페트롤리엄을 상대로 아이칸은 1985년 2월 4일 공격을 개시했다(178쪽 참조). '의장이자 CEO인 윌리엄 듀스에게 드리는' 아이칸의 서한과 드렉셀번햄의 자금 조성을 장담하는 의견서를 동봉해 필립스페트롤리엄의 투자은행가들에게 발송했다. 아이칸의 서한은 자신이 필립스페트롤리엄 주식 750만 주를 보유한 대주주 중 하나라는 이야기로 시작한다. 이어서 발표된 주주환원 정책을 면밀히 검토한 결과 '지극히 부적절한' 계획이라고 밝힌다. 그런 다음 주당 55달러에 회사를 인수하되 그중 27.5달러는 현금으로, 나머지 27.5달러는 후순위 채권으로 지급한다는 내용의 대안을 제시한다. 드렉셀번햄이 2월 21일까지 필요한 자금 조성을 '장담한다'는 말도 덧붙였다.

그런 뒤 아이칸은 필립스페트롤리엄이 자신의 베어허그에서 벗어날 방법을 듀스에게 이렇게 제시한다. "만약 회사가 필립스페트롤리엄의 모든 주식을 주당 55달러에 인수하겠다고 선언한다면 본인은 기꺼이 물러서겠습니다"라고 말한 뒤, 만약 듀스가 자신의 바이아웃 제안이나 주당 55달러 지급안을 거부한다면 주주환원 정책을 부결하는 위임장 대결을 벌이고 지분 51%를 취득하기 위해 적대적인 공개매수를 하겠다고 경고했다. 끝으로 경영진에 자신의 제안을 받아들일지 말지를 결정하는 데 이틀을 주겠다고 덧붙였다.

기한의 마지막 날인 1985년 2월 6일, 필립스페트롤리엄은 위법하게 의결권 행사를 권유하고 주가 조작을 했다면서 아이칸을 털사 지방법원에 제소했다. 필립스페트롤리엄은 또한 주주환원 정책에서 주주들을 달래기 위해 두 가지를 변경했다. 우선주 배당금을 새로 추가하고 즉각적인 현금 공개매수를 하겠다고 한 것이다. 그리하면 기존 주주환원 정책의 가치가 주당 3달러씩 늘어난다는 것이 필립스페트롤리엄의 설명이었다. 그러나 이런 달콤한 꿀단지 속에 회사는 미량의 독약을 흘려 넣었다. 장기 보유의 가치를 높이기 위해 이른바 '주주 권리에 관한 계획(rights plan)'을 넣은 것이다. 하지만 기업을 인수하면서 어쩔 수 없이 기존의 경영진을 지원해야 했던 피켄스는 이런 '권리에 관한 계획'에 대해 견해가 달랐다. "말도 안 되는 소리! 이건 포이즌 필이잖아."[41]

포이즌 필을 집어삼키다

포이즌 필은 1982년 마틴 립튼이 최초로 고안했다. 벌링턴노던철도(Burlington Northern)가 엘패소천연가스(El Paso Natural Gas)를 적대적으로 인수하려고 하자 이를 방어하기 위한 수단이었다. 기업에 날벼락처럼 들이닥친 '2단계 공개매수와 분할 목적 매수'를 지연시킬 수단으로 립튼은 포이즌 필을 생각해냈다. 포이즌 필이 적대적인 인수를 막아주지는 못한다. 그러나 기업사냥꾼들이 시장에서 공개적으로 유효한 만큼의 지분을 매수할 수 없도록 하거나, 2단계 공개매수를 통해 주주들이 주식을 팔려고 우르르 몰리지 않도록 할 수는 있었다.[42] 아이칸은 포이즌 필을 '합법적 사기'로 보고 "로펌들이 법을 제정하겠다는 말이나 마찬가지입니다"라고 설명했다.[43]

포이즌 필의 전형적인 방식은 누군가 일정한 비율을 넘는 지분을 취득하면 주주들에게 특별한 권한을 부여하는 것이다. 일단 이 문턱을 넘어서면 주식 매수인을 제외한 모든 주주가 권한을 행사할 수 있다는 점이 핵심이다. 대체로 신주를 인수하는 방식으로 주주들이 권한을 행사하게 되면 매수인의 지분율을 낮추는 효과가 있다.

립튼이 필립스페트롤리엄을 위해 고안한 '주주 권리에 관한 계획'은 독특했다. 매수인이 지분의 30% 선을 넘으면 다른 주주들은 각 주식을 62달러에 상당하는 우선순위채권(senior debt)으로 전환할 수 있으며 필립스페트롤리엄은 여기에 15%의 이자를 내도록 했다. 결과적으로 매수인은 70억 달러의 단기 채무를 진, 위험할 정도로 차입금이 많은 회사를 떠안게 되는 셈이다. 표면적으로는 특정 주주가 지분의 30% 선을 넘으면 경영진이 주당 62달러로 판단한 주식의 적정 가치를 주주들에게 돌려주겠다는 취지였다. 그러나 실상은 상어 같은 기업사냥꾼을 쫓아버리려는 조치였다. 제정신인 사람이라면 이런 독소조항을 발동해 회사를 빚더미에 올려놓지는 않을 것이라고 듀스는 생각했다.

이튿날 아이칸은 듀스에게 모두를 놀라게 할 서한을 발송한다. "필립스페트롤리엄의 주주들이 권한을 행사할 수 있도록 본인은 약 25%에 해당하는 필립스페트롤리엄 보통주의 공개매수를 진행할 생각입니다"라고 한 것이다.[44] 아이칸이 보유한 5%의 지분과 합쳐서 립튼이 고안한 포이즌 필을 발동하겠다는 의도였다. 듀스는 도저히 믿을 수 없었다. 아이칸이 정말로 회사를 인수하려고 필립스페트롤리엄의 포이즌 필을 이용하려는 것인지, 아니면 단순히 이 권한을 잘못 이해한 것인지 알 수 없었다.[45] 듀스는 수정된 주주환원 정책을 다시 한번 고려해줄 것을 요청하는 내용으로 아이칸에게 회신했다. 다분히 감정에 호소하는 내용이었다.

우리 조정안이 제시한 가치는 당신이 생각하는 가치에 매우 근접했다고 생각합니다. 지난 몇 주간 당신이 매입한 주식의 주당 가격을 몇 달러 더 올리려고 필립스페트롤리엄을 인수한 뒤 해체해서 판다면, 수만 명에 달하는 임직원이 일자리를 잃는 고통을 겪을 것입니다. 당신이 정말로 이런 일을 일으키지 않기를 바랍니다.

필립스페트롤리엄은 주주들의 이익에 책임감을 가지고 있습니다. 당신 역시 책임감 있게 행동해주기를 바랍니다.[46]

당시 포이즌 필은 매우 드문 일이었고 필립스페트롤리엄의 '주주 권리에 관한 계획'은 독특한 구조였다. "내 답변은 사실상 포이즌 필을 삼키겠다는 것이었다"라고 〈뉴욕타임스〉 인터뷰에서 아이칸은 이야기했다.[47] 필립스페트롤리엄이 포이즌 필의 구조를 밝히자 아이칸은 회사가 사전에 '차별적인 조항'을 밝히지 않았던 점을 성토한다고 성명을 냈다. 듀스는 공개서한을 통해 아이칸의 심기를 건드렸다. "필립스페트롤리엄을 인수하거나 해체해서 매각하려는 시도에 앞서 위임장 권유와 관련된 부속 자료들을 검토해보실 것을 권장하는 바입니다"라며 아이칸이 포이즌 필에 대해 착오가 있음을 지적한 것이다.[48] 결국 이런 소동은 언론이 필립스페트롤리엄의 포이즌 필에 주목하게 만들면서 아이칸에게 유리하게 작용했다. 필립스페트롤리엄에 투자한 기관 투자가들은 이미 회사가 제시한 주주환원 정책에 화가 나 있었다. 그런 와중에 포이즌 필로 복부를 강타당한 기분이었다.

1985년 2월 13일, 아이칸은 필립스페트롤리엄의 지배주주가 되기 위해 주당 60달러에 주식을 공개매수하는 작업에 돌입했다. 확보된 자금 없이 이루어진 사상 최대 규모의 공개매수였다.[49] 이 공개매수의 조건으로 2월 22일에 있을 주주총회에서 주주들이 주주환원 정책을 부결시키는 것을 전제로 했다. 드렉셀번햄이 자금을 마련할 수 있는지도 관건이었다. 포이즌 필을 비껴가기 위해 아이칸은 새로운 이사진 명단을 만들었다. 그런 다음 그들이 당선되고 '주주 권리에 관한 계획'을 무효화하는 것을 공개매수의 조건으로 걸었다. 아이칸은 만약 공개매수가 실패한다면 다음번 주주총회에서 위임장 대결을 벌일 생각이라고 밝혔다. 위임장 대결에서 이기면 필립스페트롤리엄을 해체해 매각하겠다고 공언했다. 칼 아이칸은 물러서지 않는다는 분명한 메시지였다.

싸움의 결과는?

주주총회를 위해 바틀즈빌의 한 실내체육관으로 약 4,500명의 인파가 몰렸다. 건물 밖에서는 음악을 연주하는 악단과 아이칸을 규탄하는 어린 학생들이 보였다.[50] 건물 안에는 필립스페트롤리엄을 열렬히 지지하는 사람들이 보였다. 한 주주가 목청을 높이자 사람들이 뜨겁게 환호했다.

지난 몇 달 동안 필립스페트롤리엄의 주식을 사 모은 사람들은 진정한 주주가 아닙니다. (…) 그저 돈 몇 푼 더 얻으려는 자들입니다. 이런 표현은 정말 쓰고 싶지 않지만 창녀 같은 작자들입니다.[51]

또 다른 주주는 주주환원 정책과 피켄스의 인수 시도에 불만을 표시한 뒤 이렇게 마무리했다. "하지만 그래도 의결에 찬성하렵니다. 인간적인 동기죠. 바틀즈빌에 사는 사람들과 은퇴 후 이곳에서 여생을 보낼 분들을 위해서요."[52] 루터교 목사 한 명도 비슷한 말을 했다. "요셉을 모르는 자가 이집트의 파라오가 되었습니다. 그래서 바틀즈빌이 두려워하는 것입니다. 남들은 안중에도 없는 자들의 손에 회사가 넘어가게 될까 봐 우리는 두렵습니다. 배려가 없다면 지역사회는 존속할 수 없습니다."[53]

앨프리드 킹슬리가 아이칸을 대신해 연단에 오르자 야유가 쏟아졌다. 주민들의 우려에 그는 이렇게 답했다. "저희도 바틀즈빌을 사랑합니다. 필립스페트롤리엄과 임직원들을 사랑합니다. 저희가 반대하는 것은 주주환원 정책입니다."[54] 청중이 낄낄거리는 소리가 들렸다. 하지만 아이칸에 대한 분노와 지역사회에 대한 우려에도 불구하고 당면 과제는 주주환원 정책이었다. 캘리포니아 교직원퇴직연금(캘스터스)을 대표하는 변호사의 다음 말에 청중은 조용해졌다.

저희는 장기 투자자입니다. 필립스페트롤리엄의 주식을 오랫동안 보유했습니다. 저희는 길게 봅니다. 하지만 주주환원 정책에는 저희가 받아들일 수 없는 내용이 들어 있습니다. 바로 포이즌 필인데, 독약은 아닐지라도 먹기 힘든 비타민인 것은 틀림없습니다. 저희는 그린메일에 반대합니다. 그런데 피켄스에게 지급된 금액은 그린메일이라고 생각합니다. 저희는 주주환원 정책에 반대합니다.[55]

총회가 시작되고 90여 분이 지났을 무렵, 듀스가 휴회를 요청했다. 뜻밖의 일이었다. 총회는 토요일인 다음 날에 속개될 것이며 의결 투표는 계속될 것이라고 발표했다. 다음 날, 필립스페트롤리엄은 총회를 또다시 연기했는데 이번엔 그다음 주 화요일이었다. 휴회 기간에 대주주들의 마음을 바꿔놓으려는 계산이었다. 하지만 뜻대로 되지 않았다. 1985년 3월 3일 필립스페트롤리엄은 주주환원 정책이 900만 표 차이로 부결되었다고 발표했다. 깜짝 놀랄 만한 결과였다. 필립스페트롤리엄 같은 대기업이 위임장 대결에서 패배한 역사상 첫 사례로 기록되는 순간이었다.[56]

결국 필립스페트롤리엄은 주주환원 정책을 한 번 더 수정했고 자사주를 우리사주에 묶어두는 계획을 철회했다. 시장은 비로소 새로운 주주환원 정책의 주당 가치를 55달러라고 인정했다. 아이칸이 회의실을 두 번이나 박차고 나간

밤샘 협상의 결과, 필립스페트롤리엄은 그에게 비용 명목으로 2,500만 달러를 지급하는 데 합의했다. 아이칸은 단 10주 만에 5,000만 달러로 추정되는 수익을 챙겼다.[57] 역설적이게도 그린메일로 유명한 아이칸은 필립스페트롤리엄의 주주들에게 더 많은 이익을 안겨주었고, 주주의 권익을 수호한다는 피켄스는 오히려 많은 사람이 그린메일이나 다를 바 없다고 생각하는 방법으로 한몫을 챙겼다. 아이칸은 우쭐하지 않았다. "다른 주주들도 이익을 보게 되어 기쁘게 생각합니다. 하지만 나는 로빈 후드가 아닙니다. 돈을 버는 것이 즐겁습니다."[58]

포이즌 필은 반짝 유행?

아이칸이 정말로 필립스페트롤리엄을 인수할 것으로 생각한 사람은 거의 없었다. 그의 위임장 대결을 지지했던 필립스페트롤리엄의 대주주들도 아이칸의 인수 시도가 진짜였다고 보지는 않았다.[59] 아이칸이 주주환원 정책에서 그저 몇 푼 더 쥐어짜 내려고 그러는 것으로만 생각했다. 하지만 필립스페트롤리엄 건이 있은 지 얼마 후, 아이칸은 자신이 생각해도 힘겨운 상대를 정말로 인수하려는 의지를 드러냈다.

1985년 여름, 아이칸은 트랜스월드항공사(Trans World Airlines, TWA) 주식을 대규모로 사들였다. 텍사스에어(Texas Air)의 소유주 프랭크 로렌조(Frank Lorenzo)와 한판 승부가 시작된 것이다. 1981년 콘티넨털항공(Continental Airlines)을 사들인 로렌조는 오랫동안 TWA에 눈독을 들이고 있었다. 그가 보기에 아이칸은 자신의 보유 지분을 좋은 값에 팔려고 낚시질을 하고 있었다. 돌이켜 보면 대결 초창기에 로렌조가 TWA를 인수할 기회가 있었다. 수수료 명목으로 900만 달러를 아이칸에게 지급했다면 인수는 성사되었을 것이다. 하지만 그는 펄쩍 뛰면서 "아이칸은 절대로 회사를 인수하지 않아!"라고 말했다.[60] 로렌조의 오판이었다.

결과적으로 TWA는 아이칸에게 재앙이나 마찬가지였다. 비용 면에서는 나름대로 성공을 거두었다. 왜냐하면 잠재적인 청산업자로서의 명성을 이용해 노조로부터 굵직한 양보를 끌어냈기 때문이다. 하지만 아이칸은 TWA의 경쟁력을 높일 수 있는 대규모 자금 투입에는 관심이 없었다. 현명한 판단이었는지는 모르지만 애초에 항공사를 인수한 실수를 만회하기에는 역부족이었다.

1988년 드렉셀번햄을 통한 정크본드 발행으로 6억 6,000만 달러를 끌어모은 아이칸은 자신에게도 두둑한 배당금을 지급했다. 그때부터 TWA에 남은 쓸 만한 자산은 모두 내다 팔았다. 항공사가 점점 파산의 길로 접어들자 노조는 아이칸이 엄청난 규모의 연금을 부담할 재원도 남기지 않은 채 회사를 팔아치울까 봐 겁이 났다. 1991년 미 하원은 연금 재원이 부족할 경우 아이칸의 개인 재산을 압류할 수 있는 법을 통과시켰다.[61] 법안이 통과되고 두 달 만에 TWA가 파산하자 연금보험공사(PBGC)는 연금 재원에서 부족한 11억 달러 전액을 아이칸으로부터 받아내겠다고 했다.

1980년대 말이 되자 기업사냥의 황금시대는 저물기 시작했다. 부채비율이 지나치게 높은 로버트 캄포(Robert Campeau)의 백화점제국이 파산하는 등 세간의 이목을 끈 사례가 연이어 터지자 정크본드 시장이 흔들렸다. 신문의 1면을 장식하지는 못했지만 정크본드의 실패는 계속해서 쌓여갔고 1990~1991년의 경기 침체기에 대대적으로 폭발했다. 기업사냥꾼에게 손쉬운 먹잇감은 점점 찾기 힘들어졌으며 공격을 감행할 자금 마련도 갈수록 어려워졌다. 자금을 마련했다고 해도 노리고 들어간 기업들은 훨씬 더 강력한 방어 수단을 가지고

——————————— 가장 사업처럼 하는 투자 주주행동주의

있었다.

필립스페트롤리엄 위임장 대결이 있은 후 유명한 기업 인수 변호사 한 명이 마틴 립튼의 포이즌 필을 '반짝 유행'이라고 꼬집었다며 〈아메리칸 로여 (American Lawyer)〉지의 스티븐 브릴(Steven Brill)이 보도했다. 브릴도 이에 동의하면서 "광란의 1980년대를 풍미했던 포이즌 필 등은 곧 잊힐 것"이라고 했다.[62] 하지만 겨우 몇 달도 안 돼 델라웨어주 대법원은 존 모런과 하우스홀드 인터내셔널의 대결 사건*에서 포이즌 필의 적법성을 인정했다. 1980년대가 끝날 무렵까지 〈포천〉지 선정 500대 기업 중 60%를 포함해 1,000개가 넘는 기업이 포이즌 필 조항을 도입했다. **[63]

포이즌 필이 널리 퍼지면서 기업사냥꾼들에 대한 규제 당국의 움직임도 강화되었다. 1988년 델라웨어주는 기업 인수를 금지하는 제203조를 법으로 제정했는데, 15%를 넘는 지분을 소유한 주주는 주식 획득 후 3년 이내에는 기업 인수를 할 수 없다는 내용이었다. 의회 역시 다양한 기업 인수 관련 법안을 논의했다. 피켄스는 1987년 미국 주식시장이 대폭락한 가장 큰 이유로 기업 인수합병에 세금을 부과하는 법을 상정한 미국 하원의 조치를 꼽는다.[64]

하지만 그 모든 사실이 1980년대 처음 있었던 것은 아니다. 1980년대 이전에도 기업 인수합병 열풍이 있었으나 돈 빌리기가 어려워지고, 먹잇감이 줄고, 방어 전략이 좋아지고, 규제가 강화되고, 경기가 나빠지면서 모두 사라졌

---

* John Moran vs. Household International: 1985년 미국 법정이 주주 권리에 관한 계획, 즉 포이즌 필을 최초로 인정한 델라웨어주 대법원의 판결을 가리킴. 존 모런은 당시 하우스홀드 인터내셔널의 최대주주 중 의장으로 주주 권리에 관한 계획을 반대했다.
** 우리나라에도 재계를 중심으로 포이즌 필을 도입하자는 의견이 있으나, 법률상 현물배당이 인정되지 않는 등의 문제와 함께 적대적 인수합병 시도가 적은 현실에 맞지 않는다는 반론이 있어 아직 도입되지 않았다.

다. 그렇다면 1980년대는 무엇이 달랐을까? 그러니까 슈퍼스타급 기업사냥꾼들이 등장했다가 무대에서 영원히 사라진 1980년대는 왜 그토록 특별했을까? 그것은 바로 마이클 밀컨이 보여준 흥망성쇠와 대형 기관 투자가들이 비싼 대가를 치르고 얻은 교훈 때문일 것이다.

▍절차를 무시하다

마이클 밀컨에게 징역 10년을 선고하기 직전, 킴바 우드(Kimba Wood) 판사는 대중이 마이클 밀컨에게 보여준 지대한 관심을 언급했다. 우드 판사는 밀컨 등이 1980년대 경제적 손해를 끼쳤다는 이유로 강력한 처벌을 원하는 수많은 탄원서를 받았다. 때는 1990년 후반으로 미국의 경기 침체기가 절반을 지난 상태였다. 그뿐만 아니라 미국 전역의 저축대부조합(Savings and Loans association) 중 33%가 파산해 금융위기가 한창 진행 중이었다.[65] "이 탄원서를 보낸 사람들은 10년에 걸친 탐욕을 처벌해달라고 주문하고 있습니다"라고 우드 판사는 말했다.[66]

월스트리트의 내로라하는 이들도 드렉셀번햄이 1987년 마이클 밀컨에게 5억 5,000만 달러를 주었다는 검찰의 발표에 충격을 받았다. 체이스맨해튼은행의 전 회장이자 존 록펠러 1세의 손자이기도 한 억만장자 데이비드 록펠러(David Rockefeller)는 금융 시스템이 '균형을 잃었다'며 우려를 나타냈다.[67] 밀컨을 시샘하는 동료 투자은행가들에게 더욱 뼈아팠던 것은 이런 엄청난 수입이 여기서 그치지 않았다는 사실이었다. 밀컨은 책상머리에 앉아 동업체 수백 개를 조종하는 것만으로 또다시 수입을 올렸다. 그런 동업체 중에는 드렉셀번햄과 직접 정크본드를 사고판 업체들도 있었다.[68] 회계감사원에 따르면 밀컨의 상위 25개 동업체는 1981년부터 1988년까지 20억 달러를 배분했는데 그중 10억 달러는 밀컨에게 직접 돌아갔다. 제임스 스튜어트(James Stewart)가 《Den of Thieves(도둑의 소굴)》에서 추산하기를, 1986년 말 기준으로 밀컨과 그의 가족이 쌓아 올린 부는 적어도 30억 달러에 달했다.[69]

밀컨을 옹호하는 사람들은 그가 어마어마한 부자인 데다, 재계의 기득권층을 공격하는 칼 아이칸 같은 기업사냥꾼들을 도왔기 때문에 미운털이 박힌 것이라 주장했다. 밀컨의 죄는 사소하다는 것인데 일리 있는 주장이다. 비상장주식을 팔아 1967년 나락으로 떨어진 루이스 울프슨처럼 밀컨은 10년 징역형을 받았다. 하지만 밀컨의 위법 행위는 시시한 투자은행가였다면 형사 고발될 만한 것은 아니었다. 밀컨이 자신의 혐의를 인정한 유일한 이유는 정부가 동생에 대한 기소를 포기하는 거래를 제안해서였다.[70]

정부의 기소가 엉성해 보이는 것은 사실이지만 밀컨의 전설에는 납득이 가지 않는 점이 있다. 돈을 많이 버는 것이 죄는 아니나, 채권 딜러로서 밀컨 이전이나 이후에 1년에 5억 달러 넘는 돈을 벌어들인 사람은 없다. 수익성 좋은 틈새시장을 개발해 시장이 커짐에 따라 막대한 수익을 챙긴 채권 딜러가 밀컨 이전에 없었던 것도 아니다. 어쨌든 경쟁이 치열한 분야 아닌가. 정크본드가 주류로 떠오를 때도 어째서 밀컨만이 그토록 성공적으로 자신의 아성을 지켜낼 수 있었을까?

밀컨은 고객들이 SEC에 신고할 의무를 비켜갈 수 있도록 세금 회피와 '위장분산(stock parking)'을 조장한 혐의를 인정했다. 혐의 6개 중 4개는 차익거래를 하는 이반 보스키와 연루되었는데 밀컨은 보스키의 손실을 보전해주기로 약속했다. 이는 드렉셀번햄의 은밀한 거래에 늘 단골로 등장하는 스토리였다. 예를 들면 기업사냥꾼 샌포드 시골로프에게 조종당하는 금융상품 판매사 위키스(Wickes)는 해마다 1,500만 달러의 배당금을 지급해야 하는 성가신 우선주를 떨어내고 싶었다. 연속된 30거래일 중 20일간 보통주의 종가가 6.125달러 이상이면 위키스는 우선주를 보통주로 전환할 수 있었다. 목표 주가를 19일간 유지한 29번째 거래일에 드렉셀번햄은 보스키를 시켜 장 마감 직전에 대량으로 주식을 사들여 주가가 6.125달러 이상을 확실히 유지하게 했다.[71] '가벼운' 위법으로 보일지 모르지만 엄연한 주가 조작이었다.

이보다 더 문제가 된 것은 고객사를 회유하고 담당자들에게 선물을 제공하며 자신의 사업에 끌어들인 일이었다. 1987년 밀컨은 어린이집 킨더케어(Kinder-Care)에 자금을 대주었다. 회사가 성장하자 킨더케어는 드렉셀번햄의 정크본드를 대량으로 매입해주었다. 고객사가 필요한 것보다 많은 자금을 먼저 공급해준 뒤 그들에게 다른 정크본드를 판매하는 수법으로 밀컨은 이를 상습적으로 사용했다. 훗날 킨더케어는 보험사와 두 개의 저축대부조합을 사들임으로써 정크본드를 매수할 수 있는 역량을 키웠다. 킨더케어가 6억 5,000만 달러의 드렉셀번햄 정크본드를 손에 쥔 적도 있다.[72]

아마도 우수한 고객사에 대한 보답이겠지만 밀컨은 킨더케어의 경영진에 우량 주식을 안겨주었다. 킨더케어의 하이일드채권 포트폴리오 매니저는 밀컨이 자신과 회사 CEO에게 스토러 브로드캐스팅(Storer Broadcasting)이라는 회사의 워런트*를 주었다고 훗날 증언했다. 바이아웃을 전문으로 하는 사모펀드 KKR은 밀컨에게 스토러의 워런트를 주었는데 이는 드렉셀번햄이 주관하는

---

* 워런트(warrant): 약정대로 보통주를 매입할 수 있는 권리

채권 발행에 참여하는 투자자들에게 주는 주식첨가제*였다. 그런데 밀컨은 워런트 대부분을 자신의 동업체들을 위해 남겨두고 나머지는 친구들에게 나눠주었다. 아무도 예상 못 한 일이었다. 당연히 스토러 건에 참여하는 킨더케어의 주주들에게 돌아가야 할 워런트였는데 밀컨은 킨더케어의 주주가 아닌 담당자들에게 제공한 것이다. 그들이 드렉셀번햄으로부터 받은 워런트는 적어도 100만 달러 이상을 벌어다 준 것으로 추정된다. [73]

컬럼비아저축대부조합(Columbia Savings & Loan)의 CEO였던 톰 슈피겔(Tom Spiegel)은 스토러 건으로 더 큰 돈을 벌었다. 밀컨은 슈피겔 일가가 조종하는 협력사에 워런트를 주었고 그 협력사는 1년 만에 700만 달러의 수익을 냈다. [74] 컬럼비아저축대부조합은 밀컨의 최우량 고객 중 하나였다. 연방 보험에 가입된 저축대부조합이 정크본드를 살 수 있도록 허용하는 예금취급금융회사법 (Garn–St. Germain Depository Institutions Act)이 제정된 1982년부터 1989년 사이에 컬럼비아저축대부조합은 드렉셀번햄에서 100억 달러에 달하는 채권을 사들였다. 밀컨은 심지어 자신의 수익성 좋은 동업체의 몫을 슈피겔 일가에 떼어주기도 했는데 이는 노다지와 다름없는 투자이익을 가져다주었다.

밀컨의 최우량 고객들은 드렉셀번햄의 채권을 거의 '묻지 마'식으로 사들였다. 드렉셀번햄이 발행하는 채권을 몇 안 되는 매수자가 거의 다 사들인 일은 수사 당국자들도 놀랄 정도였다. 보험사인 퍼스트이그제큐티브(First Executive)는 드렉셀번햄의 채권 발행 중 90%에 참여해 1982~1987년 동안 400억 달러에 달하는 정크본드를 사들였다. [75] 퍼스트이그제큐티브가 밀컨과 매우 돈독

---

* **주식첨가제(equity kicker):** 채권 매수를 유도하기 위해 부가로 제공하는 유리한 조건들

한 관계였음은 짐작한 그대로다. 퍼스트이그제큐티브는 드렉셀번햄의 자금으로 인수되는 기업들로부터 종종 보험계약을 따냈다. 한 예로 론 페렐먼은 레블론(Revlon)을 인수한 뒤 회사의 기업연금보험을 퍼스트이그제큐티브로 옮겨버렸다.

역사는 어떤 판결을 내렸나

밀컨의 선고가 있던 날 우드 판사는 드렉셀번햄의 정크본드 사업이 어느 정도까지 합법적이었는지 알 수 없다고 했다. 자신은 그런 판단을 내릴 수 없지만 언젠가 역사가들은 알 수 있을 것이라 덧붙였다. 이는 지금으로부터 25년 전의 일이다. 밀컨의 선고가 있은 지 1년 만에 미국 경제는 살아났다.

나중에 밝혀진 것처럼 1990~1991년의 경기 침체는 '거래의 1980년대'와 인터넷 버블이 터지기 이전, 미국 역사상 가장 길었던 경제 확장기 사이에 놓인 가벼운 일이었다. 저축대부조합 위기는 1995년까지 10년간 지속되었다. 나중에 밝혀진 사실이지만, 저축대부업계 전체가 광범위한 사기판이 된 것은 밀컨의 정크본드를 대량으로 사들인 소수의 저축대부업체 때문은 아니었다.[76] 정크본드 시장은 밀컨과 함께 사라지기는커녕 더욱 커졌다. 1990년대 말 미국의 정크본드 시장은 1980년대 정점 때보다 몇 배는 더 큰 규모를 이루었다.

오늘날 마이클 밀컨의 명성은 회복되었다. 〈이코노미스트(Economist)〉는 2010년 기사에서 밀컨의 유산을 '신용의 민주화' '미국 경제에 요긴했다' 등으로 묘사했다.[77] 그의 법적인 문제는 거의 언급되지 않았다. 조지워싱턴대학교 보건대학원에는 밀컨의 이름이, 캘리포니아대학교 로스앤젤레스 캠퍼스(UCLA)

의 상법 연구기관에는 밀컨의 동생 이름이 들어 있다. 밀컨이 설립한 싱크탱크인 밀컨인스티튜트(Milken Institute)에서 열리는 연례 글로벌 콘퍼런스에는 '포식자의 무도회'의 원조들보다 더 유명한 인사들이 모인다.

2000년대 초반 젊은 경영대학원 학생이었던 내게 마이클 밀컨은 더는 탐욕과 부패의 상징이 아니었다. 그를 둘러싼 이야기는 대강 이랬다. 밀컨은 선견지명이 있는 천재였으며 월스트리트와 경제 전반을 혁신한 인물이다. 다른 투자은행가들과는 달리 학구적인 그의 지식은 교수에 버금갔다. 특히 정크본드에 관해 백과사전적인 지식이 있었다. 밀컨은 정크본드로 구성된 광범위한 포트폴리오가 신용등급이 높은 채권으로 이루어진 포트폴리오를 능가할 수 있다고 생각했다. 정크본드의 부도율이 높은 것은 사실이나, 살아남은 회사들이 지급하는 이자와 가치 상승에 따른 수익은 그런 손해를 만회하고도 남는다. 밀컨이 사업가에게는 어울리지 않는 천재성을 지닌 것은 부정적인 결과로도 이어졌다. 불필요하게 절차를 무시하는 그의 태도는 그러잖아도 그를 싫어하던 규제 당국으로부터 화를 자초했다. 그의 위법 행위는 성공에 그다지 도움이 되지 않았고 오히려 그의 경력을 끝내는 주요 원인이 되었다.

나는 학창 시절, 밀컨을 도둑질의 명수였던 아우톨리쿠스(Autolycus)보다는 태양을 잡으려다 추락한 이카로스(Icarus)에 가깝다고 생각했다. 경영대학원을 졸업한 내 첫 직장은 부실채권(distressed securities)에 투자하는 헤지펀드사였는데 밀컨의 철학을 신봉하는 곳이었다. 즉 신용등급이 좋은 채권만 보고 그렇지 못한 채권은 무시하는 리스크 관리는 좋지 않다는 믿음을 가진 펀드사였다. 우리는 가장 지저분한 쓰레기더미 속을 뒤졌고 형편없는 회사들을 정말 좋은 가격에 사들여 많은 돈을 벌었다. 우리의 비즈니스 모델은 원재료라 할 수 있는 채권도 지적 자산도 모두 밀컨에게서 나왔다. 세월이 지나면서 나도 조금은 현명해졌다고 믿고 싶다. 지금은 많은 시간을 정말 우수한 기업들을 살피는 데 할애하고 있으며 그들을 헐값에 사들일 기회가 오기를 기다리고 있다. 파산한 쓰레기 같은 제조업체들의 후순위 채권을 사던 옛 시절을 돌이켜보면, 내가 밀컨의 전설을 잘못 인식했다는 생각을 지울 수 없다.

밀컨은 저금리와 경제 성장이라는 순풍을 등에 업고 잘 알려지지 않은 틈새 시장을 장악했다. 사업 규모가 커지면서 밀컨은 퍼스트이그제큐티브와 컬럼비아저축대부조합처럼 대규모 고객들, 그리고 이반 보스키처럼 충성스러운 빚쟁이들을 통해 엄청나게 큰 자금을 운용했다. 드렉셀번햄 자금으로 장악한 투자 파트너들도 그런 목적으로 이용했다. 밀컨은 정크본드를 판매하는 자신의 역량을 키우기 위해 시장을 조작할 수 있는 완벽한 위치에 있었다. 밀컨의 고객들은 채권만 구입한 것이 아니었다. 밀컨이 이윤을 추구하기보다는 '자본의 민주화'에 더 관심 있는 사상적 천재이자 선견지명 있는 사람이라는 이념도 함께 샀다.

그러나 진실은 밀컨이 우두머리 기질이 있고, 채권뿐만 아니라 사람의 가치도 꿰뚫어보는 탁월한 능력을 지닌 영업의 달인이라는 사실이다. 뛰어난 채권 세일즈맨답게 파티가 끝나가는 조짐이 보이자 아직은 돈을 벌 수 있을 때임을 알고 자신의 고객 중 귀가 가장 얇은 이들에게 쓰레기 휴지조각을 떠넘겼다. 컬럼비아저축대부조합, 퍼스트이그제큐티브, 킨더케어 모두 파산했다.

드렉셀번햄이라는 현금지급기는 선견지명 있는 천재의 작품이 아니었다. 자신의 정크본드를 팔 수 있는 '묻지 마'식의 인위적인 수요를 만들어낸 밀컨의 능숙한 솜씨였을 뿐이다. 밀컨은 칼 아이칸과 론 페렐먼, 넬슨 펠츠 등에게 미국의 기업들을 사냥할 수 있도록 일생일대의 기회를 제공해준 것이다. 그들은 영리하게도 기회를 놓치지 않았고, 기회를 잡은 후에는 뒤도 돌아보지 않았다.

막을 내린 기업사냥꾼의 시대

1980년대 기업사냥꾼들이 누린 은총은 밀컨의 엄청난 자금이 다가 아니었다. 상장된 대기업의 대주주로서 마땅히 지녀야 할 책임감이 부족한 수동적인 기관 투자가들도 기업사냥꾼들을 도운 셈이었다. 아이칸 무리가 그린메일을 이용해 아기 손에서 사탕을 뺏어 먹는데도 투자자들은 넋 놓고 바라보기만 했다. 1980년대 중반이 되자 투자자들의 분노는 기업사냥꾼과 자기 이익만 추구하는 경영진 모두에게 향했다. 하지만 투자자들이 기업의 발 빠른 방어와 적대적인 사냥꾼들에 맞서기는 여전히 역부족이었다.

필립스페트롤리엄의 표결이 있은 직후, 아이칸은 스티븐 브릴에게 자신의 승리는 포이즌 필 덕분이었다고 털어놓았다. "포이즌 필이 모두의 관심에 찬물을 끼얹은 겁니다"라고 아이칸은 말했다.[78] 마틴 립튼도 부정하지 않았다. "아이칸의 말이 맞습니다."

립튼은 브릴에게 이렇게 말했다. "우리가 완전히 잘못 생각한 겁니다. 기관 투자가들은 회사가 그냥 현 상태로 있는 것 말고는 관심이 없습니다."[79] 필립스페트롤리엄의 기관 투자가들을 상대로 직접 설문조사를 해본 브릴 역시 같은 결론을 내리고는 그들은 '대체로 놀라울 정도로 무지하고 그저 멍청한 주주들'에 지나지 않는다고 했다. 한 연기금 펀드매니저는 주주환원 정책이나 포이즌 필, 아이칸의 공개매수와 관련된 세부 사항을 전혀 이해하지 못했다. 주주들의 장기적인 이해관계에 관해 질문하자 그는 발끈하며 이렇게 대꾸했다. "장기적이라는 게 무슨 뜻인지 제가 말씀드리겠습니다. 제가 하는 일이 바로 그겁니다. 매일매일 가장 좋은 기회를 발굴해서 붙잡는 일 말이죠."[80]

멍청하지만은 않은 기관 투자가들은 그저 화가 날 뿐이었다. 캘리포니아주에 있는 한 펀드매니저는 브릴에게 다음과 같이 말했다.

> 주주라면 모든 제안에 투표할 수 있는 권한이 있어야 합니다. 저희가 보기에 우리
> 사주제도를 경영진이 마음대로 할 수 있게 하는 조정안은 순전히 경영권을 지키려
> 는 경영진 참호 구축에 불과합니다. 그런 것은 더는 받아들이지 않을 겁니다. 그리
> 고 이런 쓰레기 같은 방안이나 마련하면서 수백만 달러를 챙기는 투자은행가들과
> 변호사들은 내다 버려야 합니다.[81]

여러 해에 걸쳐 터무니없는 그린메일과 값비싼 경영진 참호 구축에 시달린 기
관 투자가들은 거의 들고일어나기 직전이었다. 이듬해 GM이 로스 페로의 주식
을 매수해준 사건이 발생하자 기관 투자가들은 시속 90킬로미터로 낭떠러지에
곤두박질치는 기분이었다. 1980년대 말에는 기관 투자가들도 반격할 준비가 되
어 있었다. 그들은 위임장 대결을 벌이고 경영진뿐만 아니라 적대적인 기업사냥
꾼들도 추궁했다. 정교하게 짜인 기업 지배구조 문제에 대해 자기 목소리를 내
기 시작했다. 밀컨의 현금지급기가 폐쇄되고 그동안 수동적이었던 기관 투자가
들이 드디어 머리를 굴리면서 위대한 적대적 기업사냥꾼의 시대도 막을 내렸다.

수렁에서 재기한 아이칸

필립스페트롤리엄 건으로 아이칸은 이미 공인이었는데 신문에서 TWA 파
산을 요란하게 장식하자 그는 공공의 적이 되어버렸다. 그는 오래전에 몸을 낮
췄어야 했다. TWA 파산이 터지기 전에 의회 청문회에 불려 나간 그에게 왜

TWA를 먹잇감으로 삼았냐는 질문이 주어졌다. 아이칸은 이런 반문으로 답변을 대신했다. "야구 선수에게 왜 하필 그렇게 점프해서 공을 받았느냐고 물어보실 겁니까?"[82] 그에게 쏟아진 비난과 비웃음에도 아이칸은 TWA 파산의 수렁을 딛고 일어섰다. 1992년 TWA가 안고 있던 엄청난 규모의 연금 부족액을 혼자서 떠맡는 대신 항공사에 2억 달러를 빌려주고 8년에 걸쳐 회사의 연금제도에 돈을 대기로 합의했다.

오늘날 아이칸은 여전히 눈부신 투자수익을 올리고 있다. 그 비결은 1980년 메모에서 밝혔듯이 상장시장과 비상장시장 사이의 차익거래에서 수익을 올리는 것이다. 1985년 필립스페트롤리엄을 상대로 한 베어허그가 막을 내릴 때까지 아이칸은 연속해서 성공을 거두었지만, 아직 거기에 필적할 만한 성공은 없다. 아이칸은 연이은 거래 15개를 성공적으로 성사했고, 후속타가 앞서 쳤던 타구보다 대개는 더 성공적이었다. 아이칸도 초기에는 기관 투자가들에 피해를 입히는 그린메일을 통해 수익을 챙겼다. 하지만 필립스페트롤리엄 건은 달랐다. 밀컨의 현금지급기로부터 결정적인 도움을 받은 아이칸은 주주들이 그린메일에 품고 있던 분노를 이용해 경영진의 항복을 끌어냈다. 아이칸은 경제적인 사리 추구의 화신이었으며 이익을 낼 수 있다면 어떤 종류의 모자든 기꺼이 쓸 준비가 되어 있었다.

하지만 그런 아이칸도 절대로 건드리고 싶지 않은 회사가 있었다. 킹슬리가 GM은 완벽한 먹잇감이라고 열을 올렸으나 아이칸은 "우리를 교수형에 처할 거야"라며 거절했다.[83] 1980년대 중반 막강한 GM을 상대로 전쟁을 벌일 만큼 정치적인 선의가 있었던 인물은 로스 페로 한 명뿐이었다.

이제 기업 경영이 과학적인 학문으로 태어난 곳이자 사망선고를 받은 곳이기도 한 디트로이트를 다시 방문해보자.

칼 아이칸이 필립스페트롤리엄
의장에게 보낸 서한

영어 원문 보기

수신

윌리엄 C. 듀스 이사회 의장
오클라호마주 바틀즈빌시,
필립스빌딩 필립스페트롤리엄
74004

윌리엄 듀스 귀하,

본인은 필립스페트롤리엄의 주식 750만 주를 보유한 이 회사의 대주주 중한 사람입니다. 당신이 보내준 자료를 검토해보았으나 지극히 부적절한 계획이라고 생각합니다. 석유산업의 뛰어난 애널리스트 업체 도널드슨 러프킨&젠레트 증권사에 따르면 패키지의 가치는 주당 약 42달러입니다.

이 서한을 쓰는 것은 필립스페트롤리엄의 모든 주주에게 당신의 주주환원정책보다 더 유리하다고 판단되는 거래 조건을 택할 기회를 주기 위해서입니다.

본인의 제안은 필립스페트롤리엄의 보통주를 100% 주당 55달러에 인수하는 것입니다. 27.50달러는 현금으로, 나머지는 후순위 채권으로 지급할 생각인데 전국적인 신망을 얻고 있는 독립적인 투자은행에 따르면 완전 판매된 채권은 주당 27.50의 가치를 가집니다.

본인의 인수 제안에 필요한 자금 조달은 드렉셀번햄 램버트사에서 맡았는데, 이 회사는 필립스페트롤리엄이 본인의 제안에 동의하고 협조하기만 한다면 현재의 시장 상황을 고려했을 때 1985년 2월 21일까지 자금 조성을 장담하고 있습니다. 다만 늦어도 1985년 2월 6일 영업일 종료까지는 자금 조달에 착수해야 한다는 조건이 있습니다. 본인의 제안은 기업 실사를 하자는 것이 아닙니다. 우리 측 자금이 2월 21일까지 준비된다는 전제하에 현재 계획된 2월 22일 금요일의 임시 주주총회를 연기하고 새로운 총회 일정을 잡아 주주들이 필립스페트롤리엄의 안과 본인의 제안 중 하나를 선택할 수 있도록 이사회가 동의해주시기만 하면 됩니다.

본인은 우리사주제도를 통해 필립스페트롤리엄의 주식을 사들이려는 계획에는 전혀 반대하지 않습니다. 하지만 이사회가 주주들이 보유한 주식 전량에 대해서 공정한 가격을 받지 못하도록 하는 것에는 강력히 반대합니다. 본인이 주당 55달러에 레버리지 인수를 할 수 있다면, 우리사주제도를 통해 절세 효과를 볼 수 있는 당신 역시 쉽사리 그럴 수 있을 것입니다. 만약 당신의 제안을 전체적으로 주당 55달러까지 올려 필립스페트롤리엄의 모든 주식을 인수하겠다면 본인은 기꺼이 물러서겠습니다.

당신이 계획한 임시 주주총회 날짜가 임박했으니 1985년 2월 6일 수요일까지 본인의 제안에 가부간 결정해서 답변해주시기를 바랍니다.

필립스페트롤리엄의 모든 주주에게 주당 55달러 또는 그 이상을 지급해주시기를 바랍니다. 본인에게 제시되는 조건과 똑같은 조건이 다른 모든 주주에게도 제시되지 않는 한, 당신이나 당신을 대신하는 누구에게도 본인이 소유한 주식의 전부 혹은 일부를 팔 생각이 전혀 없음을 강조하고 싶습니다. 본인이 제안한 대로 당신의 주주환원 정책이 수정되지 않는다면, 본인은 당신의 제안에 반대하자고 주주들에게 요청할 생각입니다. 또한 필립스페트롤리엄의 주식 51%를 주당 55달러에 공개매수하기 위해 빠르게 움직일 것이며 나머지 주식도 55달러에 상당하는 채권으로 매수할 것입니다. 앞서 언급했듯이, 드렉셀번햄 램버트는 이 제안을 위한 자금 조성을 장담하고 있습니다. 감사합니다.

칼 C. 아이칸

가장 사업처럼 하는 투자 주주행동주의

칼 아이칸이 KT&G를 공격한 사례

칼 아이칸은 2005년 9월 28일부터 3개 펀드를 동원해 KT&G의 주식 776만 주를 매수했다. 워런 리히텐슈타인(Warren G. Lichtenstein)*이 운용하는 스틸파트 너스(Steel Partners II L.P.)가 KT&G의 주식을 매수한 시기도 비슷했다. 칼 아이칸 의 KT&G 주식 매수는 외국 언론을 통해 처음 알려졌다. 영국의 〈파이낸셜타 임스〉는 2006년 1월 18일 칼 아이칸의 대리인이 KT&G를 방문해 주주가치 제고를 협의했다고 보도했다. 곧이어 구체적인 내용이 흘러나왔다. 아이칸 측이 자회사 인삼공사를 기업공개하고 자사주를 매입한 뒤 소각하며 배당을 확대하라고 요구했다는 것이다.

곽영균 대표이사님 귀하

주주들이 주식회사 케이티엔지(이하 '회사')의 주식을 취득했을 때, 주주들은 의결권을 약속받았습니다. 최근 귀하가 취한 일련의 행동은 이런 약속을 철저히 무시하는 것입니 다. (중략) 금월 초 본인은 모든 주주를 위해 회사의 가치를 향상시키기 위한 다음과 같 은 제안을 한 바 있습니다:

- 바이더웨이, 영진약품 및 YTN과 같은 비핵심 자산의 매각 추진, 한국인삼공사의 구 조조정을 통해 회사 주주들이 한국인삼공사의 주식을 직접 보유할 수 있도록 하고 그에 이은 한국인삼공사의 주식 상장.

---

* 이 책 8장에 등장한다.

- REIT 혹은 J-REIT 구조를 통해 회사의 대규모 부동산 포트폴리오를 재조정해 이를 회사의 주주들이 보유할 수 있도록 함.
- 알트리아그룹(Altria Group Inc.), 레이놀드 아메리칸(Reynolds American Inc.) 및 유에스티(UST Inc.) 같은 세계 유수의 담배회사의 배당성향과 비슷한 정도로 회사의 배당금 증가.
- 관련 법령이 허용하는 범위 내에서 회사의 자기주식 소각, 자기공개매수를 통해 관계 법령이 허용하는 범위 내에서 최대한의 자기주식을 추가적으로 취득한 후 취득한 자기주식 소각.

회사는 상기의 제안을 심각하게 고려하지 않고 경솔히 거부했습니다. 또한 귀하는 회사의 현 주가가 회사의 가치를 제대로 반영하지 않다고 생각하면서도 현 주가에 회사의 주식을 매수할 계획이 없으며, 저희가 회사 경영에 불만을 가지고 있다면 회사의 주식을 처분하면 될 것이라고 했습니다. (중략) 더불어, 귀하는 본 주주들의 제안을 지속적으로 오도했습니다. 따라서 본인은 귀하가 오도한 것들을 확실히 하고자 합니다. 저희는 회사의 장기적 성공에 관심을 가지고 있으며, 회사가 회사의 사업 혹은 자산을 공정한 가치 이하의 가격으로 처분하기를 결코 바라지도 않고 앞으로도 바라지 않을 것입니다. 저희는 어떤 경우에도 회사의 자산 중 어느 것도 헐값에 처분할 것을 요구하지 않을 것이며 이를 바라지도 않습니다. 도대체 무슨 이유로 우리가 우리 자신의 경제적 이익에 해를 끼치기를 바라겠습니까? (이하 생략)

서한의 본질은 4장의 사례와 같다. 주주환원을 하라는 것이다. 이 서한에서 리히텐슈타인은 주주환원을 하지 않기에 주가가 낮은 평가를 받고 있다며, 차라리 본인이 1주당 6만 원에 주식을 인수하겠다는 제안을 하기도 했다.

사람들의 관심은 다가오는 정기 주주총회에서 아이칸 측이 추천한 3명의 이사 후보 중 몇 명이나 이사로 선임될 것인지로 모아졌다. 아이칸 측은 지분율로만 따지면 아이칸 측이 6명의 사외이사 중 적어도 2명 이상이 선임되도록 할 수 있었다. 그러나 복잡한 법정 다툼 끝에 리히텐슈타인 1명만을 이사로 선출하는 데 그쳤다.

소송도 주주총회도 결과만 놓고 보면 마치 KT&G가 주주행동주의자들의 공격을 잘 방어한 듯 보였다. 언론은 스포츠 경기를 중개하듯 결과만을 보도했다. 아이칸이 과연 실패했을까? KT&G의 이사회에는 이질적인 이사가 진출했다. KT&G가 주주가치를 제고하지 않는 한 아이칸의 공격은 계속될 수 있었다. 게다가 아이칸은 질기고 무자비한 것으로 악명이 높다. 아이칸이 전화를 했는데도 주주환원을 하지 않고 버티기는 쉽지 않다. 세간의 관심과는 달리 중요한 것은 소송의 승패도 주주총회의 결과도 아닌 셈이다.

KT&G는 2006년 8월 9일 배당을 증액하고 자사주를 매입·소각하는 주주환원정책을 발표했다. 주가가 크게 올라 리히텐슈타인이 '서한'에서 주장했던 1주당 6만 원을 훌쩍 뛰어넘었다. 드디어 주식시장에서 거래되는 왜곡된 가격과, 공개매각되었다면 받았을 법한 정상적인 가격 사이의 차이를 노리는 아이칸식의 차액거래가 성공한 것이다.

아이칸은 2006년 12월 5일 주식을 대부분 처분했다. 그가 배당금과 매각차익으로 KT&G에서 벌어들인 돈은 1,500억 원에 가까울 것으로 추정된다. 아이칸의 지분 처분 소식이 알려지자 언론에 '먹튀 외국자본' '국부 유출'이라는 표현이 등장했다. 아이칸에 대한 대응이 미숙했다고 하면서 포이즌 필이 도입되어야 한다는 주장까지 나왔다.

그러나 아이칸이 미친 영향은 오히려 모든 주주에게 이로웠다. KT&G의 주가는 2007년 이후로도 계속 상승해 2008년 금융위기 직전에는 9만 원대 후반에 이르렀다. 주주이익 환원이 모든 주주의 이익으로도 연결된 결과다.

칼 아이칸 개입 이후 KT&G 주가 추이(2005/07 ~ 2023/03)

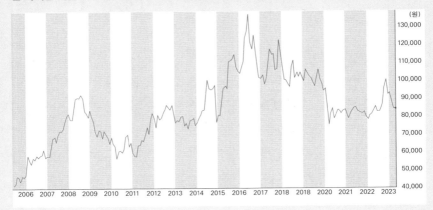

문제는 그 이후다. 아이칸이 떠나고 난 후 KT&G는 어느 정도 수준의 배당과 자사주 매입만 했을 뿐, 그다지 변하지 않았다. 한국인삼공사의 분할도 이루어지지 않았고, 부동산 개발의 이익이 주주들에게 직접 돌아갈 수 있도록 하는 리츠도 설립되지 않았으며, 영진약품도 그대로 보유 중이고, 화장품 사업까지 하고 있다.

솔직히 배당 역시 그리 우수하다고 보기 어렵다. 우리나라 시장에는 배당주로 알려졌지만, 세계적인 담배회사 기준으로 보면 크게 부족한 수준의 배당이다. 자사주는 매입만 할 뿐 소각하지 않았다. 오히려 KT&G 장학재단, 우리사주조합, 사내근로복지기금 등 사내 기관에 무상으로 출연되었다. 이렇게 출연된 주식은 주주가 아닌 경영진의 이익을 위해 쓰일 가능성이 커진다. 어떤 결과가 발생했을까? 이 해설을 고쳐 쓰는 2023년 3월 30일 현재 KT&G의 주가는 84,200원이다. 아이칸이 2006년 매도한 것으로 추정되는 6만 원대에서 거의 성장하지 않은 셈이다.

2023년 주주총회에는 아이칸도 리히텐슈타인도 없었다. 대신 행동주의 성향의 자산운용사인 안다자산운용과 플래쉬라이트캐피탈 파트너스(FCP)가 있었다. 국내 행동주의 펀드가 커나가는 것이 최근의 경향성이다. 다만 이들이 한 주장은 과거 아이칸과 리히텐슈타인의 주장과 크게 다르지 않았다. 15년 전의 주가, 15년 전의 주장이 반복된 셈이다. 기업만 놓고 보면 거의 달라진 것이 없다. 아, 달라진 게 있다. 이번에는 행동주의자들이 이사회 의석을 하나도 얻지 못했다. 경영진이 꾸준히 우호 지분을 늘려온 영향이다. 2023년 정기 주주총회에서 배당금이 주당 4,800원에서 5,000원으로 조금 오르고, 중간배당을 할 수 있는 정관 규정이 신설되었지만, 주주가치에 별다른 영향을 주지 못했다. 주가를 보면 알 수 있다. 물론 주가가 장기적인 주주가치를 정확히 반영하지는 않는다. 이사회의 주장이 맞을 수도 있다. KT&G 주주 모두를 위해 이사회의 주장이 맞기를 바란다.

심혜섭

5장

최대주주의 공격에 맞서다가
몰락한 제너럴모터스

로스 페로,
최대주주로서 GM을 구하려다
기업도 지위도 모두 놓치다

"갈수록 많은 GM 임직원이
당신은 현실을 알아야 하는데 소통하기를 거부하고 있어서
당신에게 말하기를 두려워한다고 합니다.
본인은 GM을 더 강하고 더 큰 회사로 만들 수만 있다면
무슨 이야기든 당신에게 할 생각입니다.
당신이 듣기 싫어도 할 것입니다."

—

로스 페로, 1985

로스 페로에게 불가능이란 없었다. 1979년 이란 정부가 계약상의 문제를 이유로 페로의 간부 직원 둘을 감금하자 페로는 테헤란으로 직접 날아가 그린베레(미 육군 특수부대) 출신이 이끄는 팀을 고용해 직원 구출 작전에 나섰다.[1] 이란은 혁명 전야였고 미국의 외교적인 노력은 지지부진했다. 이에 페로가 직접 나선 것이다.

그보다 10년 전, 페로는 북베트남 정부의 허락도 없이 베트남에 억류된 미군 포로들에게 제트기에 가득 실은 선물과 음식을 공수하려 했다.[2] 1983년에는 고교 과정에서 미식축구의 비중을 줄이도록 권고한 텍사스주 공교육 개혁 위원회를 이끌기도 했다. 잘 알려졌다시피 1992년 미국 대통령 선거에 후보로도 출마했는데 낙태와 총기 소지, 보호무역주의, 친환경 정책에 찬성하고 마약 사용에 반대하는 공약을 내놓았다. 정부 재정에서는 강경론자였던 그가 일반투표에서 19%를 획득함으로써 1912년 시어도어 루스벨트(Theodore Roosebelt) 이후로 가장 많은 표를 획득한 제3의 후보가 되었다.

페로는 대통령 후보였고 최단 기간 보이스카우트 최고의 영예인 이글스카우트가 되었다. 그런 영웅담이 너무 부각된 탓인지 사람들은 페로가 미국 최고의 사업가라는 사실을 놓친다. 1950년대 후반, 첫 직장인 IBM에서 페로는 단숨에 이 회사 역사상 최고의 세일즈맨이 되었다. 1962년에는 그해 영업 목표를 1월 19일에 이미 달성하기도 했다.[3] 같은 해 그는 일렉트로닉 데이터시스템즈(Electronic Data Systems, EDS)라는 회사를 설립하는데, 주식의 활황기였던 1960년대 그 회사 주식은 제일 잘나가는 종목 중 하나가 된다.

로스 페로가 승승장구하는 동안, 미국의 또 다른 상징이던 GM은 내리막

길을 걷고 있었다. 세계 최대의 자동차회사였지만 GM은 토요타(Toyota)나 혼다(Honda) 같은 해외 경쟁 업체들에 시장을 빼앗기고 있었다. 1980년 GM은 1921년 이래 처음으로 적자를 기록했다.[4] 심지어 GM보다 훨씬 작은 포드(Ford)나 크라이슬러(Chrysler) 같은 국내 경쟁 업체들도 효율성에서 GM을 앞섰다.[5] 1973년 GM을 퇴사한 유명 엔지니어 존 들로리언(John DeLorean)은 GM의 몰락을 다음과 같이 설명했다.

충분히 예상했던 결과입니다. (…) 소비재를 만드는 기업의 주도권이 순전히 회계만 아는 경영진의 손에 넘어간 것이 원인입니다.[6]

GM의 경영은 양질의 제품 생산보다는 단기 이익에 집중한 회계사들에 의해 승계되었다. 계산기나 두드릴 줄 아는 그런 좁쌀영감 중 하나가 로저 스미스였는데 그는 자신의 경영 스타일에 대해 이렇게 말했다. "나는 재무제표의 맨 마지막 줄만 봅니다. 뭘 해야 할지를 알려주거든요."[7]

로저 스미스는 1981년 GM의 이사회 의장 겸 CEO가 된 뒤 생산의 현대화를 목적으로 대규모 기업 인수와 투자에 나서게 된다. 1984년에는 EDS를 관심 있게 바라보다가 회사를 인수했다. 그 결과 로스 페로는 GM의 최대주주이자 이사가 되었다. GM의 투자자들은 전설적인 로스 페로가 이사회에 활력을 불어넣을 것이라며 반겼다. 로저 스미스의 말을 빌리면 "로스 페로의 스타일은 우리 GM이 추구하는 바와 딱 맞아떨어졌습니다."[8]

그러나 로스 페로는 GM과 전혀 맞지 않았다. 자동차산업을 알면 알수록, 페로가 보기에 신기술에 집착하는 스미스는 핵심을 놓치고 있었다. GM이 로봇과 생산 자동화에 수십억 달러를 쓰고 있을 때, 일본의 자동차회사들은 낡은 장비로 더 좋은 차를 만들어 시장을 잠식하고 있었다. GM은 직원의 능력을 최대한 활용하지 못했다. 그뿐 아니라 회사 내에 팽배한 관료주의가 GM의 발목을 잡고 있었다. 훗날 〈포천〉 인터뷰에서 페로는 다음과 같이 말한다.

저는 뱀을 보면 뱀을 죽입니다. 그것이 제 삶의 방식입니다. GM은 뱀을 보면 먼저 뱀 컨설턴트를 고용했습니다. 그런 다음 뱀 위원회를 만들고 약 2년 동안 회의를 합니다. 그 결과 아무것도 하지 않는 것으로 결론이 날 공산이 큽니다. 즉 이런 식이죠. '뱀이 아무도 물지 않았으니 공장 바닥을 기어 다니게 그냥 놔둡시다.' 우리에게 필요한 것은 뱀을 제일 먼저 본 사람이 뱀을 잡아 죽이는 문화입니다.'

1985년 10월 23일 페로는 스미스에게 그의 독재적인 경영 방식을 질타하는 다섯 장짜리 서한을 쓰게 된다. 그중 핵심은 다음과 같다.

GM을 위해 더는 본인을 골칫거리로 여기지 마시고

• 대주주이자
• 진정한 이사회의 일원이자
• 경험 많은 사업가로 받아들여 주시기를 바랍니다.

본인은 당신과 다른 의견을 가질 능력과 의지가 있는 극소수에 해당한다는 사실을 잊지 마시기를 바랍니다. (…)
당면한 문제에 기술이나 자금을 퍼붓는다고 해서 GM이 세계 일류가 되고 가격 경쟁력을 가질 수 있다고 보지 않습니다.

- 일본 회사들이 GM을 기술이나 자금으로 이기는 것이 아닙니다. 저들이 일본에서는 물론이고, 심지어 노조(UAW)에 가입한 노동자들을 데리고 미국에서도 낡은 장비로 더 싸고 더 좋은 차를 만들 수 있는 것은 더 우수한 경영 방식 때문입니다.
- 공장 자동화에 엄청난 자금을 쏟아붓는데도 품질과 가격의 격차는 줄지 않고 있습니다. 경쟁력 있는 가격이라는 목표에 최종 날짜를 정하지 않는 것만 보아도 승리를 쟁취하고자 하는 우리 회사의 태도가 어떤지를 알 수 있습니다.

앞으로 우리는 정직, 개방, 솔직함을 토대로 관계를 만들어가야 합니다. 다른 말로 하면 상호 신뢰와 존중이 필요합니다. 지금부터는 말이 아닌 행동으로 보여줄 때입니다. GM이 승리할 수 있도록 우리의 모든 역량을 집중해야 합니다.

페로가 GM의 문제를 해결해야 하는 이유는 자명했다. "미국 내 일자리 수백만 개를 지킬 기회였습니다. 놓치기에는 너무 아까운 일이었습니다."[10]

페로는 인생의 수많은 역경을 헤치고 끝까지 싸웠던 사람이다. 하지만 그 어떤 역경도 형편없는 기업을 좋은 방향으로 바꿔놓는 일에 비할 바는 아니었던 것 같다. 이 서한 때문에 페로와 스미스는 돌이킬 수 없는 관계가 되었다. 이때부터 스미스는 페로를 이사회에서 몰아내는 데 자신의 모든 역량을 집중하게 된다.

스미스가 회장으로 재직한 9년 동안 GM이 새로운 공장과 장비에 쏟아부은 돈은 800억 달러에 이른다. 이 외에도 첨단기술을 지닌 기업 인수에 100억 달러를 사용했다. 유일한 반대표를 던진 페로의 노력도 소용이 없었다. 이때 인수한 회사 중 하나가 휴즈항공사(Hughes Aircraft)였다. 이렇게 쏟아부은 자금은 대부분 실패로 판명이 났고, 1986년 GM에서 페로를 몰아내기 위해 그에게 지급한 7억 달러가 넘는 금액도 GM을 살리는 데 도움이 되지 못했다. 한때 기업 경영과 기업 지배구조의 모범이자 전 세계 최고의 제조업체로 각광받던 기업이 망하는 길을 걷고 있었다.

지분 인수가 발표되자, 페로는 자신을 몰아내려고 그토록 큰 금액을 승인한 GM 이사회의 누구 못지않게 놀랐다. 그는 주주들에게 행동할 것을 촉구했다. "제가 주주들에게 그랬습니다. 이를 용인한다면 어떤 결과를 당해도 싸다고요"라고 페로는 회고한다.[11] 페로가 GM과 벌인 싸움 덕분에 미국은 주주행동주의와 상장기업의 기업 지배구조에서 일대 전환점을 맞게 되었다. GM의 주식을 수년간 보유하면서도 한마디 하지 않았던 대형 연기금들은 회사가 이사회를 약화하려고 7억 달러를 지급한 사실에 경악했다. 기관 투자가들이 드디어 자기 목소리를 내기 시작했다. 결국 페로는 GM을 위해 품었던 원대한 꿈을 이루지 못하고 GM을 떠났지만, 그가 떠나가면서 미국의 최대 기관 투자가들에 지핀 불씨는 오늘날까지도 활활 타오르고 있다.

▌창립 때부터 파산 위험에 처하다

로저 스미스는 GM의 몰락을 가져온 주범으로 많은 비난을 받고 있지만, 이 회사의 문제는 수십 년에 걸친 것이며 비효율적인 여러 CEO가 남긴 유산이었다. 최후 수단으로 기술력에 매달렸던 스미스, 한 명의 이사도 회유하지 못한 페로, GM의 주주였던 대형 기관 투자가들. 그들 모두가 문제였지만 잘잘못을 따지기에 앞서 GM이 어쩌다가 이렇게 다루기 힘든 흉측한 괴물이 되었는지부터 살펴봐야 한다. 대표적인 세계 최고의 기업이 어떻게 최악의 기업이 되고 말았을까?

GM 설립자는 윌리엄 듀랜트(William Durant)다. 당시 잘나가는 마차 제작업자였던 그는 기술의 진보로 자기 사업이 도태되는 것을 앉아서 구경만 하고 있지는 않았다. 시끄럽고 믿을 수 없으며 위험하기까지 한 '말 없는 마차'가 미심쩍기는 그도 마찬가지였지만, 경쟁자들과는 달리 미래를 적극적으로 받아들였다.[12] 듀랜트는 뷰익(Buick)의 관리자를 거친 뒤 1908년 다른 자동차회사들을 인수할 생각으로 GM을 설립했다.

포드자동차의 설립자 헨리 포드(Henry Ford)가 T형 자동차를 중심으로 중앙집중적인 경영을 했던 반면, 듀랜트는 다각화를 신봉했다. GM은 자동차와 자동차 부품, 액세서리를 만드는 회사 수십 개를 보유하고 있었다. 각 회사는 사실상 자체 경영되었고 듀랜트는 전반적으로 느슨하게 재무관리만을 담당했다. 듀랜트는 자동차의 수요가 곧 폭발적으로 늘어나 연간 100만 대 이상 팔릴 것이라는 소신이 있었다. 당시로서는 상당히 파격적인 것이었다. 다만 어떤 자동차 기술과 디자인이 궁극적으로 시장을 지배할지는 예상할 수 없었다. 따라서 다각화를 통해 사업상의 안전을 확보하고자 했다.

듀랜트가 재무 건전성을 유지하는 재능은 별로였던 탓에 GM은 늘 파산 위험을 안고 있었다. 이는 부침이 심한 자동차산업에서는 치명적인 일이었다. 실제로 GM 초창기에 듀랜트는 이 일로 경영권을 여러 차례 빼앗기기도 했다. 1915년에는 재무적 투자자로 피에르 듀퐁을 만나 그의 회사 듀퐁으로부터 수차례 자금 지원을 받았다. 기업 인수를 위해, 또는 회사 운영이 급할 때마다 듀퐁은 더 많은 자금을 지원했다. 1919년 말 듀퐁이 소유한 GM 지분은 30%에 육박했다.

1920~1921년의 불황이 닥치자 듀랜트는 자기 회사와 영원히 작별해야 했다. 주식시장이 하락하자 듀랜트는 GM 주가를 끌어올리기 위해 3,000만 달러 이상의 신용융자 잔액을 빚지게 되었다. 어쩔 수 없이 듀퐁이 나서서 이를 해결했고 듀랜트는 1920년 11월 GM을 떠나게 된다. 날고 기던 듀랜트였지만 다시는 GM 같은 성공을 거두지 못했다. 말년에는 미시간주 플린트시에서 볼링장을 관리하며 살았다. 1947년 숨을 거두었을 무렵에는 매우 가난했다고 한다. 사실 듀랜트와 그의 아내는 적지 않은 연금을 받았다. 연금을 마련해준 사람은 앨프리드 슬론으로, 마구잡이식으로 끌어모은 GM의 자동차회사들을 지상 최고의 산업제국으로 탈바꿈시킨 장본인이다.[13]

▌앨프리드 슬론의 승리

1920년 듀랜트와 결별한 듀퐁은 GM 내의 여러 이질적인 부문을 경영해야 할 도전에 맞서게 된다. 듀퐁은 자동차산업 경험이 없었고 듀랜트처럼 직감으로 경영할 수도 없었다. 그는 앨프리드 슬론이 마련한 조직 연구에 근거해 GM을 경영하기로 했다. 듀퐁은 슬론을 승진시켜 GM 경영을 맡겼고 1923년에는 회장으로 임명했다.

슬론이 처음 경력을 쌓은 곳은 자동차회사에 롤러 베어링을 납품하는 뉴저지주의 회사였다. 총괄 관리직까지 오른 그는 1916년 회사를 듀랜트에게 팔게 된다. 듀랜트가 슬론에게 자동차 부품 생산 부문 전체 경영을 곧바로 맡긴 것을 보면 그에게서 특별한 재능을 발견했던 것 같다. 그곳에서 슬론은 획기적인 조직 연구의 기반이 되는 원칙을 고안하게 된다.

GM의 전체 구조는 자동차 액세서리 부문의 모습과 같아서, 전국에 흩어진 다양한 회사들의 모임이었다. 슬론은 이 부문을 GM의 분권화 철학에 입각해 경영하고자 했다. 왜냐하면 자신은 점화장치나 라디에이터, 혹은 경적기를 만드는 사업에 간섭하기에는 적합하지 않다고 생각했기 때문이다. 그러나 재무를 통제하지 않고서는 실적이 바닥을 기는 것을 막을 수 없음을 깨닫게 된다. 이 문제는 GM 전체의 문제이기도 했다. 자본적 지출에 관해서는 아무도 최선의 것을 판단할 수 없었으므로 주먹구구식으로 이루어지고 있었다. 각 부문 책임자들은 자신의 예산이 통과되기를 바랐기 때문에 서로서로 봐주는 형편이었다. "어디로 튈지 알 수 없는 분권화"였다고 슬론은 회고한다.[14]

슬론은 회계사는 아니었지만 자기가 경영하는 회사들의 실적을 알 수 있는 시스템을 개발했다. 그의 주된 관심사는 각 사업의 수익이 아니라 투자수익률이었다. 투자된 자본이 어디서 가장 높은 성과를 달성하는지를 알아야, 추가로 자본을 투입하거나 개선할 사업을 구분할 수 있었다. 슬론은 훗날 "내가 아는 한 사업상 판단에 도움이 되는 객관적인 도구로 투자수익률만 한 것이 없다"고 밝힌다.[15]

슬론은 자기가 맡았던 사업 부문의 실적을 개선한 지혜를 바탕으로 GM의 미래를 그렸다. 무엇보다 각 사업 부문은 투자수익률에 근거해 합리적인 재무관리를 받아야 한다고 믿었다. 일단 재무관리가 정립되자 중앙집중화를 도모해 '분권화의 철학과 본질'을 보존하는 동시에 적절한 감독을 진행하며 불필요한 비효율성을 제거하고자 했다. 슬론은 분권화와 적절한 감독 사이의 미묘한 균형을 이해했을 뿐만 아니라, 그 원칙들은 본질상 모순된다는 것을 알고 있었다. 훗날 슬론은 "모순 자체가 문제의 핵심이다"라고 《나의 GM 시절(My Years with General Motors)》이라는 저서에서 이야기한다.[16]

앨프리드 슬론이 분권화를 신봉했던 것은 각 부문에 독립성과 경쟁력을 불어넣기 위함이었다. 그런데도 경영을 완벽하게 조절하는 시스템은 만들지 못했다. 사실 슬론이 GM에서 이룬 큰 업적들은 다분히 중앙집권적이다. 듀랜트가 GM을 떠나자마자 슬론이 제일 먼저 취한 조치 중 하나는 상품 전략을 재정립한 것으로, 개별 브랜드를 가격별 시장으로 나눈 일이었다. "다양한 책임을 구분해 적절히 부여하는 명확하고 간편한 방법은 없다"라고 훗날 그는 이야기한다.[17] 그는 자신의 경영 능력과 리더십에 의존했다. 반대 의견과 열린 토론을 극성스러울 정도로 장려했다. 하향식 명령보다는 합의를 끌어내는 것을 선호했고, 가급적이면 조직 내 가장 말단에까지 권한을 주려고 했다. 슬론은 수많은 위원회와 정책그룹을 만들어 회사의 의사결정 과정을 개선하려 했으며 그런 모든 조직에 빠짐없이 참여함으로써 제대로 된 결과가 나오게 했다.

슬론의 지휘 아래 GM은 세계 자동차산업을 지배하게 된다. 진입장벽이 거의 없는 산업이라는 점과 포드라는 가공할 경쟁자를 감안할 때 놀라운 성과였다. 1956년 슬론이 이사회에서 물러났을 때 GM은 미국 자동차시장의 절반을 지배하고 있었다. GM은 규모의 경제 덕에 낮은 원가가 가능했다. 누구나 아는 친숙한 브랜드 이름인 데다가 규모가 크고 부유한 자동차딜러 네트워크에 힘입어 자동차 판매는 명백한 우위를 점했다. 앨프리드 슬론의 승리는 완성돼 보였다.

바람을 안고 뛰다

1943년 서른셋의 정치학 교수였던 피터 드러커(Peter Drucker)는 GM에 관해

2년간의 집중 연구를 시작한다. GM 부회장 도널드슨 브라운이 미래의 관리자들에게 도움이 되도록 GM을 분석해달라고 드러커를 초빙했다. 미국 내 대기업들의 성장에 매료된 드러커는 기업을 내부에서 들여다볼 기회를 마다하지 않았다.

1946년 드러커의 《기업의 개념(Concept of the Corporation)》이 출간되면서 기업경영에 관한 연구가 본격적으로 시작되었다. 책은 불편할 정도로 GM의 미래를 정확히 예측했다. 드러커는 하나의 기업이 이토록 다양한 제품을 성공적으로 생산해내는 것을 보고 놀라워했다. 드러커의 연구가 진행된 것은 마침 GM이 전쟁 동원령에 참여할 때였다. 드러커는 제2차 세계대전의 승리에 GM이, 특히 앨프리드 슬론이 큰 역할을 했다고 칭찬하며 공로가 과소평가되었다고도 했다.[18] 하지만 기존의 업적에도 드러커는 과연 GM이 이런 위대함을 계속 이어갈 수 있을지를 의심했다.

드러커는 GM이 형식에 구애받지 않으며 직원들에게 권한을 넘기려는 모습에 감탄하면서도 결정권이 명확히 구분되지 않아 우려된다고 했다.[19] 그는 이렇게 말한다. "역사상 통치를 위해 만들어진 모든 위원회를 위협했던 문제, 즉 조직 단위들이 서로 조화를 이루지 못해 교착 상태에 빠지고 파벌주의와 권력 싸움으로 조직이 분열될 수 있는 위협을 GM은 어떻게 모면할지 묻게 된다."[20] 드러커는 '명확히 정해진 질서, 엄격하게 구분된 권한과 책임' 없는 GM 관리자가 누리는 자유도 결국에는 사라질 것이라고 예측했다. '명확히 정해진 질서'는 당연히 존재하지 않았다. 슬론은 사업 부문과 본사 간의 책임을 명확히 구분하는 체계적인 방법을 끝내 찾아내지 못했다.

슬론은 자신의 리더십을 최대한 활용할 수 있는 방식으로 GM을 만들어갔다. 그는 이성적이고 개방적인 사고방식을 지닌 뛰어난 경영자였지만, GM은 그의 의사결정 과정이나 극성스러운 채용 방식을 기업문화로 정착시키지 못했다. 슬론이 있는 GM에서는 더할 나위 없이 잘 돌아가던 시스템이 그가 없는 GM에서는 삐걱댔다. 드러커는 GM이 잘 돌아가는 것이 과연 슬론의 경영 방식 때문인지를 이런 식으로 문제 제기한다. "GM 시스템이 정말로 개인의 능력에 의존하는 것이라면, 회사의 운명은 한 사람의 생애를 넘어설 수 없을 것이다."[21] 실제로 슬론이 사망한 1966년 GM은 이미 내리막길을 걷고 있었다.

폰티악의 수장 들로리언

《나의 GM 시절》이 GM의 성공을 다룬 결정판이라면, 《On a Clear Day You Can See General Motors(맑은 날이면 GM이 보인다)》는 GM의 몰락을 기록한 대표작이라고 할 수 있다.[22] 이 책의 저자 존 들로리언은 GM 역사상 가장 밝게 빛난 별이다. 부모는 모두 디트로이트 공장 노동자였고 이민자였다. 들로리언은 1965년 폰티악(Pontiac)의 수장이 되면서 GM 역사상 가장 젊은 나이에 부문장이 되는 기록을 세웠다. 책은 그가 어떻게 14층 중역실로 초고속 승진했는지, 1973년 GM의 중역으로서 어떻게 퇴사 결정을 단행하게 되었는지 등을 다룬다.

들로리언은 1958년 이사회 의장에 취임한 프레드릭 도너(Frederic Donner)를 GM에 문제를 초래한 장본인으로 꼽는다. 회계사 경력만 있던 도너는 슬론이 경험 많은 경영자를 위해 마련해놓은 회장직의 권한을 대폭 줄여버렸다. 그 결과 GM은 재무 담당 임원들의 손에 들어갔다. 도너가 슬론의 조직 연구 형태는 정교하게 유지한 채 그 핵심인 분권화 정신을 파괴하는 과정을 들로리언은 위 책에서 설명한다. 도너 체제에서는 각종 위원회가 하루하루의 공정에 시시

콜콜 관여하면서 업계 전체의 흐름을 외면했다. "GM의 주안점이 바뀌었다는 생각이 들었다. (…) 단기 이익을 향상시키기 위해 모든 부품에서 한 푼이라도 더 짜내려는 것 같았다"라고 들로리언은 회고한다.[23]

들로리언이 폰티악에서 거둔 최고의 성공은 1960년대 머슬카 광풍의 시초가 된 GTO 모델이었다. GTO 개발 과정은 도너 체제의 GM에서 싹튼 파벌주의가 어땠는지를 잘 보여준다. GTO를 개발하기 위해 들로리언은 대형 8기통 엔진을 가볍고 작은 차체에 욱여넣었다. 그 결과 운전하기 재밌으면서도 강력한, 그러면서도 적당한 가격과 스타일을 갖춘 차가 탄생했다. 프로젝트가 진행되는 동안 들로리언을 비롯한 폰티악 임원들은 해고될 위험을 무릅쓰고 폰티악 부문 밖의 어느 누구에게도 GTO의 존재를 알리지 않았다.

들로리언은 GM의 엔지니어링위원회가 대형 엔진을 사용하는 문제로 GTO 개발을 아예 무산시키거나 수년 동안 지연시킬 것을 걱정했다. "아무리 작은 문제라도 생산과 관련된 모든 결정 사항은 위원회에 알려야 했다"라고 들로리언은 밝힌다.[24] 범퍼 디자인과 안전벨트 경고음 같은 사소한 문제도 예외가 아니었다. 들로리언은 이에 앞서 몇 년 전 자신이 추진하던 그랑프리 모델의 개발을 GM 본부가 금지했던 일을 떠올렸다. 시장 전망이 밝은 모델이었다. 폰티악은 필요한 장비를 구매할 예산도 마련하지 못하고 간소화한 그랑프리의 생산을 감행했다. 그랑프리는 거의 10년간 꾸준히 잘 팔렸다. 틀림없이 인기 모델이 되리라는 판단으로 폰티악은 아예 본부에 알리지도 않고 개발을 밀어붙이기로 했다. GTO가 출시되자 GM 임원들은 분노했다. 하지만 그들이 뜯어말릴 겨를도 없이 GTO는 초유의 히트작이 되어버렸다.[25]

《맑은 날이면 GM이 보인다》는 슬론이 그토록 경계하고 드러커가 예견했던 관료주의의 늪으로 빠져들어 가는 GM을 묘사한다. 쉐보레(Chevrolet)에서 변화를 시도했던 들로리언의 노력과 짧게 끝난 고위직 임원으로서의 나날들에 대한 기록들을 읽다 보면 GM이 슬론의 이상에서 얼마나 벗어났는지를 알수 있다. 중역실이 있는 GM의 14층 생활은 특히나 우울했다. 아침마다 들로리언의 책상에는 보고서로 올라올 가치도 없는 너무나 사소한 서류들이 산더미처럼 쌓여 있었다. 오후에는 이 사소한 일들을 논의하기 위한 회의에 참석해야 했다. 한번은 이런 일이 있었다. 다른 지역으로 순환 배치된 직원들의 생활비를 조정하는 정책 개발 회의에 참석하게 되었다. GM 고위직은 한 명도 빠짐없이 참석해야 한다는 사실에 들로리언은 충격을 받았다. 더 충격적인 것은 회의가 끝날 때 "지금은 결정을 내릴 수 없습니다"라는 사장의 말이었다. 사장은 회의실에 있던 몇몇 임원을 지정해 그 문제를 다룰 특별팀을 만들었다. 어색한 침묵이 잠시 흐른 후 한 임원이 입을 열었다. 사장은 이미 특별팀을 꾸렸고 이번 회의는 그 특별팀의 연구 결과를 들어보려는 자리였다는 것이다. 그 후 들로리언은 생각했다. '도대체 내가 여기서 뭘 하고 있는 거지? 앞으로 17년을 이런 일이나 하면서 보낼 순 없어.'[26]

들로리언이 회사를 그만둔 1973년에도 GM은 여전히 세계 최대의 자동차업체였고 재정적으로도 최강이었다. 하지만 GM의 영광은 빠르게 무너지고 있었다. GM은 갈수록 소비자들과 멀어졌고 제품의 품질 역시 나빠졌다. 들로리언이 퇴사하던 해에 혼다는 시빅(Civic)을 출시했다. 3년 뒤에는 어코드(Accord)가 나왔다. 두 모델 모두 자동차업계를 바꿔놓았다. 일본 자동차회사들이 초라했던 출발에서 벗어나 이제는 미국의 자동차산업을 위협하는 진정한경쟁자로 올라섰음을 알린 것이다. 그러나 GM 경영진은 미래를 설계하고 경쟁사들의 위협에 대응하는 대신 14층에 웅크려서 시시콜콜한 경영과 회의만하고 있었다.

코끼리를 춤추게 하다

1981년 1월 로저 스미스가 GM의 CEO 겸 이사회 의장에 취임했다. 4명의 전임자처럼 스미스도 회계사였으며 직장생활 대부분을 GM에서 보냈다. 그가 취임한 때는 GM 역사에서 아주 중요한 시기였다. 바로 전해에 일본 자동차회사들이 전체 생산량에서 디트로이트*를 앞섰고 GM은 거의 80년 만에 처음으로 적자를 기록했다. 들로리언이 퇴사한 1973년 이후 미국은 두 번에 걸쳐 석유파동을 겪었으며 유가가 오르자 소비자들은 비교적 작고 연비 좋은 차를 원했다. 그러는 사이에 일본 자동차회사들은 자동차의 신뢰성과 스타일을 획기적으로 개선했다. 일본 자동차를 구매했던 소비자 중에 미국 자동차로 돌아온 사람은 거의 없었다.

CEO 취임 후 스미스는 〈월스트리트저널〉 인터뷰에서 "상황이 극적으로 바뀔 것 같지는 않습니다"라고 했다.[27] 그러나 내부적으로는 매우 공격적인 변화를 준비하고 있었다. CEO가 되자마자 스미스는 고위 임원 500명에게 GM의 현실을 냉혹하게 평가한 보고서를 들이밀었다. GM이 빠르게 변하는 시장에 대응하기에는 너무 느리고 비효율적이라고 지적했다. GM 경영진이 책임감이 없다고 강도 높게 질타했으며 슬론의 의도대로 현장에 권한을 맡기는 대신에 쓸데없는 서류 작업에 너무 많은 시간을 할애한다고 비판했다. 해외 경쟁 업체들을 무시했던 전임자들과는 달리 스미스는 GM이 경쟁사에 비해 품질과 디자인은 물론 경영마저 뒤졌음을 지적했다.[28]

---

* **디트로이트**: 미국 미시간주의 자동차 공업도시로 미국 자동차산업계를 상징한다.

도너의 시대 이후 GM을 신성시하지 않은 CEO는 로저 스미스가 처음일 것이다. CEO에 취임했을 때 겨우 55세였으므로 이대로라면 스미스의 임기는 슬론에 이어 두 번째로 길 수 있었다. 스미스가 임기를 시작할 때 마침 단비도 촉촉하게 내려주었다. 1981년 일본 자동차업계가 미국 수출 물량을 연간 168만 대로 제한하기로 한 것이다. 이는 불경기에 시달리던 이전 해보다 14% 줄어든 수치였다.[29] 자발적인 수출 제한 정책은 3년간 지속되었다. 이 기간에 미국 경제는 회복되고 GM은 매출 신기록을 달성했다. 1980년대는 로저 스미스의 시대가 될 것 같았다. 그에게는 GM의 수십억 달러에 달하는 현금이 있었고, 일본 자동차회사들은 자비롭게도 미국 자동차회사에 분발할 기회를 제공했다.

스미스의 GM은 두 가지 전략에 집중했다. 조직을 구조조정하고 시스템과 장비의 현대화에 대규모 투자를 단행하는 일이었다.[30] 스미스는 전임자들이 장기 계획을 등한시한 것을 알고 있었다. 스미스는 GM을 대단히 자동화된 21세기형 제조업체로 탈바꿈시켜 경쟁사들을 뛰어넘으려고 했다. 그는 최첨단 기술을 획득할 방법을 모색했다. 1920년 이래로 GM은 눈에 띌 만한 기업 인수를 하지 않고 있었다. 스미스는 살로먼브러더스(Salomon Brothers)의 존 굿프렌드(John Gutfreund)에게 괜찮은 인수 대상을 찾아보라고 했다. 굿프렌드는 로스 페로의 EDS를 인수하는 제안을 들고 왔다.

EDS는 GM에 꼭 필요한 회사로 보이지는 않았다. 데이터 서비스회사인 EDS에 제조업체 고객이 있었던 것도 아니고, 사내 문화는 GM과는 정반대처럼 보였다. 페로는 열정적이고 젊은 직원들에게 낮은 월급을 지급했으나 일단 성과를 내면 두둑한 성과급을 안겨주었다. GM의 전산 업무 직원들은 넉넉한 월급에 안정된 고용을 보장받고 있었다. EDS에서는 부자가 되는 것이 꿈이었던 반면, GM에서는 '30년 후 퇴직'이 꿈이었다. 즉 30년 근속하고 은퇴해 연금으로 사는 것이 목표였다. 페로는 두 회사를 합치는 것이 쉬워 보이지 않았지만, GM이 해마다 데이터 처리에 지급하는 30억 달러는 구미가 당겼다. 페로는 스미스에게 "우유를 마시려고 목장을 살 필요는 없습니다"라고 이야기했다.[31]

그러나 스미스에게 EDS는 GM의 전산 업무를 개선하는 것 말고도 다른 가치가 있었다. 스미스는 GM의 문화를 쇄신하고 싶었고 로스 페로가 그 적임자로 보였다. EDS에는 GM이 필요로 하는 기업가정신이 있다고 스미스는 판단했다.[32] GM은 페로의 마음을 사기 위해 EDS가 GM 그룹 내에서 독립적으로 활동할 수 있는 독특한 구조의 기업 인수 제안을 제시했다. EDS는 특별히 고안된 GM의 종류주식*을 보유할 수 있게 하고, EDS만의 독립된 경영진과 이사회를 유지할 수 있게 하겠다는 내용이었다. 스미스는 페로에게 GM은 EDS의 경영과 임금 체계, 재무, 회계에 간섭하지 않겠다고 약속했다. 페로에게 현금 9억 3,000만 달러와 GM의 클래스 E 주식(일종의 종류주식) 550만 주를 제시했다. 페로는 최대주주이자 GM의 이사회 이사가 될 것이었다. 페로는 자신이 GM 지분을 추가로 늘릴 것이며, EDS 테두리를 넘어서 GM의 다른 사업에도 적극적으로 관여할 생각이라고 미리 경고했다. 스미스는 쌍수를 들어 환영했다.

노동력은 비용이 아닌 자원

GM에 합류한 로스 페로는 당장 일을 시작했다. 최고위 임원 200명을 8명씩 그룹으로 짜서 집으로 초대해 저녁 식사를 대접했다. 또한 1,000명이 넘는

---

* **종류주식**: 일부 권한에 제한을 두거나 소정의 권리에 특수한 내용을 부여한 주식을 말한다.

GM 전산 업무 직원들을 50명씩 그룹으로 나눠 모임을 가졌다.[33] 주말에는 편안한 복장으로 GM 딜러들을 방문해 고객서비스를 점검하고 GM 자동차를 판매 현장에서 직접 살폈다. 심지어는 사전 예고도 없이 GM 공장을 방문해 공장 노동자들과 함께 작업라인에서 점심을 먹기도 했다. 페로는 세계에서 제일 부유한 제조업체 중 하나가 어째서 예산이 쥐꼬리만 한 일본 자동차회사들과의 경쟁에서 뒤지는지를 알고 싶었다.

페로가 캐딜락(Cadillac) 딜러 몇몇에게 어떻게 도와주면 좋겠냐고 물었더니 한 사람이 답했다. "혼다의 딜러처럼 되고 싶어요!" 농담이 아니었다. 캐딜락의 품질이 워낙 떨어져서, 이 딜러는 하루 2교대로 근무하면서 차량 100대를 수용할 수 있는 정비 시설을 운영해야 했다. 반면 혼다의 딜러는 하루 1교대로 20대만을 위한 정비 시설을 운영하면 충분했다. 그 딜러는 페로에게 "혼다의 딜러는 자부심을 가지고 자동차를 팝니다"라고 말했다.[34]

페로는 딜러들을 다루는 GM의 적대적인 태도에 분노했다. 가장 화나는 것은 GM이 딜러들의 목소리를 듣지도 않고 들으려고 하지도 않는다는 사실이었다. 페로는 이런 태도를 회사 내외의 모든 미팅에서 감지할 수 있었다. 모두가 회사의 문제를 끝도 없이 호소했다. 그들이 보기에 쉽게 해결될 수 있는 문제들이었지만, 회사는 그 문제를 적임자에게 맡기고 있지 않았다. 그런 현상은 공장의 생산 현장에서 특히 심했다.

토요타 직원들은 3개월마다 각 딜러의 영업점을 돌면서 차량 개선점과 소비자 요구에 관련한 목소리를 경청했다. 페로에게는 무척이나 인상적인 모습이었다. 그러나 일본 자동차회사들이 생산 현장을 경영하는 방식에 비하면 그 정도의 협력 관계는 아무것도 아니었다. 일본 업체는 모든 생산 과정을 향상하고 개선하기 위해 집착에 가까울 정도로 임직원에게 매달렸다. 1985년까지 토요타가 공장의 생산성을 개선하기 위해 자사 근로자로부터 받은 아이디어는 1,000만 건이 넘는다. 이처럼 사소한 제조 현장 개선이 누적된 힘은 막강했다.

일본 자동차회사들은 GM과 똑같은 공장을 훨씬 적은 돈으로 지을 수 있었다. 일단 공장이 돌아가면 GM은 공장 가동률이 60%인 데 반해 일본 회사들은 90%였다. 관리 단계도 GM은 14단계였지만 일본은 5단계였다. 그러면서도 일본은 현격히 낮은 가격에 훨씬 더 우수한 자동차를 만들어냈다. 일본에서 미국으로 수출하는 운송비를 감안하더라도 그랬다.[35] 레이저 스캐너와 로봇을 갖춘 최신의 미국 공장조차 20년 된 미국산 장비를 사용하는 일본 공장에 비해 효율이 떨어졌다. 구체적인 생산 기능을 비교하면 결과는 충격적이었다. 가령 일본 자동차공장의 페인트 공정은 불량률이 2%인데 미국 자동차공장은 20~30%를 기록했다.[36]

페로는 GM이 공장 근로자들의 목소리를 무시하는 것이 문제라고 지적했다. 40년 전 드러커가 지적한 것과 매우 흡사한 내용이었다. 드러커는 GM이 '노동력을 비용이 아닌 자원으로' 생각해야 한다고 했다.[37] 제2차 세계대전 동안 숙련된 중간관리자가 많이 부족한 가운데 현장의 공장 근로자들이 책임감 있게 문제를 해결해나갔던 점을 드러커는 매우 인상적으로 보았다. 전쟁이 끝난 후 GM은 노동자들의 이런 능력을 활용해 '자치적인 공장 공동체'를 조직하면 좋겠다고 생각했다. 일본 자동차회사들이 그런 방식을 채택한 사실은 우연이 아니었다. 드러커는 디트로이트에서는 냉대받았을지 모르지만 일본에서는 숭배의 대상이었다.

스미스는 GM 노조와 어떤 형태로든 건설적인 관계 맺기를 포기했다. GM은 딜러들에게 했던 것과 마찬가지로 자사 근로자들에게도 적대적이었다. 스미스가 그토록 신기술에 집착했던 이유 중 하나는 노사관계를 부정적으로 생각했기 때문이다. '우리는 노동으로 많은 비용을 쓰고 있기 때문에 최첨단 기술을 받아들여야 한다'는 것이 스미스의 생각이었다.[38] 스미스는 극소수 외에는 로봇이 일하는 미래 공장의 모습을 그리고 있었다.

1980년대 GM 공장은 매우 절망적인 곳이었다. 적개심을 품고 걸핏하면 회사를 비난하는 근로자가 대부분이었다. 결근율은 20%에 달했다. 작업 현장에서 술과 마약, 도박, 매춘 등이 횡행한다는 소문이 돌았다.[39] 마이클 무어(Michael Moore)가 제작한 1989년 다큐멘터리 〈로저와 나(Roger and Me)〉에 등장하는 부반장 프레드는 그런 점을 잘 보여준다. 영화 내내 가난한 사람들을 강제 퇴거시키는 일을 맡았던 프레드는 플린트시의 GM 공장에서 17년을 근무한 후 퇴사한다. 그렇게 좋은 직장을 왜 그만두느냐고 누군가 묻자 그는 이렇게 대답했다. "감옥 같은 곳이었어. 공장 때문에 내가 다 이상해진다니까."[40] 이렇게 엉망인 공장에서 경쟁력 있는 자동차를 만들어낸다는 게 가능했겠는가?

토요타 방식을 접목하다

캘리포니아주 프레몬트에 있는 테슬라모터스(Tesla Motors) 공장은 세계에서 가장 진보한 자동차공장으로 일컬어지곤 한다. 테슬라의 21세기형 최첨단 공장은 자동화를 꿈꾼 로저 스미스보다는 토요타의 린 매뉴팩처링(lean manufacturing)에 빚진 것이 더 많다. 공장에는 다재다능한 독일제 로봇도 있지만 인간 근로자도 적지 않다. 수천 명이 5만 대가 조금 안 되는 자동차를 생산해낸다. 제프리 라이커(Jeffrey Liker)는 《도요타 방식(The Toyota Way)》에서 "이런 식의 유연하고 자족적인 접근 방식이야말로 토요타 생산 방식(TPS)의 초창기

일입니다"라고 밝혔다.[41] 토요타가 GM에 자사의 성공 비결을 최초로 알려준 장소에는 현재의 테슬라 공장이 자리 잡고 있다. 매우 타당한 일로 보인다.

1983년 GM은 토요타와 함께 누미(New United Motor Manufacturing Inc., NUMMI)라는 합작법인을 설립한다. 이는 두 회사 모두에 의미가 있었다. 1년 전에 혼다가 미국에서 최초의 공장을 성공적으로 설립했고, 토요타는 이를 지켜볼 뿐이었다. 토요타는 다루기 힘든 것으로 유명한 미국의 자동차 근로자들이 신경 쓰여 엄두를 내지 못한 일이었다. 토요타는 누미를 통해 자사 시스템을 미국 땅에서 미국 근로자와 함께 시험해볼 수 있었다. 토요타라는 이름을 알리는 효과도 있었다. GM은 GM대로 시장에 내다 팔 소형 자동차를 얻을 수 있었다. 누미에서 토요타 코롤라(Corolla)에 기반을 둔 쉐보레 노바(Nova)를 생산할 예정이었다. 또한 GM은 토요타가 어떻게 그리 효율적으로 공장을 운영하는지도 들여다볼 수 있었다. GM은 폐쇄된 자사 소유의 프레몬트 공장을 누미에 내주었다. 놀고 있는 시설을 이용해 부가가치를 창출하는 효과를 얻었다.

누미는 토요타 생산 방식이 미국의 기술로 가능할 뿐만 아니라, GM의 노조화된 근로자들로도 가능함을 입증했다. GM의 프레몬트 공장 근로자들은 1982년 공장이 폐쇄될 때만 해도 미국 내에서 악명이 높았다. 미국의 한 주간 라디오쇼에서 그 이야기를 다루기도 했다. 공장의 전임 근로자들이 자동차 문짝 안에 빈 콜라병을 넣거나 일부러 느슨한 볼트를 방치하는 등 차량을 훼손했다. 조립라인에서 술을 마시다가 징계받은 한 근로자는 화가 나 앞쪽 서스펜션의 볼트를 일부러 풀어놓는 위험천만한 일을 저지르기도 했다. 누미의 프레몬트 공장을 재가동했을 때, 토요타는 GM의 반대에도 공장 폐쇄 이전에 근무했던 근로자를 거의 대부분 재고용했다.[42]

누미는 대단한 성공이었다. 쉐보레 노바는 거의 무결점 상태였으며 완벽에 가까운 품질 등급을 받았다. 겨우 2년이 지나자 누미의 효율성은 GM의 모든 공장 중 단연 으뜸으로 올라섰다. 일본에 있는 토요타의 최고 공장 중 누미를 앞서는 것은 겨우 몇 개뿐이었다.[43] 누미는 로스 페로와 토요타가 추측만 했던 일이 사실임을 입증했다. 일본 자동차회사들이 앞서갔던 비결은 문화적 우위나 남다른 생산 비결, 신기술에 있지 않았다. 팀워크와 협력을 장려해 근로자로부터 최상의 능력을 끌어낸 데 있었다.

누미가 제한된 자원을 가지고도 높은 품질의 자동차를 생산해내는 것을 본 페로는 스미스의 전략에 의구심을 품었다. GM은 수백억 달러를 쏟아부으며 기술적 우위라는 모호한 장기 목표를 추구하고 있었다. 비용 절감을 위한 단기 목표는 없었다. 왜 GM은 당장 공장들이 안고 있는 문제를 해결하려 들지 않았을까?

누미를 지켜본 페로는 1975년 영국 정부에 의해 사실상 국유화되었던 재규어(Jaguar)가 최근 변신을 꾀한 일을 연구했다. 1980년 새로 취임한 사장은 사용할 수 있는 자금이 거의 없었음에도 노조와 협력해 극적인 품질 향상을 달성했다. 페로를 가장 분노케 한 것은 그 새로운 사장이 얼마 전까지 GM에서 일하던 사람이라는 사실이었다.[44] 재규어의 성공은 GM이 공장 근로자의 재능뿐만 아니라 임원들의 능력 또한 허비하고 있음을 드러냈다.

페로는 세계에서 가장 부유한 자동차회사가 왜 값만 비싸고 품질은 떨어지는 자동차를 팔고 있는지를 알아내려고 1년을 공부했다. 그러면서 GM은 직원들의 잠재력을 죽이는 반면에 토요타는 노련하게 근로자의 재능을 끌어내는 것을 지켜보았다. GM의 문제는 갈수록 커지고 있었다. 혼다와 토요타는 미국 내 생산 시설에 투자하며 딜러망을 빠르게 키워갔다. 캐딜락과 경쟁하기 위해 고급차 시장으로 진출하려는 준비도 하고 있었다. GM이 21세기의 승리를 위해 수십억 달러를 쓰는 동안 경쟁사들은 '자금력 대신 지혜와 기지를 이용해' 1980년대를 장악하고 있다고 페로는 하소연했다.[45]

문제를 돈으로 해결하려 들다

1985년 6월 GM은 휴즈항공사를 50억 달러에 인수하기로 합의하고 이사회의 승인을 기다리고 있었다. 스미스는 휴즈항공사의 앞선 항공 기술로 GM이 자동차업계를 혁신할 수 있을 것으로 생각했다. 페로는 미심쩍어했다. 그러잖아도 EDS와의 통합 작업으로 애를 먹는데 여기에 휴즈항공까지 더해지면 문제만 더 커질 것 같았다. 게다가 GM은 품질 좋은 자동차를 만드는 것도 하지 못하고 있었다. 인공위성을 만드는 방산업체를 인수한다고 해서 문제가 해결될 것 같지 않았다.

페로는 스미스와 사적으로 의논하기로 했다. 1985년 10월 23일 자 서한에서(225쪽 참조) 페로는 휴즈항공사에 관한 자세한 설명과 GM이 이를 인수하려는 이유를 설명해달라고 요청했다. 스미스와의 소통 문제도 거론했다. "본인은 당신이 틀렸다고 생각하면 솔직히 말씀드리겠습니다. 지금처럼 계속해서 독재적인 방법을 고수하면 중요한 문제에서 본인은 반대편에 설 수 있습니다. (…) 본인의 모든 아이디어가 받아들여지리라고는 기대하지 않습니다. 본인이 바라는 것은 본인의 생각을 경청하고 깊이 생각해주시는 것입니다."

이어서 페로는 얼마 전 회의에서 스미스가 대놓고 지루해한 것을 비난했다. 그런 뒤 스미스의 경영 방식이 불러오는 부정적인 효과를 열거했다.

당신은 사람들을 겁먹게 하는 스타일입니다. (…) 사람들이 당신을 두려워한다는 사실을 아셔야 합니다. 이런 방식이 아래에서 위로 올라가는 진솔한 소통을 저해하고 있습니다. GM의 모든 직급, 모든 직원이 당신을 언급할 때 '무자비하다' '윽박지른다' 등의 표현을 사용하고 있습니다.

페로는 GM의 문제는 돈으로 해결할 수 있는 성질이 아니라고 주장한다. 일본의 자동차회사들이 GM을 이기는 것은 기술이나 자금 때문이 아니라 우수한 경영 때문이라고 말한 뒤 페로는 이렇게 덧붙인다. "이것은 우리 둘 사이의 사적인 문제가 아닙니다. 중요한 것은 GM의 성공입니다. 본인은 우리가 이기기 위해 할 수 있는 일을 할 것입니다. 당신도 그러리라 믿습니다."

스미스가 만족할 만한 대답을 주지 않자 페로는 휴즈항공사 인수 건에 반대하기로 했다. 다가오는 이사회 모임을 위해 긴 연설문을 준비했다. GM의 문제를 해결해야 한다는 위기의식을 다른 이사들에게도 불어넣기 위한 일종의 문제 제기 같은 것이었다. EDS 간부들은 GM 이사회에서 수십 년 만에 처음으로 반대 의견을 내려는 페로의 생각에 당혹해했다. GM과 EDS는 EDS의 대금 청구 방식과 임원들 급여 문제로 서로 으르렁거리고 있었다. GM과 EDS가 휴전하기로 거의 합의해갈 무렵 굳이 휴즈항공사 문제로 반대해서 좋을 것 있겠냐고 변호사들이 물었다. 페로는 "거 참 놀라운 일이군. 내 변호사들마저 내가 독립적인 사외이사로서 활동하는 것을 막다니"라고 대꾸했다.[46]

1985년 11월 4일 로스 페로가 GM의 이사회 앞에서 행한 연설은 휴즈항공사의 인수를 반대하는 것에서 그치지 않았다. 그것은 지난 1년간 페로가 알게 된 사실을 보고하는 장이자 스미스의 전략을 고발하는 일이었다. 이사회 이사들을 향한 도전이기도 했다. 페로는 다음과 같이 말했다.

우리는 GM 내부에서 무슨 일이 벌어지고 있는지를 좀 더 적극적으로 알아낼 필요가 있습니다. GM이 바뀌려면 최상층부터 바뀌어야 하며 우리가 바로 최상층입니다. (…) 이사회 방식을 수동적인 일방향 소통에서 적극적인 양방향 소통으로 바꿔야 합니다. 진짜 문제를 논의하고 진짜 해답을 찾는 적극적인 참여의 시간으로 만들어야 합니다.

페로는 미국에서 가장 명망 높은 재계 단체를 상대하고 있었다. GM 이사회에는 화이자, 아메리칸익스프레스, 프록터&갬블의 사장들은 물론 유니언퍼시픽(Union Pacific), 이스트먼코닥(Eastman Kodak), 머크(Merck), CBS의 은퇴한 사장들도 속해 있었다. 이토록 대단한 이름들로 채워진 이사회였지만 그들은 무능함의 극치를 보였다. GM의 한 이사는 "이사회에서 만장일치는 당연시했다"고 고백한다.[47] 페로가 길고도 신랄한 연설을 끝마치자 아무도 입을 열지 못했다.[48] 스미스는 페로에게 의견을 주어 고맙다고 인사했고 이사회는 휴즈항공사의 인수를 승인했다. 페로는 나중에 이렇게 하소연했다. "사외이사들은 소유한 지분이 거의 없습니다. (…) GM의 미래가 성공적이든 아니든 그들은 잃을 게 없습니다."[49]

바이아웃에 맞선 페로와 GM의 싸움

"농담이겠지."

페로는 자신의 변호사 톰 루스(Tom Luce)에게 그렇게 말했지만 루스는 진지했다. GM 이사회가 방금 페로와 다른 세 명의 EDS 고위 임원을 바이아웃하는 결정을 승인한 것이다. 바이아웃에는 이 네 사람에게 7억 5,000만 달러에 약간 못 미치는 금액을 지급하는 내용이 포함되었다. 그중 7억 달러는 페로의 몫이었고 페로는 GM 이사회에서 물러나야 한다는 내용이었다. 그날 아침 페로는 루스에게, 만약 이사회가 바이아웃을 승인한다면 자신은 물러나겠다고 공언한 바였다. 다만 "누군가는 나서서 '여러분, 이 제안은 터무니없습니다'라고 하겠지"라고 페로는 생각했다.[50] 하지만 결정의 순간에 반대표를 던진 이사는 없었다. 페로는 바이아웃에 합의했다.

페로가 스미스에게 분노의 서한을 보낸 지 1년이 넘은 때였다. 모두에게 힘든 시기였다. 휴즈항공사 인수와 관련해 GM이 발행한 250쪽짜리 위임장 설명문에는 이사회의 의결 사항에 관해 아주 짧은 한 줄이 들어갔다. "이사 한 명이 반대했다"는 글이었다. 언론은 곧바로 반대자 한 명이 로스 페로임을 눈치채고 페로와 스미스 간의 갈등을 취재하기 시작했다. GM의 경영 실적은 불난 집에 기름을 부은 격이었다. 1986년은 자동차업계로 보자면 기록적인 한 해였지만 GM은 적자를 보았다. "GM은 로봇과 생산시설 자동화에 너무 많은 고정비를 투자하고 있다. 비용을 절감하는 것이 아니라 늘리는 것이다"라는 페로의 경고는 마치 예언처럼 실현되고 있었다.

1986년 크라이슬러와 포드는 비용 절감에서 모두 GM을 앞섰다. 비용을 줄이려는 스미스의 노력에도 GM의 직원은 1983년 69만 1,000명에서 80만 명으로 늘어나 있었다.[51] 그해 여름, 신문은 온통 GM 시스템과 경영진에 도전하는 페로에 관한 기사로 도배되었다. 기자들이 GM의 형편없는 실적에 대해 물으면 페로는 늘 노련한 말솜씨로 응답했다. "이곳에서는 자동차를 제대로 아는, 손에 기름때 묻은 기술자가 회사의 정책을 결정해주기를 목 빠지게 기다리고 있습니다."[52]

루스가 GM의 변호사와 바이아웃에 관해 협상하고 있었지만 페로는 관심이 없었다. "그 사람들이 절대로 그럴 리가 없어. GM이 나를 쫓아버리려고 그 큰돈을 쓸 리가 없지"라고 페로는 말하곤 했다.[53] 페로는 바이아웃 협상에 무관심했기에 이를 무산시키려고도 하지 않았다. 구체적인 조건을 논의할 때가 되자 자기는 계속해서 말도 안 되는 요구를 했고 이사회는 그것을 받아들였다고 훗날 페로는 털어놓았다.[54] 1986년 12월 1일, 끝까지 설마 했던 페로 앞에 루스는 승인된 바이아웃 거래 조건을 제시했다. "저는 줄곧 GM에서 이 협의안에 서명할 사람은 아무도 없다고 생각했습니다. 사업가답지 않았습니다. 하지만 저를 쫓아내려는 GM 이사회의 의지가 이 정도일 줄은 몰랐지요"라고 페로는 훗날 법정에서 증언한다.[55]

페로는 소유한 GM 지분에 대해 주당 61.90달러를 받았다. 시중에서는 주당 33달러에 거래되고 있었으며 바이아웃이 발표되면 30달러 이하로 곤두박질칠 것이 뻔했다. 금전적인 조건 외의 것도 EDS와 페로에게 유리했다. 경쟁 금지 조항은 제한적이었으며 EDS의 자치경영과 GM과의 계약이 명시되어 있었다. 주주와 임직원들은 충격에 빠졌다. 그해 GM의 수익이 너무 저조해 시간당 임금을 받는 근로자들은 보너스도 받지 못한 터였다. 그런데 페로의 지분을 인수하려고 10억 달러의 75%에 달하는 금액을 지급한다는 것이다. 게다가 페로는 루스가 GM에 약속한 대로 조용히 떠나지 않고 즉시 언론에 자극적인 내용을 발표해버렸다. 내용은 다음과 같았다.

GM은 현재
- 11개 공장을 폐쇄하고
- 3만 명이 넘는 직원을 해고하고

- 자본적 지출을 삭감하고
- 시장점유율이 줄어들고
- 수익성에 문제가 있는 상황입니다.

이런 시점에 본인이 소유한 클래스 E 주식과 채권에 대한 대가로 7억 달러를 받았습니다. 하지만 본인은 이 돈을 받기 전에 GM 이사진에게 결정을 재고할 기회를 주겠습니다. 만약 GM 이사들이 금번 12월 1일의 결정이 GM과 클래스 E 주주 모두에게 최선이 아니라고 판단한다면, 본인은 본 거래를 취소하기 위해 GM의 이사들과 상의할 용의가 있습니다.

GM은 페로의 행위에 분개했다. 양측이 오랫동안 협상해 끌어낸 거래였고 페로와 EDS에 유리한 결과였다. 그런데도 페로는 거래에 서명하자마자 결의를 불태우며 싸움을 걸어온 것이다. GM의 변호사들은 페로가 이런 행동을 한 것은 자기 이미지를 보호하기 위해, 혹은 바이아웃이 결국에는 '그린메일'이었다는 비난을 피하기 위해서라고 생각했다. GM이 돈 쓰는 것이 그렇게 걱정된다면 애당초 왜 돈을 받겠다고 협상했단 말인가.[56]

주주들은 격노했고 목소리를 높이라는 페로의 자극에 화답했다. 위스콘신 주투자위원회(SWIB)가 GM 이사회에 다음과 같은 서한을 보냈다.

당신들의 행위는 (…) GM의 이사회와 임원들에게 가졌던 우리의 신뢰를 크게 훼손했습니다. 클래스 E 주식을 소유한 다른 주주들에게 극도로 불공평한 행위일 뿐만 아니라 (…) 로스 페로의 목소리를 잠재우기 위한 지출 때문에 GM의 경영 능력을 심각하게 의심할 수밖에 없습니다. 바이아웃이 발표된 직후의 주가만 보아도 알 수 있듯이, 시장은 페로가 이사회의 구성원이었던 사실을 매우 높게 평가했습니다.[57]

뉴욕시 감사원장인 해리슨 골딘(Harrison J. Goldin)은 기관투자가자문회(Council for Institutional Investors)에 페로와 스미스를 함께 초대해 입장을 표명할 기회를 제공했다. 이 자문회는 이전 해에 골딘이 빅 대디 언루와 함께 좀 더 나은 기업 지배구조를 장려하기 위해 설립한 모임이었다. 회원은 모두 대형 연기금으로 40명이었고 미국 전체 주식 보유량의 10%를 차지했다. 스미스는 골딘에게 참석하겠다고 해놓고는 부하들을 보내 페로를 상대하게 했다. 골딘은 스미스가 GM 대주주들을 바람맞힌 것이 도저히 믿기지 않았다. "우리는 GM의 대주주로서 CEO의 해명을 들을 자격이 있습니다. 지금의 CEO가 해명할 수 없다면 다른 CEO에게라도 들어야겠습니다"라고 그는 목소리를 높였다.

주주들이 나서서 스미스를 끌어내리자는 골딘의 제안만 보더라도 페로의 바이아웃이 GM의 기관 투자가들을 얼마나 화나게 했는지 알 수 있다. 수십 년간 무시당하던 그들이 드디어 폭발했다. 위스콘신주투자위원회는 차별적인 자사주 재매입을 금지하는 주주제안서*를 제출했다. 골딘의 이런 비판은 GM의 실적에 불만을 품은 모든 사람을 대변하는 말이었다. "잘 운영되는 회사가 분기마다 향상된 실적을 낼 필요는 없습니다. 하지만 수백억 달러를 쏟아붓는데도 전혀 실적이 개선되지 않는다면 회계감사가 필요한 시점입니다."[58]

---

* **주주제안서**: 주주총회에서 주주가 이사회에 일정한 사항을 주주총회 의제 또는 의안으로 해줄 것을 청구하는 문서를 말한다. 일반적으로는 이사회가 주주총회의 안건을 제출하지만, 이에 반대하는 소수주주 역시 일정한 요건에 따라 안건을 제안할 수 있다.

주주들이 움직이기 시작하다

바이아웃을 둘러싼 분노가 가라앉지 않자 스미스는 어쩔 수 없이 주주들을 상대해야 했다. 스미스는 먼저 골딘에게 사과하고 나서, 전국을 순회하며 주주간담회를 22회 열었다. 간담회에서 그는 투자자들에게 GM이 문제를 심각하게 받아들이고 있음을 이해시켰다. 스미스는 애널리스트들과 각종 통계 및 전망치를 공유하며 상세한 비용 절감 계획을 논의했다. 주주간담회를 모두 마친 뒤 스미스는 100억 달러 규모의 비용 절감 계획을 발표함과 동시에, 그가 '미국 기업 역사상 최대 규모'라고 한 자사주 재매입 계획을 발표했다.[59] 스미스는 또한 GM을 비판하는 데 목소리를 높인 비평가들을 잠잠하게 할 물밑 작업을 펼쳤다. 기업 지배구조 전문가인 로버트 몽스(Robert Monks)와 넬 미노(Nell Minow)는 각각 저서에서, 스미스가 위스콘신주 주지사에게 전화를 걸어 GM이 위스콘신주에서 집행하기로 한 설비 투자를 취소할 수도 있다고 협박했다는 내용을 다루었다. 위스콘신주투자위원회가 주주제안을 철회하도록 한 것이다.[60]

GM의 정기 주주총회에서 페로에 대한 바이아웃을 철회하자는 안건은 무려 20%의 찬성을 얻었다. GM에는 수치스러운 수준이었다. 1970년 랠프 네이더가 GM을 상대로 벌인 투쟁에서 기업의 책임을 강화하라는 안건은 채 3%도 안 되는 찬성을 얻은 바 있다. 어쨌든 스미스가 승리했다. 주주나 이사회나, 페로를 GM으로 다시 불러올 생각은 없었다.

페로도 떠나고 GM을 비판하는 목소리도 자사주 재매입과 구조조정안 덕에 잠잠해지자, GM의 이사회와 주주들은 순종적인 원래의 상태로 돌아갈 것처럼 보였다. 하지만 평온한 수면 아래 파도가 시끄럽게 요동치고 있었다.

1988년 초 스미스가 이사회에 새로운 이사들을 받아들이려 하자 이사회가 반대하고 나섰다. 〈월스트리트저널〉은 이를 두고 GM의 사외이사들은 수동적으로 행동한다는 오랜 전통을 깬 반란이라고 보도했다. 한 내부자에 따르면 이사회가 "과거에는 마땅히 그래야 함에도 적극적으로 개입하지 못했다"는 분위기가 형성되었다.[61] 익명의 한 이사는 이사회가 "그저 듣기만 하지 않고 조언하고 싶어 한다"라고 밝혔다.[62] 하지만 스미스에게는 분노한 이사들보다 더 큰 문제가 생겼다. 페로가 빠졌는데도 GM 기관 투자가들이 계속해서 압박을 가한 것이다. 기관 투자가들은 지난 수십 년처럼 뒤로 물러설 생각이 더는 없었다.

투자자들의 감시가 시작되다

GM이 정점에 있던 1950년대 기관 투자가들이 보유한 미국 전체 주식은 10% 미만이었다. 1980년대 말 그들은 기업 규모 상위 50위 안에 드는 기업들 주식의 50%를 소유했다.[63] 오늘날의 기관 투자가는 광범위해서 연기금, 뮤추얼펀드, 헤지펀드, 기부금(endowments), 보험회사 등을 총망라하는데 미국의 상장 주식 70%를 소유하고 있다.[64] 적어도 이론적으로는 기관 투자가 집단이 미국 경제계를 장악하고 있다는 뜻이다. 하지만 페로가 GM 이사회에서 설명했듯이 기관 투자가들이 광범위하게 지분을 소유한 결과 주주들의 목소리가 약해지는 기이한 현상이 나타났다. GM이 페로를 돈을 주고 쫓아냈을 때, 주주들은 속으로 투덜거릴 뿐 적극적으로 반대하지 않았다.

GM은 미국 기업의 소유권이 어떻게 변화해왔는지를 보여주는 좋은 사례다. 1920년 GM의 주식은 대부분, 피터 드러커의 표현을 빌리면 '주인 자본가

(owner-capitalist)'의 손에 있었다. 주인 자본가란 듀퐁사와 앨프리드 슬론처럼 자기 사업을 듀랜트에게 넘기는 대가로 GM의 주식을 받은 사람을 가리킨다. 이후 30년에 걸쳐 개인 자격의 최대주주들은 대부분 GM 이사회에서 은퇴하고 사망했다.[65] 1957년 미국 정부는 독점금지법을 들어 듀퐁사가 소유한 대량의 GM 주식을 강제로 매각하도록 했다.[66] 1960년대 이르러 GM은 지분이 거의 없는 전문 경영인이 경영하고 이사회가 기업을 지배하는 현대적 상장기업의 모습을 갖추었다. 이때부터 기관 투자가들이 GM의 지분을 좌지우지했다.

기업의 이런 진화에는 당사자인 GM의 역할도 컸다. 기관 투자가의 상당 부분을 차지하는 직원 연기금은 사실상 GM에서 고안한 것이다. 역대 회장이던 찰스 윌슨(Charles Wilson)이 1950년 GM 연기금을 출범했을 때 이미 다른 연기금이 있었지만 채권에만 투자한 것 혹은 연금 가입자를 고용한 자사주에 전적으로 투자한 것이 거의 전부였다. 윌슨은 연기금도 상당한 수준으로 주식에 투자해야 한다고 생각했으나 근로자의 미래를 자기가 근무하는 회사에만 맡기는 것은 무척이나 위험한 발상이라고 생각했다. 따라서 윌슨은 GM 연기금이 독립적으로 운영되게 했다. 또한 자사주에 아예 투자하지 않거나 투자해도 조금만 할 것, 다른 회사에 투자해도 너무 많이 쏠리지 않게 다각화된 투자를 할 것을 의무화했다.[67] 윌슨이 제시한 이런 지침을 다른 회사들도 곧이어 받아들였다. 이런 연기금 계획이 발표된 지 1년 만에 8,000개의 새로운 연기금이 만들어졌다. 이런 지침은 1974년 제정된 종업원은퇴연금보호법(ERISA)에도 반영되었다.

그 후 미국 기업은 종업원들의 은퇴 기금을 주식에 광범위하게 투자하기로 했다. 그 결과 근로자들은 미국의 경제자산에 커다란 지분을 소유하게 되었다. 피커 드러커는 이렇게 함으로써 미국이 세계 최초로 진정한 사회주의 국가가 되었다고 주장했다.[68] 한편 의도치 않은 다른 결과도 생겨났다. 투자에 대한 결정이 보수적이면서도 매우 강력한 규제를 받는 자금 수탁자들의 손으로 넘어가게 된 것이다. 자금 수탁자들은 투자가 한 군데로 집중되는 일이 없도록 했다. 페로의 일로 투자자들의 인내가 한계에 도달하지만 않았어도, 투자자들이 GM처럼 강력한 기업을 감시할 가능성은 거의 없었다.

GM의 몰락은 누구 책임인가?

GM의 몰락을 다룬 책은 수없이 많다. GM 측 사람이라면 어느 누구도 비난의 화살을 피해가지 못했다. 가장 일차적인 비난은 GM의 임원이나 이사들에게 향하기가 쉽다. 그러나 전문가들은 노조, 딜러, 사무직, 생산직 할 것 없이 GM 전 직원은 물론이고 기업문화, 석유수출국기구(OPEC), 자유무역 등도 비난에서 자유로울 수 없다고 지적한다. 각종 규제 당국도 마찬가지다. GM의 몰락 원인을 논의하는 데는 아주 오랜 시간이 걸리겠지만 한 가지 사실만은 분명하다. GM의 몰락은 긴 시간에 걸쳐 천천히 그리고 매우 가시적으로 진행되었다는 점이다. 30년이라는 세월 동안 실패를 뻔히 보면서도 수수방관하기만 한 주주들 탓에 GM의 문제는 고질적인 것이 되어버렸다. 주주들도 누구 못지않게 GM의 몰락에 대해 비난을 받아야 한다.

GM 최초로 공개된 실패 사례는 쉐보레 콜베어였다. 랠프 네이더는 《Unsafe at Any Speed(어떤 속도에서도 안전하지 않다)》에서 그 사례를 '차량 한 대만 연루된 교통사고(The One Car Accident)'라고 일컬었다. 1959년 출시된 쉐보레 콜베어는 고속에서 균형을 잃는 심각한 문제가 있었다.[69] 많은 엔지니어의 반대에도 GM

은 이 차를 밀어붙였고 많은 사망 사고를 일으킨다. 차량에 15달러짜리 안전 바를 부착하자는 쉐보레의 요구를 14층의 중역실에서 거부하자 쉐보레 수장은 자신이 사퇴하고 모든 사실을 공개하겠다고 협박했다. [70] GM 수뇌부가 결국 동의했지만 때는 이미 늦었다. 네이더의 책이 몇 년 뒤 출간되었고 GM의 기업 이미지는 추락했다. [71]

1970년대를 비롯해 1980년대 초까지 GM은 연속해서 실패작을 쏟아냈다. 몇몇 모델(Vega, X-cars, J-cars, GM-10 등)은 자동차 비평가들의 맹비난과 소비자들의 외면을 면치 못했다. 우리가 알고 있기로 역사상 최악으로 부진했던 자동차는 포드의 에드셀이지만, 사실 에드셀은 선구적인 마케팅 공세에 부응하지 못했을 뿐, 야심 찬 계획인 것은 사실이다. GM은 안전한 길을 택했다가 실패한 참사이므로 그 피해는 훨씬 컸다. 토요타의 린 엔지니어링을 다룬 《생산 방식의 혁명(The Machine that Changed the World)》의 공동 저자인 제임스 워맥(James Womack)은 GM의 GM-10을 일컬어 '미국 산업 역사상 최악의 재앙'이라고 했다. [72]

찰리 멍거는 블루칩스탬프(Blue Chip Stamps) 연례 서신에서 실패한 투자를 이렇게 표현했다. "(잘못된 투자가) 우리에게 위험을 알리며 깃발을 펄럭이던 것을 멈추고 깃대를 뽑아 우리의 머리와 배를 콕콕 찔러대자 비로소 현실을 직시하게 되었습니다." GM의 기관 투자가들에 일어난 일이 바로 이와 같았다. GM의 잘못된 행보에 대해 대중은 엄청난 관심을 보였고 철저히 검토했다. 네이더의 책과 들로리언의 책은 모두 굉장한 베스트셀러가 되었다.

1986년 페로가 GM을 향해 터뜨린 불만은 모든 경제 관련 매체에 소개되었다. 모든 잘못된 자본 투자와 형편없는 결정이 비평가들의 입방아에 지겹도록 오르내렸다. '미래의 공장'이라던 미시간주 햄트랙시의 공장부터 임직원에게 준 두둑한 장기 수당까지 모든 것이 도마에 올랐다. 그중에서도 이사회에서 페로를 쫓아내려고 7억 달러를 지급한 사건은 계속해서 깃발을 펄럭이며 위험을 알리기를 멈추고 깃대를 뽑아 주주들의 면상에 찔러 넣은 행위였다. 주주들은 바이아웃 사건을 통해, 자기들이 멀뚱히 지켜보기만 하는 사이 사태가 얼마나 악화되었는지를 깨달았다.

페로의 바이아웃이 있은 직후, 사외이사들도 목소리를 높였지만 GM 주주들은 한층 더 공격적으로 움직였다. 1990년 캘퍼스(CaLPERS, 캘리포니아 공무원퇴직연금)는 GM 이사회에 서한을 보내, 스미스가 CEO를 그만두면 이사직에서도 물러나게 하라고 요청했다. 캘퍼스는 물론 뉴욕주 퇴직연금도 새로운 CEO를 물색하는 등의 중대한 일을 스미스 개인에게 맡기지 말고 이사회가 적극적으로 나서라고 압박했다. GM 이사회는 1950년대 이후 최초로 엔지니어 출신의 경영자를 선출했다. 그러나 빠른 시일 내에 긍정적인 결과를 내지 못하자 바로 해고하고 GM 외부에서 새로운 인물을 데려왔다.

기관 투자가들이 GM에서 혁명적인 변화를 일으키기 시작할 즈음 다른 상장 대기업에서도 비슷한 일을 준비하고 있었다. 페로의 바이아웃이 있던 다음 해에 캘퍼스와 위스콘신주투자위원회를 포함한 4개 연기금은 47개에 달하는 주주제안서를 보냈는데, 모두 기업의 지배구조와 관련된 내용이었다. 기업 지배구조와 관련해 공적 연기금이 처음으로 보내는 주주제안서였다.[73] 이듬해에는 티처스(Teachers Insurance and Annuity Association-College Retirement Equities Fund, TIAA-CREF)라는 연기금이 기관 투자가로는 독자적으로 이사 후보(dissident slate)를 내는 주주제안을 함으로써 새로운 역사를 썼다.[74] GM의 후계 문제로 투쟁을 벌인 캘퍼스 CEO 데일 핸슨(Dale Hanson)은 다음과 같이 말했다.

주식을 고르는 것 못지않게 주식을 소유하는 것에도 관심과 주의가 필요한데도

가장 사업처럼 하는 투자 주주행동주의

(…) 지난 30~40년간 우리는 주인으로서 잠만 자고 있었다.[75]

▌ GM을 떠난 페로

소유한 회사 하나 없이 GM을 떠나야 했던 페로는 매우 쓸쓸했을 것이라고들 했다. 내가 페로에게 그토록 아끼던 EDS를 GM에 내주고 떠나야 해서 마음이 아팠냐고 묻자 페로는 퉁명스럽게 답했다. "그 지저분한 일은 더 말할 필요가 없습니다. 나는 쫓겨났고 새로 회사를 시작했을 뿐입니다."

페로는 과거를 생각하느라 시간을 낭비하는 사람이 아니다. 1986년과 마찬가지로 열정과 에너지가 넘쳤다. 바이아웃이 결정되고 몇 주 지나 페로는 텔레비전에 나온 스티브 잡스(Steve Jobs)에게 매료되어 그의 회사 넥스트컴퓨터(NeXT Computer)에 투자를 결정했다. 1988년 GM과의 경쟁 금지 조항이 만료되자 페로시스템즈(Perot Systems)를 설립했고 이른 시일에 10억 달러 대의 사업으로 키워냈다. 이 모든 것은 그가 정치에 입문하기 전의 일이었다. 그 후 그는 현대 정치사에서 가장 성공한 제3당 대통령 후보가 되었다. 페로에게는 수많은 승리가 있었지만, 가장 빛나는 성공은 로저 스미스와 GM 이사회를 상대로 벌인 투쟁에서 찾아왔다.

나는 이 책 곳곳에서 자기 지위만을 공고히 하려는 이사진과 군림하려는 CEO, 또 이들을 그냥 보고만 있던 주주들에 대해 이야기하고 있다. 벤저민 그레이엄의 경우, 노던파이프라인의 남아도는 자금을 풀기 위해 록펠러재단에 열정적으로 간청하고 몇년을 기다려야 했다. 6장에서는 RP쉐러주식회사(R.P.Scherer)의 이사진이 최대주주이자 창업자의 딸인 칼라 쉐러(Karla Scherer)가 이사회 이사가 되는 것을 막으려 했던 시도를 살펴볼 것이다. 페로는 GM의 최대주주이자 이사회 이사였지만 페로 개인이기도 했다. 그는 대중과 언론의 사랑을 받은 연예인과도 같은 억만장자였다. 그런 페로조차 GM 이사회와 경영진을 흔들지 못하자 주주들은 자기들이 괴물을 만들어냈음을 깨달았다.

1986년 페로의 바이아웃은 기관 투자가들의 각성을 촉발했다. 이로써 상장기업의 지배구조는 즉시 큰 변화를 맞이했다. 불과 몇 해 전만 해도 불가능해 보였던 방식으로 CEO와 이사들은 공격의 대상이 되었다. 캘퍼스가 스미스를 이사회에서 몰아내려던 시도만 보아도 알 수 있다. 그중 가장 큰 변화는 미약하게 시작했다. 드러나지는 않았지만 견고해지는 기관 투자가들의 결의가 그것이었다. 페로의 바이아웃이 있은 직후 위스콘신주투자위원회의 수장은 이렇게 말했다. "주주들이 계속해서 수동적으로 나오면 양털이 깎이듯 주주들의 이익도 깎일 것입니다."[76] 진심이었다. 페로 사건 이후 대형 기관 투자가는 더는 호구가 아니었다. 이로써 기업사냥꾼의 시대는 종말을 고하게 되었고 주주행동주의가 확산되어 오늘날 시장을 지배하는 계기가 마련되었다.

로스 페로가 GM 의장 겸
CEO에게 보낸 서한

영어 원문 보기

1985년 10월 23일
(기밀사항)

———

수신

로저 스미스 이사회 의장
미시간주 디트로이트시 웨스트그랜드대로 3044
GM빌딩 14130 제너럴모터스주식회사
MI 48202

로저 귀하,

휴즈항공사 인수에 대한 본인의 우려를 해소하려면 다음 두 가지 측면을
살펴보아야 합니다.

- 경제 및 사업적인 측면
- GM의 경영 방식이 최첨단 기업에 미치는 부정적인 영향과 장기적으로 휴즈항공사
  에 초래할 결과

  휴즈항공사의 사업적인 측면을 살펴보기 위해 가장 좋은 방법은 외부에서

- 변호사

- 회계사
- 투자은행가를

고용해 본인에게 보고하도록 하는 것입니다. 디트로이트로 전화를 걸거나 텔렉스를 주고받는 방식은 적절하지 않습니다.

본인은 휴즈항공사의 문제점과 강점에 초점을 맞춘 보고서를 요청할 것입니다. 실사 이후에 받는 보고서 양식과 유사하다고 보면 됩니다. 특히 휴즈항공사의 매각을 홍보하는 식의 프레젠테이션은 원하지 않습니다.

이 보고서에는 휴즈항공사의 순익감소와 대손상각을 포함해, 사실에 기반을 둔 분석이 들어 있어야 할 것입니다.

이에 덧붙여 GM이 휴즈항공사를 인수하려는 주된 이유를 알고 싶은데, GM에 중요한 순서대로 나열해서 개괄적으로 설명해주시기를 바랍니다.

보고서 검토는 하루이틀 내로 마칠 수 있습니다. 본인은 당장에라도 시작할 수 있습니다.

이를 받아들인다면 엘머(Elmer)나 다른 GM 임원이 본인에게 연락해 일정을 잡도록 해주시기 바랍니다.

다음 단계는 우리 사이의 문제를 터놓고 이야기해서 해결하는 일입니다. 그렇지 않으면 똑같은 문제가 휴즈항공사에도 부정적인 영향을 줄 것입니다.

중요한 문제는 오직 GM의 성공뿐입니다. 우리 두 사람이 잘 맞는지 안 맞는지는 문제가 아닙니다.

GM을 위해 더는 본인을 골칫거리로 여기지 마시고

- 대주주이자

- 진정한 이사회의 일원이자
- 경험 많은 사업가로 받아들여 주시기를 바랍니다.

본인은 당신과 다른 의견을 가질 능력과 의지가 있는 극소수에 해당한다는 사실을 잊지 마시기를 바랍니다.

갈수록 많은 GM 임직원이 당신에게 이 말을 전해달라고 본인에게 부탁합니다.

- 당신은 현실을 알아야 하고
- 소통하기를 거부하고 있으며
- 저들은 당신에게 말하기를 두려워한다고 말입니다.

본인은 GM을 더 강하고 더 큰 회사로 만들 수만 있다면 무엇이든 당신에게 이야기할 생각입니다. 당신이 듣고 싶어 하든 말든 말입니다.

예를 들어 GM 간부들은 우리의 품질과 가격 경쟁력을 향상하는 데 휴즈항공사가 그다지 도움이 되지 않는다고 생각하고 있습니다. 휴즈항공사 인수가 GM을 비교열위에 처하게 한 경영상의 문제를 근본적으로 해결해주지 못합니다. 사업에 대한 본인의 우려도 여기에 기반하고 있습니다.

우리 두 사람의 관계에서

- 당신이 맞는다고 생각하면 당신을 지지하겠습니다.
- 당신이 틀렸다고 생각하면 솔직하게 말씀드리겠습니다.
- 지금처럼 계속해서 독재적인 방법을 고수하면, 중요한 문제에서 본인은 반대편에 설 수 있습니다.

당신과의 논쟁은

- 사적으로 하겠습니다.
- 필요하다면 공개적으로 이사회 이사들이나 주주들 앞에서 논쟁하겠습니다.

당신을 비롯해 GM의 다른 사람들은 당신들이 계속해서 본인을 힘들게 하면 본인이 좌절감을 느끼고 GM을 떠날 것으로 생각하는 것 같습니다. 하지만

- EDS의 고객들
- EDS의 임직원들
- 클래스 E 주식의 주주들
- 그리고 GM의 이사회 이사인 본인에게

부여된 책임감을 느끼기 때문에 본인은 떠날 수 없다는 점을 아셔야 합니다.

본인의 관심사는 오직 하나, GM의 성공입니다. GM의 경영진 자리에는 관심이 없습니다.

본인의 모든 아이디어가 받아들여지리라고는 기대하지 않습니다. 본인이 바라는 것은 본인의 생각을 경청하고 깊이 생각해주시는 것입니다.

본인은 GM의 성공을 위해 건설적인 노력을 다할 것이며, 다른 사람들도 그러하기를 기대합니다.

우리 두 사람 간의 문제를 좀 더 구체적으로 말씀드리겠습니다.

예를 들어 최근에 디트로이트에 있었던 모임에서 당신은

- 대놓고 지루해했으며
- 다른 사람의 말을 경청하지 않았습니다.
- 당신의 태도와 언사가 열린 의사소통을 저해했습니다.

당신이 좋아하든 싫어하든, 많은 간부급 직원은 GM의 기업 전략이 무엇인지를 모릅니다. "GM에는 기업 전략이 존재하지 않는다" "이러다 자동차업계에서 퇴출되겠다"고들 말합니다.

이것을 아셔야 합니다.

- 당신의 스타일은 사람들을 겁먹게 합니다.
- 당신이 화를 내는 것은 GM에 도움이 되지 않습니다.
- 당신의 말에 동의하지 않으면 누구든 짓밟으려는 태도가 당신의 위신을 떨어뜨립니다.
- 사람들이 당신을 두려워한다는 사실을 아셔야 합니다. 이런 방식이 아래에서 위로 올라가는 진솔한 소통을 저해하고 있습니다.
- GM의 모든 직급, 모든 직원이 당신을 언급할 때 '무자비하다' '윽박지른다' 등의 표현을 사용하고 있습니다.
- 당신이 직원들을 배려하지 않는다는 느낌이 GM 내에 널리 퍼져 있습니다.
- 눈에 들어오는 문제 하나하나에만 집중해서는 GM의 문제를 해결할 수 없습니다. 당신의 이런 태도를 우려하는 사람이 많습니다.

비즈니스와 관련된 문제는 우리 두 사람이 마음을 터놓고 솔직하게 선의를 가지고 접근하면 해결할 수 있습니다. 자동차노조식의 대치나 잘못된 정보, 사실을 호도하는 성명 등은 지금 이 시점부터 GM의 이사회 이사인 본인에게 더는 용납되지 않습니다.

과거, 다음과 같은 일들이 있었습니다.
- 클래스 E 주식 거래.
- 모트(Mort)의 급여를 GM이 몰랐다고 주장. 모트의 급여가 지나치게 높고, 따라서 EDS의 모든 직원이 많은 급여를 받는다는 주장.
- 모트의 급여 계산이 누락된 기업 설명서가 SEC 위반이라는 주장.
- 진짜 이유는 말하지 않고 기술적인 문제를 트집 잡아 SIP 주식을 수개월 동안 묶어놓음.
- 휴즈항공사 인수 건을 연기할 수 없다는 주장. 정해진 날짜 이후로 이자가 발생하게 둘 수 없다는 주장.
- GM이 EDS를 인수할 때 약속한 사항을 이행하지 않음.
- 자신에게 유리할 때만 공정성을 따짐.

끝으로 본인은 당면한 문제에 기술이나 자금을 퍼붓는다고 해서 GM이 세계 일류가 되고 가격 경쟁력을 가질 수 있다고 보지 않습니다.

- 일본 회사들이 GM을 기술이나 자금으로 이기는 것이 아닙니다. 저들이 일본에서는 물론이고, 심지어 노조(UAW)에 가입한 노동자들을 데리고 미국에서도 낡은 장비로 더 싸고 더 좋은 차를 만들 수 있는 것은 더 우수한 경영 방식 때문입니다.
- 공장 자동화에 엄청난 자금을 쏟아붓는데도 품질과 가격의 격차는 줄지 않고 있습니다. 경쟁력 있는 가격이라는 목표에 최종 날짜를 정하지 않는 것만 보아도 승리를 쟁취하고자 하는 우리 회사의 태도가 어떤지를 알 수 있습니다.

앞으로 우리는 정직과 개방, 솔직함을 토대로 관계를 만들어가야 합니다. 다른 말로 하면 상호 신뢰와 존중이 필요합니다. 지금부터는 말이 아닌 행동으로 보여줄 때입니다. GM이 승리할 수 있도록 우리의 모든 역량을 집중해야 합니다.

로저 귀하,

본인의 목표는 이 모든 문제를 성공적으로 해결하는 것입니다. 그 첫 단계로 문제를 정의해보려고 노력했습니다. 이것은 우리 둘 사이의 사적인 문제가 아닙니다. 중요한 것은 GM의 성공입니다. 본인은 우리가 이기기 위해 할 수 있는 일을 할 것입니다. 당신도 그러리라 믿습니다.

이를 위해 우리 두 사람이 만날 것을 제안합니다.

언제 만나면 좋을지 알려주시기를 바랍니다.

로스 페로

6장

13D 양식 싸움으로 쟁취한
기업 공개매각

칼라 쉐러,
주주들의 이익을 위해
아버지가 세운 가족기업에
칼을 대다

"쉐러 경영진의 정책으로 이익을 보는
진정한 수혜자가 누군지는 자명합니다.
바로 최고경영진입니다."

—

칼라 쉐러, 1988

쉐러 가문에서 시작된 전쟁

1933년 로버트 쉐러(Robert P. Scherer)는 연질젤라틴 캡슐을 대량으로 생산하는 기계를 발명했다. 50여 년이 지난 후 최초의 발명품은 스미스소니언협회의 소장품이 되었고 RP쉐러주식회사(RP쉐러)는 세계 최대의 연질젤 제조업체가 되었다.

그런데 로버트 쉐러의 딸 칼라가 47세 되던 1984년 이사회에 들어가 보니 회사의 경영은 환멸을 느낄 지경이었다. RP쉐러는 특허로 보호된 기술과 다년 간의 축적된 기술로 현금을 창출해내는 탄탄한 회사였다. 하지만 지난 20년간 경영진은 연질젤에서 생기는 이윤을 종이 포장재나 두발용 액세서리 같은 범용 상품시장으로 다각화하는 데 사용하고 있었다.

또 다른 문제가 있었다. RP쉐러의 CEO는 다름 아닌 칼라 쉐러의 남편 피터 핑크(Peter Fink)였다. 칼라가 보기에 남편이 추구하는 공격적인 성장 정책은 주주들의 이익에 부합하지 않았다. 그녀는 RP쉐러의 최대주주였고 그녀의 재산도 대부분 이 회사의 주식에 묶여 있었다. 훗날 칼라는 "경영진과 그 친구들의 놀이터에 제가 돈을 대주고 있었던 셈입니다"[1]라고 털어놓았다. 사실이 밝혀진 이상 결혼은 지속될 수 없었다.

칼라의 지분이 다른 이사들보다 월등히 많았는데도 이사회는 그녀의 우려를 무시했다. 칼라는 자신이 여자인 데다가 경영 관련 교육을 받은 적이 없어서 이사회가 그렇게 고집불통이라고 생각했다. 칼라를 제외한 이사회 성원은 모두 남자였다. 칼라는 그뿐만 아니라 복잡한 이해관계의 충돌 또한 원인으로 꼽았다. 칼라는 그들의 모습을 이렇게 설명했다. "그야말로 남자들의 끼리끼리 문화였습니다. 함께 골프를 치고 같은 클럽 회원이며 서로 돈주머니를 채워주는 사이였습니다."[2]

칼라는 이사회에서 몇 년을 지켜본 뒤, 아버지가 창업한 연질젤 사업을 형편없는 경영진으로부터 떼어낸다면 훨씬 더 큰 부가가치가 창출되겠다는 결론을 내렸다. RP쉐러는 상장기업에 묶인 자산과 경매에 나온 자산 간의 차익거래가 가능한 전형적인 사례였다. 차익거래는 아이칸의 특기이기도 했다. 그런데 대주주인 칼라가 대체 왜 차익거래를 노려야 했을까? 노던파이프라인의 경우는 경영진이 이사회 5석 중 3석을 차지하고 있었으므로 주주들에 대한 책임감이 없었다. RP쉐러의 경우는 경영진이 10석 중 겨우 2석만 차지하고 있었지만, 경영진이 이사회를 직접적으로 지배하지는 못하더라도 CEO가 이사들을 직접 골라 앉히는 경우가 많았다. 설혹 이사들이 정말 독립적이라 해도 사교적 성격이 짙은 이사회 특성상 반대 입장을 취하기는 어렵다. 기업의 이사회는 태생적으로 경영진의 지위를 견고히 해주는 경향이 있는 셈이다. 칼라 쉐러가 남편을 상대로 벌인 쓰디쓴 위임장 대결은 그런 사례가 들려주는 교훈이다.

로버트 쉐러 성공기

로버트 쉐러는 '캡슐의 제왕'으로 등극하기 전까지 아내와 어린 두 자녀를 둔 실업자 가장에 불과했다. 그렇다고 쉐러의 성공기를 일반적인 '무일푼에서 거부가 된' 성공 신화로 보아서는 안 된다.[3] 로버트 쉐러는 디트로이트에서 성공한 안과의사의 아들로, 1930년 미시간대학교를 졸업하자마자 디트로이트의 한 제약회사에 화학공학자로 취직했다. 일한 지 4개월이 지나자 로버트는 월급 125달러로는 생활이 힘들다고 생각했다. 회사는 월급을 올려주지 않았고, 그는 미국이 대공황기로 접어드는 시기에 첫 직장을 그만두었다.[4]

로버트는 아버지로부터 기계를 만드는 소질을 물려받았다. 아버지는 지하에 커다란 금속가공 작업실이 있었다. 거기서 어린 로버트는 아버지가 커피 모터 분쇄기, 고기와 채소를 써는 기계, 아이스크림 제조기 등을 만드는 것을 지켜보곤 했다.[5] 직장을 그만둔 로버트에게는 남아도는 시간과 잘 갖춰진 작업실이 있었다. 그는 부드러운 젤라틴 캡슐을 만드는 새로운 형태의 기계를 만들기로 했다.

로버트가 그만둔 회사에서는 연질젤 묶음을 만드는 데 두 개의 금형 접시를 이용하고 있었다. 매우 성가신 접시 형태의 프레스 방식이었다. 지난 50년간 기술 진보는 미미했고 생산은 느린 데다가 정밀하지 못했다. 각각의 접시는 커다란 컵케이크 틀 안에 알약 크기의 홈을 판 형태였다. 먼저 바닥 접시에 따뜻한 젤라틴 반죽을 펴서 얹은 다음, 캡슐의 내부에 들어갈 액체 형태의 약 성분을 그 위에 쏟아부었다. 그 위에 따뜻한 젤라틴 반죽을 펴서 얹고 접시로 위를 덮었다. 마치 커다란 와플 제조기처럼 판 전체를 눌러 위아래의 두 접시가 캡슐 형태를 만들게 하는 방법이었다.

로버트 쉐러는 부모님의 지하실에서 3년을 보내며 자신의 회전식 금형 기계를 완성했다. 그가 만든 기계는 작업을 일관되게 했다. 따뜻한 젤라틴 반죽을 펴고, 아주 정확한 양으로 약물을 투입하고, 원형 두 개로 된 금형을 회전시켜 쉬지 않고 연질젤 캡슐을 뽑아냈다.[6] 접시 형태 프레스 방식보다 재료 낭비가 적었고 속도도 현저히 빨랐다. 왜냐하면 젤라틴 반죽을 만들어 펴는 동시에 캡슐 형태로 만들어냈기 때문이다. 약물 주입기는 액체뿐만 아니라 연고와 반죽 형태도 주입 가능해서 캡슐 내용물의 종류를 늘릴 수 있었다. 기계 한 대

로 하루에 100만 개가 넘는 캡슐을 생산할 수 있었다.[7]

로버트 쉐러는 회전식 금형 기계의 특허를 따내고 1933년 사업을 시작했다. 그의 전 직장이던 회사가 그해 첫 발주를 냈다. 1944년에는 연간 50억 개의 캡슐을 찍어냈다. 사업의 수익성은 엄청났고 쉐러는 이익 전부를 회사에 재투자했다. 〈새터데이 이브닝포스트〉 인터뷰에서 쉐러는 "나는 안정이 아니라 성장을 원합니다"라고 밝혔다. 이 인터뷰 기사는 쉐러가 일하는 습관도 다뤘는데, 1949년의 통념상 충분히 이상하다고 여겼을 법한 일과였다.

'일하기 싫어하는' 쉐러의 일상은 이랬다. 아침 9시 30분까지 늦잠을 자고 적어도 한 시간은 독서와 사색을 했다. 드디어 사무실에 도착해 우편물을 확인한 후 바로 점심을 먹으러 나갔다. 여유 있게 점심 식사를 한 후 사무실로 돌아와 마침내 하루 일과를 시작했다. 어떤 일에 마음을 빼앗기면 너무나 집중한 나머지 자정을 넘겨 일하기도 했다. 그렇지 않으면 집으로 가든가 저녁 식사나 술자리, 카드놀이를 위해 외출했다. 1949년의 사업가치고는 꽤나 파격적이었다. 옷차림 역시 그랬다. 당시 쉐러의 옷차림을 묘사한 신문 기사를 보면, 그는 "추운 날에도 모자 없이 외출했다. 장화를 신고 다니는 고지식한 사람들을 은근히 경멸하기도 했다. 188cm, 80kg이 넘는 건장한 체격의 그는 더블 버튼 정장과 낙타털 외투가 잘 어울렸다. 구두에 광이 난 적은 없었다."[8]

"나는 한 번도 일을 한다는 생각을 해본 적이 없습니다"[9]라고 쉐러는 이야기했다. 이것이 그의 성공 비결이었다. 그는 오로지 연질젤의 생산을 개선하고 새로운 시장을 개척하는 일에만 자기 삶을 바쳤다. 그 일을 사랑했고 여기서 벗어나 본 적도 거의 없다. 1940년 로버트 쉐러의 캡슐은 시장의 90%를 장악했고, 그는 특허로 보호받는 저비용 연질젤 캡슐 제조업자가 되었다.[10] 또 끊임없는 기술 개발로 경쟁사와의 격차를 벌려놓았다. 초창기에는 고객들이 가져오는 약을 캡슐에 넣어주기만 했다. 하지만 사업을 시작하고 15년이 지나자 고객들은 쉐러에게 캡슐의 성분을 조제하는 일까지 맡겼다.

로버트 쉐러는 1960년 겨우 53세에 암으로 세상을 떠났다. 그의 지휘 아래 RP쉐러는 빠르게 성장해 한때 3개 대륙 6개 나라에 공장을 설립하며 시장을 장악했다.[11] 쉐러 사망 이후 회사는 빠르게 방향을 틀었다. 로버트 쉐러가 연질젤 사업을 개선하기 위해 대부분의 시간을 연구실에서 보냈던 것과는 달리, 그의 후계자들은 급속히 회사를 키우고 싶어 했다. 이후 30년 동안 RP쉐러는 공격적인 기업 인수에 많은 시간을 할애하게 된다.

개악이 된 다각화

로버트 쉐러의 뒤를 이은 사람은 고집불통 아들 로버트 쉐러 주니어였다. 회장에 취임한 로버트 주니어는 취임한 지 1년 만에 첫 번째 기업 인수를 단행했다. 1961년 디트로이트에 위치한 E. 모리스 매뉴팩처링(E. Morris Manufacturing)을 인수했는데, 독일에서 직선 면도날을 수입하는 사업을 시작한 후 이발도구 제조업체로 성장한 회사였다.[12] 이어서 치과용 기구를 생산하는 업체와 수술용 도구 제조업체, 알로에베라 화장품 제조업체의 25%에 해당하는 지분, 이비인후과용 철제 캐비닛과 의자 제작업체, 머리핀과 파마용 기구를 만드는 2개 회사를 인수했다.[13] 로버트 주니어의 재임 동안 RP쉐러는 캐나다의 경질젤라틴 캡슐 제조업체를 사들여 미국을 포함한 여러 나라의 경질젤라틴 시장에 뛰어들었다.

1971년의 성공적인 기업공개를 통해 RP쉐러는 상장기업이 되었다. 하지만 회사는 핵심 사업인 연질젤사업에서 시장 지배력을 잃고 있었다. 1960년대 동안 회사는 시장점유율 33%를 잃었다. 회사의 최고운영책임자(COO)였던 언스트 쇼프(Ernst Schoepe)는 "본사에서 사업 방향을 정해주지 않았다"고 훗날 회고했다.[14]

로버트 주니어는 1979년 칼라 쉐러의 남편 피터 핑크에게 회사를 물려주고 떠났다. 핑크는 1966년부터 이사회에 속해 있었다.[15] 로버트 주니어의 퇴임에 맞춰 RP쉐러는 그의 지분 20%를 자사주로 매입해주는 대신에 캡슐과 관련되지 않은 부문을 그에게 넘겨주었다. 흔치 않은 거래였다. 사실상 지난 20년간 회장으로 재직하면서 인수한 모든 기업을 가져가는 거래였다. 동시에 RP쉐러가 다시 핵심 사업에 집중하기 위한 조치이기도 했다.[16] 핑크는 캡슐 제조에 역량을 집중하겠다고 선언하고, 기업 인수는 "핵심 사업을 보완하는 경우에만" 고려해보겠다고 했다.[17]

핵심 사업에 집중하겠다는 핑크의 다짐은 오래가지 못했다. 핑크가 CEO가 된 지 1년 정도 지나 RP쉐러는 프란츠폴(Franz Pohl)이라는 독일 기업을 인수했다. 주사용 액체를 밀봉하는 마개와 잠금장치를 생산하는 기업이었다. 기업 연차보고서에 익숙한 사람이라면 기업을 설명하는 글이 알아듣기 힘들거나 심하게 부풀린 내용이라는 사실을 잘 알 것이다. 프란츠폴은 의료용 유리병에 쓰이는 알루미늄 뚜껑을 생산했다. 수익성 낮은 범용 상품이자 고객층도 제한적인 상품이었다.

프란츠폴이 RP쉐러의 캡슐 사업을 보완한다는 주장은 지나친 억지였지만, 그나마 두 회사는 고객층이 어느 정도 겹쳤다. 그 후 핑크가 단행한 기업 인수들은 그보다 더 관련이 없는 것이었다. 일회용 치과 기구를 만드는 회사, 동물실험을 하는 실험실, 안경알과 콘택트렌즈를 만드는 2개 회사를 사들였다. 인수 기업 중 가장 큰 것은 약품용 포장재를 만드는 파코제약서비스(Paco Pharmaceutical Services)였다. 프란츠폴처럼 파코도 느슨하게는 RP쉐러와 보완적인 관계가 있다고 할 수 있을지 모르겠으나 좋은 회사는 아니었다. 노동집약적인 데다 노조가 설립된 종이포장재회사로 자산수익률이 낮고 이윤의 폭도 작았다.

전임자였던 로버트 주니어처럼 핑크도 RP쉐러의 사업 영역을 핵심 사업인 연질젤보다 훨씬 떨어지는 분야로 다각화하고 있었다. 1988년 RP쉐러의 캡슐 사업은 세전 29%의 자산수익률을 보였다. 이는 매우 높은 수준으로, 이익률이 낮은 경질캡슐 사업과 아시아에서의 사업 구조조정만 아니었다면 더 높았을 것이다. 반면 인수한 사업들은 세전 6%의 형편없는 자산수익률을 냈다.[18]

더 나쁜 것은 회사 대부분을 적정가보다 비싸게 사들였다는 사실이다. 핑크는 1987년 파코 인수에 6,400만 달러를 지불했다. 1988년 파코의 영업이익은 겨우 83만 달러였다.[19]

치과 기구회사, 동물실험실, 안경제품회사 등을 인수하기 위해 핑크는 현금에다 130만 주가 넘는 저평가된 주식을 내주었다. 칼라의 위임장 대결 결과 RP쉐러의 주가가 내재가치에 근접하자 핑크의 어리석은 기업 인수 결과는 더 명백해졌다. 1988년 기준으로 세전 겨우 320만 달러를 버는 성숙 산업들을 위해 4,000만 달러가 훨씬 넘는 금액을 지급했던 것이다.[20]

로버트 주니어는 RP쉐러 본연의 사업 분야에서도 미심쩍은 투자를 했다. 그는 1968년 경질캡슐 제조업에 뛰어들었다. 고개를 갸웃거릴 만한 결정이었다. 경질캡슐은 연질젤보다 훨씬 보편적인 범용 제품이다. 배합하기 쉽고 만들기도 쉬운, 수익성이 낮은 상품이다.[21] 경질캡슐을 제조하게 된 RP쉐러는 다른 제조업체들과 경쟁하게 된 것은 물론이고, 때로는 손쉽게 자체 생산에 나선 고객까지 잃는 일도 당했다. 핑크가 CEO가 되자 해외에 경질캡슐 제조공장을 짓고 유타주에 최첨단 공장을 짓는 신축 계획을 밀어붙였다. 7,000만 달러나 소요되는 공사였다. 유타 공장이 완공된 지 5년도 안 돼 RP쉐러는 미국과 캐나다 내의 경질캡슐 사업에서 철수해야 했다. 새로 지은 유타 공장을 폐쇄하느라 650만 달러를 손해 보고, 뉴저지주에 있던 오래된 경질캡슐 공장의 문을 닫느라 490만 달러를 내야 했다.[22]

RP쉐러는 연질젤라틴 캡슐을 제조하는 정말 훌륭한 사업이 있었지만 여기서 생기는 현금을 저열한 사업에 낭비하고 있었다. 최악은 제일 비싸게 인수한 파코였다. RP쉐러가 인수함과 거의 동시에 파코는 심각한 문제에 봉착했다. 팀스터스(Teamsters) 노동연맹의 파업을 간신히 무마하느라 3년간 연 8%의 임금 인상과 혜택을 약속해야만 했다. 그뿐만 아니라 푸에르토리코의 주요 고객사는 포장재를 자체 생산하겠다며 거래를 끊어버렸다.

두 개 공장이 적자를 내기 시작했지만 공장을 폐쇄할 경우 노사협약에 따라 엄청난 벌금을 내야 했기 때문에 할 수 없이 가동해야 했다. 파코는 연구개발을 위한 협력관계를 맺고 안과용 약과 피부에 부착하는 경피용 패치의 연구를 진행하려 했지만, 협력관계에 합의했던 회사들이 약속했던 투자를 이행하지 않았다. 회사는 독자적으로 수백만 달러의 예산 부족을 메우든가, 초기 투자를 포기하고 협력관계를 무산하든가 양자택일을 해야 했다.[23]

칼라 쉐러에게는 파코가 결정타였다. "부적절하다고 생각되는 사업에 진출한 또 하나의 사례"였다고 칼라는 주장했다.[24] 칼라의 재산은 사실상 RP쉐러 주식이 전부였지만 그녀는 경영진이나 다른 이사들을 도저히 신뢰할 수 없었다. 그녀의 결혼생활은 이미 파탄 났는데, 피터의 사업상 능력을 의심하게 된 것은 결혼생활과는 무관했다. 그녀 앞에는 파탄 난 결혼생활과 위태로운 재정

가장 사업처럼 하는 투자 주주행동주의

상태라는 뚜렷한 두 가지 문제가 놓여 있었다. 결혼 문제가 재정상태를 더욱 악화시키고 있었다.

▌뒤늦은 깨달음

칼라 쉐러는 로버트가 회전식 금형 기계의 특허를 취득하고 5년 뒤 태어난 셋째 딸이다. 앞서 〈새터데이 이브닝포스트〉에 게재된 로버트 쉐러의 인터뷰 기사는 칼라가 10대가 되기도 전에 실린 것인데, 칼라는 그때 이미 회사의 지분을 소유한 백만장자였다. 칼라는 열여섯 살 때 한 요트 여행에서 피터 핑크를 만났다. 웰즐리칼리지에서 대학생활을 시작한 칼라였지만 피터와 빨리 결혼하고 싶어서 미시간대학교로 옮겨 졸업했다.[25] 만약 시대가 달랐다면 칼라가 경영학을 공부해서 가족기업에 관여하는 것을 부모님도 좋아했을 것으로 칼라는 생각한다. 하지만 당시 칼라는 겨우 스무 살에 학생에서 곧장 가정주부가 되어버렸다.

경영학 관련 교육은 일절 받지 않은 칼라 쉐러가 RP쉐러의 이사회 일원이 되고자 했던 이유는 무엇일까? 1980년대 초반 있었던 두 개의 사건 때문에 칼라는 회사 일에 좀 더 적극적으로 관여해야겠다고 결심하게 된다. 첫째 사건은 어머니의 사망이었다. 마거릿 쉐러(Margaret Scherer)는 남편 사망 후 가족들을 단합시킨 강한 의지의 여인이었을 뿐만 아니라 아이들을 반듯하게 키워낸 어머니였다.[26] 그런 어머니가 사망하자 칼라는 남편에게 사업에 관해 많은 질문을 하기 시작했다.

두 번째 사건은 1982년 FMC라는 제조업체가 RP쉐러를 인수하려고 나선 일이었다. 피터 핑크는 아내와 처남(존 쉐러)의 도움으로 기업 인수를 가까스로 무산시켰지만, 그 일로 칼라는 남편이 CEO로서 적임자인지를 깊이 생각해보게 되었다. 순전히 남편에 대한 맹목적인 충성심 때문에 남편의 지위를 공고히 해준 것은 아닐까 걱정했다. 그러면서 이사회의 자리를 요구한 것이다. 칼라는 이렇게 말한다. "뒤늦게 깨달았죠. 지분을 소유한 사람은 저니까 무슨 일이 벌어지고 있는지 제가 알아야 한다고 생각했습니다."[27]

이사직을 달라고 칼라가 압박하자 피터는 거절했다. 대체 사업에 대해 뭘 안다고 그러느냐며 이사들이 반대했다는 것을 이유로 들었다. 하지만 칼라는 물러서지 않았다. "자라면서 다 봤어요. 저녁 식사 자리에서 늘 사업 얘기를 했단 말이에요"라고 칼라는 주장했다. 칼라는 피터의 평계에 제동을 걸었다.

저는 결국 열 받아서 이 말을 하고 말았어요. '나를 이사로 선출하지 않겠다면 나 스스로 이사가 되겠다'고요. (…) 바로 어제 일처럼 기억이 또렷합니다. 그 말을 할 때 제가 어디에 서 있었는지도 기억납니다. 그렇게 말했더니 피터의 얼굴이 하얗게 질리더군요. 그리고 저는 드디어 이사가 되었어요.[28]

칼라는 1984년 RP쉐러의 이사가 되었다. 그 후 1985년 경질캡슐 사업이 무너지는 것을 지켜보았다. 1985년과 1986년 적자를 기록하고, 1988년 파코를 인수하는 것도 보았다. 인수와 거의 동시에 문제를 드러내기 시작한 파코의 인수 대금을 지급하기 위해 RP쉐러의 장기 부채는 2배 이상으로 늘어났다. 연질 젤 사업이 계속해서 이익을 내기는 했지만 칼라는 피터가 경영하는 회사의 미래가 걱정되었다. 1988년 3월과 4월에 걸쳐 칼라는 이사들을 개별적으로 만나 회사를 매각하자고 설득했다.

수적 열세의 싸움

칼라의 논리는 간단했다. RP쉐러는 재앙에 가까운 손실을 본 지 2년 만에 이익을 낼 수 있는 상황이다. 핵심 사업은 계속해서 성장하고 있다. 외국계 자본이 미국 내 자산에 관심을 두는 덕에 기업 인수 수요가 크다. 이런 이유로 회사를 아주 좋은 가격에 매각할 수 있다는 것이 칼라의 주장이었다. 상장기업으로서 계속해서 사업을 수행하는 것보다는 잘 관리된 경매를 통해 RP쉐러를 매각하는 것이 주주들에게 훨씬 좋은 결과를 가져올 것이라고 칼라는 생각했다.

칼라의 판단에는 일리가 있었다. 주식시장은 RP쉐러를 높게 평가하지 않았다. 그 직전 해에 핵심 사업인 캡슐 제조업이 3,500만 달러의 영업이익을 냈지만 주가는 15.625달러에 거래되고 있었다. 다시 말해 시장은 회사의 가치를 2억 3,000만 달러 정도로만 보고 있었다. 지난 4년간 주가는 제일 낮을 때는 8.6258달러에 거래되기도 했고 20달러를 넘은 경우는 몇 개월에 불과했다.[29]

RP쉐러의 이사회에서 칼라의 생각에 찬성한 이사는 딱 두 명뿐이었다. 한 명은 1961년부터 이사회에 참여한 동생 존이었고, 다른 한 명은 COO였던 언스트 쇼프였다. 쇼프는 피터 핑크 외에 유일한 업무집행이사였다. 쇼프는 RP쉐러의 독일 자회사에서 승진해 1985년 이사가 되었다. 그가 보기에 핑크는 캡슐 사업을 형편없이 경영했고, 회사를 매각하는 것이 주주들에게는 최선의 선택이라는 칼라의 생각이 옳았다.

그 외의 다른 이사진은 회사 매각에 모두 반대했다. 왜 매각에 반대하는지 적법한 이유를 대는 이사는 한 명도 없었다고 칼라는 회상했다. 그들은 피터 핑크에 대한 충성심만 강조했다. 심지어 칼라에게 "그럴 수 없습니다. 당신이 피터를 거세하는 것과 다름없습니다"라고까지 말한 사람도 있었다.[30] 매각을 둘러싸고 이사회는 7 대 3으로 갈라졌다. 칼라, 존, 쇼프 대 핑크를 비롯한 나머지 이사 여섯 명이 대립하는 구도였다. 칼라 측은 수적 열세였다. 핑크가 개인적으로 강한 유대관계를 유지하던 이사 여섯 명은 다음과 같았다.

❶ 윌버 맥(Wilber Mack): 아메리칸 내추럴리소시스(American Natural Resources)에서 의장 겸 CEO로 재직하다가 은퇴

맥은 RP쉐러의 이사회 의장이었다. 칼라가 위임장 대결을 벌이기 직전 해에 RP쉐러는 맥에게 현금으로 40만 달러 가까이를 지급했다. 맥은 두둑한 현금 외에도 클럽 회원권과 전담 비서 같은 혜택을 누렸다. 주식으로 받는 보상은 별도였다. 그가 사망하거나 장애를 입으면 연간 4만 2,000달러에 상당하는 혜택이 그 또는 아내가 사망할 때까지 둘 중 한 명에게 지급될 예정이었다.[31] 맥은 피터에게 아버지 같은 존재였다고 칼라는 증언한다. 당시 77세이던 맥이 회사를 위해 하는 일은 '의전'에 지나지 않을 뿐이라고 칼라는 생각했다.[32] 맥이 RP쉐러의 이사회에 들어간 것은 순전히 핑크의 추천 때문이었다.

❷ 피터 다우(Peter Dow): 린타스 캠벨이왈드주식회사(Lintas Campbell-Ewald Co.)의 회장 겸 COO

핑크와 다우는 어렸을 적부터 친구로, 캠벨이왈드에서 함께 직장생활을 시작했다. 두 사람은 캠벨이왈드에서 같은 4인조에 속해 교육을 받았다. 다우가 캠벨이왈드를 떠난 이후에도 둘은 가깝게 지냈다. 다우는 미시간주 그로스포인트에서 핑크의 집 건너편에 살았다.[33] 핑크의 추천으로 RP쉐러의 이사회에 들어왔다.

❸ **메리트 존스 주니어(W. Merritt Jones Jr.): 로펌인 힐 루이스 애덤스 굿리치&테이트(Hill, Lewis, Adams, Goodrich & Tait)의 파트너**

메리트 존스는 디트로이트의 로펌 파트너로 RP쉐러를 3대 주요 고객으로 두고 있었다.[34] 칼라가 위임장 대결을 벌이기 직전 해에 RP쉐러는 존스의 로펌에 49만 6,300달러를 수수료로 지급했다.[35] 존스는 핑크의 누이와 결혼한 사이이기도 했다.[36] 역시 핑크의 추천으로 RP쉐러의 이사회에 들어왔다.

❹ **리처드 마누지언(Richard Manoogian): 매스코주식회사(Masco Corporation)의 이사회 의장이자 CEO**

리처드 마누지언은 핑크의 오랜 친구다. 핑크는 매스코주식회사의 이사회 이사였고 자신의 골프클럽에 마누지언을 회원으로 입회시켰다.[37] 마누지언도 핑크가 추천해서 RP쉐러의 이사회에 들어왔다.

❺ **딘 리처드슨(Dean Richardson): 매뉴팩처러스 내셔널주식회사(Manufacturers National Corporation)의 이사회 의장 겸 CEO**

리처드슨은 디트로이트에 기반을 둔 매뉴팩처러스 내셔널뱅크 경영자였다. 이 은행은 RP쉐러에 대규모 대출을 해주었다. 칼라가 위임장 대결을 벌이기 직전 해에 RP쉐러가 이 은행에 지급한 이자와 수수료는 52만 8,617달러였다. 이 은행은 쉐러 가족의 신탁을 맡은 신탁관리인이었다. 또한 RP쉐러의 보통주와 우선주에 대한 증권 발행 기록 및 이체 업무를 도맡기도 했다. RP쉐러의 이사회 의장인 윌버 맥은 매뉴팩처러스 내셔널뱅크의 이사였다.[38]

❻ 윌리엄 스터트(William Stutt): 골드만삭스(Goldman Sachs)의 파트너

윌리엄 스터트는 17년간 RP쉐러의 투자은행이었던 골드만삭스의 파트너였다. 골드만삭스는 1971년 RP쉐러의 기업공개를 주관했다. 칼라가 위임장 대결을 벌일 때 골드만삭스는 RP쉐러에 재무 관련 자문을 제공했다.[39]

이상 살펴보았듯이 이사 여섯 명과 핑크는 회삿돈을 자기 돈처럼 거래하는 삼류가 아니었다. 여섯 이사는 대단히 성공적인 인사들이었다. 그중 세 명은 디트로이트를 대표하는 회사의 수장이었다. 다우는 전국적인 규모의 광고회사를 이끌었으며, 리처드슨의 은행은 에드셀 포드(Edsel Ford)가 설립한 것으로 도시 최대 규모였다. 마누지언의 매스코는 급성장하는 건축자재 제조업체로, 2015년 현재 〈포천〉 500대 기업에 이름을 올리곤 한다. 훗날 마누지언은 억만장자가 되었고 포드자동차의 이사가 되었다. 디트로이트 최대의 에너지기업에서 이사회 의장이자 CEO로 은퇴한 맥, 디트로이트 최고의 로펌에 파트너로 재직하는 존스, 골드만삭스의 파트너인 스터트 등은 이들의 중량감을 더해주고 있었다.

여섯 이사는 모두 유능하고 사업 경험이 풍부하지만 핑크에게 신세를 지고 있다는 공통점이 있었다. 그중 네 명은 핑크를 지지해야 할 금전적인 이유가 분명히 있었다. 맥은 RP쉐러 이사들이 일반적으로 받는 보수를 뛰어넘는 상당한 보수를 받고 있었다. 리처드슨, 스터트, 존스에게 RP쉐러는 놓칠 수 없는 큰 고객이었다. 그중 다섯은 핑크와 긴밀한 관계에 있었다. 뉴욕에 거주하는 스터트를 제외한 나머지는 모두 그로스포인트 골프클럽의 회원이었다.[40] 다우는 핑크의 죽마고우이고 존스는 핑크의 매제이며 맥은 핑크의 멘토였다.

지지자 중 네 명은 핑크가 직접 뽑아 RP쉐러의 이사회에 앉혔다. 마누지언은 심지어 핑크와 다우를 자기 회사의 이사회로 끌어들였다. 핑크가 매스코의 이사인 상황에서 마누지언이 RP쉐러 이사회의 깐깐하고 버거운 이사가 될 수 있었을까? 그들은 RP쉐러의 실적을 책임지라며 핑크에게 곤란한 질문을 할 수 있는 적임자였을까? 좋은 인수 제안이 들어왔을 때 핑크가 버티고 있는 회사를 팔고 싶어 했을까?

1988년 4월 26일과 6월 8일 두 차례의 표결에서 핑크와 그의 지지자들이 승리를 챙겼다. 이사회는 회사를 인수하겠다는 어떤 제안도 받아들이지 않겠다고 선언했다.[41] 인수 제의를 거절하는 것이 주주들에게도 최선의 선택이라고 했다. 물론 말도 안 되는 소리였다. 어떤 가격에도 팔 수 없을 만큼 좋은 사업은 없다. 아마도 RP쉐러의 이사회에 앉아 있던 큰 사업가들은 적절한 인수 제의가 들어와 친구인 핑크와 RP쉐러의 주주들 사이에서 양자택일해야 하는 상황이 닥치는 것이 두려웠을 것이다.

▌ 13D 양식의 공개적인 싸움

칼라는 주주들에게 직접 호소하기로 했다. 핑크와 이혼하려고 소장을 제출한 지 9일 만인 1988년 5월 20일, 칼라와 존 쉐러는 모든 주주의 이익을 대변해 회사를 매각하고 싶다는 의사를 밝히는 '13D 양식'을 SEC에 제출했다.[42] 칼라와 존은 같은 해 6월 RP쉐러에 주주명부를 달라고 요청함과 동시에 이사회 구성을 바꾸기 위한 위임장 대결을 벌이겠다고 발표했다. 핑크와 그의 지지자들은 위임장 대결을 심각하게 받아들였다. 그들에게 칼라와 존은 위협적인 존재였다. 두 사람은 의결권의 38%를 쥐고 있을뿐더러, 선친이 두 사람을 위해 신탁해둔 9% 지분이 따로 있었다.[43]

RP쉐러는 포이즌 필을 발명해 유명해진 기업 변호사 마틴 립튼의 도움을 받아 즉시 반격에 나섰다. 회사는 칼라와 존이 요청한 주주명부의 공개를 거절했다. 이사회는 회사 경영진이 바뀔 경우 옵션 행사를 앞당길 수 있는 새로운 스톡옵션 계획을 승인했다. 핑크는 매뉴팩처러스 내셔널뱅크에 압력을 넣어, 신탁에 묶여 있는 칼라와 존의 지분을 경영진에 유리하게 표결하도록 했다. 또 이사회는 새로운 이사로 조그 시버트(Joerg Siebert)를 선임했다. 시버트는 도이치젤라틴(Deutsche Gelatine)의 이사회 의장으로, 전년도에 RP쉐러에 젤라틴 1,200만 달러어치를 판매하고 다른 비용 명목으로 700만 달러를 받은 바 있었다.

시버트가 합류한 결과 11명이 된 이사회는 핑크에게 더 튼튼한 방어막이 되었다. RP쉐러는 이사 임기를 3년으로 하되, 시작과 끝이 각각인 3개 임기에 이사들이 분할 소속되는 '시차임기제'를 택하고 있었다. 이사 임기가 대체로 1년인 다른 회사들과 매우 다른 방식이었다. 시차임기제는 회사 주주들이 단 한 번의 표결로 이사회 구성원 전체를 갈아치우지 못하게 하는 방법이었다.

RP쉐러에서 1988년 임기 선출을 앞둔 이사는 3명으로 마누지언과 존, 다우였다. 칼라와 존의 대체후보명부에는 존 외에 새로운 인물로 프레더릭 프랭크(Frederick Frank)와 시어도어 수리스(Theodore Souris)가 있었다. 프랭크는 제약업계에 경험이 있는 투자은행가였고, 수리스는 미시간주 대법원 판사 출신이었다. 만약 대체후보명부가 채택되면 칼라와 쇼프는 이사회 5석을 장악하게 된다. 핑크는 이사를 한 명 더 충원함으로써 1989년 표결 때까지 남은 1년간 우위를 점하고 5 대 5의 교착 상태를 피할 수 있었다. 그리하여 핑크는 회사 매각을 막을 1년이라는 시간을 벌어서, 그동안 경영을 개선하고 주주들의 환심을 살 수 있었다.

델라웨어주 법원에서 심문이 있기 하루 전인 1988년 7월 7일 RP쉐러는 마침내 주주명부를 칼라 측에 넘겼다. 회사가 협조하지 않아 어쩔 수 없이 소송하게 되었고 결국 주주들이 비싼 변호사 비용을 물게 되었다고 존 쉐러는 알렸다.* 이틀 전 델라웨어에서 RP쉐러의 변호사들은 칼라를 이사직에서 물러나게 했다. 법원의 심문은 칼라와 존이 위임장 대결을 벌이는 진정성에 초점을 맞출 예정이었다. 심문 기일에 변호사들은 4시간에 걸쳐 칼라를 달달 볶아댔는데 존에 따르면 '부적절'한 '괴롭힘' 수준이었다.“ 점점 진흙탕 싸움으로 변해갔다.

1988년 8월 17일 표결일이 다가오자 양측은 주주들에게 위임장 관련 서한을 퍼붓기 시작했다. 7월 11일 회사 측이 먼저 일제사격을 개시했다. 칼라와 존이 RP쉐러의 주주 권익보다는 사적인 이익을 노리고 있다는 내용으로 핑크와 맥이 서명한 서한이었다. 칼라는 7월 25일 자 서한에서, 최고가를 적어내는

---

* 우리나라는 주주들이 영업시간 내 언제든지 회사에 주주명부의 열람 및 등사를 청구할 수 있도록 하고 있다. 지분에 관계없이 주주라면 누구나 이런 권리를 가진다. 그러나 이런 권리를 받아들이지 않는 회사도 종종 있어서, 주주명부 열람 및 등사를 가처분으로 다투는 경우가 있다.

인수자에게 회사를 매각하는 것이야말로 주식에 최고의 가치를 부여하는 일이라고 반박했다. 또한 새로운 스톡옵션 계획을 부결시켜달라고 호소했다. 칼라가 볼 때 이 계획은 회사가 매각될 경우를 대비해 RP쉐러의 경영진이 챙겨놓은 '황금 낙하산'이었다. 칼라와 존은 자기 그룹을 '칼라 쉐러 핑크 주주위원회(Karla Scherer Fink Stockholders' Committee)'라고 칭했다.

7월 28일 핑크와 맥은 칼라의 위원회를 폄하하는 짧은 서한을 주주들에게 보내면서 칼라가 한때 회사 CEO 자리를 탐냈다고 주장했다. 8월 4일에는 같은 내용의 좀 더 긴 서한을 발송했다. 빽빽이 적힌 4쪽짜리 서한에는 다음 구절이 굵은 글씨로 강조되었다.

금년 3월 초, 칼라 핑크는 회사를 경영해본 경험이 전혀 없는데도 피터 핑크를 대신해 주주 여러분께서 소유하신 회사의 CEO로 자신을 선출해달라고 요구했습니다.

피터 핑크 측 주주 서한은 칼라가 회사 매각을 공개적으로 요구하기 직전에 피터와 이혼소송을 벌였다는 사실을 부각했다. 그러면서 회사를 매각하려는 그녀의 의도가 무엇인지를 다시 한번 물었다. 칼라가 RP쉐러를 직접 경영하겠다는 요구와, 언론에 회사의 경영진과 미래를 긍정적으로 말하던 태도가 모순된다고 꼬집었다.

"칼라 쉐러 핑크가 지명하는 후보자들은 누구인가?"라는 꼭지에서는 시어도어 수리스에 대해 딱 한 줄이 적혀 있었다. "대체후보자 시어도어 수리스, 칼라 핑크의 변호사이자 그녀의 이혼소송 건을 담당하는 로펌 일원이다."

수리스는 칼라의 이혼 사건 변호사가 아니었다. 그는 1960년 33세라는 사상 최연소 나이로 미시간주 대법원 판사로 임명되었다. 9년간 대법원 판사로 재직한 후 민간으로 돌아와 미시간주에서 가장 존경받는 기업변호사가 되었다.[45]

주주들에게 보낸 RP쉐러의 8월 4일 자 서한을 보면 칼라는 오페라 〈마술피리〉에 나오는 변덕스러운 '밤의 여왕'으로 묘사된 반면, 핑크는 침착하고 차분한 '자라스트로'로 그려진다. 칼라가 CEO 자리에 집착했다니, 핑크 측은 무슨 이야기를 하고 싶었던 것일까? 칼라는 그런 적이 없다고 완강히 부인했고 그랬다는 공식적인 기록도 없다. 설령 그랬더라도 이상한 일이 아니다. 만일 RP쉐러의 의결권 중 39%를 가진 사람이 '남자'이고 그가 형편없는 실적을 내는 CEO를 대신해 회사를 매각하겠다고 나섰다면, 씩씩거리며 뻔뻔한 얼굴로 호들갑 떨 사람이 있겠는가? 당연히 없다. 핑크와 맥은 칼라를 비이성적이고 남을 멸시하는 사람으로 몰아가려고 했다. 남편과 사이가 틀어지자 남편의 회사를 망하게 하려고 이혼소송 변호사와 한패가 되었다는 식으로 보이게 했다.[46]

경영진의 위임장 서한은 절박함이 느껴진 반면, 칼라의 서한은 명확하면서도 간결했다. 칼라는 자신이 CEO 자리를 요구했다는 회사의 주장을 반박하면서 그들의 과열된 뻔뻔함을 질타했다. 칼라의 서한 중 다음을 참고하라(266쪽 참조).

경영진은 회사의 매각을 막기 위해 주주 여러분께 사실을 호도하고 있습니다. 그래야 최고위 임원진이 계속해서 개인적인 이익을 챙길 수 있기 때문입니다. 이사회 의장인 윌버 맥(그의 의장직은 의전에 따른 것일 뿐이라는 게 저희 생각입니다)과 회장인 피터 핑크는 1985년 4월 1일과 1988년 3월 31일 사이에 보수로 도합 300만 7,000달러를 받아 갔는데 (⋯) 이 금액은 같은 기간 주주들에게 지급된 배당금의 33%를 초과하는 것입니다. (⋯) 저희의 당면 과제는 주주 여러분의 경제

<u>적인 행복이지</u>, 경영진에 대한 인신공격으로 여러분의 주의를 분산하려는 의도는 없습니다.

표결이 있기 일주일 전, 칼라는 승리를 확신했다. 존경받는 헤지펀드매니저이자 스타인하트파인(Steinhardt Fine)의 초기 파트너였던 토니 실루포(Tony Cilluffo)를 포함해 몇몇 대주주가 칼라의 뜻에 동참해 상당한 지분을 몰아주었다. 그런데 좋지 않은 소식이 들려왔다. 매뉴팩처러스 내셔널뱅크가 칼라와 존의 신탁에 묶여 있는 지분을, 칼라가 미는 대체후보명부를 반대하는 데 사용하겠다는 것이다. 중대한 반전이었다. 마누지언의 15%와 시버트의 도이치젤라틴이 보유한 10%에 칼라와 존의 신탁에 묶여 있는 9%를 더하면, 경영진은 대체후보명부를 반대하기 위한 의결권 34%를 확보하는 셈이었다.[47] 이는 칼라와 존의 38%를 충분히 위협하는 비율이었다.

앞서 보았듯이 매뉴팩처러스 내셔널뱅크는 로버트 쉐러가 칼라와 존을 위해 신탁을 맡겨놓은 단순한 신탁관리인이 아니었다. RP쉐러에 돈을 빌려주고 1년에 50만 달러의 이자를 챙기는 은행이었다. 이 은행의 이사회 의장인 딘 리처드슨은 RP쉐러의 이사였다.[48] 이 은행은 RP쉐러와의 길고도 유익한 관계에서 돈을 벌었을 뿐만 아니라, 두 회사의 사장 또한 깊은 유대관계로 얽혀 있었다. 심지어 RP쉐러의 이사회 의장인 맥은 한때 매뉴팩처러스 내셔널뱅크의 이사를 역임하기도 했다.

칼라의 변호사들은 위임장 표결에 관한 은행의 입장을 알아보기 위해 7월 말에 신탁관리인에게 연락을 취했다. 그들은 RP쉐러를 매각하는 것이 주주들에게 최대의 이익을 돌려주는 방법이라고 주장한 후 신탁의 수익자는 칼라와 존뿐임을 강조하며 의결권이 두 사람에게 유리하게 사용되기를 바란다는 뜻을 신탁관리인에게 전했다. 신탁관리인은 '민감한' 문제라며 결정은 '윗선'인 신탁관리부의 책임자가 내릴 것이라고 답했다.[49] 칼라는 분노했다. 특히 은행이 지난 5년간 로버트 쉐러가 다른 두 자녀의 몫으로 맡겨놓은 신탁에서 의도적으로 주식을 팔아버려 칼라는 더욱 화가 났다. 다른 두 자녀의 요청 때문에 팔긴 했지만, 그 과정에서 은행은 낮은 가격에라도 주식을 처분하는 것이 유리하다며 신탁관리인으로서 동의해주었다. 그랬던 은행이 RP쉐러를 매각하기 위해 칼라와 존이 지지하는 대체후보명부에 반대하겠다는 것은 앞뒤가 맞지 않았다.

이 일로 칼라와 존이 제출한 소장을 보면 그들의 변호사는 이렇게 주장했다. "신탁된 주식의 의결권을 신탁관리인이 행사하는 일에, 매뉴팩처러스 내셔널뱅크가 수익성 좋은 고객을 놓치기 싫어하는 것이나 딘 리처드슨의 개입이 아무런 영향을 미치지 않았다고 믿는다면 극도로 순진한 발상이라고 해야 할 것입니다."[50] 핑크와 은행 사람들 간의 사적인 저녁 식사 모임이 있은 후, 신탁관리부의 책임자는 경영진이 제출한 후보명부에 찬성하는 표결을 한 것으로 나중에 밝혀졌다. 이 책임자는 칼라나 칼라의 변호사를 만나주지 않았을뿐더러 칼라의 위임장 설명문이나 로버트 쉐러의 유언장에 포함된 신탁 서류는 읽어보지도 않았다.

표결 당일, 미시간주 항소법원은 매뉴팩처러스 내셔널뱅크의 의결권 행사를 금지했다. 은행은 이미 주초에 서면에 의한 의결권을 행사한 상태였고, 뻔뻔스럽게도 행사한 의결권을 철회하지 않았다. 하지만 상관없었다. 칼라의 승리였다. 회사는 표결 결과에 이의를 제기했다. 신탁에 맡겨진 의결권이 유효하다고 주장했다. 그리고 칼라에게 유리하게 표결한 또 다른 주요 주주의 의결권은 원본의 앞뒷면을 다 사본하지 않고 단순히 복사기로 복사한 위임장이라고 주장했다. 하지만 법원은 칼라의 손을 들어주었다. 10월에는 대체후보명부에 있던 모든 사람이 이사가 되었다. 몇 달 안 되어 조그 시버트가 칼라의 편으로 돌아섰고 피터 핑크는 CEO 자리에서 물러났다. RP쉐러는 매물로 나왔다.

1989년 5월 시어슨리먼허튼(Shearson Lehman Hutton)은 RP쉐러를 4억 8,000만 달러에 인수하기로 했다.[51] 주주들은 주당 31.75달러를 받았는데, 28.19달러는 현금으로, 나머지 3.56달러는 17% 배당금을 지급하는 우선주로 받았다. 칼라 가 14개월 전에 회사를 매각하려고 로비를 시작했을 때보다 2배 이상 오른 가 격이었다. 몇 년 후 우선주가 상환되었을 때 RP쉐러 주주들은 주당 33.21달러를 받았다.

갈등과 타협

미국의 많은 상장기업은 주주와 경영진 사이에 상당한 거리가 있다. 이사회 는 둘 사이의 간극을 메우는 기관이다. 이사회는 경영진과 주주들의 이해관계 가 같아지도록 하는 일종의 중개자 역할을 한다.[52] 이사회는 회사 경영에 참여 할 수 있는 막강한 권한을 부여받기도 한다. CEO를 선임하고 중요한 전략적 결정에 자문을 제공하는 일을 맡기도 한다. 이사회는 그 어떤 집단보다 강력 하게 기업을 지배한다.[53]

기업의 이사들에게는 무거운 책임이 따른다. 주주이자 사회의 일원인 우리 입장에서는 이사들에게 기대하는 바가 크다. 그러나 이사들이 일을 제대로 해 낼 수 있을까? 이사는 이해관계가 충돌하는 수많은 일을 처리해야 하는 만큼 효율성이 떨어지기가 쉽다. 가장 기본적인 두 가지 의무를 살펴보자. 이사회는 경영진을 선임하고 이들이 회사를 잘 꾸려갈 수 있게 인도하는 동시에 주주를 대신해 경영진을 평가하고 책임을 물을 수 있어야 한다. 다른 말로 하면 이사회는 회사의 전략 수립에 도움을 주고 그 전략이 잘 수행되는지 책임도 져야 한다는 뜻이다. CEO를 선임하는 데 중요한 역할을 담당한 이사들이 회사의 실적을 평가할 때 과연 얼마나 객관적일 수 있겠는가? 이런 심리적 편향이 기이한 형태로 표출된 사례를 우리는 3장의 샐러드오일 거대 사기극에서 목격했다. 아메리칸익스프레스의 이사들은 티노가 믿기 힘든 사기극을 벌이도록 내버려 두었는데, 경영진이 얼라이드를 고객으로 받아들임으로써 이미 자신의 명성을 위태롭게 했기 때문이다. 이사가 CEO를 공격한다면, 사실상 사람을 잘못 뽑은 자신을 비난하는 것과 같다.

기업 이사회 내에서 벌어지는 힘의 역학은 결과적으로 경영진과 이사들을 가깝게 만든다. 그 결과 이사회가 메워야 할 경영진과 주주의 사이는 더욱 벌어지게 된다. 칼라 쉐러가 RP쉐러를 상대로 벌인 싸움은 이사들이 형편없는 경영진에 권한을 부여하는 여러 방법을 잘 보여준다. 다행인 것은 우리도 이런 사건을 보면서 문제를 해결할 통찰력이 생긴다는 사실이다.

우선 RP쉐러의 이사진 사이에 건강한 반론이 오가지 못하도록 가로막은 장벽을 살펴보자. 가장 쉽게 눈에 띄는 문제는 이사회 내에 존재하는 명백한 금전적 이해관계다. 이사회 의장은 오늘날의 기준으로 보아도 상당히 큰 보수를 받고 있었다. 이사회 자리에는 회사의 대출은행과 투자은행, 변호사, 최대 납품업자 등이 앉아 있었다. 회사의 CEO와 COO 역시 이사였다. 다시 말해 이사 11명 중 7명이 금전적 이해관계로 크게 충돌하고 있었다. 그중 3명은 회사에서 직접 상당한 보수를 받고 있었고 나머지 4명은 고객이거나 거래처였다.

RP쉐러 이사회의 또 다른 문제점은 피터 핑크가 직접 임명한 이사진의 숫자였다. 이사회는 돈과 명성이 동시에 보장되는 자리다. 특히 대기업일수록 이사로 재직하는 것은 큰 영광으로 여겨진다. 그러나 CEO가 이사를 선임하면 실질적으로 CEO 개인이 이사에게 명예와 보수를 주는 꼴이 된다. 경영진을 객관적으로 감독해야 할 이사진의 권한은 시작부터 타락하는 것이다.

CEO가 이사를 선임하면 이사회에서 자신에게 골칫덩이가 되지 않을 사람을 뽑으려 한다. RP쉐러 이사회에 공석이 생겼을 때 칼라는 피터 핑크와 주고받은 대화를 이렇게 기억한다. 핑크는 그 자리에 앉힌 인물에 대해 "마음이 약해서 내가 시키는 대로 할 거야"라고 말했다고 한다.[54] 이 같은 현상을 아주 잘 보여주는 사례로는 SEC 회장이었던 아서 레빗(Arthur Levitt)이 애플의 이사가 될 뻔했던 이야기를 들 수 있다.

2002년 출간된 《Take on the Street(월가를 상대로)》에서 레빗은 스티브 잡스가 자신을 애플의 이사로 데려가려는 줄 알았다고 한다. 레빗은 들떠 있었다. 그는 1984년 처음으로 매킨토시 컴퓨터를 구매한 이후 줄곧 애플의 열렬한 지지자였다. 그는 잡스의 초청을 받고 바로 다음 날 캘리포니아로 날아가 잡스와 아침 식사를 하고 애플 임원진과도 인사를 나누었다. 최고재무책임자(CFO)가 나서서 애플의 재무상태와 이사회 구성에 관해 프레젠테이션을 한 후 다가오는 이사회 일정을 말해주었다. 레빗은 CFO에게 기업 지배구조에 관한 자신의 과거 연설문을 담은 폴더를 건넸다. 레빗이 집으로 돌아가는 비행기에 몸을 실은 동안, 잡스는 그가 쓴 연설문을 하나 읽고는 그를 이사회에 앉히는 것을 재고하기로 한다. 잡스는 그에게 전화를 걸어 이렇게 말했다. "아서, 저희 이사회에 오시면 행복하실 것 같지 않군요. 당신을 모시지 않는 것이 좋겠습니다."[55]

RP쉐러 이사회에서 반대 의견을 내기가 어려웠던 가장 크고도 은밀한 이유는 이사진 간의 얽히고설킨 사회관계에 있을 것이다. 이사진은 거의 모두가 같은 골프클럽 회원들이었다. 게다가 피터 핑크에게 아버지 같은 존재부터 어릴 적 친구, 결혼으로 엮인 두 명의 인척이 포진하고 있었다. 흥미롭게도 핑크는 자신과 가장 가까운 사람인 아내를 이사로 들이지만 않았다면 이사회 전체를 장악했을 것이다. CEO와 이사회 이사들이 개인적인 인연으로 깊은 관계를 맺으면 이사회의 견제 기능은 약화될 수밖에 없다.

규제 당국, 증권거래소, 투자자들이 집중적으로 장려해야 하는 것 중 하나가 '이사의 독립성'이다. 회사와 아무 관계도 없는 '외부' 인사로 이사진을 구성하면 주주들이 공정한 대접을 받으리라는 희망을 품을 수 있다. 이사회의 성과를 개선하기 위해 사베인스-옥슬리법(Sarbanes-Oxley)*을 포함한 새로운 규제들은 특히 이사의 독립성을 높이는 데 초점을 맞추고 있다. 그러나 이사의 독립성을 어떤 객관적인 척도로 판단할 수 있다는 말인가? RP쉐러 이사회는 바로 그런 문제를 드러낸 전형적인 사례였다.

일반적으로 이사가 해당 기업과 거래 혹은 고용 관계가 없다면 '독립적'이라 할 수 있다. 이사 후보들의 독립성을 테스트하는 설문지도 대체로 상충하는 금전적인 이해관계를 캐는 데 주안점을 둔다. 그러나 금전적인 이해관계보다 더 캐기 힘든 것이 사회적 관계다. 사회적 관계 역시 이사의 업무에 적지 않은 영향을 미친다. 매뉴팩처러스 내셔널뱅크의 리처드슨이 핑크의 어릴 적 친구인 다우보다 덜 독립적이었을까? 당신이라면 존스의 로펌에 지급하는 수수료가 걱정되겠는가, 아니면 존스가 핑크의 누이와 결혼했다는 사실이 더 걱정되

---

* 2002년 7월 제정된 미국의 기업회계 개혁법. 5명의 회계감독위원회가 기업회계를 감사하고, 회계법인의 경우 사찰도 가능하며 회계 법규를 위반한 기업을 조사할 권리를 갖는다는 내용을 골자로 한다.

겠는가? '독립성'을 기준으로 이사회를 구성하는 것은 쉽지만, 그럼에도 CEO
와 밀접한 관계에 있는 사람들을 피하는 것은 쉽지 않다. 월트디즈니 CEO였
던 마이클 아이스너(Michael Eisner)는 자신의 개인 변호사, 건축가, 자녀의 초등
학교 교장선생님 등으로 이사회를 구성했다.[56]

이사의 독립성을 판단하는 기준을 공식화한다 해도 실제로 이사회를 개
선할 수 있을 것 같지는 않다. 한 가지 근본적인 이유는, 비즈니스 세계의 최
상층부는 끼리끼리 결혼으로 복잡하게 얽혀 있어서 사회적·직업적으로 연결
된 인적 네트워크를 추적하기가 대단히 어렵다는 것이다. 증권거래소 역시 자
기들의 독립성 기준에 이 점을 반영하고 있다. 나스닥과 뉴욕증권거래소 모
두 특정한 이사의 독립성을 판단하기 위해 이사회 전체의 집단 판단 능력을
활용한다.[57] 하지만 이 역시 상장기업의 이사회 '스스로가 스스로를 판단하는'
경우다.[58]

독립적인 이사를 통해 이사회의 감독 기능을 향상하는 방법은 실제보다 과
장되었다. 독립성을 장려하고 이해관계의 충돌을 막는 일도 중요하지만 진정
한 독립성을 위해서는 마음가짐도 중요하다. CEO를 제외하면 RP쉐러의 이사
중에 서류상으로 가장 독립적이지 못한 이사는 누구였을까? 다름 아닌 반대
목소리를 낸 칼라 쉐러와 언스트 쇼프였다. 한 사람은 CEO의 아내이고 다른
사람은 COO였다.

독립된 이사진이 이사회를 크게 개선했다 해도 시간이 지나면 경영진과 가
까운 관계를 형성하기 마련이다. 인간은 사회적 동물인데 기업의 CEO와 임원
들은 아마도 평균적인 인간보다 한층 더 사회적인 동물에 가까울 것이다. 처
음에는 사회적 관계로 형성된 이사회가 아니더라도 시간이 갈수록 점차 사회
적 관계로 발전한다. 그런 의미에서 워런 버핏이 2002년 '지적이고 건전한 판

단 능력을 지닌 이사들이' '이사회 회의실 분위기'만 아니었다면 기업 감독에 실패하는 일이 없었을 것이라며 비판한 발언은 유명하다.[59]

2014년 버크셔 해서웨이 회의에서 버핏은 좀 더 구체적으로 말한다. "이사회는 본질적으로 사업을 위한 조직임과 동시에 사교를 위한 조직입니다. 이사들은 반은 사업적인 두뇌와 반은 사교적인 두뇌로 활동합니다." 같은 회의에서 버핏은 코카콜라의 최근 활동에 버크셔 해서웨이가 대주주로서 어떤 조치를 취했는지 몇 가지를 짚어가면서 이야기했다. 코카콜라가 주식 기준 보상제도(equity compensation)라는 말썽 많은 제도를 발표하자 '날강도 같은 행위'라며 분통을 터뜨린 투자자도 있었다.[60] 버핏 역시 지나친 보상제도라고 생각했지만 표결에서 반대하지는 않았다. 대신에 코카콜라 CEO인 무타르 켄트(Muhtar Kent)에게 직접 불만을 전했다. 버핏과 코카콜라의 관계는 오래되었다. 지분 9%를 보유한 버크셔 해서웨이가 코카콜라의 최대주주였을 뿐만 아니라 버핏 자신도 17년간 코카콜라의 이사였다. 버핏의 아들 하워드(Howard Buffett)는 현직 이사였다. 버핏은 무타르 켄트에게 직접 불만을 표한 것을 두고 '버크셔 해서웨이를 대변하는 최고의 방법'이었다고 했다.

버핏의 방식이 이상한 것은 아니었다. 버핏이 반대했더라도 주식 기준 보상제도는 결국 72% 대 28%로 통과되었을 것이다.[61] 코카콜라와 전쟁할 생각은 없었다고 버핏은 말했다. 그는 공개적으로 소란을 피워 코카콜라의 경영진과 이사진을 당황하게 하지 않고, 무대 뒤에 가서 CEO에게 직접 말했다. 그것이 효과가 있어서 코카콜라는 나중에 계획을 변경한다. 어쨌든 이 사례는 상장기업의 의사결정이 최상층부의 합의로 종종 이루어진다는 점을 극명히 보여준다. 버핏은 코카콜라의 주식 기준 보상제도를 바꿔놓는 데 성공했지만 실제로 반대표를 던지지는 않았다. 이사회의 어느 누구도 반대하지 않았다. 사업과 사교가 뒤섞인 세계에서 효과적으로 뜻을 관철하려면 때로는 정치도 필요하다.

2014년 버크셔 해서웨이 회의에서 버핏은 이 문제를 이렇게 정리했다. "이 사회 활동에는 사회적인 역학관계가 중요합니다." 칼 아이칸의 생각은 달랐다. 버핏이 투표에 기권한 것을 두고 아이칸은 다음과 같이 말했다.

> 이사회를 무슨 남학생 클럽 모임쯤으로 생각하는 이사가 너무 많다. 다들 여기서 는 깃털을 곤두세우면 안 된다고 생각한다. 이런 태도는 그저 그런 경영진의 자리 만 공고히 해줄 뿐만 아니라, 나아가서는 미국이 오늘날까지 경제적인 우위를 누 리게 한 실력 지상주의를 해치는 결과를 낳는다.[62]

아이칸의 말이 맞다. 하지만 버핏 자신도 '이사회 회의실 분위기'라는 표현 으로 안타까움을 표시한 것처럼, 이사회는 사실상 남학생 클럽 같은 곳이며 깃털을 곤두세우면 부정적인 파급 효과를 일으키는 것 또한 사실이다. 이사회 내부에 영향을 미치는 방법에 대해 버핏은 이렇게 말한다. "누구를 고르고 어 떻게 할지를 선별해야 합니다."[63]

이사회의 회의체 성격은 이사진의 감독 능력을 떨어뜨리며 기업의 지배구 조를 독립적인 이사진을 통해 고쳐보려는 시도가 왜 어리석은지를 드러낼 뿐 이다. 시간이 지나면 이사들은 대부분 결국 경영진과 한편이 된다. 사업에서도 경영에서도 가장 멀어 보이는 이사진이 가장 취약한 경우가 많다. 엔론(Enron) 의 이사회가 아주 좋은 예다.

조지 부시(George W. Bush) 대통령은 2002년 사베인스-옥슬리 법안에 서명하 며 이렇게 말했다. "낮은 규범과 거짓 이윤의 시대는 끝났습니다. 미국의 어떤 이사회도 법보다 위에 있거나 법을 능가하지 않습니다."[64] '엔론 이후의 개혁'이라는 구호에는 분명 모순이 있다. 엔론의 이사회는 이미 새로운 규제를 완벽하게 준수하고 있었다.[65] 이사회의 구성이라는 측면에서 보면 엔론은 자신의 몰락으로 시작된 친독립성 시대를 훨씬 앞서가고 있었다. 기업 지배구조의 나쁜 예로 지탄받기 전만 해도 엔론의 이사회는 미국 내에서 최고라는 칭송을 받곤 했다. 이사회의 구성원은 눈부셨다. 전직 스탠퍼드대학교 경영대학원 학장이 엔론의 회계부서를 감독했고, 영국 정부의 각료와 하원의장, 상원의장까지 두루 지냈던 인사도 이사에 포함되었다. 이사 중에는 자신의 경력과 명성을 걸 만큼, 엔론의 CEO였던 켄 레이(Ken Lay)와 특별한 관계를 맺은 사람이 없었다. 엔론은 독립적인 이사진의 진정한 모범이었다. 하지만 그런 것은 소용이 없었다.

이 책에서 우리는 제 기능을 하지 못한 이사회를 여럿 살펴보았다. 무엇이 좋은 이사회를 만드는가? 칼라 쉐러가 RP쉐러의 이사회에 가져온 가치와 시각을 생각해보자. 무엇보다도 칼라는 주인의식을 가지고 이사회에 임했다. 칼라는 재산 비중으로 보나 회사의 지분 비율로 보나 상당한 양의 주식을 보유하고 있었다. 칼라가 이사회에 참여한 것은 방어 목적이었다. 회사가 휘청거리면 칼라로서는 잃을 것이 많았다. 회사의 CEO를 의심하기에 충분한 위치이기도 했다. 칼라는 적대적이지 않았다. 이사회에 들어오고 나서 한참이 지나서야 이혼을 결심했다고 한다. 어쨌거나 30년에 걸친 결혼생활을 통해 핑크의 헛소리를 감지하는 능력은 분명히 좋아졌을 것이다.

칼라는 정식으로 경영 관련 교육을 받은 적은 없지만 똑똑했고 RP쉐러의 사업을 잘 이해하고 있었다. 회사의 COO인 언스트 쇼프를 한편으로 끌어들일 만큼 현명하기도 했다. 덕분에 칼라는 회사의 업무를 깊이 이해할 수 있었고 핑크를 비롯한 다른 이사들에게 정곡을 찌르는 질문도 할 수 있었다.

회사의 사업 분야를 제대로 이해하는 것은 좋은 이사가 되는 데 매우 중요하다. 폭넓은 사업 경험이나 금융에 대한 전문 지식보다도 이는 값진 덕목이다. 결과적으로 피터 핑크는 칼라와 그녀 편에 선 이사들에게 회사 정보를 왜곡할 수 없었다.

젤라틴 캡슐은 늘 필요하다

RP쉐러는 시어슨리먼허튼에 인수된 후 대단한 성공을 거두었다. 기업 인수를 전문으로 하는 이들은 1986년 캐나다의 RP쉐러 경질캡슐 부문을 인수한 알렉스 어들젠(Alex Erdeljan), 잭 캐시먼(Jack Cashman)과 힘을 합쳤다. 어들젠은 RP쉐러에서 1979년부터 1986년까지 근무했고, 피터 핑크와 전임자인 로버트 주니어가 연질젤 사업을 등한시했던 것을 잘 알고 있었다. "핑크와 로버트 주니어는 연질젤 기술이 수명을 다했기 때문에 여기서 발생하는 현금으로 사업을 다각화해야 한다고 생각했다"라고 어들젠은 말한다.[66]

어들젠과 캐시먼은 비핵심 사업을 모두 정리하고 잠재 고객들에게 연질젤 기술을 알리는 데 집중했다. 어들젠은 핑크가 회사를 경영하는 동안 왜 저조한 실적을 냈는지 설명했다.

그들은 정말 자기가 주문생산업자라고 생각했습니다. '필요하면 우리에게 연락하겠지'라고 생각한 것이죠. (…) 마케팅이나 새로운 시장을 개척하는 데는 아무런 관심이 없었습니다.

어들젠과 캐시먼은 직원들을 '주문이나 받는 사람에서 적극적인 시장 개척자'로 탈바꿈시키기 위해 새로운 인센티브를 내걸었다. 동시에 비용 절감에 돌입했는데 특히 본사에서의 절감에 집중했다.

결과는 놀라웠다. 회사를 인수한 지 6년 만에 캡슐 사업의 매출은 2배가 되었다. 영업이익은 5년 새 3배가 되었다. 매각 전 5년간 사내 핵심 사업의 영업이익률은 평균 11%였는데 매각 후 5년간은 20%를 기록했다.[67] RP쉐러의 새 주인들은 대박을 터뜨린 것이다.

RP쉐러가 이룩한 1990년대의 대성공은 훌륭한 리더십의 위력을 증명한 것이지만, 상장기업들이 겪는 곤경에 의문을 제기하기도 한다. 왜 RP쉐러의 원래 주주들은 이런 엄청난 성장 잠재력에 동참할 수 없었던 것일까? 왜 회사는 25년 동안이나 형편없는 리더십에 놓여야 했으며, 훌륭하기 그지없는 핵심 사업을 내팽개치고 연이어 악성 기업 인수를 해야만 했는가? 회사를 경영진의 손아귀에서 빼내 정당한 가격을 받고 매각한 칼라는 주주들에게 좋은 일을 한 것이다. 하지만 칼라가 어들젠이나 그에 버금가는 누군가를 영입해서 RP쉐러를 맡길 수는 없었을까?

그럴 수 없었다는 것이 어들젠의 생각이다. "피터 핑크는 CEO직을 좋아했습니다. CEO로서 해야 할 일은 하지 않았지만요. (…) 그로스포인트 친구들은 전부 다 이사회에 모아놓고 말입니다"라고 어들젠은 말한다. 그는 주인이 있는 회사의 장점에 대해 다음과 같이 밝힌다.

사모펀드가 잘하는 일이 있다면 그것은 바로 기업 지배구조입니다. 자기들 돈을 걸었습니다. 곤란한 질문도 서슴없이 던지고 사업의 본질을 제대로 이해하려 합니다. 그뿐만 아니라 필요한 조치도 취하지요. 이사회는 가야 할 사람을 내보내는 데 너무 긴 시간을 허비합니다. 형편없는 CEO를 물러나게 하기란 쉽지 않습니다.

불행히도 칼라로서는 회사를 매각하는 방법 말고는 주주들을 설득할 방법이 없었다. 칼라가 이사회를 장악하기 위해서는 주주들에게 상당한 금전적 보상을 약속할 수밖에 없었고, 그러려면 피터 핑크와 다른 이사진으로부터 회사를 빼내 매각하는 것 외에는 방법이 없었다. 경영진을 해고하려고 시도했더라도 투자자들에게 그다지 지지를 얻지 못했을 것이다. 결국 칼라는 선친이 세운 회사에서 매우 기이한 역할을 맡게 되었다. 저조한 실적에도 자신들의 지위를 공고하게 유지하는 이사회로부터 회사를 지키기 위해, 자신은 물론 다른 주주들의 몫인 장래의 성장과 이윤을 포기해야만 했다.

로버트 쉐러가 회전식 금형 기계를 발명한 지 80년이 지난 오늘날까지도 그의 기술은 여전히 시장을 지배하고 있다. 로버트가 세운 회사는 이제 캐털런트(Catalent)의 일부로 여전히 성장할 뿐만 아니라 막대한 수익을 내고 있다. 어들젠은 이렇게 말한다.

사람들이 연질젤 기술을 과소평가한 이유가 있지요. 시장을 보호하기 위한 장치로서 특허만 본 거예요. 그것보다 더 가치 있는 것이 노하우라는 사실을 잘 모른 겁니다.

RP쉐러의 사업은 대단한 것이었지만 경영진은 그 가치를 몰라봤다. "그들은 형편없는 경영진이었습니다. 형편없는 경영진은 형편없는 결정을 내리는 법이지요."[68]

드라마와도 같은 RP쉐러 사례는 이사회가 주주를 대신해 경영진을 감독하는 일이 종종 실패할 수 있음을 보여준다. 또 상장기업의 기업 지배구조와 관련해 더 깊숙이 자리 잡은 문제도 살짝 보여준다. 사실 이사회 단독으로는 장기간 회사를 성공적으로 경영하기가 대단히 어렵다. 실수 없는 이사회를 만들려는 집착은 그 점을 놓치고 있다. 기업의 지배구조가 잘되려면 이사회만 능력이 있어야 하는 것이 아니라 주주와 경영진이 모두 제대로 되어야 한다.

경영진과 투자자들 사이에는 본질적으로 간극이 존재한다. 그런 간극에도 상장기업이 잘 굴러가려면 열광적인 CEO, 장기적인 안목을 갖춘 주주들, 깨어 있는 이사회의 이사진이 모두 있어야 한다. 이런 조합이 얼마나 어려운 것인지 우리는 이미 살펴보았다. 노던파이프라인은 경영진이 부패하기 쉽다는 사실을, 아메리칸익스프레스는 주주들이 정신분열증적인 태도를 보일 수 있음을 보여주었다. RP쉐러는 이사회가 별로 하는 일도 없이 경영진의 자리만 공고히 해줄 때가 많다는 사실을 알려주었다.

**칼라 쉐러가
쉐러주식회사 주주들에게 보낸 서한**

영어 원문 보기

1988년 8월 4일

존경하는 주주 귀하,

RP쉐러주식회사의 이사회 의장 겸 회장이 주주 여러분에게 발송한 1988년 7월 28일 자 서한은 'RP쉐러주식회사의 매각을 위한 칼라 쉐러 핑크 주주위원회'가 성취하려는 바를 왜곡하고 있습니다.

위원회가 바라는 바는 다음 두 가지뿐입니다.

(1) 회사를 최고가에 현금으로 매각해 모든 주주에게 이익을 돌려주는 것.

(2) 이미 주주의 돈으로 지나치게 많은 보수를 받고 있는 경영진이 '황금 낙하산'을 받지 못하게 하는 것.

본인 칼라 쉐러가 CEO 자리를 원했다는 서한의 내용은 <u>사실이 아닙니다.</u>

그런 주장을 한 적이 없습니다. 이사회를 대표해 서한이 발송되었다는 주장 역시 사실무근입니다. 이 글을 쓰고 있는 저희 두 사람도 이사회 이사지만, 회사 경영진이 서한을 언론에 알리기 전까지는 서한에 대해 전혀 알지 못했습니다. 이사회가 마지막으로 열린 것은 1988년 6월 8일이었습니다.

경영진은 회사의 매각을 막기 위해 주주 여러분께 사실을 호도하고 있습니다. 그래야 최고위 임원진이 계속해서 개인적인 이익을 챙길 수 있기 때문입니다. 이사회 의장인 윌버 맥(그의 의장직은 의전에 따른 것일 뿐이라는 게 저희 생각입니다)과 회장인 피터 핑크는 1985년 4월 1일과 1988년 3월 31일 사이에 보수로 도합 300만 7,000달러를 받아 갔는데, 이는 현금과 인센티브로 수령한 주식의 가치와 스톡옵션을 행사해 실현한 순가치를 포함한 금액입니다. 두 사람이 은퇴 후 받을 연금 혜택을 위해 회사가 지급한 비용은 여기에 포함되지 않았습니다. 이 금액은 같은 기간 주주들에게 지급된 배당금 총액 900만 2,000달러의 33%를 초과하는 것입니다. 쉐러 경영진의 정책으로 이익을 보는 진정한 수혜자가 누군지는 자명합니다. 바로 최고경영진입니다.

저희가 회사를 매각하겠다는 의지를 공식화한 1988년 5월 23일 이후인 1988년 6월 24일, RP쉐러의 주가는 28.75달러를 기록했습니다. 회사의 매각을 예상하고 주가가 거의 80% 상승했습니다. 저희의 당면 과제는 주주 여러분의 경제적인 행복이지, 경영진에 대한 인신공격으로 여러분의 주의를 분산하려는 의도는 없습니다.

여러분이 저희에게 동의해주시는 것으로는 부족합니다. 저희의 힘이 되어주십시오. 동봉한 초록색 위임장에 날짜를 적고 서명해서 저희에게 발송해주시기를 부탁드립니다.

칼라 쉐러 핑크
존 S. 쉐러

7장

독설과 인신공격의
망신 주기 게임

대니얼 러브와 헤지펀드 행동주의,
스타가스의 무능한 CEO를 몰아내다

"스타가스는 당신 자신과 가족들을 위해 급여를 뜯어내고,
친구들을 위해 수수료를 퍼가는 꿀단지로 전락한 것 같습니다.
또한 날조, 허위 진술, 약속 불이행의 혐의로 제기된 숱한 소송에서
당신을 지켜줄 방패 역할만 해주는 것 같습니다."
—
대니얼 러브, 2005

값싸고 효과적인 펜이라는 무기

2013년 9월, 억만장자 투자자 론 버클(Ron Burkle)은 자기 회사가 모건스호텔그룹(Morgan's Hotel Group)에 투자했다고 공시한 13D 양식을 수정공시했다. 13D 양식은 SEC에 보고하는 양식으로 SEC 웹사이트를 통해 일반에게 공시된다. SEC는 상장기업의 주식 5% 이상을 소유한 주주는 최근 동향과 자금 출처, 거래 목적 등을 공개하도록 규정하고 있다. 버클이 13D 양식을 수정한 것은 2009년 후반 이래 벌써 열 번째다. 보고서에는 '이로써'라든지 '그 같은 삭감은 확인이 불가하며' 같은 의례적인 문구가 많았다.

버클이 보고서를 수정공시하려는 목적은 13D 양식의 정보를 업데이트하는 것이 아니었다. 주식의 소유나 자금 출처에는 변동이 없었다.[1] 사실은 며칠 전, 모건스호텔의 이사회 의장 겸 CEO에게 쓴 서한을 공시에 포함하려고 수정 보고서를 제출한 것이다. "버릇없는 아이처럼 굴지 마시오. 회사를 당신의 장난감인 양 가지고 놀지 마시오. 모건스호텔을 매물로 내놓고 적절한 인수자에게 매각하시오. 이제는 모든 주주의 이익을 위해 매각할 때요. 새 장난감은 엄마한테나 가서 사달라고 조르시오."[2]

1980년대 말 적대적인 기업사냥꾼의 시대가 저물자 상장기업의 경영진은 포이즌 필이나 '델라웨어주 회사법 제203조'같이 기업 인수를 어렵게 하는 제도 뒤에 숨어 자기의 지위를 다시금 공고히 다졌다. 하지만 경영진이 손에 넣은 무기는 공짜가 아니었다. 캘퍼스와 티처스 같은 기관 투자가들은 기업 지배구조 문제에 익숙해져 있었고 실적이 나쁜 경영진에 대해서도 인내심의 바닥을 드러내고 있었다. 한술 더 떠 벤저민 그레이엄과 루이스 울프슨, 칼 아이칸의 신세대 버전이라고 할 만한 새로운 개혁가, 기회주의자, 청부살인업자 무리가 호전적인 헤지펀드매니저의 형태로 등장했다.

이들 헤지펀드매니저들은 예전의 위임장 전문가를 떠올리게 하는 전술을 구사했다. 부족한 자금력을 투지와 대담함으로 만회했다. 경영진을 움직이게 할 수단을 찾지 못하자 그들은 거친 표현을 사용한 공개적인 망신 주기로 자기 뜻을 관철하려고 했다. 가장 좋은 무기는 펜이었다. 주식시장에 불만을 터트리는 도구로 13D 양식을 활용해 다른 주주들의 지지를 얻어냈다. 이런 방법은 강력한 효과가 있어서 신문의 경제면을 장식하고 미국을 대표하는 기업들의 중역실을 흔들어놓았다. 기업사냥꾼의 슈퍼스타였던 칼 아이칸과 닐슨 펠츠도 곧바로 그 물결에 합류했다.

헤지펀드는 1966년 〈포천〉 지의 캐럴 루미스(Carol Loomis)가 앨프리드 존스의 롱숏 헤지드(long-short hedged) 투자회사를 묘사하느라 사용했던, 과거의 흔적이 묻어 있는 용어다. 오늘날에는 광범위한 사모투자 자금을 일컫는 말로 사용한다. 헤지펀드는 운용보수 외에 펀드 수익의 일정 부분을 성과보수라는 명목으로 가져간다. 헤지펀드의 투자 전략은 대단히 다양하지만 법적 형태는 모두 비슷하다. 규제를 별로 받지 않는다는 점도 비슷하지만 그 강도는 갈수록 빠르게 높아지고 있다. 벤저민 그레이엄, 로버트 영, 워런 버핏, 찰리 멍거 등이 운영했던 투자기구들이 오늘날에는 헤지펀드로 불렸을 것이다. 1990년 헤지펀드는 전체 자산 관리 시장에서 아주 조그만 부분만 차지했다. 모두 합쳐 약 600개의 헤지펀드가 있었으며 전체 자산은 390억 달러였다.[3] 2015년 현재는 1만 5,000개 이상으로 늘어났고 운용자산도 3조 달러에 이른다.

초창기 헤지펀드는 독립심 강한 트레이더와 기업가정신을 지닌 투자자의 관심을 끌었다. 대체로 극히 적은 자금으로 시작했기에 뛰어난 실적을 내도 겨우 먹고살 정도였다. 1984년 폴 튜더 존스(Paul Tudor Jones)는 150만 달러를 가지고 튜더퓨처스펀드(Tudor Futures Fund)를 설립했다.[4] 1995년 대니얼 러브는 300만 달러로 서드포인트(Third Point)를, 1996년 데이비드 아인혼(David Einhorn)은 90만 달러로 그린라이트캐피털(Greenlight Capital)을 시작했다.

이 모든 펀드는 훗날 조 단위 자금을 운용하게 되지만 시작할 때는 작은 물고기에 불과했다. 워런 버핏은 자신의 포트폴리오에 속한 회사들을 통제할 수 있는 '의지와 자금력'이 귀중한 '보험' 역할을 해준다고 1960년대 중반 투자자들에게 설명한 바 있다.[5] 그저 고만고만한 규모의 자산을 운용하고 있고 마이클 밀컨 같은 현금 조달자가 주식업계에서 퇴출된 상황이라면, 상장기업에 어떤 방법으로 압력을 가할 수 있겠는가? 설립된 지 얼마 안 된 헤지펀드가 아이칸처럼 수중에 공개매수 카드를 가진 것도 아닌 상황에서 경영진의 관심을 끌려면 어떻게 하겠는가?

사방으로 퍼지는 무기

1999년 5월 18일 젊은 헤지펀드매니저 로버트 채프먼은 코퍼레이트 르네상스그룹(Corporate Renaissance Group, CRG)에 베어허그 서한을 보냈다. 당시 CRG는 고객 기업의 효율성을 증대하는 비즈니스 개발사로 마틴 사스(Martin D. Sass)가 경영하고 있었다. CRG 주식은 회사가 보유한 자산에 비해 매우 저평가된 가격에 거래되고 있었다. 자산은 현금과 투자 3건이 전부였다. CRG는 주식시장에서 가능한 모든 자사주를 재매입한 뒤, 영리 사업체를 인수하거나 회사를 청산하는 두 가지 전략적인 대안을 고려하겠다고 발표했다. 마땅히 인수할 회사를 찾지 못하자 마틴 사스를 필두로 한 경영진은 상장 철회를 위해 자사주를 주당 8달러에 매입하겠다고 제안했다.

CRG 주식 6%를 소유하고 있던 채프먼은 CRG가 소유한 현금과 투자가 최소 주당 10달러는 된다고 생각했다. CRG 이사회는 경영진이 제시한 제안을 검토할 특별위원회를 구성했지만, 그 위원회는 이사회 의장이자 CEO이며 최대 주주이기도 한 사스에게 유리한 방향으로 기울 것이라며 채프먼은 우려했다. 채프먼은 특별위원회가 공정한 판단을 하도록 주당 9달러짜리 인수 제안을 제시하는 동시에 주주들에게 최대 이익이 돌아가는 길은 회사의 청산뿐이라고 주장하는 서한을 보냈다. 더불어 자신이 직접 작성한 '자금 조성을 장담하는' 구절을 추가했다. 당장은 자금이 없지만 "현재 진행되는 자금 지원 협상에서 성공할 자신이 있다"고 밝혔다.[6] 드렉셀번햄의 의견서만큼은 아니었지만 나름대로 인상적인 서한이었다. 채프먼은 1980년대의 기업사냥꾼처럼 이 베어허그 서한을 13D 양식에 첨부했다. 이 조치는 효과가 있었다. CRG는 소유한 자산의 가치가 상승해 주당 12달러가 넘는다고 발표한 뒤 회사를 청산했다.

5개월 후, 채프먼은 또 다른 13D 양식에 서한을 첨부했다. 수신인은 리스코프(Riscorp) 이사회 의장으로, 리스코프는 벼랑 끝에 선 산재보험회사였다. 서한을 쓴 시점은 리스코프의 CEO가 사망한 지 겨우 나흘째였다. 사망한 리스코프 CEO는 피닉스매니지먼트(Phoenix Management)와의 계약으로 고용된 사람으로, 리스코프의 법률자문위원인 젊은 파트너와 함께 리스코프를 경영했다. CEO가 사망한 이후에도 리스코프는 피닉스와 계약을 유지했고 사망한 CEO의 업무는 젊은 파트너가 인계받았다. 채프먼은 피닉스가 이미 터무니없이 많은 보수를 받고 있으며 젊은 파트너는 죽은 CEO와는 비교도 할 수 없을 정도로 업무 능력이 떨어진다고 주장했다. 그리고 이렇게 덧붙였다. "그 젊은 파트너가 법률자문위원이었을 때의 일을 언급하지 않고 지나간다면 본인의 업무

태만일 것입니다. 그때 리스코프는 보험업계 사상 최악의 법률 스캔들에 휘말린 적이 있습니다."[7]

채프먼은 이번에는 공식적인 바이아웃 제안을 하지 않았다. 단지 리스코프에 피닉스와 맺은 값비싼 계약을 끝내라는 압박을 가하기만 했다. 하지만 아주 세심하게 계획된 압박이었다. 한편으로는 CEO의 보수가 너무 많다고 비난하면서, 다른 한편으로는 최근에 있었던 불상사에 조의를 표한 것이다. 1,400개가 조금 넘는 단어로 빈틈없이 잘 쓴 서한이었다. 채프먼은 이사진을 쫓아낼 만큼의 지분은 없었지만, 13D 양식을 창의적으로 활용해 주주들에게 모든 것을 알리는 방법으로 이사회를 압박할 수 있었다.

채프먼이 그다음에 작성한 13D 양식은 혁명을 일으켰다. 2000년 3월 30일 채프먼은 아메리칸커뮤니티 프로퍼티트러스트(American Community Properties Trust, ACPT)의 이사회 의장이자 CEO인 J. 마이클 윌슨(Michael Wilson)에게 서한을 보냈다. 이 서한에서 채프먼은 윌슨 일가가 51% 지분을 소유한 채 이해관계자들 사이의 거래와 컨설팅 명목의 막대한 수수료를 챙기는 방식으로 회사를 약탈하고 있다고 비난했다. 채프먼의 서한은 계속되었다.

ACPT가 회사 경영을 모노폴리 게임쯤으로 생각하고 그러는지 모르겠으나, 브롱크스에서 맨해튼칼리지를 졸업하고 은행에서 대출 업무를 보던 서른두 살 아들을 아버지가 직접 CEO에 앉힐 거라면, 본인은 의장님께 ACPT의 상장 폐지를 강력히 권고하는 바입니다. 비상장법인이라면 부당한 운영과 족벌경영을 두고 아무도 뭐라 하지 않을 겁니다.[8]

채프먼의 서한은 비난과 불손함이 가득했지만 독설과 유머로 버무려진 날카로운 재무 분석도 종종 눈에 띄었다. 채프먼은 〈블룸버그(Bloomberg)〉 기자에게 "조롱은 사방으로 퍼지는 무기입니다"라며 자신의 전략을 설명했다.[9] 채프먼은 총 17개 회사를 대상으로 13D 양식을 작성해 공시했다. 그중에는 '스킨 플루트'*라는 단어가 등장하는 터무니없이 지나친 양식도 있었다. 어쨌든 채프먼은 모든 투자에서 돈을 벌었고 연 20%의 수익률을 기록했다. 한 번만 빼고.[10]

채프먼은 서핑을 하다가 척추골절을 당해 2003년 헤지펀드업계를 떠났다. 공교롭게도 헤지펀드 행동주의가 막 과열되기 시작할 때였다. 새로운 세대가 행동주의 헤지펀드로 등장해 13D 양식을 무기 삼아 마구 휘둘렀다. 그들은 마치 10대 소년이 쓴 것 같은 상스러운 말투로 실적이 저조한 기업들을 노리기 시작했다. 워런 버핏이나 벤저민 그레이엄이 쓴 글과는 비교도 할 수 없었다. 서드포인트의 대니얼 러브가 가장 앞서갔고 그 뒤를 퍼싱스퀘어(Pershing Square), 제나(Jana), 라미우스(Ramius), 스타보드밸류(Starboard Value), 그린라이트, 밸류액트(Value Act) 등의 펀드가 뒤따랐다. 대니얼 러브를 비롯한 이 무리는 쇠파리에서 포식자로 진화해감에 따라, 규모가 상당한 위임장 대결을 벌이고 대형 기관 투자가들의 지지를 끌어냈다. 더불어 기업 지배구조를 둘러싼 주요한 논쟁에서 주도권을 차지했다.

▌ 바다로 나가다

유년 시절 대니얼 러브는 훗날 업계의 제왕이 될 조짐을 전혀 보이지 않았

---

* 스킨 플루트(skin flute): 남성의 성기를 뜻하는 은어.

다. 컬럼비아대학교 학부에서 경제학을 공부했지만 벤저민 그레이엄이나 칼 아이칸처럼 뛰어난 학생은 아니었다. 아이칸과 공감대를 형성할 수 있는 경험이 하나 있기는 하다. 러브는 20대 초반 주식시장에서 떼돈을 벌었다가 몽땅 잃고 심지어는 세금도 못 낼 지경이 된 적이 있다. 이때 수렁에서 건져준 아버지에게 돈을 갚는 데 10년이 걸렸다. 러브는 〈블룸버그〉 인터뷰에서 "레버리지와 과도하게 쏠린 투자의 위험을 상기시켜준 10년짜리 교훈이었습니다"라고 이때를 회상했다.[11]

대학을 졸업한 후 러브는 금융 분야의 여러 일자리를 전전했는데, 바이 사이드(운용사)에서 일하다가 셀 사이드(증권사)로 옮겨 가는 식이었다.[12] 1980년대 말에는 크리스 블랙웰(Chris Blackwell)이 운영하는 아일랜드레코드(Island Records)에서 잠깐 일하기도 했다. 당시 아일랜드레코드는 아트 가펑클 주연의 범죄스릴러 영화에 너무 많은 돈을 투자하는 바람에 유동성 위기를 겪고 그룹 U2에 로열티를 지급하지 못하고 있었다. 러브는 블랙웰을 도와 자금을 차입하게 해주고 밥 말리*와 얽힌 부동산 분쟁을 해결해주었다.[13] 아일랜드레코드는 역사상 가장 대단한 음반회사이며 잠재된 가치의 교훈을 일깨워 준 초창기 사례이기도 했다. 유동성 문제와 재정난을 늘 달고 살았지만 가치가 엄청난 회사였다. 1989년 블랙웰이 3억 달러에 아일랜드레코드를 폴리그램(PolyGram)에 매각하자, 로열티 대신 지분을 받은 U2도 대박을 터뜨렸다.

아일랜드레코드를 그만둔 러브는 레이퍼에퀴티 인베스터스(Lafer Equity Investors)라는 헤지펀드에서 위험 차익거래** 애널리스트로 3년간 일했다. 레이

---

* 밥 말리(Bob Marley): 자메이카 출신의 유명한 레게 가수.
** 위험 차익거래(risk-arbitrage): 기업의 인수합병을 예상해서 투자하는 전략.

퍼를 그만둔 후 다른 헤지펀드에서 자리를 구하지 못하자 러브는 증권사로 자리를 옮겼다. 야심 있는 투자자가 헤지펀드에서 증권사로 자리를 옮긴다는 것은 대개 주변으로 밀려남을 의미했다. 다시는 중앙무대로 돌아오지 못할 수도 있었다. 그러나 러브는 적시에 적소로 이동했다. 1991년 그는 제프리스(Jefferies)의 부실채권 트레이딩 부서로 자리를 옮겼다.

제프리스그룹은 로스앤젤레스에 기반을 둔 증권회사로 장외시장 블록딜(block trades)을 통해 성장했다. 1980년대 중반에 위기가 있었는데 창업자인 보이드 제프리스(Boyd Jefferies)가 전화로 차명주식(stock-parking)을 통한 거래를 논의한 것을, 연방 수사관들에게 협조한 이반 보스키가 녹음한 것이 원인이었다. 내부자거래는 강력한 처벌 대상이어서 제프리스의 생존 능력은 시험대에 올랐지만 결과적으로 회사는 크게 성장했다. 보이드 제프리스는 회사를 살리기 위해 자신을 희생했고, 훗날 제프리스그룹은 드렉셀번햄이 무너지면서 흘린 떡고물을 챙기기에 바빴다.[14]

1990년 드렉셀번햄이 파산을 신청하자 제프리스는 드렉셀번햄에 근무했던 수십 명을 채용해 주식 중개업에 머물러 있던 사업을 하이일드 및 부실채권 거래로 확장했다. 드렉셀번햄이 발행한 채권을 거래하던 제프리스의 트레이딩 및 영업부서에 드렉셀번햄에서 온 유능한 인력들이 보강되었다. 대니얼 러브는 부실채권을 분석하고 거래하는 일을 맡았다. 드렉셀번햄이 발행한 채권들을 연구하면서 파산법을 어떻게 해석하는지도 배웠다. 제프리스도 러브도 드렉셀번햄에서 뽑아낼 것은 다 뽑아서 더는 건질 것이 없어 보였다. 그러나 아직 아주 작은 기회가 남아 있었다. 러브는 드렉셀번햄의 파산을 살펴보다가, 청산을 앞둔 드렉셀번햄의 파산재단에서 배당을 받을 수 있는 복잡한 증서를 발견했다.

법원은 드렉셀번햄을 청산하면서 채권자들의 권리를 3개 순위로 구분하는 '수익권증서(certificates of beneficial interest, CBIs)'를 작성했다. 파산 절차에서 공개된 자료에 의하면 산출된 1순위 수익권은 CBI-A로, 예상 수령액은 단위당 646달러였다. 총액이 10억 달러가 넘었다.[15] CBI-A의 수익권자는 주로 대형 유럽계 은행들이었고 드렉셀번햄 파산으로 입은 피해액을 이미 대손상각한 상태였다. 러브는 파산법원을 통해 소유자 명부를 얻어냈고 이 은행들이 CBI-A를 헐값에 팔고 싶어 한다는 사실을 알아냈다. 러브가 선정한 우량 고객들은 그의 설득으로 CBI-A를 산 뒤 대박을 터트렸다. 드렉셀번햄이 파산 절차를 통해 채권자들에게 최종적으로 지급한 총액은 20억 달러가 넘었다.[16]

러브는 제프리스에서 성공적인 경력을 쌓았을 뿐만 아니라, 장차 헤지펀드업계를 장악할 성장하는 투자자들과 소중한 관계를 맺을 수 있었다. 1990년 경기 침체로 부실채권이 제대로 된 투자 대상으로 떠오르자, 러브는 어느덧 부실채권 투자의 한가운데에 서 있었다. 그 후 러브는 씨티코프(Citicorp)에서 1년간 채권 판매 업무를 더 하다가 드디어 자신의 헤지펀드를 시작하게 된다. 펀드매니저였던 데이비드 테퍼(David Tepper)의 뉴저지 사무실에 딸린 체력단련실에서 러브는 서드포인트를 출범했다. 이때가 1995년이었다.[17]

나는 왜 미스터 핑크인가?

투자 커뮤니티는 건전한 의견 교환으로 늘 득을 본다. 미국 초창기의 부호였던 로버트 베벌리(Robert Beverley)는 19세기로 접어들 무렵, 버지니아주 북부의 은행과 보험회사에 투자한 친구들에게 자주 편지를 썼다. 로버트 베벌리와 친구들은 회사의 재무상태, 보험, 대출이 얼마나 양호한지, 지배구조와 경영진의 지분은 어느 정도인지를 공유했다.[18]

벤저민 그레이엄은 뜻이 맞는 투자자들과 맺은 오랜 관계를 소중히 여겼다. 밥 머로니(Bob Marony)도 그중 한 명이었다. 그레이엄은 첫 직장에서 어떤 철도회사를 신랄하게 평가한 적이 있는데 머로니는 그 철도회사의 재무 담당자였다. 훗날 그레이엄이 파이프라인회사와 관련해서 록펠러재단에 첫 번째 서한을 보낼 때 공동 서명자가 바로 밥 머로니였다. 워런 버핏은 그레이엄을 추종하는 사람들이 옛 스승과 조우할 수 있도록 모임을 주선했다. 월터 슐로스는 열정적인 주식 투자자들과 수십 년에 걸친 펜팔 관계를 유지했다. 마이클 밀컨은 하루에 500명과 전화 통화를 했다고 전해진다.[19] 그중 한 명이 이반 보스키였는데 보스키와의 의견 교환은 상당히 불법적이었으며 때로는 돈가방이 오가기도 했다. 요컨대 투자업계에 외로운 늑대는 매우 드물다.

혼자서 무작정 전투에 뛰어들지 말고 투자 관련 아이디어와 실행 과정을 다른 사람들과 의논하는 것을 배워야 한다. 요즘 투자자들은 트위터에서 의견을 교환하지만, 미래에는 가상현실 헤드셋을 머리에 두르고 워런 버핏처럼 생긴 인공지능과 채팅하게 될지도 모른다. 대니얼 러브의 서드포인트는 회사 초창기에 인터넷 익명 게시판에 다음과 같이 추천 종목을 올리기도 했다.

미스터 핑크(Mr. Pink)는 광범위한 주제에 관해 자신의 지혜를 공유하죠. 이를테면 기업분할, 저축대부조합, 정기보험을 종신보험으로 전환하는 문제, 합병 차익 거래나 파산 이후 주식, 공매도 아이디어 등을요.

1996년 러브는 실리콘인베스터닷컴(siliconinvestor.com) 게시판에 '미스터 핑크'

라는 필명으로 자신이 공매도한 종목에 관한 글을 올리기 시작했다. 이듬해에는 같은 사이트에 '미스터 핑크가 고른 종목'이라는 게시판을 개설하고 매수와 매도 의견을 사람들과 공유했다. 자신의 투자 아이디어가 성공할 때면 "세상에나, 나는 천재가 틀림없어!"라고 말했고, 반대 경우는 "세상에나, 이런 엿같은 경우가!"라고 탄식했다. 1997년에는 "미스터 핑크는 헤지펀드 세계의 든든보잡"이라고 말하기도 했다.

당시는 인터넷 주식 투자 게시판이 흥미진진했던 초창기였다. 마이클 루이스(Michael Lewis)가 《빅 쇼트(The Big Short)》에서 묘사한 것처럼 마이클 버리(Michael Burry)와 대니얼 러브 같은 투자자가 누구든 원하는 사람에게 투자 관련 조언을 하던 시절이었다. 온라인상에서 이루어진 담론의 수준과 추천 종목의 질은 놀랍게도 매우 높았다. 러브는 수많은 '특수 상황'을 귀띔해주었다. 보험사가 주식회사로 바뀌는 경우 각종 기업분할 정보, 신규 상장한 주식(IPO)이 공모가를 하회하는 경우, 부실채권 신세로 전락한 주식이 터무니없이 저평가된 경우 등의 정보를 게시판에 올렸다. 미스터 핑크의 게시판을 이제 와서 읽어보는 투자자라면, 이토록 경쟁이 치열한 곳에서 쉽게 득점할 기회를 놓친 아쉬움을 떨쳐버릴 수 없을 것이다.

서드포인트의 초창기 실적은 훌륭했다. 러브는 숏과 롱 양쪽 포지션에서 모두 성공적이었다. 2000년 초에는 펀드 규모를 1억 3,000만 달러까지 늘릴 수 있었다.[20] 러브는 5년간 소형주를 사거나 공매도하면서 이들 기업의 지배구조가 형편없다는 것도 알게 되었다. 러브의 롱 포지션이 무능한 경영진 때문에 실패하는 경우도 있었다. 숏 포지션을 취한 회사가 얼마 있지도 않은 사내 현금을 동원해 러브를 고소하는 바람에 일이 무산된 적도 있었다. 러브는 채프먼이 ACPT를 상대로 쓴 13D 양식을 읽고, 자신이 새롭게 조성하고 있는 펀드에 써먹을 좋은 무기라고 생각했다. 수년에 걸쳐 게시판에 쓴 거친 메시지 덕분에 대니얼 러브는 업계에 잘 알려져 있었다. 러브의 13D 양식은 격식에 맞게 쓴 비즈니스 레터보다는 익명 게시판에 올린 성토의 글처럼 읽힐 가능성이 컸다.

저평가된 합병 계획을 공략하다

2000년 9월 8일 러브는 얼마 전에 랠스턴퓨리나(Ralston Purina)에서 분할된 기업 애그리브랜드(Agribrands)를 상대로 13D 양식을 공시했다. 애그리브랜드는 랠스턴퓨리나의 또 다른 분할 기업인 랠코프(Ralcorp)와 합병하겠다는 계획을 발표했는데 러브가 보기에 애그리브랜드의 주주들에게 부당한 조건이었다. 1981년부터 랠스턴퓨리나의 CEO인 빌 스티리츠(Bill Stiritz)가 두 회사의 이사회 의장직을 맡고 있었다. 스티리츠는 재임 동안 주주들에게 많은 가치를 창출해준 존경받는 사업가였다. 그는 덩치가 너무 커버린 거대 기업을 해체한 후 제일 좋은 사업만 남겼다. 그러고는 현금을 차입해 자사주를 재매입했다. 이렇게 정리를 마친 뒤 스티리츠는 랠스턴퓨리나의 각 부문을 별도 기업으로 분할하면서 주식을 주주들에게 나눠주었다.[21] 랠코프와 애그리브랜드는 각각 1994년과 1998년에 분할된 기업이었다.

시장에서는 주당 41달러에 평가하는데도 합병 계획안은 애그리브랜드를 지나치게 저평가했다고 러브는 주장했다. 이어서 스티리츠가 주주의 이익보다는 사리사욕을 앞세운 적이 있다고 비난했다. 기업분할 직후 주당 35.75달러였던 애그리브랜드의 주가는 2년이 지나 합병 계획이 발표되기 직전에는 주당

가장 사업처럼 하는 투자 주주행동주의

36.25달러였다. 기업분할 이후 주가 상승은 '기본적으로 밋밋했지만' 1998년 아시아 금융위기 당시 주가가 한때 21달러까지 내려갔을 때 스티리츠가 50만 주에 상당하는 막대한 스톡옵션을 받았던 사실을 러브가 지적한 것이다. 스톡 옵션을 부여한 때가 하필 애그리브랜드가 대규모 자사주 매입을 발표하고 시장의 예측을 넘어서는 실적을 거둔 분기 바로 직전이었다고 러브는 주장했다.

러브는 기업분할이 '성공적'이라는 스티리츠의 말을 거론하며 다음과 같이 질문했다.

> 하지만 누구의 기준에서 성공적이란 말입니까? 펀드매니저인 내가 속한 업계에서 는 투자자들에게 얼마큼의 투자수익률을 안겼는지로 성공을 평가합니다. (우리의 투자수익률은 꽤 괜찮았습니다. 지난 5년간 연평균 35%를 상회했는데 애그리브 랜드에 투자한 것이 수익률을 갉아먹었는데도 그렇습니다.) 투자자의 입장에서 본 다면 애그리브랜드와 랠코프의 실적은 암울합니다. 하지만 당신(스티리츠)은 절묘 한 시기와 가격으로 스톡옵션을 받아서 1,400만 달러가 넘는 수익을 올렸습니다. 당신이 말하는 성공이란 스톡옵션을 통해 벌어들인 당신의 수익이지, 회사 주주들 의 성공은 아닌 것 같군요.[22]

러브는 처음 쓰는 13D 양식에서 동네 어르신들께 대드는 것도 마다하지 않 겠다는 모습을 보여주었다. 채프먼의 13D 양식은 사람들에게 잘 알려지지 않 은 보통 사람을 겨냥하는 경우가 많았다. 빌 스티리츠 같은 대단한 인물에게 자기거래를 했다고 비난하는 것과는 차원이 달랐다. 스티리츠는 돈을 적재적 소에 쓸 줄 아는 경험 많은 경영자였다. 동물 사료를 생산하는 애그리브랜드 는 성숙산업이었지만 현금을 많이 보유하고 있었고, 랠코프는 수익률이 높은 소비재를 생산하는 업체였다. 스티리츠는 두 회사 간 시너지라고 할 만한 것은 없지만 애그리브랜드가 보유한 현금을 수익성 높은 랠코프에 투입하는 것이 주주들을 위해 나은 선택이라고 판단한 것이다.

물론 러브는 이에 반대했다. 합병 계획은 애그리브랜드 핵심 사업의 가치를 절하시켜 주주의 이익을 침해한다고 보았다. 러브가 13D 양식을 공시한 지 3주 뒤, 카길(Cargill)이 주당 50달러의 현금으로 애그리브랜드를 인수하겠다는 제안을 했다.[23] 결국 카길은 주당 54.50달러에 애그리브랜드를 인수했고 러브는 막대한 수익을 챙겼다.

조롱만을 목적으로 한 서한

이후 수년에 걸쳐 러브는 연속해서 분노에 찬 13D 양식을 제출했다. 저조한 실적을 낸 CEO를 꼬챙이에 끼우는 것은 물론 이사진을 공격하는 일도 마다하지 않았다. 러브의 주특기 중 하나는 회사의 위임장을 권유하는 참고 자료에 경력을 부풀려 실은 이사진을 적나라하게 드러내는 일이었다. 러브는 사실상 껍데기에 불과한 회사에서 근무한 경력이 전부인 몇몇 이사를 자리에서 쫓아냈다. 펜버지니아(Penn Virginia)를 상대로 한 13D 양식에서는 '지주회사'인 우드포드매니지먼트의 '창립자 겸 CEO'라는 한 이사의 경력을 문제 삼았다.[24] 러브는 우드포드라는 회사가 직원도 매출도 없는 회사라는 사실을 알아냈다. 해당 이사가 유일하게 몸담고 있는 업체는 콧앤워시(Cot'nWash)라는 망해가는 세제회사였다. 우드포드와 주소지가 같았다. 러브는 서한 후반부에서 펜버지니아의 다른 이사도 문제가 있음을 지적하며 다음과 같이 말문을 열었다.

가장 사업처럼 하는 투자 주주행동주의

우리는 세탁하는 데 유용하게 쓰일 것 같아서 콧앤워시에 주문을 넣었습니다. 왜 냐하면 펜버지니아의 새로운 이사가…

러브는 자기거래와 족벌경영 같은 문제도 신중히 파고들었다. 인터셉트 (Intercept)의 의장 겸 CEO에게 보낸 서한에서는 인터셉트가 부담스러운 이해관계자에게 재정 지원을 하고 자가용 항공기를 임대하는 바람에 회사에 부담을 안겼다고 불만을 표시했다. 또한 CEO의 딸과 그 남편이 회사 직원으로 이름을 올려 부부가 25만 달러에 가까운 연봉을 받아 간다고도 지적했다. 러브는 CEO의 사위가 회사에서 어떤 업무를 담당하는지 알아보려고 근무시간에 전화해보니 '골프장에서 골프를 치고 있었다'고 고발했다.[25] 추가로 보낸 서한에서는 인터셉트의 CEO가 서드포인트를 '추잡한 헤지펀드'라고 칭한 것에 대해 다음과 같이 대응했다.

아이빌(iBill) 같은 회사를 인수한 사람이 마치 윤리의 심판관처럼 말하는 것은 설득력이 없습니다. 신용카드 결제회사라고 하지만 아이빌의 주 업무는 최고 수위의 야동 웹사이트들의 결제를 대행해주는 것 아닙니까? 게다가 자기 회사의 두 번째로 큰 주주를 언론에다 '추잡하다'고 일컫는 것을 보면 당신의 판단 능력이 어떤 수준인지를 알 수 있고, 그런 태도 때문에 당신은 머지않아 사위와 함께 골프장에서 마음껏 골프를 즐기실 충분한 시간을 갖게 될 것이라 믿어 의심치 않습니다.[26]

이런 인신공격이 러브의 투자와도, 러브가 행동주의자로 나선 애초의 동기와도 전혀 무관한 경우가 많았다는 점은 특히 주목할 만하다. 인터셉트에 보낸 두 번째 서한에서도 CEO를 조롱하는 것 말고는 목적이 없었다. 서한의 첫

문장은 이렇게 시작한다.

> CEO인 당신의 즉각적이고도 비자발적인 퇴진이 인터셉트주식회사(이하 회사)의
> 가치를 현격히 상승시키리라는 주식시장의 판단에 저희도 동의한다는 점을 알려
> 드리는 바입니다. 당신의 퇴진은 회사의 매각과 함께 성사될 것으로 예상하고 있
> 습니다.

러브는 다른 주주들에게 자신을 지지해달라고 로비하거나 경영진이나 이사
회가 변화를 가져오기를 바라지 않았다. 이미 땅에 쓰러진 CEO를 발로 걷어
차는 일만 할 뿐이었다. 이듬해에 러브가 스타가스에 보낸 서한은 훨씬 더 신
랄했다. 이번에는 러브도 조금의 목적이 있었다. 러브는 이사회 의장을 겸직하
는 CEO가 물러나기를 원했다. "장차 부도덕한 CEO들을 다루려면 가끔은 공
개 처형을 통해 내 명성을 쌓아둘 필요가 있습니다"라고 러브는 설명했다.[27]

보수적인 배당주

스타가스는 프로판가스와 난방유 판매업체였다. 투자은행가 출신의 아이릭
세빈이 CEO로 취임한 뒤 기업 인수를 통해 사세를 급격히 키워놓았다. 스타
가스가 택한 길은 대기업들과 별반 다를 게 없었다. 높은 가격을 자랑하는 주
식을 담보 삼아 기업 인수 자금을 마련하는 식이었다.[28] 스타가스는 주가를 올
리기 위해 이익성장률을 중요시하는 기관 투자가들에 매달리지는 않았다. 대
신에 투자수익금에 목매는 일반 투자자들을 두둑한 배당금이 계속 이어질 것

처럼 유혹해서 주가를 끌어올리려 했다. 게다가 스타가스는 기업사냥꾼들에게 한 수 배워, 차입금을 가능한 한 최대로 끌어오는 일도 마다하지 않았다.

스타가스는 초기부터 투자자들에게 두둑한 배당금을 약속하고 주당 2달러가 넘는 금액을 지급했다. 스타가스의 주식은 마치 공익기업처럼 배당금을 바라고 거래되었으며 주가는 20달러 중반대에 형성되었다. 하지만 난방유와 프로판가스 판매업은 안정된 유틸리티가 아니었다. 계절에 따라 변동이 심하고 운영자금도 많이 필요한 사업이었다. 게다가 가정에서 천연가스를 이용하는 난방 방식이 꾸준히 늘어감에 따라 난방유는 장기적으로 수요가 줄어들고 있었다. 스타가스는 자금을 조달하기 위해 1998년부터 2004년까지 매년 주식을 발행했다. 같은 기간에 회사가 지급한 3억 3,500만 달러의 배당금만 보면 실적이 안정돼 보이지만, 주식 발행을 통해 마련한 자금이 4억 6,800만 달러였다.

2002년 스타가스는 난방유 유통 사업에 대대적인 구조조정을 실시한다. 난방유의 유통은 프로판가스와 매우 유사해 보이지만 두 사업은 근본적으로 차이가 있다. 프로판가스는 가정집이 고객으로, 95%가 가스 보관용 탱크를 유통업체로부터 임대한다. 또 거의 모든 주에서 프로판가스 유통업체만 탱크를 채울 수 있게 규제하고 있다. 이런 '소방 안전 법규' 덕분에 유통업체는 안정된 지위를 보장받으며 고객을 꼼짝 못 하게 하는 셈이 된다. 이와 달리 난방유는 가정집이 공급업체를 상대적으로 쉽게 바꿀 수 있어서 업체 간의 경쟁이 훨씬 심하므로 서비스의 질이 중요한 사업이다. 하지만 난방유 사업은 경영만 잘하면 자본수익률이 상당히 높다는 비밀이 있다. 물론 더 나은 조건을 찾아 늘 공급업체를 바꾸는 고객도 있지만, 질 좋은 맞춤형 서비스로 고객들의 충성심을 살 수 있었다. 가족기업 형태로 운영되던 미국 북동부 지역의 소규모 난방유 공급업체들이 이런 식으로 많은 돈을 벌었다.

비용 절감과 서비스 개선을 위해 야심 찬 계획을 세운 스타가스는 난방유 유통 사업을 탈지역화하기로 했다. 스타가스는 2개 브랜드만 남기고 나머지 90개가 넘는 브랜드를 정리했다. 대부분이 여러 세대에 걸쳐 해당 지역에서 가족의 이름을 내걸고 영업하던 작은 기업들로, 스타가스가 그동안 인수한 것이었다.[29] 스타가스는 또한 27개 지역 영업소에서 서비스하던 것을 접고 2개 서비스센터에서 기술자를 파견하기로 했다. 난방유 배달은 11개 장소에서 맡고 콜센터 기능은 캐나다로 아웃소싱했다.

아이릭 세빈은 난방유 유통업체를 잘나가는 프로판가스회사처럼 보이게 하려는 자신의 계획을 '매우 학구적이며 지적으로 흥미로운' 것이라고 자평했다.[30] 하지만 구조조정의 결과는 대참사였다. 이렇다 할 비용 절감 효과도 보지 못하고 3,000만 달러에 육박하는 비용만 발생했다. 누구나 예상할 수 있듯, 소외당한다고 느낀 고객이 무더기로 이탈했다. 2004년 한 해에만 지난 3년의 평균보다 5배나 많은 고객이 떠나갔다. 엎친 데 덮친 격으로 난방유 가격 또한 수직 상승했다. 가정용 난방유의 도매가격이 2003년 9월 갤런(3.78ℓ)당 0.78달러 하던 것이 2004년 9월에는 갤런당 1.39달러까지 올랐다. 그 결과 스타가스 고객들은 난방유 소비를 줄였고, 회사는 필요한 운영자금이 늘어남에 따라 유동성이 나빠졌다.

주변 상황이 점점 목줄을 조여오던 2004년, 스타가스는 유가의 운명에 내기를 거는 몇 가지 조치를 취하게 된다. 난방유 가격이 안정을 되찾을 것으로 확신해 위험 회피도 하지 않고 판매 가격도 나중에 올리기로 한 것이다. 하지만 유가는 계속해서 올랐고 스타가스는 800만 달러에 달하는 불필요한 손실을 입게 되었다.[31]

2004년 10월 18일 스타가스는 자금을 비축하기 위해 배당금을 지급하지 않겠다고 발표했다. 주가는 하루 만에 80%나 곤두박질쳤다. 같은 해 11월 중순 스타가스는 프로판가스 사업 부문을 4억 8,100만 달러에 매각했다. 부채를 줄이는 데 당장 3억 1,100만 달러를 사용했지만 난방유 사업은 고전을 면치 못해 여전히 부채비율이 위험할 정도로 높았다. 최악은 스타가스가 상장기업이긴 했지만 합명회사(partnership)라는 점이었다. 프로판가스 사업을 매각해서 챙긴 대규모 이익이 고스란히 주주들에게 과세되었다. 지난 5년간 해마다 안정적으로 2.30달러의 배당금을 지급했다는 이유로 스타가스의 주식을 보유하고 있던 은퇴한 일반 투자자들은 이제 손에 남은 것이 없었다. 주당 20달러를 주고 샀지만 5달러로 폭락한 주식과, 과세 대상이 되어버린 주당 최대 11달러에 이르는 이익뿐이었다. 한숨이 절로 나올 상황이었다.

2005년 2월 14일 대니얼 러브는 스타가스의 아이릭 세빈에게 무자비한 밸런타인데이 편지를 보냈다(304쪽 참조). 주가가 폭락한 이후에도 세빈이 주주들과 소통하지 않았다는 비난으로 서한은 시작되었다. 서한은 다음과 같이 이어졌다.

슬프게도 당신의 무능력은 회사 채권이나 주식에 투자한 사람들과의 불통에만 머물지 않습니다. 당신과 관련된 기록을 살펴본 결과 수년째 회사 가치를 파괴하고 전략적인 실수를 연발하고 있는바, 우리는 당신에게 미국에서 가장 위험하고 무능한 경영자라는 별명을 붙여주기로 했습니다. (우리가 조사를 진행하는 동안 코넬 대학교에 '아이릭 세빈 장학금'이 있다는 사실을 발견하고 미소를 지었습니다. 자신의 성적표에 당신 이름을 곁들여야 하는 그 장학생이 그저 불쌍할 따름입니다.)

러브는 서한에서 스타가스의 실적과 아이릭 세빈의 보수, 엄청난 수준의 법률 및 은행 수수료를 통렬하게 비난했다. 러브의 추산에 따르면 스타가스는 각종 수수료로 7,500만 달러를 냈는데 이는 이 회사 시가총액의 거의 절반에 달하는 금액이었다. 러브는 78세인 세빈의 어머니가 이사로 있는 것을 문제 삼기도 했다.

도대체 어떤 기업 지배구조 이론에 근거해 어머니가 이사가 된 것입니까? 우리는 당신의 직무 유기를 반드시 밝혀내야 한다고 생각합니다. 하지만 당신 어머니가 당신을 CEO 자리에서 물러나게 할 사람으로는 보이지 않습니다. 우리는 당신이 어머니에게 19만 9,000달러의 기본급과 2만 7,000달러의 이사 직무수당을 지급한 것은 당신 가족의 수입을 높이려는 탐욕과 욕망이 주주들의 이익보다 앞선 결과라고 생각하며 심각하게 우려하는 바입니다. 당신의 어머니가 즉시 이사에서 사임할 것을 촉구합니다.

러브는 자신과 세빈이 사교계에서 아는 사이라는 점을 슬쩍 흘리면서 서한을 끝맺는다.

본인은 개인적으로 당신과 수년째 알고 지내고 있습니다. 따라서 지금부터 본인이 하는 말이 가혹하게 들릴지 모르겠으나, 어느 정도 공식적인 발언이니 잘 들어주기를 바랍니다. 지금은 당신이 CEO와 이사에서 물러나 당신이 가장 잘하는 일을 할 때입니다. 햄튼 같은 부유한 휴양지에서 쉬면서 사람들과 테니스도 치고 부유한 친구들과 사교나 나누세요. 당신이 엉망진창으로 만들어놓은 것을 치우는 뒷일은 전문적인 경영진과 이 일에 자기 돈을 걸고 있는 사람들의 손에 맡겨야 할 것입니다.

가장 사업처럼 하는 투자 주주행동주의

3주 후, 아이릭 세빈은 스타가스에서 사퇴했다. 이후 1년간 사모펀드 케스트렐에너지(Kestrel Energy)가 스타가스에 자본을 확충했다. 요크타운파트너스(Yorktown Partners)와 제휴한 케스트렐은 2001년 스타가스에 미국 내 세 번째로 큰 난방유 유통업체인 미넌오일(Meenan Oil)을 매각한 바 있었다. 미넌오일의 경영진은 교체되지 않은 채 남아 있었고 이제는 스타가스까지 전부 경영하게 되었다. 스타가스는 여전히 상장기업으로 남았고, 미넌오일의 경영진과 이사들은 회사 지분을 상당량 보유하고 있었다. 새 경영진의 첫 번째 조치는 지역에 특화된 고객 서비스 모델로 되돌아가는 일이었다.

대니얼 러브가 스타가스의 CEO 사퇴를 촉구한 이래 스타가스의 사업은 나날이 번창했다. 난방유업계가 처한 현실은 이전보다 틀림없이 어려워졌고 난방유 가격도 갤런당 4달러에 육박하면서 큰 변동성을 보이는 등 고통스러운 경제 침체기를 맞았음에도, 스타가스는 갤런당 이익을 거의 두 배나 올렸다. 2006년 케스트렐에 인수된 이후 스타가스는 1억 1,500만 달러를 배당금으로 지급하고 2억 4,900만 달러에 이르는 기업 인수를 단행했다.

이 모든 성과는 장기 부채를 늘리거나 신규 주식 발행 없이 이루어진 것이었다. 오히려 스타가스는 주식시장에서 자사 주식 24%를 재매입한 후 소각하느라 8,300만 달러를 지출했다. 전년도 스타가스가 거둔 이익(세금과 이자소득을 공제하기 이전)은 아이릭 세빈이 프로판가스 사업과 난방유 사업을 통틀어 달성했던 최고의 수익을 능가했다.[32] 스타가스의 CEO 연봉도 세빈의 연봉보다 40% 낮은 수준이었다.[33]

사업가다운 태도를 다시 묻다

벤저민 그레이엄은 《현명한 투자자》를 마무리하며 이런 말을 남겼다. "가장 사업처럼 하는 투자가 가장 현명한 투자다." 투자자는 주식을 통해 부분적으로나마 기업에 대한 주인의식을 가지라는 그레이엄의 생각으로 자주 인용되는 문장이다. 그러나 그레이엄이 말하고자 한 것은 그것 이상으로, 진정한 투자철학을 선언한 것이다. 즉 투자자가 주식을 사는 행위는 회사를 부분적으로 사는 것이므로 투자자는 '내 사업을 하는 마음으로' 임해야 한다는 뜻을 내포한다. 따라서 빼어난 수익을 내려면 투자와 관련된 모든 요소에 사려 깊은 사업가의 태도로 접근해야 한다.

그레이엄은 《현명한 투자자》의 결론에서 '사업상 원칙 4가지'를 언급했다. 물론 CEO의 78세 노모를 조롱하거나, 더러운 속옷 혹은 스킨 플루트 같은 욕설을 언급한 서한을 염두에 둔 내용은 아니다. 그러나 오늘날 사업이 돌아가는 모습을 보면, 옳고 그름을 떠나 그레이엄이라면 낯설어했을 광적인 행동이 용인되고 있다. 손다이크(William Thorndike)의 《아웃사이더(Outsiders)》가 자본을 현명하게 배분해 성공한 CEO들을 다루고 있다면, 그 속편으로 《Maniacs(미친 광인들)》라는 책을 내도 무방할 정도다. 책 내용으로는 스티브 잡스, 레이 크록(Ray Kroc), 로스 페로, 톰 모나한(Tom Monaghan), 레스 슈왑(Les Schwab), 허브 켈러허(Herb Kelleher) 등처럼 강박에 사로잡힌 인물들을 다루면 좋을 것이다. 우리는 앞서 루이스 울프슨에서 칼 아이칸과 오늘날 행동주의 헤지펀드매니저들에 이르기까지 괴짜 부류의 많은 인물을 살펴보았다. 말하자면 현명한 투자를 극단적인 방법으로 실천한 사람들이다.

헤지펀드를 다룬 책 중에서 내가 제일 좋아하는 책은 데이비드 아인혼의 《공매도 X파일(Fooling Some of the People All of the Time)》이다. 이 책은 2002~2007년 얼라이드캐피털(Allied Capital, 얼라이드캡)이라는 작은 비즈니스 개발회사를 공매도했던 아인혼의 투자 활동을 자세히 기록하고 있다. 책은 그린라이트에서 아인혼과 직원들이 얼라이드캡 측과 처음으로 나눈 대화로 시작된다. (그린라이트는 얼라이드캡과 전화로 이야기하면서 통화를 녹음한다.) 이어서 얼라이드캡이 규제 당국과 애널리스트, 언론인, 다른 투자자들을 상대로 펼친 분식회계 관행을 드러내기 위해 아인혼의 회사가 5년 반 동안 돈키호테식으로 활약했던 내용을 소개한다.

데이비드 아인혼은 오늘날 가장 성공한 헤지펀드매니저에 속한다. 그린라이트는 100억 달러의 자산을 운용하는 것으로 알려진다. 당연히 아인혼의 시간은 값을 매길 수 없을 것이다. 아인혼은 투자 전문가이므로 자본수익률에 관해 매우 예리한 감각이 있을 것이다. 그런데도 아인혼과 동료들은 수많은 시간을 얼라이드캡을 잡는 일에 쏟아부었다. 결국 얼라이드캡을 잡는다 해도 아인혼의 전체 펀드로 볼 때 큰 의미가 없는 작은 규모였다. 책에는 워런 버핏이 주최하는 최초의 이베이(eBay) 자선 점심 식사에 아인혼이 참석하는 대목이 나온다. 세계 최고의 투자자와 개인적인 시간을 갖게 된 아인혼은 기회를 놓칠 수 없었다. 얼라이드캡을 캐기 위해 버핏의 머리를 빌려야만 했다.

얼라이드캡을 공매도하는 일은 아인혼에게 이제 신성한 과업이 되었다. 사적인 이익을 위해 하는 것이 아니었다. 이 과업에 착수하던 해에 아인혼은 수익의 절반을 자선단체에 기부하겠다고 선언했다. 그리고 결국은 수익금 전부를 기부했다. 공매도는 영광스러운 일이 아니다. 아무리 얼라이드캡처럼 지저분한 회사를 공매도하더라도 마찬가지다. 그런데도 아인혼은 지독하리만큼 그 일에 많은 시간을 쏟아부었다. 심지어는 400쪽에 달하는 책까지 썼다. 그 모든 일이 조금은 믿기 어려울 정도다.

러브가 아이릭 세빈의 어머니를 공격한 일이나 아인혼이 자기 펀드에서 겨우 3%에 해당하는 투자를 둘러싸고 대하드라마를 쓴 것을 보면, 경제적 타당성 없이 특정 목표물을 공격하는 그런 헤지펀드매니저들은 뭔가 남다른 점이 있는 것 같다. 세빈은 어떤 기준으로 보더라도 미국에서 가장 위험하지도 무능하지도 않은 CEO였다. 스타가스의 난방유 사업을 잘 경영하지는 못했지만, 난방유 가격이 두 배로 오르지 않았다면 아마도 아직까지 그 회사의 CEO로 남았을 것이다. 얼라이드캡의 경우 회계장부상에 자산을 부풀린 것은 사실이지만 동종업계의 다른 많은 회사도 그렇게들 했다. 그보다 훨씬 큰 산업에서도 그런 일이 종종 발생해 미국 경제에 훨씬 심대한 악영향을 끼치기도 한다. 세빈과 얼라이드캡은 어쩌다 본보기로 헤지펀드에서 최우선 타도 대상이 되었을 뿐이다. 러브도 '공개 처형'이라는 비유를 들어 그런 점을 인정했다. 즉 다른 상장기업의 경영진에 "우리가 당신들을 감시하고 있다. 다음은 당신들 차례일 수 있다"는 경고를 날린 셈이다.

나중에는 훨씬 더 크고 견실한 기업들이 헤지펀드의 목표물이 된다. 아인혼은 리먼브러더스(Lehman Brothers)가 분식회계를 했다고 고발했으며, 빌 애크먼(Bill Ackman)의 퍼싱스퀘어는 다단계판매 공룡기업인 허벌라이프(Herbalife)를 상대로 사력을 다해 싸움을 펼쳤다.

기관 투자가들의 각성

기업사냥꾼들은 적대적인 주식 공개매수와 차익거래를 노린 사람들을 지원군으로 등에 업고 기업의 문을 박차고 들어갔다. 그에 비하면 초창기 헤지펀드의 행동주의는 설득에 가까운 행위였다. 대다수 분쟁의 최종 결정권은 캘퍼스나 캘스터스 같은 대형 기관 투자가의 손에 달려 있었다. 실적이 떨어지는 경영진을 상대로 한 싸움에 기관 투자가들이 헤지펀드와 한편이 되는 데는 오랜 시간이 걸리지 않았다. 조롱처럼 사방으로 퍼지는 무기는 점차 필요치 않게 되었다. 조롱만 하는 것은 오히려 비생산적이었다. 헤지펀드의 행동주의는 이사회에 대표자를 앉히거나 위임장을 통해 투쟁하는 등의 방법으로 성숙해 갔다.

대형 기관 투자가들은 헤지펀드 행동주의자와 공생관계를 맺으면서 무대 뒤에서 기업들을 압박하는 일이 한결 쉬워졌다. 기관 투자가들은 이익이 보장된다고 판단되면 심지어 행동주의자를 물색하기도 했다. 행동주의가 만연해지면서 가장 중요한 변화는, 기관 투자가가 헤지펀드의 앞장선 활동 가운데 옥석을 가려내는 능력이 향상된 점을 꼽을 수 있을 것이다. 결과적으로 기관 투자가들은 좀 더 현명하게 표결에 임할 수 있게 되었다. 행동주의 운동이 어리석기 짝이 없는 아이디어에 근거했다면 별다른 지지를 끌어내지 못할 것이다. 30년 전만 해도 어떤 회사가 주주들의 공격을 받는다면 결국에는 예외 없이 계속된 분쟁에 휘말렸을 것이다. 그리고 그 분쟁은 대부분 회사 매각으로 끝났을 것이다. 매각 시기가 좋지 않아도 어쩔 수 없었을 것이다. 시쳇말로 뻔할 뻔 자였다. 하지만 상황은 달라졌다. 2013년 캘퍼스의 글로벌기업 지배구조 이사인 앤 심프슨(Anne Simpson)이 〈뉴욕타임스〉에서 "주주행동주의는 문밖의 이방인에서 행동하는 주인으로 진화하고 있습니다"라고 밝힌 것과 같다.[34]

다시 말해 헤지펀드 행동주의자들은 더는 아웃사이더가 아니었다. 대형 기관 투자가들이 두 팔 벌려 환영하는 대상이 되었다. 그런 진화는 미국 경제계에 심대한 영향을 미쳤다. 즉 '표결을 차단한 기업이 아니라면 접근 못 할 기업은 더는 없다.' 최근 헤지펀드 행동주의자들은 양대 세계 최대 상장기업인 애플과 마이크로소프트(Microsoft)를 상대로 행동에 들어갔다. 아이칸은 애플을 상대로 주주들에게 더 많은 수익을 환원하라고 압박했다. 다른 투자자들로부터 큰 지지를 끌어내지는 못했지만 애플이 자사주 재매입을 늘리는 데는 분명 영향을 준 것 같다. 밸류액트는 마이크로소프트의 주식을 1% 미만으로 소유하고 있었지만 자신들을 대표하는 이사를 이사회에 앉히는 데 성공했다. 10년 전만 해도 헤지펀드가 이와 비슷한 성과를 올리는 것은 상상하기 힘든 일이었다.

물론 헤지펀드 행동주의자와 장기 투자자의 노선은 끝내 같아질 수 없다. 헤지펀드의 구조는 자금을 장기로 운용하도록 설계되지 않는다는 것이 근본적인 이유다. 위임장 대결을 벌이고 이사회에 참여함으로써 자금이 묶이는 행동주의 투자와 유동성을 필요로 하는 펀드의 약관이 상충할 수도 있다. 많은 헤지펀드가 투자자들이 자기에게 장기적으로 자금을 맡겼다고 할 테지만, 펀드 실적이 나빠지면 이야기는 달라진다. 헤지펀드가 아무리 스스로 장기적인 투자자라고 해도 결국에는 말뿐이다.

헤지펀드를 통해 장기적인 투자 전략을 성공적으로 실행하려면 단기 투자자들의 압박을 무시할 수만은 없다. 헤지펀드는 투자의 촉매와 출구 계획을 염두에 두어야 한다. 이런 이유로 마틴 립튼 등 상장기업을 자문하는 변호사들은 헤지펀드매니저들이 스스로 장기 투자자라고 주장하는 것은 이기적인 선전술에 불과하다고 폄하한다.

대니얼 러브가 스타가스에 투자했던 경우를 살펴보자. 앞서 나는 스타가스의 소유권이 2006년에 바뀐 이래 회사가 큰 성공을 거두었다고 한 바 있다. 하지만 러브는 그런 성공을 맛볼 정도로 오래 남아 있지 않았다. 아이릭 세빈이 물러나고 자본 확충이 마무리되자 이른바 '이벤트'와 '촉매'가 왔다가 가버렸다. 투자자들은 스타가스에 지쳤고 주식 상당량은 자본 확충에 참여한 당사자들 손에 있었다. 스타가스 주식은 당분간 오를 일이 없었고 러브는 투자금을 더 잘 활용할 사용처가 있었다. 2004년 〈뉴욕(New York)〉지 인터뷰에서 "내 유일한 관심은 내게 투자한 투자자들에게 돈을 벌어다 주는 일입니다"라고 한 러브의 말은 그런 의미였다.[35] 미스터 핑크는 거짓말을 하지 않는다.

오늘날의 투자자에게 좋은 소식이 있다. 러브 같은 헤지펀드매니저가 주식 시장에서 돈벌이를 할 때 다른 주주들이 혜택을 보아야 이들 매니저들도 대체로 유리하다는 사실이다. 우리가 앞서 살펴본 그린메일의 시대처럼, 다른 사람들을 골탕 먹이면서 자기만 돈을 벌려는 시도는 행동주의자에게는 훨씬 더 어려운 일이다. 대형 기관 투자가들의 각성은 그런 역학과 깊은 관련이 있다. 수동적인 투자자들이 현명한 표결을 하면 주주행동주의가 나쁜 방향보다는 좋은 방향으로 실현된다. 일례로 밸류액트가 1%도 안 되는 마이크로소프트 주식으로 막대한 이익을 낼 수 있었던 것은 다른 모든 주주에게도 혜택이 돌아갔기 때문이다.

그러나 주주를 위한 행동주의를 부르짖는 사람이라고 다 믿어서는 안 된다. 위임장 전문가와 기업사냥꾼들을 다 믿을 수 없는 것과 마찬가지다. 주주행동주의의 진짜 의도는 주주행동주의자가 회사를 장악한 순간에야 알 수 있다. 과거 위임장 전문가나 기업사냥꾼과 마찬가지로 헤지펀드의 성적 역시 이런 면에서는 신통치 않다. 그런 점을 가장 잘 보여주는 예로는 스테이크&셰이크(Steak'n Shake)의 사다르 비글라리(Sardar Biglari)를 들 수 있을 것 같다.

배려하는 기풍

사다르 비글라리는 비글라리홀딩스(Biglari Holdings)의 이사회 의장 겸 CEO
다. 비글라리홀딩스는 스테이크&셰이크와 보험사, 잡지 〈맥심(Maxim)〉을 소유
한 기업이다. 사다르 비글라리의 배경은 흥미롭다. 그는 전직 이란군 장교의
아들로, 1979년 이란혁명 때 아버지가 투옥되어 유년 시절 일부를 어머니와
함께 가택연금 상태에서 보냈다.[36] 그가 일곱 살이던 1984년에 가족이 모두 미
국으로 이주했다. 당시 사다르가 할 줄 아는 영어는 '하이(hi)'와 '바이(bye)'가 전
부였다.[37]

비글라리는 열아홉 살 때 《다시 워런 버핏처럼 투자하라(The Warren Buffett
Way)》를 읽고 투자에 관심을 가지기 시작했다. 대학 졸업 후에는 헤지펀드
를 시작했고 웨스턴시즐린(Western Sizzlin)이라는 레스토랑회사에 크게 투자했
다. 웨스턴시즐린 이사회에 진입한 이후에는 회사가 프랜차이즈사업에 집중하
도록 재편성하는 한편, 행동주의를 통해 초과 자금을 프렌들리스아이스크림
(Friendly's Ice Cream)에 투자해 큰 성공을 거두었다.

비글라리의 다음 목표물은 스테이크&셰이크였다. 스테이크&셰이크는 미
국 중서부 지역을 기반으로 한 햄버거 체인의 상징으로, 일명 '쉑쉑버거(Shake
Shack)'에 영감을 불어넣어 준 회사였다. 스테이크&셰이크는 새 지점을 늘리느
라 막대한 자금을 낭비하고 있었으며, 기존 레스토랑들은 저조한 실적에 휘청
거리고 있었다. 비글라리는 2008년 3월 스테이크&셰이크의 이사회 이사로 선
임된 후 8월 초에 CEO가 되었다. 스테이크&셰이크는 부도 직전이었고 미국은
금융위기와 경제 침체기라는 끔찍한 운명을 앞두고 있었다.

비글라리는 갓 서른을 넘긴 나이에 요식업 경영이 처음이었지만 스테이크&

셰이크를 성공으로 이끄는 대역전극을 만들어냈다. 그는 채권자들과 협상해 운신의 폭을 넓힌 뒤 공격적으로 비용을 절감하고 메뉴를 단순화했다. 음식 가격도 대폭 낮췄다. 회사의 재무상태를 감안하면 상당히 배짱 있는 조치였다. 덕분에 미국 경제가 고전을 면치 못하는 시기에도 스테이크&셰이크의 손님은 큰 폭으로 늘어났고 수익도 덩달아 증가했다.

비글라리는 쓰러져가는 회사를 살려낸 데 그치지 않고 수익성 좋은 성장 가도에 올려놓음으로써 스테이크&셰이크의 주주들에게 커다란 부를 안겨주었다. 그러나 동시에 자기 지위를 굳게 다지고 자기가 챙길 보수를 극대화하는 조치를 취해 논란을 일으키기도 했다. 한 헤지펀드매니저의 말처럼 비글라리는 "말은 워런 버핏처럼 했지만 행동은 론 페렐먼" 같았다.

언젠가 비글라리는 주주들에게 이렇게 당부한 적이 있다. "우리 회사 전반에 걸쳐 주주를 배려하는 문화를 실현하고자 합니다."[38] 이후 비글라리는 스테이크&셰이크와 웨스턴시즐린을 모두 비글라리홀딩스라는 기업 밑으로 통합했다. 2015년 SEC 보고서를 보면 비글라리홀딩스는 사다르 비글라리의 헤지펀드에 6억 2,000만 달러를 투자하고 있다. 사다르 비글라리 개인의 이름으로는 회사 지분이 2% 미만으로 확인되었지만, 헤지펀드를 통해 약 20% 지분을 지배하는 것으로 SEC 보고서에 나온다.[39] 비글라리홀딩스의 투자금을 운용해서 6%의 기본 수익률(hurdle rate)을 넘어서면 비글라리 개인은 25%의 성과급을 받는 구조다.

헤지펀드에 투자한 것은 비글라리의 지위를 견고히 다지는 장치 역할도 톡톡히 하고 있다. 비글라리의 헤지펀드에 투자된 비글라리홀딩스의 투자금은 일단 투자가 이뤄지면 5년간은 인출이 불가능하도록 묶여 있다. 게다가 비글라리는 만약 자신이 이사회 의장이나 CEO에서 밀려나거나 자금의 사용처를 결정하는 일을 하지 못할 경우, 자기 이름을 회사에 빌려주는 대가로 연매출의 2.5%를 로열티로 받도록 설정해놓았다. 물론 자기 지위를 보호하려는 조치다. 다시 말해 화가 난 주주들이 사다르 비글라리를 몰아내려고 할 때 회사가 '비글라리의 스테이크&셰이크'라는 광고 문구를 사용하려면, 비글라리에게 수년간 돈을 내야 한다는 것을 의미했다. 물론 이런 계약의 유효성은 법원의 판결이 있어야 최종적으로 가려질 수 있겠지만 어쨌든 그랬다. 비글라리홀딩스의 2014년 연매출의 2.5%에 해당하는 금액은 2,000만 달러다. 2014년 이익의 70%에 달하는 금액이다.

비글라리가 헤지펀드에서 벌어들이는 수익은 차치하고라도 회사에서 받는 보수만 해도 상당히 크다. 비글라리홀딩스가 작성한 가장 최근의 위임장 권유 문서를 보면 비글라리는 지난 2년간 매해 1,000만 달러 이상의 연봉을 받았다. 맥도날드, 버거킹, 파파이스, 웬디스 등 동종업계의 훨씬 큰 업체 CEO들보다 많은 액수다. 비글라리의 보수는 회사의 장부가치에 연동되어 결정된다. 2014년 비글라리홀딩스는 주주들을 상대로 주가보다 40% 저렴하게 유상증자를 단행했다.[40] 기존 주주들은 지분이 희석되는 것을 막기 위해 더 많은 돈을 대야 했다. 유상증자의 결과는 어땠을까? 비글라리홀딩스에 새롭게 자금이 유입되어 회사의 장부가치가 올라갔고, 이와 연동된 사다르 비글라리의 연봉 역시 올라갔다. 여기서 그치지 않고 새로이 유입된 자금을 비글라리의 헤지펀드에 투자해 6%의 기본 수익률만 넘기면 다시 25%의 성과급을 챙겨 갈 수 있었다.

투자자들은 사다르 비글라리가 자신의 지위를 공고히 다지고 두둑한 보수를 받는 것은 대체로 용인해주었다. 스테이크&셰이크에서 성공을 거두어 주주들에게 가치를 창출해주었기 때문이다. 소수의 주주가 비글라리 이사회를 다시 장악하려고 위임장 대결을 벌이자, 주주 권익을 옹호하는 가치투자자로 유명한 마리오 가벨리(Mario Gabelli)는 〈인디애나폴리스스타(Indianapolis Star)〉 인터뷰에서 자신은 기존 이사회를 지지할 것 같다고 말했다.[41] 비글라리 스스로도 나름대로 '팩맨 방어'*의 변형된 방법으로 자신을 보호했다. 그는 자신에게 반기를 든 주주들이 이사진으로 있는 두 개 회사의 주식 상당량을 자신의 헤지펀드를 통해 매입했다.

비글라리의 행보는 기관 투자가들의 인내심을 시험할 것이 분명하다. 비글라리가 계속해서 반짝이는 투자와 우수한 식당 경영으로 주주들에게 가치를 창출해준다면 비글라리홀딩스에서 지위를 유지하고 돈도 많이 벌 수 있을 것이다. 하지만 다른 투자로 눈길을 돌린다면 투자자들이 우려할 것이다. 비글라리는 비글라리홀딩스 지분을 20% 소유한 데다 식당 경영을 통해 영업이익을 내고 있지만, 지난 수년간 크래커배럴(Cracker Barrel)의 이사회에서는 영향력을 행사하지 못하고 있다. 비글라리가 크래커배럴의 경영 실적을 우아하게 비난하는 서한을 다른 주주들에게 끊임없이 보냈지만, 크래커배럴의 기관 투자가들은 동조하지 않았다. 다른 주주들의 신뢰를 받지 못하면 아무리 경영진의 잘못을 지적해도 한계에 부닥친다.

2007년 비글라리는 프렌들리스아이스크림 주주들에게 '일반 주주들의 이익이 우선시되어야 한다'는 내용의 서한을 보내면서 "자가용 항공기를 이용하는 것만 보아도 주주들을 무시하는 태도가 만연해 있음을 알 수 있습니다"라고 지적했다.[42] 그런데 2014년 요식업 금융을 다루는 한 전문 작가에 따르면 비글

---

*팩맨 방어(Pac Man defense): 기업 인수를 시도하는 쪽을 역공하는 방법으로 상대방의 회사 지분을 매입해 영향력을 행사하는 것을 말함.

라리홀딩스야말로 자가용 항공기 4대의 소유권을 보유한 것으로 나타났다.[43]

사다르 비글라리처럼 공격적인 헤지펀드매니저도 드물다. 아인혼이 아인슈타인노아 레스토랑그룹(Einstein Noah Restaurant Group)의 실질적인 소유주가 되었을 때도, 회사 이름을 아인혼레스토랑그룹으로 바꾸거나 자가용 항공기를 4대씩 구매하는 일은 없었다. 어쨌거나 헤지펀드 주주행동주의를 극단적인 탈이데올로기로 몰고 간 비글라리의 사례는 시사하는 바가 있다. 앞서도 보았지만 미국의 기업 지배구조에서 권력은 대부분 주주들의 손에 넘어갔다.

행동주의 헤지펀드는 한때 보잘것없는 잔챙이들의 전유물이었다(대니얼 러브나 로버트 채프먼 같은 이들이 이사회 회의실에 던진 것은 구린내 나는 폭탄이었다). 하지만 지금은 대형 기관 투자가들과 합세해 미국의 웬만한 기업 이사회는 다 장악할 수 있다. 이제는 기업들이 휘청거릴 때, 이사진이 경영진의 포로가 되었다든지 기업의 소유와 경영이 따로 놀아서 그렇다는 식의 전통적인 기업 지배구조 문제를 핑계 삼을 수 없게 되었다. 기업의 지배구조에 문제가 생기면 주주들도 비난을 피해 갈 수 없다. 주주가치를 드높이고 건전한 경영 감시를 잘 해왔다고 하는 가장 현명한 투자자들조차, 돈이 잘 벌리는 동안에는 경계경보가 울려도 무시하는 경향이 있다. 사다르 비글라리의 주식이 곤두박질치기 전에는 주식시장도 그의 자기거래를 못 본 체할 것이다. 하지만 비글라리가 흔들리는 순간 주주들은 가차 없을 것이다.

상장기업에 투자하는 일은 제한된 정보만 가지고 진짜 돈을 걸어 부를 추구하는 위험한 일이다. 아무리 안전마진을 확보하고 매수하더라도 언젠가는 돈을 잃는 실수를 범하게 될 것이다. 완벽을 추구하는 패기 있는 투자자들도 해서는 안 될 투자를 한다. 러브에게는 매시에너지(Massey Energy)가 그랬고, 아인혼에게는 뉴센추리(New Century)가 그랬다. 세스 클라만(Seth Klarman)에게는 휴렛팩커드, 애크먼에게는 JC페니(JCPenney), 아이칸에게는 블록버스터비디오 (Blockbuster Video)가 그랬다. 모두가 큰 손실을 맛본 사례다. 워런 버핏조차 버크셔 해서웨이와 성가신 아일랜드 은행들을 통해서 경험한 일이다.

주주행동주의가 실패하면 목을 길게 빼고 구경만 하던 투자자들이 고소해하는 것을 피할 수 없다. 하지만 손가락질하고 욕하며 멍하니 바라만 보는 대신에, 잘못된 행동주의로 좌초한 배의 잔해에서 건져 올릴 교훈을 찾아보자. 멍하니 바라보는 것도 조금은 괜찮을 것 같다.

대니얼 러브가 스타가스 의장 겸
CEO에게 보낸 서한
팩시밀리와 일반 우편 동시 발송

영어 원문 보기

2005년 2월 14일
___

수신

아이릭 세빈 이사회 의장 겸 CEO
코네티컷주 스탬퍼드시 애틀랜틱가 2187
스타가스파트너스 L.P.
CT 06902

아이릭 귀하,

서드포인트는 스타가스파트너스(이하 스타가스 혹은 회사, 뉴욕증권거래소 기호로는 SGU)
의 주식 194만 5,500주를 소유한 몇몇 주주에게 조언하고 있습니다. 6%의 주
식을 소유한 우리는 당신 회사의 최대주주입니다. 주당 24달러 수준에서 매
입한 뒤 들고만 있는 저 불운하고도 불쌍한 일반 투자자들과는 달리(참. 그들은
당신 개인과 회사 둘 다를 상대로 집단소송을 내겠다며 즐거워하고 있습니다), 우리는 비슷한 선에
서 매입해 그중 50만 주는 주당 7달러 선에서 (공매도해) 차익을 실현했습니다.

각종 기업 인수와 경영상의 실수로 약 5억 7,000만 달러의 가치 하락을 주주들에게 안겨준 당신이 주주들과의 소통에 비겁한 모습을 보이는 이유를 본인은 도저히 이해하지 못하겠습니다. 우리는 회사의 어려운 형편을 의논하고 실행 계획을 마련하기 위해 콘퍼런스 콜을 개최해달라고 당신에게 요구한 바 있습니다.

우리는 또한 당신과 통화하려고 수도 없이 시도했지만, 당신의 법률고문이 회사의 주식이나 채권을 소유한 투자자들과는 이야기하지 말라고 했다는 소리만 들었습니다. 현재 최고경영진과 회사를 상대로 소송이 쏟아져 들어와서 그렇다지요. 회사의 CFO인 아미 트라우버(Ami Trauber)로부터 연락을 받기는 했습니다. [아미 트라우버의 전 직장이 시라테크(Syratech, 뉴욕증권거래소 기호로 SYRA)였다는 것과, 현재 시라테크의 주식이 주당 0.06달러에 거래되고 있으며 채무 구조조정에 들어갔다는 사실을 알게 된 후 본인은 매우 흥미롭다고 생각했습니다.] 이제껏 제기된 모든 집단소송의 소장에 이름이 거명된 아미 트라우버가 회사의 법률고문이 지시한 우스꽝스러운 지침에 적용되지 않는다니 참으로 독특하다고 생각했습니다. 당신이 수개월 동안 전화 통화를 거부했기 때문에 우리는 어쩔 수 없이 1934년에 제정된 증권거래법 13D항에 의거해 공개적으로 소통할 수밖에 없습니다.

슬프게도 당신의 무능력은 회사 채권이나 주식에 투자한 사람들과의 불통에만 머물지 않습니다. 당신과 관련된 기록을 살펴본 결과 수년째 회사 가치를 파괴하고 전략적인 실수를 연발하고 있는바, 우리는 당신에게 미국에서 가장 위험하고 무능한 경영자라는 별명을 붙여주기로 했습니다. (우리가 조사를 진행하는 동안 코넬대학교에 '아이릭 세빈 장학금'이 있다는 사실을 발견하고 미소를 지었습니다. 자신의 성적표에 당신 이름을 곁들여야 하는 그 장학생이 그저 불쌍할 따름입니다.)

2004년 10월 18일 스타가스는 보통주에 배당금을 지급하지 않겠다고 발표해 10월 17일 주당 21.60달러였던 주가가 10월 18일에는 4.32달러로 떨어지는 대폭락을 초래했습니다. 이는 5억 5,000만 달러의 가치를 파괴한 것입니다.

2004년 11월 18일 주가가 약간 회복된 후, 스타가스는 자사의 프로판가스 부문을 매각한다고 발표해 11월 17일 주당 6.68달러였던 주가가 11월 22일에는 5.55달러로 하락하게 했습니다. 경영진은 매각이 주주에게 가치를 창출해줄 것으로 생각한 것이 분명하지만 결과는 정반대였습니다. 회사는 주주의 가치를 극대화해야 하는 자금수탁자로서 충실의무를 저버린 것이 틀림없습니다. 왜냐하면 프로판가스 사업 부문을 매각하기 직전에 대주주들로부터 걸려온 전화를 받지 않기로 결정했기 때문입니다. 당신이 조금만 더 경청하는 자세를 취했다면 우리는 당신에게 매각 결정이 가치를 창출하지 못한다고 충고해줄 수 있었을 것입니다. 더욱 충격적인 것은 주주들이 주당 15달러가 넘는 손실을 입을 가능성이 있는데도, 회사는 프로판가스 부문을 매각한 결과로 주당 최대 10.53달러의 과세 가능한 이익을 주주들에게 안길 수 있다고 말했다는 것입니다.

또한 프로판가스 사업 부문 매각을 검토할 특별위원회의 두 위원 스티븐 러셀과 윌리엄 니콜레티에게 회사가 단발성으로 각기 10만 달러씩을 지급한 사실이 밝혀졌습니다. 주주들의 아픈 상처에 소금이라도 뿌리려는 것인지, 아니면 나쁜 경영자들을 위한 불명예의 전당에 당신의 자리라도 확보해둘 셈인지 모를 일입니다. 당신의 전 직장인 리먼브러더스와 특별위원회에 자문한 대가로 키뱅크캐피털(KeyBanc Capital)에 추가 수수료를 지급했고, 사업 부문 매각과 관련해서 이미 상당한 수준의 법률자문 수수료도 지급한 마당에 꼭 그렇게 해야만 했습니까? 자금수탁자로서 충실의무를 저버리는 행위에 경악을 금치 못하겠습니다. 우리는 러셀 씨와 니콜레티 씨를 통해 특별위원회에 지급한 모든 수수료를 돌려받을 것을 요구합니다.

2004년 12월 17일 스타가스는 JP모간은행과 2억 6,000만 달러 규모의 운영자금용 대출협약에 합의했습니다. 2004년 12월 31일 현재 회사는 고정비용보상배수(fixed charge coverage ratio)가 1.1배여서 합의한 1.0배를 이미 위반하고 있습니다. 그 결과 회사는 최소 2,500만 달러의 운영자금을 유지해야 한다는 대출협약 내용을 위반하지 않기 위해, 프로판가스 사업을 매각해 발생한 1억 4,350만 달러의 여유분 중 4,000만 달러를 운영자금으로 전환해야 했습니다. 대출협약이 2004년 12월 17일에 결정된 점으로 미루어볼 때 JP모간은 2004년 12월 31일에 끝나는 분기에 회사의 EBITDA*가 0달러(비경상 항목 이전)가 될 줄은 분명 몰랐을 겁니다. 또한 회사의 구조조정을 자문하는 피터 솔로몬(Peter J. Solomon)이 이런 재무 상황을 예측해 리파이낸싱(refinancing) 판촉 활동을 하지는 않았을 것으로 생각합니다.

분기 말까지 17일을 남겨놓은 2004년 12월 14일 회사가 제출한 10-K 양식을 보면, 회사는 2004년 11월 30일까지 2개월 동안 난방유 판매량이 전년도 동기 대비 7.2% 하락했다고 보고했습니다. 하지만 2004년 12월 31일에 끝난 분기의 10-Q 양식에서는 난방유 판매량이 분기 전체에 걸쳐 15% 하락했다고 보고했습니다. 이것이 의미하는 바는 다음 3가지 중 하나일 것입니다.

 (i) 지난해 말에 난방유 판매량이 50% 이상 줄었다(신빙성이 떨어지는 설명)
 (ii) 사업이 어떻게 되고 있는지 경영진이 전혀 파악하지 못하고 있다
 (iii) 가장 중요한 동절기로 접어드는데도 고객과 관련된 중대한 정보를 주주들에게 알려줄 필요가 없다고 경영진은 판단했다

위에서 지적했듯이 2004년 12월 31일에 끝난 분기의 EBITDA는 전년도 2,600만 달러에서 0달러로 떨어졌습니다. 난방유 판매량은 15% 하락했고 갤

---

* EBITDA: Earnings Before Interest, Taxes, Depreciation and Amortization. 이자, 법인세, 감가상각비, 감모상각비 차감 전 순이익을 뜻함.

런당 영업이익은 0.05달러 혹은 약 10% 하락한 반면, 고정비용(배달, 지점, 일반판리비)은 8% 상승했습니다. 이는 용납할 수 없는 일일뿐더러 결국 망하는 길입니다. 대체 회사의 비용 구조를 어떻게 설명하실 겁니까? 아미 트라우버는 갤런당 EBITDA를 개선해 과거 수준인 0.12달러 선까지 회복하겠다는 식으로 우리에게 말했습니다(일부 경쟁사들은 거기서 50% 정도 더 이익을 내고 있습니다만). 회사의 최대 일반주주로서 어떻게 그 목표를 달성할 것인지, 계획을 세워 알려줄 것을 요청합니다.

그뿐만 아니라 우리는 회사의 실적이 최고일 때조차 이윤 폭이 경쟁사들에 비해 현격히 낮은 이유를 알고 싶습니다. 경쟁사들의 영업이익률 17%에는 미치지 못한다 해도, 정상적으로 운영되는 난방유 유통업체가 최소한 과거의 이윤 폭에도 미치지 못할 이유가 없다고 우리는 생각합니다. 우리는 주주들로 구성된 특별위원회를 구성하고 독립적인 컨설팅회사를 고용해 회사의 운영 및 경영 성과를 진단해보고자 합니다. 회사 데이터를 살펴보는 데 필요하다면 기밀정보 협정서에 서명할 용의도 있습니다.

회사는 프로판가스 사업을 매각해서 1억 5,350만 달러의 순익을 냈습니다. 스타가스는 이 현금을 연말 이내로 사용해야 한다고 했습니다. 하지만 회사는 MLP 채권*에 연간 10.25%의 이자를 지급해야 하는데, 당장 환매하지 않으면 연간 이자비용이 1,570만 달러(주당 약 0.50달러)에 달합니다. 당신 때문에 주주들의 가치는 이미 많이 훼손되었습니다. 더는 주주들의 가치를 파괴하지 말고, 현금을 다 써버리기 전에 더 좋은 현금 사용처가 없다면 채권을 소유자들로부터 환매할 것을 촉구합니다. 하지만 채권 환매보다 더 나은 대안이 있다면,

---

* MLP 채권: 마스터유한합자회사(Master Limited Partnership)가 발행한 일종의 채권.

현금이 사용되기 전에 우리도 전략의 내용을 알고 싶습니다. 이를테면 턱인 기업 인수* 같은 전략이 있다면요.

회사가 지급하는 각종 법률자문 수수료와 은행 수수료는 도저히 이해할 수 없을 뿐만 아니라 회사의 규모, 자원, 부족한 이윤 등과도 어울리지 않습니다. 우리의 추산에 따르면 회사는 지난 4개월 동안 약 7,500만 달러(스타가스 시가총액의 약 50%에 해당하는 금액)를 온갖 수수료로 지급했습니다. 사용처는 메이크홀 지급금**, 브리지 파이낸싱, 부채 리파이낸싱, 각종 자문 및 법률 수수료였습니다. 그뿐만 아니라 회사가 제출한 가장 최근의 10-K 양식을 꼼꼼히 읽어보면 최악의 기업 지배구조 현황이 추가로 드러납니다. 그중에서도 회사 규모와 어울리지 않는 65만 달러라는 당신의 연봉은 회사 임원으로서 저지른 엄청난 잘못을 생각해볼 때 도저히 용납할 수 없는 보수입니다.

나아가 당신이 받는 보수의 규모를 고려할 때, 왜 회사가 2004년에 당신에게 4만 1,153달러를 전문가 수당 명목으로 지급했는지, 왜 회사 소유 차량을 개인 용도에 이용하는 데 연 9,328달러를 지급해야 하는지를 설명해주시기 바랍니다. 우리는 트라우버 씨에게 이 비용의 성격을 질의한 적이 있습니다. 개인적으로는 당신이 어떤 고급 승용차를 몰고 다니는지 궁금하기도 했습니다(기사가 딸려 있나요?). 트라우버 씨에 따르면 당신은 12년 된 차를 탄다는군요. 사실이 그렇다면 어찌하여 회사가 12년씩이나 된 차를 개인 용도로 사용하는 데 그렇게 많은 비용을 지출하는 것입니까?

---

* 턱인 기업 인수(Tuck-in acquisition): 인수하는 기업의 사업 부문으로 딱 들어맞는 기업을 인수하는 것을 말함.
** 메이크홀 지급금(make-whole payments): 채권 발행인이 조기 청산할 경우 남아 있는 쿠폰을 현재가치로 계산해 지급하는 금액.

더군다나 당신이 회사 차량을 개인 용도로 남용하는 것은 사내의 행동 및 윤리 규범에 어긋납니다. 사내 규범은 "회사의 모든 자산(전화기, 컴퓨터 등)은 정당한 업무용으로만 사용해야 한다"고 명시하고 있습니다. 우리는 회사 소유의 차량을 개인 용도로 사용하는, 사내 규범에 명백히 위반되는 행위를 당장 그만둘 것을 요청합니다. 또한 배당금 지급이 재개될 때까지 당신은 자발적으로 보수를 받지 말 것을 요청합니다.

회사의 행동 및 윤리 규범은 이해관계의 충돌 항목에서 다음과 같이 명시하고 있습니다.

개인의 사적인 이해관계가 그 개인이 스타가스와 맺고 있는 직업적인 관계와 어떤 형태로든 상충하거나 상충한다고 보일 경우, 이해관계의 충돌이 발생한 것으로 간주한다. 당신이 스타가스를 위해 객관적이고 효과적으로 일하기 어렵게 만드는 특정 행위를 하거나 그런 이해관계가 있다면, 이를 이해관계의 충돌이라고 간주한다. 마찬가지로 당신이나 당신 가족이 당신이 스타가스에서 차지하고 있는 지위를 이용해 혜택을 받는다면 이 역시 이해관계의 충돌로 간주한다. (…) 당신은 이해관계의 충돌로 의심되는 행동은 피해야 한다. 예를 들어 다음과 같은 경우에는 이해관계의 충돌이 발생할 수 있다. 1. 스타가스가 당신의 친지나 친구와 거래하도록 한다.

이토록 명확한 정책이 있는데도 어떻게 당신은 78세 된 노모를 회사의 이사회와 정규직 자리에 앉힌 것입니까? 도대체 어떤 기업 지배구조 이론에 근거해 어머니가 이사가 된 것입니까? 우리는 당신의 직무 유기를 반드시 밝혀내야 한다고 생각합니다. 하지만 당신 어머니가 당신을 CEO 자리에서 물러나게 할 사람으로는 보이지 않습니다. 우리는 당신이 어머니에게 19만 9,000달러의 기본급과 2만 7,000달러의 이사 직무수당을 지급한 것은 당신 가족의 수입을 높이려는 탐욕과 욕망이 주주들의 이익보다 앞선 결과라고 생각하며 심각하게 우려하는 바입니다. 당신의 어머니가 즉시 이사에서 사임할 것을 촉구합니다.

아이릭 귀하, 현재 당신이 소유하고 있는 후순위 지분(junior subordinated unit)은 완전히 가치를 상실한 상태이며 향후에도 가치를 회복할 가능성이 거의 없습니다. 스타가스는 당신 자신과 가족들을 위해 급여를 뜯어내고 친구들을 위해 수수료를 퍼가는 꿀단지로 전락한 것 같습니다. 또한 날조, 허위 진술, 약속 불이행의 혐의로 제기된 숱한 소송으로부터 당신을 지켜줄 방패막이에 불과한 것 같습니다.

본인은 개인적으로 당신과 수년째 알고 지내고 있습니다. 따라서 지금부터 본인이 하는 말이 가혹하게 들릴지 모르겠으나 어느 정도 공식적인 발언이니 잘 들어주기를 바랍니다. 지금은 당신이 CEO와 이사에서 물러나 당신이 가장 잘하는 일을 할 때입니다. 햄튼 같은 부유한 휴양지에서 쉬면서 사람들과 테니스도 치고 부유한 친구들과 사교나 나누세요. 당신이 엉망진창으로 만들어놓은 것을 치우는 뒷일은 전문적인 경영진과 이 일에 자기 돈을 걸고 있는 사람들의 손에 맡겨야 할 것입니다.

대니얼 러브

8장

우량기업을 무너뜨린
잘못된 주주행동주의

BKF캐피털,
주주행동주의에 온갖 수단으로 방어하다
결국 무릎을 꿇다

"탐욕과 회사 자산의 사적 이용이 도를 넘었습니다."

—

카를로 카넬, 2005

"상대편은 이런 현실을 솔직히 받아들일 생각은 하지 않고,
성장에 '반대'하며 즉각적이고 극단적인 급여 삭감을 요구하고 있습니다.
이 조치가 실행될 경우,
핵심 인력은 어쩔 수 없이 회사를 떠나고
기존 사업의 가치는 틀림없이 훼손될 것입니다."

—

존 레빈, 2005

주주가치를 파괴하다

실패로 끝난 주주행동주의 사건 가운데 가장 유명한 사례는 빌 애크먼이 JC페니에서 벌인 '크게 생각하라(Think Big)' 캠페인이다. 미국의 자금운용 담당자들에게 J, C, P라는 문자를 대면 그들은 틀림없이 남의 불행에서 느끼는 쾌감과 분노가 섞인 반응을 보일 것이다.

퍼싱스퀘어라는 헤지펀드를 이끄는 빌 애크먼은 엄청나게 집중된 가치투자 전략으로 크게 성공을 거두어 2015년 현재 150억 달러가 넘는 자금을 운용하고 있다.[1] 대부분의 헤지펀드는 운용 규모가 커지면 기존 투자 스타일을 살짝 틀어 좀 더 보수적인 인덱스 추종 쪽으로 방향을 바꾼다. 하지만 빌 애크먼은 믿음직스럽게도 자신의 운용 스타일을 끝까지 고수하고 있다. SEC에 제출된 2014년 분기 보고서를 보면 애크먼의 운용자금 중 130억 달러가 단 7개 주식에 몰려 있음을 알 수 있다.[2] 애크먼은 매매를 뜸하게 하는 스타일이지만 일단 움직이면 대형 홈런을 치는 경우가 많아서 월가 사람들은 그를 예의 주시한다.

애크먼은 꼼꼼하면서 장황한 프레젠테이션을 물 흐르듯 매끄럽게 잘하는 것으로 유명하다. 버거킹과 맥도날드 설명 자료는 각각 52쪽과 78쪽에 달했고 제너럴그로스 프로퍼티(General Growth Properties)와 허벌라이프 발표 자료는 각각 101쪽과 342쪽에 이를 정도였다. JC페니에 관한 보고서는 63쪽짜리로 '크게 생각하자'는 원대한 비전을 담은 것이었지만 투자 취지는 간단했다. JC페니가 사용하는 전체 부동산의 49%는 자체 소유였고 나머지는 시가보다 싸게 임차해 쓰고 있었다. 연 매출은 170억 달러인 반면 마케팅 예산은 10억 달러에 불과해 어느 정도 규모의 경제를 누리고 있었다.[3] 관리에만 좀 더 신경 썼더라도 주주들에게 양호한 수익을 가져다줄 수 있었지만 애크먼은 욕심을 냈다. 그는 JC페니를 빈 도화지나 다름없다고 보고, 제대로 운영하면 훌륭한 소매업체로 만들 수 있다고 판단했다.[4] 그리고 이 도화지에 멋진 그림을 그릴 인물로 애플의 론 존슨(Ron Johnson)을 지목했다.

그러나 JC페니에 온 존슨은 타깃(Target Corporation)과 애플에서만큼의 성공을 거두지 못했다. 초특가 할인행사를 줄이려는 그의 노력은 오히려 고객을 쫓아내는 결과로 이어졌다. 점포당 매출이 25%나 급감하고 한때는 현금흐름이 바닥을 보이더니 결국 밑 빠진 독에 물 붓기가 되었다. 이사회는 회사를 호전시켜보려는 존슨의 시도를 17개월 만에 중지시켰다. 심지어 애크먼도 존슨 팀이 '엄청난 실수'를 저질러 '재앙이나 다름없는 사태'를 초래했다고 독설을 퍼부었다.[5] 5개월도 안 된 기간에 4억 5,000만 달러나 손해를 본 애크먼은 JC페니 지분을 처분하기로 했다.[6]

이 일로 주주들은 치명적인 손실을 입었지만, JC페니를 좋지 않은 주주행동주의의 사례라고 단언하지는 못하겠다. 이사회가 존슨을 애플에서 데려오기로 만장일치로 의결했을 때 투자자들은 흥분을 감추지 못했다. 애크먼과 JC페니 이사회가 주주들을 대신해 존슨을 데려온 것은 철저히 계산된 모험이었다. 결과는 좋지 않았지만 합리적인 선택이었다. 어쨌든 JC페니는 나쁜 주주행동주의의 대명사가 되었다. 결과 중심적인 사업을 놓고 사후에 잘잘못을 따지는 일이 얼마나 어려운지도 잘 보여준다.

주주행동주의를 순전히 주가 움직임으로만 판단하면 자칫 오판할 수 있고 수박 겉 핥기가 되기도 쉽다. 예컨대 주주들이 관여해 회사를 공개매각하는 방법으로 주가 상승을 노리는 경우가 많지만, 이런 처분이 주주들에게 장기적으로도 이득이 된다고 딱 잘라 말할 수는 없다. 유망한 회사에서 자기 자리를 굳건히 지키면서 성과를 잘 내지 못하는 관리자들을 강제로 잘라내면 보통은 주주들이 이익을 본다. 하지만 공개매각한 가격이 미래의 이익까지 적절히 보상하는 수준이 아니라면, 주가가 올라도 주주들은 피해를 본다.

최근 주주행동주의를 옹호하는 학계에서는 주주행동주의를 통해 프리미엄을 지급받은 인수합병을 무조건 긍정적인 것으로 취급하는 경향이 있다.[7] 하지만 꼭 그렇지는 않다. 펀드매니저들이 큰 좌절을 맛본 투자를 이야기하면서 저가 인수합병을 거론하는 사례는 아주 많다.

주주행동주의를 제대로 평가하려면 단순히 주가만 보아서는 안 된다. 실제로 기업에 무슨 변화가 일어났는지, 그 원인이 무엇인지 파악해야 한다. 주주들의 개입이 전혀 없었더라면 기업이 어떻게 변했을지도 검토해야 한다. 이 점을 염두에 두고 2005년 BKF캐피털그룹을 대상으로 벌인 주주행동주의가 엄청난 주주가치 파괴로 이어진 참담했던 상황을 살펴보고자 한다. 빌 애크먼이 유명인이 아니었다면 BKF캐피털 사건이야말로 잘못된 주주행동의 대표적인 사례가 되었을 것이다.

나무가 쓰러지다

베이커펜트리스앤코(Baker, Fentress & Co.)의 뿌리는 1890년대로 거슬러 올라간다. 당시 이 기업은 시카고에 기반을 둔 목재산업에 특화된 투자은행이었다. 1940년대 초를 기점으로 목재 및 벌목회사 수십 개의 지분을 처분해 상장기업에 투자하기 시작했다.[8] 1995년에 이르러서는 5억 달러에 달하는 폐쇄형 패시브펀드를 운용하고, 전통적으로 투자하고 있던 목재기업 콘솔리데이티드토모카랜드(Consolidated-Tomoka Land Co.)의 지배지분을 소유한 기업으로 성장했다. 하지만 덩치만 컸지, 내실이 없었다. 거의 20년 동안 회사를 이끌던 제임스 펜트리스(James Fentress)가 세상을 떠난 1987년부터는 성과가 S&P500을 대폭 밑돌았다.[9] 베이커펜트리스의 주식은 자산가치에 비해 현저히 낮게 거래되고 있어서 기존 주주들의 가치를 떨어뜨리지 않고는 자본을 조달할 길이 없었다. 제임스 고터(James Gorter) 회장은 회사를 성장시킬 가장 좋은 방법은 외부 자금을 운용하는 것이라 믿었다. 하지만 부진한 최근 성과 탓에 고객을 끌어들이기가 어려웠다.

1996년 6월 베이커펜트리스는 대형 가치주에 특화된 존레빈앤코(John A. Levin & Co.)라는 자산운용사를 인수했다. 레빈앤코는 수탁고가 전년 대비 40% 늘어 50억 달러를 넘었고 1982년 설립 이래 뛰어난 성과를 이어오고 있었다. 이 회사를 설립한 존 레빈은 러브로즈앤코(Loeb, Rhoades & Co.)에서 리서치 이사로 일하다가, 1976년 스타인하트파트너스(Steinhardt Partners)라는 헤지펀드사로 옮겨 파트너로 근무했다. 레빈앤코는 처음에는 거액 개인 고객을 위한 롱온리 (long only) 펀드만 취급했다. 하지만 베이커펜트리스가 인수했을 즈음에는 기관 자금이 전체 수탁고의 80%를 차지하게 되었다. 최근에는 헤지 전략을 쓰는 펀드도 몇 개 출시했다. 레빈앤코는 이 거래 덕분에 새로운 전략을 쓰는 펀드에 시드머니를 대줄 대규모 영구자본을 활용할 수 있었다.[10] 아울러 존 레빈은 인수합병 조건에 따라 베이커펜트리스의 최대주주이자 CEO 자리를 차지했다.

레빈매니지먼트(Levin Management)로 이름이 바뀐 레빈앤코는 베이커펜트리스라는 토양에서 자양분을 얻으며 꾸준히 성장했다. 1998년 말에는 운용자산이 83억 달러에 이르렀고 헤지펀드 수탁고도 빠르게 늘었다. 가장 큰 헤지펀드는 존 레빈의 아들 헨리 레빈(Henry Levin)이 공동 운용하는, 이벤트드리븐 전략*을 구사하는 펀드였다. 헤지펀드는 한편으로는 아주 유리한 보수 구조

이므로 레빈에게는 노다지로 보였다.[11] 2000년 전통적인 롱온리 부문에서 나오는 수익은 4,100만 달러였다. 반면에 운용자산의 10%만 차지하는 헤지펀드 부문에서 얻는 수익은 3,400만 달러나 되었다. 그해 헨리 레빈이 맡은 펀드의 운용자산은 10억 달러를 넘어섰다.[12]

레빈매니지먼트의 성장에도 베이커펜트리스는 여전히 자산가치에 비해 크게 낮은 수준에서 거래되고 있었다. 그즈음 폐쇄형 주식펀드 인기가 시들해졌고, 베이커펜트리스는 레빈매니지먼트와 토모카랜드 지분만을 보유한 특이한 회사가 되었다. 베이커펜트리스는 결국 1999년 투자회사 등록증을 반납하고 포트폴리오를 청산했고, 나아가 현금과 토모카랜드 주식을 주주들에게 배분하기로 결정했다. 이 결정은 베이커펜트리스 주식 포트폴리오를 제대로 평가받게 함으로써 주주들에게 좋은 결과를 가져다주었다. 유일하게 남은 레빈매니지먼트는 BKF캐피털그룹(이하 BKF)으로 이름을 바꾸었다. "이는 엄청나게 주주 친화적인 결정이었습니다"라고 존 레빈은 최근 털어놓았다.[13] 이는 또한 주주행동주의자들에게 문을 열어주었다는 점에서 주주 구성을 바꾸는 계기가 되기도 했다.

변화의 시작

100년 넘게 명맥을 유지해오던 베이커펜트리스가 역사에서 사라질 처지

---

* 이벤트드리븐 전략(event-driven strategy): 기업의 분할, 합병, 경영권 분쟁 등 각종 이벤트 발생 시 이를 수익 창출의 기회로 활용하는 투자 전략을 뜻함.

였다. 배당을 지급하는 폐쇄형 펀드를 들고 있던 투자자들은 자산운용에 초점을 두는 조그만 기업에 투자한 꼴이 되었다. BKF의 CFO 글렌 아이젠(Glenn Aigen)은 이렇게 회상했다. "폐쇄형 펀드 등록증을 반납하자 뮤추얼펀드와 거액 개인 고객들로 구성되었던 주주가 특히 헤지펀드 같은 기관으로 완전히 바뀌었습니다."[14] 주주 구성이 구조적으로 크게 바뀌면 주가가 크게 저평가되는 경우가 잦아서 베이커펜트리스에도 많은 가치투자자가 모여들었다. 마리오 가벨리도 많은 지분을 취득했고, 베이커펜트리스가 현금과 주식을 배분하기 직전에는 워런 버핏도 개인 자금으로 투자했다.[15]

2000년대 초 BKF는 가치투자를 지향하는 헤지펀드매니저가 즐겨 투자하는 주식이었다.[16] 투자를 오래 이어온 근거는 간단했다. 애널리스트 대부분은 운용회사 가치를 수탁고의 일정 비율로 평가하는데 이런 점에서 BKF는 아주 저렴해 보였다. 펀드 운용 규모 대비 기업가치가 다른 상장 운용사에 비해 낮았던 것이다. 게다가 엇비슷한 다른 운용사와는 달리 고속 성장하는 헤지펀드 부문까지 있었다. 헤지펀드를 직접 운용하는 상장 운용사는 거의 없었다. 2000년대 초 BKF를 매수한 모든 헤지펀드매니저가 예상한 것처럼 이 산업은 폭발적으로 성장하고 있었다.

2003년 말 BKF의 운용자산은 130억 달러에 달했다. 이벤트드리븐 전략을 구사하는 헤지펀드는 운용 규모가 20억 달러를 넘어섰고 그해 수익도 5,100만 달러나 창출되었다. 이처럼 성장이 빠르고 운용 수입도 9,700만 달러에 이르렀는데도 주가는 좀처럼 오르지 못했다. 시가총액도 그해 대부분 1억 5,000만 달러를 밑돌았고, 1억 1,500만 달러 아래로 떨어진 적도 있었다. 이는 운용 규모가 당시보다 훨씬 작았던 1996년, 베이커펜트리스가 레빈앤코를 인수하면서 지급한 가격에도 한참 못 미치는 수준이다. 결국 주주들은 인내심의 한계

가장 사업처럼 하는 투자 주주행동주의

를 드러내기 시작했다.

현금흐름 대신 매출만을 기준으로 기업을 평가할 때 비용 구조를 낙관하는 경우가 종종 있다. BKF는 특히 직원들의 임금이 아주 높은 비용 구조였지만 존 레빈은 이를 줄이려는 노력을 기울이지 않았다. BKF의 많은 투자자는 이 회사의 헤지펀드 사업이 번창할 날만을 손꼽아 기다렸다. 하지만 마침내 그날을 맞이하고 보니 투자 근거에 문제가 있었음이 드러났다. BKF는 헤지펀드 부문에서 많은 성과보수를 창출했는데도 대부분이 주주가 아닌 직원들에게 보상하는 데 쓰이고 있었다. 이로써 회사의 고질적이고도 구조적인 문제가 여실히 드러났다. BKF 임직원들은 회사 주식을 많이 보유하지 않았다. 존 레빈도 지분이 10%에 불과했다. 이들의 인센티브가 주주들의 이해관계와 정확히 맞아떨어지지 않았던 것이다.

처음에 존 레빈은 자신과 아들이 회사에서 중요한 위치를 차지하고 있는 만큼 누구도 적대적 인수합병을 시도하지 않으리라 판단했다.[17] 더군다나 이사회 구성원들의 면면도 화려했다. 예일대학교 기금을 운용하던 제임스 티쉬(James Tisch), 버튼 말킬(Burton Malkiel), 딘 다카하시(Dean Takahashi)를 포함해 투자은행 출신인 앤슨 비어드(Anson Beard), 피터 솔로몬 등 쟁쟁한 전문가들이 포진되어 있었다. 하지만 2001년 마리오 가벨리가 이 회사 지분을 9% 넘게 보유한 직후, BKF는 적대적 인수합병 시도자가 지분을 10%만 취득해도 발동할 수 있는 포이즌 필 제도를 도입한 바 있었다. 한 달 뒤 마리오 가벨리는 다가오는 정기 주주총회에서 주주들이 찬성하지 않으면 포이즌 필을 철회하라고 BKF에 주주제안하겠다고 밝혔다.[18]

포이즌 필을 철회하라는 주주제안은 2002~2003년 BKF 정기 주주총회에서 압도적인 지지를 받았다. 하지만 BKF 이사회는 강제성이 없는 이 제안을 무시했다. 2003년 9월 마리오 가벨리의 법률고문 제임스 맥키(James Mckee)는 BKF에 포이즌 필에 관한 강력한 서한을 보냈다. "이제부터라도 책임 있게 행동하고 이사회와 임원은 견제와 균형을 되찾아야 합니다. 주주들의 목소리를 무시하고 포이즌 필을 도입해 주변에 해자를 구축할 때가 아닙니다."[19]

그로부터 2개월 뒤, 한때 뉴욕시의 토목기사로 일하다가 저평가된 폐쇄형 펀드에 투자해 경력 전환에 성공한 필립 골드스타인(Phillip Goldstein)은 SEC에 5% 이상 지분 취득을 신고하는 13D 양식과 함께 BKF에 회사를 매각하라는 주주제안서를 제출했다. 더불어 이런 진술을 첨부했다.

> BKF는 수탁고 대비 시가총액(자기자본과 부채의 시장가격) 비율이 1.3%에 불과합니다. 이는 다른 운용회사에 비해 턱없이 낮은 수준입니다. 예를 들어 프랭클린리소시스(Franklin Resources, 종목코드: BEN)는 4.4%, 재너스캐피털(Janus Capital, 종목코드: JNS)은 2.9%, 워델&리드(Waddell & Reed, 종목코드: WDR)는 7%에 이릅니다. BKF가 낮게 평가되는 주원인은 비용이 지나치게 높기 때문입니다. 2002년 전체 수입에서 인건비가 차지하는 비율이 BKF는 69%에 달한 반면 프랭클린리소시스, 재너스캐피털, 워델&리드는 각각 25%, 30%, 13%에 지나지 않습니다. 요컨대 주주가치를 높이는 가장 확실한 방법은 당장 투자은행을 시켜 회사 매각을 포함해 대안을 모색하는 것이라 생각합니다.[20]

마리오 가벨리 대신으로 제임스 맥키가 보낸 서한에는 단순히 주주제안을 하는 수준을 넘어 2004년 정기 주주총회에서 이사 선임을 위협하는 내용도 있었다. 하지만 주주총회는 위임장 대결로 이어지지 않았고, 어차피 이사회에서 받아들여지지 않을 포이즌 필은 폐지하라고 제안하는 선에서 끝났다.

가장 사업처럼 하는 투자 주주행동주의

주주들은 해마다 불만이 쌓였지만 이사회를 바꾸려는 싸움에는 아무도 나서지 않았다. 그런데 변화가 나타나기 시작했다. 2004년 4월 스틸파트너스(Steel Partners)가 BKF 지분을 6.5% 취득하고 SEC에 13D 양식을 제출한 것이다.

싸움도 불사하다

스틸파트너스는 1990년 워런 리히텐슈타인(Warren Lichtenstein)이 세운 헤지펀드로, 주주행동주의 투자 전략을 처음으로 펀드에 활용한 회사 가운데 하나다. 리히텐슈타인의 공격적인 스타일은 칼 아이칸의 전략에서 따온 것이다. 리히텐슈타인도 아이칸처럼 원하는 결과를 바로 얻으려고 급하게 공격하는 스타일이다. 주주행동주의 전략을 쓰는 많은 헤지펀드는 위임장 대결을 벌일 때, 장기적 관점의 회사 및 주주가치 증대에 동의한다. 그러나 리히텐슈타인은 기다려주지 않고 바로 요구하는 스타일이다. 2001년 SL인더스트리(SL Industries)에 보낸 서한에서 'SL 주주들의 단기 가치 증대를 위해 모든 조치를 취할' 것이라고 밝힌 것과 같다.[21]

스틸파트너스는 14년간 중소 상장사들에 주주행동주의를 실행한 경험으로 BKF에 접근했다. 스틸파트너스가 개입한 이상 BKF의 근본적 변화는 불가피했다. 지난 3년간 BKF는 높은 임금을 줄이고 포이즌 필을 철회하라는 투자자들의 요구를 외면했다. 스틸파트너스는 싸움을 마다하지 않는 스타일이어서, 양쪽이 이사회 개혁을 놓고 협상하든지 스틸파트너스가 위임장 대결을 벌여 승리하든지 두 가지 길밖에 없는 상황이었다. 가장 그럴듯한 대안은 서둘러 회사를 매각하는 방안이었다. 시장은 환호했다. 스틸파트너스가 6.5% 지분 보

유 신고를 한 4월부터 처음으로 BKF에 공개서한을 보낸 12월까지 BKF 주가는 24%나 뛰었다.[22]

2004년 12월 16일 스틸파트너스는 BKF에 주주를 대표하는 이사 3명을 당장 이사회에 포함하라고 요구했다. 아울러 리히텐슈타인은 이사회에 서한을 보냈다. "레빈앤코는 투자자들에게 계속해서 높은 수익을 안겨주었지만 주주들에게는 가치를 창출해주지 못했습니다. 솔직히 말해 수탁고가 130억 달러에 이르고 수입이 1억 달러가 넘는 운용사가 어떻게 이익을 내지 못하는지 도무지 이해할 수 없습니다"라고 그는 이야기했다.[23] 그러면서 이렇게 주장했다.

직원들을 실적에 따라 보상하고 고객과 주주의 이해관계가 일치하는 보상 체계를 도입해야 합니다. BKF의 장기 성과를 보면 다른 주주들은 별로 신경 쓰지 않는 비상장기업처럼 운영되고 있다는 우려를 떨칠 수 없습니다. (…) 우리의 목표는 단순 명료합니다. BKF의 모든 주주를 위해 가치를 증대하려는 노력을 즉시 기울이는 것입니다.[24]

존 레빈과 나머지 BKF 이사들은 새로운 이사를 즉시 합류시키라는 리히텐슈타인의 요구를 묵살했다. 그러자 스틸파트너스는 다가오는 정기 주주총회에서 선출할 나름의 이사 후보를 만들었다. BKF는 시차임기제를 운영하고 있어서, 다가올 정기 주주총회에서 바꿀 수 있는 이사가 존 레빈, 버튼 말킬, 사모펀드 투자자 바트 굿윈(Bart Goodwin) 등 세 명뿐이었다. 스틸파트너스는 워런 리히텐슈타인과 투자자 론 라보(Ron LaBow)를 포함해, 여러 대형 운용사에서 관리업무 경험을 쌓은 커트 샤흐트(Kurt Schacht)를 이사 후보로 지명했다.

위임장 대결은 2005년 5월 중순부터 6월 초까지 3주 동안 집중적으로 벌어졌다. 스틸파트너스는 첫 공개서한에서 주장한 내용을 끈질기게 물고 늘어졌다. BKF가 도입한 포이즌 필, 시차임기제, 적대적 인수합병 방지 조항 같은 견고한 방어 장치뿐만 아니라 높은 임금, 낮은 영업마진을 집중 공격했다. 더불어 2004년 헨리 레빈에게 지급한 연봉 900만 달러와, 존 레빈의 딸에게 컨설팅 비용으로 지급한 17만 5,000달러 등 특수관계자 거래를 물고 늘어졌다.

BKF 이사회는 수탁고를 늘리려는 회사의 장기 전략이 단기적으로는 마진 축소를 수반할 수밖에 없다고 되받아쳤다. 5월 18일 제출한 자료에는 이런 주장을 담았다. "우리가 다른 대형 비상장 운용사들에 필적하는 높은 임금을 지급하는 것은 향후 많은 이익을 창출할 수 있는 규모로 회사를 키우기 위해 인력을 보유하기 위함입니다. 당사의 마진이 우리보다 훨씬 큰 경쟁사보다 낮다는 사실은 인정합니다. 하지만 장기적인 절대 이익 증대에 초점을 두지 않고 오로지 단기 마진 개선이나 극대화에 중점을 두는 조치로는 궁극적으로 주주 가치를 극대화할 수 없습니다."[25]

몇 주에 걸쳐 양쪽은 공격을 주고받았다. 스틸파트너스는 BKF의 좋지 않은 지배구조를 문제 삼았고, 국제의결권자문협회(Institutional Shareholder Services, ISS)와 글래스루이스(Glass Lewis) 같은 의결권 자문기관으로부터 지지를 받았다. BKF도 반격에 나섰는데, 스틸파트너스가 이사회에 참여한 회사들과 특수관계자 거래를 했다는 내용을 주로 공격했다. 5월 26일 BKF 이사회는 이런 내용이 담긴 서한을 보냈다. "스틸파트너스는 기업 지배구조 관점에서 전혀 모범적이라 할 수 없습니다. (…) 그런데도 리히텐슈타인 씨는 위선적인 탈을 쓰고 지배구조 개선을 들먹이다니 정말 기가 막힙니다."[26] BKF 주가가 상승한 것은 스틸파트너스가 지분을 신고한 다음의 일이었는데도, BKF 측은 자신들 덕분인 양 떠들어댔다. 스틸파트너스는 더욱 높은 배당금과 자사주 매입을 요구했다.

BKF도 스틸파트너스가 경쟁 운용사에 투자하려는 속셈이라고 맞받아쳤다. 이사회는 스틸파트너스가 BKF의 자산을 활용해 수수료를 챙기려 한다고 주장했다.[27] 그러면서 이렇게 결론지었다. "결코 속아 넘어가지 마시기를 바랍니다. 스틸파트너스는 지배구조 개선이나 주주 이익 대변에는 별로 관심이 없습니다. 이렇게 싸움을 벌이는 이유는 리히텐슈타인 씨의 사리사욕을 챙기려는 것입니다."[28] 리히텐슈타인은 자신이 스틸파트너스를 배부르게 하려고 BKF 자산을 좀도둑질한다는 터무니없는 주장에 코웃음 치며, 스틸파트너스는 명예를 걸고 모든 주주의 이익을 보호하려 한다고 주장했다. 아울러 BKF에 염증을 느낀 다른 투자자들은 모두 자산운용사임을 지적했다. 그러면서 이렇게 덧붙였다. "우리가 다른 속셈이 있다는 주장은 전혀 근거 없으며 이사 선출과 관련된 핵심 이슈를 덮으려는 위장술일 뿐입니다."[29]

BKF가 2005년 5월 말까지 벌인 위임장 대결은 꽤 일반적인 수준이었다. 스틸파트너스는 오랜 기간 검증된 위임장 쟁탈전 공식을 적용해 성공을 거두고 있었다. 즉 BKF가 임금을 과도하게 지불한 탓에 성과가 저조했다는 핵심 쟁점을 반복해 강조했다. 그러면서 기업 지배구조 개선, 높은 배당금 요구, 내부자 거래 고발 등 생각할 수 있는 모든 이슈를 함께 들고 나왔다. BKF는 스틸파트너스의 맹공을 피해 주주들이 이사 선임 및 회사의 성공적 수탁고 증대에 관심을 집중하도록 최선을 다했다.

주주총회를 거우 8일 앞두고 카를로 카넬이라는 헤지펀드매니저가 나타나 13D 양식을 제출했다. 그 보고서에는 존 레빈을 비롯해 다른 이사들을 신랄하게 비판하는 모든 주주의 불만이 압축되어 있었다. 존 레빈과 나름 유명하다고 하는 이사들은 개인적으로 기분이 상했다. 곤경에 처한 이사회 의장은 주주들에게 열렬히 호소하는 글로 대응했다.[30]

정의감에 투철한 행동주의자의 맹공

1992년 카를로 카넬은 단돈 60만 달러로 헤지펀드를 시작했다. 그로부터 10년 뒤 10억 달러 가까이 운용하는 회사로 성장시켜 업계의 떠오르는 별이 되었다. 〈인스티튜셔널 인베스터(Institutional Investor)〉에 따르면 카넬은 2002년에 5,600만 달러를 벌어 업계에서 열세 번째로 수입을 많이 올린 헤지펀드매니저로 자리했다.[31] 이는 조지 소로스(George Soros), 데이비드 테퍼, 에디 램퍼트, 스티븐 파인버그(Stephen Feinberg) 같은 거물들보다 높은 수준이었다.

카넬은 잘 알려지지 않은 중소형주에 초점을 둔 롱숏 가치투자 전략으로 운용한다. 다음은 〈밸류인베스터 인사이트(Value Investor Insight)〉에서 밝힌 내용이다.

> 우리는 발전 가능성이 큰 회사를 발굴하는 데 힘을 쏟고 있습니다. 관리가 엉망이어서 투자업계에서는 웬만하면 거들떠보지 않는 숨은 회사들이 있거든요.[32]

고수익을 창출하는 많은 펀드 운용사는 다양한 전략을 구사하며 사업을 확장했지만, 카를로 카넬은 적정 규모를 유지하면서 핵심 운용 전략을 고수했다. 펀드 운용 규모가 너무 커지는 것을 피하기 위해 투자자들에게 돌려준 돈이 2억 5,000만 달러에 이른다. 그는 이렇게 밝혔다. "우리 투자 전략의 가장 큰 단점은 규모를 계속해서 키울 수 없다는 점입니다."[33] 많은 헤지펀드매니저는 투자자들에게 이 점을 밝히지 않은 채 자금을 돌려주지 않고 수수료를 챙긴다.

카를로 카넬은 급격히 성숙 단계에 들어서고 있는 헤지펀드업계에서 상위권에 이르렀는데도 여전히 특이한 모습을 보였다. 그는 운용업계의 이단아라는 사실을 자랑스럽게 여기면서 좀처럼 업계 관행을 따르지 않았다. 매니저들이 특정 주식을 홍보하는 투자 콘퍼런스에서 스텔러바다소(Hydrodamalis gigas)의 멸종에 대해 설명한 일도 있었다.[34] 그는 여러 해에 걸쳐 투자자들에게 운용자산을 돌려준 뒤 번창하는 사업을 모두 접고 2004년 은퇴하기로 결심했다. 당시 그는 이렇게 말했다.

> 카넬캐피털이 기저귀를 차고 있을 때 제 가족을 돌보지 못해 매우 아쉬웠습니다. 이제는 반대로 제 아들이 기저귀를 차게 되었습니다. 그래서 가족과 함께하려고 휴식을 취하기로 했습니다.[35]

6개월 뒤 카를로 카넬은 관리가 엉망인 기업을 찾아 투자하는 일이 그리워졌다. 그가 돌아와 BKF를 집중 조사해보니 회사는 성장하고 있었지만 경영이 미흡해 수익이 떨어진 사실을 발견했다. 그러나 주주들의 불만이 쌓여 있고 주주행동에 나서는 역량 있는 행동주의 투자자들도 있는 것을 볼 때, BKF의 문제가 고치기 힘든 것 같지는 않았다. 대니얼 러브가 스타가스를 거세게 공격한 2005년 밸런타인데이에, 카를로 카넬은 BKF 지분을 5% 보유하고 있다는 사실을 밝혔다. 위임장 대결이 한층 가열되자 그는 지분을 거의 9%까지 늘렸다.[36]

스틸파트너스가 주주행동주의로 사업의 기틀을 마련했다면, 카를로 카넬은 자신에게 투자한 고객들을 보호하기 위한 무기로 주주행동주의를 활용했다. 그 역시 대니얼 러브처럼 오랫동안 중소 상장기업 분석으로 단련된 사람이었다. 그는 정의감이 투철했다. 기업가들이 나쁜 의도를 가지고 투자자를 해칠 때는 적극적으로 나서야 한다고 생각했다. "내 고객을 상대로 도둑질하는 사람이 있다는 것을 뻔히 아는데도 수수방관한다는 것은 의무를 저버린 행위라고 생각합니다"라고 그는 내게 이야기했다.[37] 카를로 카넬은 BKF가 연간 1억 2,000만 달러의 수입을 창출하는데도 주주들에게 이익을 분배하려 하지 않는 존 레빈의 태도에 이의를 제기했다. "존 레빈은 무엇보다 부적절한 구조적 문제를 인식해야 합니다. 터무니없는 부조리가 공공연히 자행되고 있습니다. 논란의 여지가 없는, 누가 보아도 자명한 일입니다"라고 카넬은 목청을 높였다.[38]

카를로 카넬은 전통적인 금융인은 아니었지만 그의 일가친척 중에 전통 금융계 출신이 많았다. 외할아버지 페르디난트 에버스타트(Ferdinand Eberstadt)는 월가와 워싱턴에서 화려한 경력을 쌓은 투자은행가로, 미 정부에 수시로 자문을 제공하기도 했다. 에버스타트의 업적 가운데 하나는 케미컬펀드(Chemical Fund)를 세워 뮤추얼펀드업계 최초로 수탁고 10억 달러를 달성한 일이었다.[39] 아버지 피터 카넬(Peter B. Cannell)은 대형 마케팅회사 BBDO에서 카피라이터로 사회에 첫발을 디뎠다. 피터 카넬은 장인의 권유를 못 이겨 월가로 진출했고 훗날 케미컬펀드의 대표가 되었다. 1973년 그는 자신의 이름을 딴 '피터카넬'이라는 회사를 차렸다. 2004년 말 은퇴하기까지 그가 창출한 수익률은 연 16%에 이르렀다.[40]

피터 카넬이 투자자들에게 보낸 흥미진진한 서한은 오늘날 하워드 막스의 메모처럼 월가에 회자되고 있다. 세계적인 카피라이터 데이비드 오길비(David Ogilvy)의 정신이 우러난 서한이었다. 피터 카넬은 아들과 마찬가지로 월가 경영인들을 비판적 시각으로 바라보았고 날카로운 카피 문구를 즐겨 썼다. 2000년에는 '덤닷컴(Dumb.com)'이라는 제목으로, 인터넷 기업들이 얼토당토않은 광고 캠페인에 주주의 돈을 낭비하고 있다고 고발했다.[41]

하지만 피터 카넬은 매수 목적으로 특정 회사에 직접 독설을 담은 서한을 보내는 일은 하지 않았다. 1997년 그의 한 동료는 "저희는 평범한 투자자입니

다. 투자한 회사에 문제가 생기면 논쟁을 피하고 그냥 처분합니다"라고 이야기
했다.[42] 카를로 카넬의 언어 재능은 아버지를 닮았지만, 실적이 부진한 회사를
대하는 태도는 외할아버지와 비슷했다. 그래서인지 그는 어느 책에서 '역동의
화신'으로 묘사되기도 했다.[43] 2005년 6월 1일 BKF에 보낸 서한(343쪽 참조)이
그 증거다. 서한은 다음과 같이 시작한다.

> "오 카틸리나, 언제까지 우리의 참을성을 시험하려는가? 어리석은 행동으로 언제까
> 지 우릴 조롱하려는가? 지금과 같은 거드름과 끝없는 뻔뻔함은 언제 멈추려는가?"
> 기원전 63년, 마르쿠스 툴리우스 키케로(Marcus Tullius Cicero)는 로마 원로원
> 에서 한 첫 연설에서 루키우스 카틸리나(Lucius Catilina)의 부패와 악행을 이렇
> 게 폭로했습니다. BKF캐피털그룹의 실적이 궁금한 오늘날에도 이 같은 질문이 필
> 요합니다.

카를로 카넬은 BKF의 낮은 마진과 높은 임금을 첫 공격 목표로 삼았다.
"비용이 지나치게 많습니다. (…) 증가하는 수입은 더 빨리 증가하는 급여를
충당했고, 그 결과 BKF는 지난 5년간 자산과 수익이 각각 18%, 64% 증가했
는데도 지속적으로 돈을 잃고 있습니다"라고 진단한 카넬은 이어서 헨리 레빈
과 이벤트드리븐 헤지펀드의 다른 고위 간부의 높은 임금을 비판했다.

"이들이 받는 보상 가운데 BKF 주식 형태는 전혀 없습니다. 장기적인 성과
를 장려하는 장기 인센티브를 받은 임원도 없습니다. 이런 식으로 어떻게 회
사 경영진과 주주의 이해관계가 일치할 수 있겠습니까? 이런 말도 안 되는 일
이 비상장기업에서는 가능할지 모르나 BKF는 상장기업입니다."

이어서 카넬은 BKF 지출에 대해 다음과 같이 호소했다.

주주의 이익에 냉담하기만 한 BKF 경영진의 태도는 분노한 키케로처럼 우리를 화나게 합니다. 우리는 기업을 탐방할 때 하루 숙박비 39.95달러짜리 모텔에 묵습니다. '프런트'에 과일바구니가 놓인 화려한 호텔이 아닙니다. (…) 2005년 5월 26일 BKF를 방문했을 때, 제대로 이익도 내지 못하는 회사가 미국에서 가장 비싼 건물에 입주해 있다는 사실에 경악했습니다. 주주들의 피 같은 돈으로 록펠러센터에서 5,200제곱미터나 되는 사무실을 빌린 것입니다. (…) 카지노는 '씀씀이 큰 손님'을 끌어들이려고 호화로운 눈요기에 돈을 펑펑 쓰지만 그만한 돈벌이가 되기 때문에 타당합니다. 그러나 BKF의 록펠러센터 사무실은 정말 쓸데없는 낭비입니다.

카를로 카넬은 스틸파트너스가 제기한 것과 같은 문제를 다루면서 훨씬 더 공격적으로 접근했다. 그는 바턴 비그스(Barton Biggs), 버튼 말킬, 앤슨 비어드 등 3명의 이사를 가리켜 이렇게 말했다. "그런 행동은 깡패들이나 하는 짓이지, 월스트리트의 품격 있는 유력인사들이 하는 행위는 아닙니다." 그러면서 이사회에 다음과 같이 촉구했다.

(i) BKF를 상장 폐지하고 비상장기업으로서 계속해서 낭비를 일삼는다. (ii) 오퍼튜니티파트너(Opportunity Partner)의 필립 골드스타인이 2003년 11월 17일 13D 양식에서 처음 제시한 대로 투자은행을 지정해 회사를 매각한다. (iii) 자리에서 물러나 주주 친화적인 이사회에 바통을 넘긴다.

그러면서 이렇게 글을 맺었다. "결국 키케로는 카틸리나가 다른 부유하고 부패한 사람들과 반란 세력을 조직하려는 시도를 분쇄했습니다. (…) 카틸리나, 아직 도망갈 시간이 있소. 어서 가시오."

흰색 용지에 투표를!

2005년 6월 9일에 열리는 총회가 가까워지면서 판세는 주주행동주의자들 쪽으로 확연히 기울었다. 92.5센트의 특별배당금과 잉여현금흐름의 70%를 배분하는 새로운 규정 등을 포함해 주주들의 비위를 맞추려는 BKF의 시도는 별 효과가 없었다.[44] 반면 회사의 지배구조를 개편하라는 스틸파트너스의 요구는 투자자들에게 큰 반향을 불러일으켰다. 그러자 BKF는 극단적인 조치를 취했다. 주주총회를 2주 연기하고 지배구조 문제를 집중해서 파고들었다. 결국 BKF는 포이즌 필을 철회하고 시차임기제를 없애며 주주들이 임시 주주총회를 소집할 수 있도록 규정을 고치겠다고 발표했다. 하지만 리히텐슈타인은 서한을 통해 BKF의 조치가 너무나 미미하고 뒤늦은 것이라며 비웃었다.

여러분께서 저희가 추진하는 지배구조 개편과 새로 추천하는 이사 후보를 지지해 주신 덕분에, 지배구조 개혁이라는 신세계에 들어가지 않으려고 발버둥 치던 BKF 이사회가 등 떠밀리듯 움직이고 있습니다. (…) 일찍이 저희가 주장한 많은 것을 BKF가 늦게나마 채택하고 있다는 사실은 주주 여러분을 위한 저희의 노력이 성과를 내고 있음을 말하고 있습니다. 하지만 아직 이뤄야 할 것이 많습니다. 우리가 이 대결을 벌이는 중요한 목표는 경영 성과를 개선하고 보상 체계를 주주들의 이해관계와 일치시키려는 것임을 BKF 이사회는 아직도 깨닫지 못하고 있습니다![45]

존 레빈은 이때까지만 해도 전면에 나서지 않았다. 자신을 공개적으로 공격할 때도 겉으로 대응하지 않았고 세 차례의 주주 서한도 '이사회' 이름으로 발송했다.[46] 그런데 2005년 6월 16일 존 레빈이 주주들에게 직접 서한을 보낸다.

서한에서 그는 카를로 카넬과 스틸파트너스의 주장을 강력히 반박하며 버튼 말킬과 바트 굿윈을 이사로 선출해달라고 간곡히 요청한다. 1954년 윌리엄 화이트가 뉴욕센트럴철도 위임장 대결에서 했던 것처럼, 존 레빈도 거의 확실한 패배를 목전에 두고 '총부리를 겨누는 자본주의'에 직접 나선 것이다.[47]

존 레빈은 서한에서 포이즌 필과 시차임기제 폐지 결정에 대한 설명으로 말문을 열었다(350쪽 참조). "최근 BKF 이사회는 정기주총에서 만사 제쳐두고 회사를 가장 잘 키우고 번창시킬 후보를 선출하는 문제에 집중한다는 과감한 결정을 내렸습니다." 존 레빈은 스틸파트너스와 카를로 카넬이 구체적인 대안도 없이 비용을 절감하라고 비열하게 공격하고 있다고 비판했다. 그러면서 BKF가 사업을 제대로 번창시켜 장기적으로 주주가치를 극대화하려면 직원에 대한 투자를 아끼지 말아야 한다고 주장했다.

더욱이 우리는 경험 많은 전문가를 보유하고 있습니다. 동시에 성장성 있는 다양한 투자 전략을 추구하는 젊은 상장기업입니다. 이처럼 성장기에 있는 현시점에서 더욱더 성장할지 아니면 이대로 주저앉을지 결정할 권한은 주주들에게 있습니다.

존 레빈은 회사의 비용 지출을 옹호한 뒤 이해관계자 거래에 대해 해명했다.

자산운용업계에서 널리 인정받는 전문가 비그스 씨를 공격하는 것은 어처구니없는 일입니다. 그는 우리가 쓰지도 않고 재임대도 하지 못하는 사무실 한쪽을 한시적으로 사용하고 있는데 일정 기간만 임차료를 지급했다고 공격한 것입니다. 하지만 이는 사람들이 다 이해하고 넘어간 사안입니다. 또 피터 솔로몬 투자은행에 상대적으로 낮은 수수료를 지급했다는 이유로도 우리는 공격을 받았는데, 이를 공격한 자들은 우리가 주주가치 실현을 위한 전략적 대안을 찾지 않는다고 비난한 바로 그 사람들입니다.

레빈의 가장 강력한 반박은 자녀의 급여를 언급하는 대목에서 나왔다.

본인의 자식들을 공격할 때도 공격자들의 속성만 잘 드러났을 뿐, 우리의 부적절함은 전혀 나타나지 않았습니다. 본인의 아들 헨리에게 지급한 보상에 대해 말이 많지만, 그는 지난 수년간 이벤트드리븐 전략을 담당하는 고위 매니저로서 다른 매니저와 함께 회사 수익의 상당 부분과 잉여현금 창출에 기여한 점을 평가받아 마땅합니다. (…) 헨리는 자신이 운용하는 전략이 회사 수익에 기여하는 정도에 따라 급여를 받는데, 우리 매니저를 비난하는 사람들의 보상 체계도 이와 똑같습니다. (…) 회사에 가져다주는 수익에 근거해 보상하는 것이 왜 더는 유효하지 않은지 이해할 수 없습니다. (…) 본인의 여식 제니퍼는 학력이 뛰어납니다. 예일대학교 3학년 때 파이 베타 카파(Phi Beta Kappa) 회원이 되었고 이 대학에서 분자생물리학과 생화학을 전공해 뛰어난 성적으로 졸업했습니다. 하버드 의대와 하버드 공중보건대학 또한 나왔습니다. 제니퍼는 자신의 전공과 관련이 있는 회사와 바이오테크 분야를 리서치해서 투자 전문가들에게 제공하는 일을 하고 있습니다. 본인의 여식과 함께 일하는 사람들은 실제로 그녀의 도움이 크다고 이구동성으로 말합니다.

이어서 레빈은 BKF가 2000년부터 장부상 적자를 보인 것은 9,100만 달러에 이르는 비현금성 감가상각비 때문이라고 주장했다. 그런데도 스틸파트너스와 카를로 카넬은 BKF가 손해 보는 사업을 하는 양 떠들어대며 투자자들을 오도하고 있다며 비난했다. 그러면서 다음과 같은 호소로 글을 맺었다.

희망을 전하는 멋진 말로 끝내야 하겠지만 우울한 현실을 말해야겠습니다. 주주 가운데 어떤 개인이 혹은 단체가 무슨 말을 할지, 어떤 행동을 취할지 전혀 예측할 수 없습니다. 회사의 미래는 아직 노선을 정하지 않은 주주들의 결정에 달려 있습니다. 타협은 있을 수 없습니다. 회사 쪽 이사 후보들은 뛰어난 사람들입니다. 버튼 말킬은 주주들이 바라던 이사일 것입니다. 경제자문위원회 회원을 역임했고, 프린스턴대학교 경제학과 전임교수로 오랫동안 재직하고 있으며, 뱅가드(Vanguard)의 여러 펀드를 신탁관리하고 있습니다. 바트 굿윈은 사모 주식 투자 분야의 뛰어난 전문가입니다. 두 분 모두 1996년 운용회사가 합병되기 전부터 BKF의 이사였습니다. 이들은 어느 누구보다도 독립적인 이사들입니다. 흰색 용지에 투표해주십시오.

껍데기만 남다

2005년 6월 23일 BKF 주주들은 스틸파트너스가 내세운 이사들을 선출했다. 표 차이가 두 배였다.[48] 존 레빈 의장도 이사로 뽑히지 못했으나 곧바로 이사회에 다시 초빙되었다. 레빈과 리히텐슈타인은 이사회 회의실에 함께 자리했지만 회사 운영 방식을 놓고 의견 차이를 좁히지 못했다. 7월 12일 바턴 비그스가 이사직에서 물러났다. 8월 23일 레빈도 '명예 의장' 직함은 유지했지만 이사 자리에서 내려왔다. 9월 말 기준 수탁고는 연초 대비 29% 줄어든 96억 달러였다.

그 뒤 나쁜 소식이 잇달았다. 10월 18일 BKF는 이벤트드리븐 전략을 담당하는 헨리 레빈과 다른 고위 매니저가 회사를 떠난다고 밝혔다. 이들이 맡은 헤지펀드는 청산될 것이었다. 12월 20일에는 글렌 아이젠 자금 담당 이사가 존 레빈이 새로 세운 회사에 합류하려고 사직서를 냈다. 그해 말 회사 수탁고는 45억 달러로 쪼그라들었다. 이듬해 1월 10일과 11일 앤슨 비어드와 제임스 티쉬도 각각 회사를 그만두었다. 2006년 4월 3일 BKF는 6억 1,500만 달러를 운용하는 헤지펀드매니저 두 명과 합의하지 못했다고 밝혔다.

그로부터 2주 뒤 다른 헤지펀드매니저마저 사표를 던지는 바람에 1억 3,300만 달러에 달하는 펀드를 청산해야 했다. 2006년 6월 말 회사 전체 수탁고는 19억 달러로 주저앉았다. 분기 수입도 전년 같은 분기의 3,000만 달러에서 96%나 줄어 100만 달러를 갓 넘기는 수준으로 떨어졌다. 급기야 7월에는 치명타가 날아들었다. 롱온리 매니저까지 회사를 떠난 것이다. 이 사실이 발표되자 BKF는 나머지 운용자산을 청산한다고 선언했다. 위임장 대결이 벌어진 뒤 15개월이 지난 2006년 9월 말 BKF는 운용자산을 모두 잃고 껍데기 회사로 전락했다.[49] 주가는 주주들이 기존 이사를 갈아치우는 투표를 단행한 날부터 90%나 급락했다.[50]

상장기업에서 발생한 사적 거래

만약 행동주의 투자자들이 BKF에 개입하지 않았다면 주주들은 틀림없이 더 나은 결과를 얻었을 것이다. 레빈이 끝까지 수입의 80%를 직원 보상에 썼더라도 BKF는 껍데기만 남은 2006년 말보다는 더 높게 평가받았을 것이다. 그러나 BKF 사건이 남긴 것은 실패한 주주행동주의에 대한 교훈 이상이다. 이 사건은 상장기업의 본질에 대한 근본적인 질문을 던진다.

존 레빈은 직원들에게 투자하는 목적을 주주들에게 분명히 밝혔다. 그것은 BKF의 성장을 담보하기 위함이었다. 그러나 주주들은 존 레빈을 믿지 않았다. 주주들은 지분이 10%도 안 되는 레빈이 투자자들을 위해 비용을 엄격히 관리할 동기가 크지 않을 것으로 우려했다. 확실한 인센티브가 없으면 주주 친화적 경영은 선의에 의존할 수밖에 없다. BKF 주주들은 레빈이 직원보다 주주에게 좀 더 신경 쓸 것이라 보지 않았다. BKF는 주주 친화적이지 않은 포이즌 필과 시차임기제를 시행한 전력이 있어서 그만큼 신뢰에 금이 갔다. 마침내 주주들이 들고일어나 이사 3명을 교체하기로 했다. 스틸파트너스가 촉매제 역할을 했다고 할 수 있지만, 주주들의 불만은 이미 터지기 직전이었다.

주주들이 레빈을 불신한 근거는 정말 타당한가? 물론 BKF는 적대적 인수합병을 어렵게 하는 장치를 도입했고, 레빈은 자녀들에게 임금 명목으로 수백만 달러를 지급했다. 하지만 그가 정말 회사를 잘못 경영하거나 주주들을 속였는가? 회사 자금을 개인의 돈처럼 썼다는 공격이 정당했는지 평가하려면 우선 존 레빈의 급여부터 살펴보아야 한다. 위임장 대결이 벌어졌던 해까지 5년간 레빈이 받은 연봉은 평균 400만 달러다.[51] 이는 분명 높은 수준이지만, 100억 달러를 굴리는 운용회사 사장이나 포트폴리오 매니저의 연봉을 벗어나는 수준이라고는 할 수 없다. 1997년 레빈은 회사 전체 수익의 7%를 연봉으로 받아 갔는데 이는 전 직원 임금의 14%에 이르는 수준이었다. 하지만 2004년 그의 연봉은 회사 전체 수익의 3%를 훨씬 밑돌았고 전 직원 임금의 3%를 조금 웃돌았다. 따라서 레빈이 임금을 지나치게 많이 챙겨 갔다고는 보기 어렵다.

헨리 레빈의 보수는 주주행동주의자들의 엄청난 관심을 불러일으켰다. 그의 연봉은 2003년에는 거의 800만 달러에 이르렀고 2004년에는 900만 달러를 약간 밑도는 수준이었다. 스틸파트너스는 그의 엄청난 급여를 지적하며 BKF의 '무책임성'을 부각했다.[52] 그러나 헨리 레빈은 2003년에는 5,100만 달러, 2004년에는 6,000만 달러에 이르는 수수료 수입을 창출한 고위 헤지펀드 매니저 2명 중 한 명이었다. 헤지펀드업계는 '목표를 달성하면 이에 뒤따르는 수익을 모두 가져가는' 성과 보상 시스템을 적용하는 것으로 유명하다. 25억 달러를 운용하는 헨리 레빈의 보수는 동종업계 평균보다 분명 낮은 수준이다 (2002년 〈인스티튜셔널 인베스터〉가 추정한 카를로 카넬의 연봉이 5,600만 달러였다는 사실을 떠올려보라).

BKF는 이벤트드리븐 팀에게 그들이 벌어들인 수익의 67%를 가져가게 했다.[53] 헤지펀드업계에서 볼 때 이는 분명 회사에 유리한 거래다. 시드머니를 대주는 회사가 수익의 25%를 차지하는 것이 업계 관행이지만, 펀드가 잘 운용되면 이 비율은 예외 없이 협상을 거치면서 줄어든다. 헤지펀드가 설정된 후에는 시드머니를 제공한 투자자 몫이 적어지는 것이 관행이다. BKF를 상대로 행동에 나선 주주들은 회사가 헤지펀드매니저들을 보상하는 시스템을 바꾸기를 원했지만, 회사가 수익의 33% 넘게 받아 가려는 협상은 성공하기 어려웠을 것이다.[54]

2004년 12월 주주들에게 보낸 첫 위임장 관련 서한에서 워런 리히텐슈타인은 이렇게 밝혔다. "BKF의 재무 구조를 다른 상장운용사와 비교해보신다면 아마 깜짝 놀라실 것입니다. 수치를 대충 훑어만 보아도 회사 주주들에게 합리적 수준의 가치를 제공하기 위해 변화가 필요하다는 사실을 알 수 있습니다."[55] 하지만 대충 훑어본 내용에 오해의 소지가 있다면? BKF를 이튼밴스 (Eaton Vance)나 워델&리드 같은 회사와 비교하기에는 무리가 있다. 이 회사들은 오래전부터 명성을 쌓았고 전략도 다양한 대형 운용사다. 존 레빈이 회사의 성장을 희생하지 않고 이들과 비슷한 수준의 효율성을 달성하기란 불가능했을 것이다.

카를로 카넬은 아주 훌륭한 투자자다. 그는 성과에 따라 보상받는 헤지펀드 업계에서 관행을 따르지 않고 성공한 사람이다. 그런 사람이 BKF가 기존 업계와 근본적으로 다르다는 점을 인정하지 않았다는 것은 묵인하고 넘어가기가 어렵다. 직원 보수를 줄이라고 BKF를 압박한 주주들이 연봉을 엄청나게 받는, 알 만큼 아는 사람이라는 사실은 정말 아이러니가 아닐 수 없다. 이들은 이익을 늘리는 가장 빠른 길이 직원 임금을 줄이는 것이라 보았지만, 재능 있는 직원들을 쫓아내는 결과로 끝났다. 존 레빈은 내게 다음과 같이 푸념했다.

우리는 수탁고를 40억 달러에서 150억 달러로 키웠습니다. 현금도 5,000만 달러나 창출했죠. 게다가 주주들에게 6억 8,000만 달러를 돌려주었습니다. 그러나 이 모든 것이 주주행동주의자들에 의해 파괴되었습니다.[56]

대체로 주주행동주의는 미국 경제와 미국 상장사들에 아주 긍정적이었다. 금융위기 이후 상장기업이 달성한 기록적 이익은 적어도 널리 퍼진 주주행동주의 위협 때문이기도 하다. 그러나 주주들의 개입은 기업들이 동종업계 평균을 따르도록 부추기는 결과를 낳기도 했다. 주가를 다른 누군가가 대신 올리기 전에 미리 알아서 끌어올리라는 아이칸의 말은 요즘에는 이렇게 고쳐져야 할 듯하다. "마진을 업계 평균 수준으로 올려라. 안 그러면 다른 누군가가 대신 끌어올릴 것이다." 오늘날 많은 주주행동주의자가 마진 극대화에는 엄청난 노력을 기울이면서도 불확실해 보이는 성장에는 지나칠 정도로 관심이 없다. 그러면서 실제 이익은 향후 은행에 쌓이는 돈으로 간주한다. 이는 자본배분에 초점을 두는 벤저민 그레이엄의 주주행동주의와는 아주 다르다.

상장기업의 근본적인 딜레마

BKF 위임장 대결에 참여했던 사람들은 대체로 상장기업과 비상장기업을 평가하는 잣대가 달라야 한다고 보았다. 필립 골드스타인, 스틸파트너스, 카를로 카넬 모두 BKF가 비상장기업처럼 운영되었다고 주장했다. 카넬은 "저는 탐욕을 비난할 생각은 없습니다. 그러나 이런 구조는 비상장기업에서나 적합한 것이라 할 수 있습니다"라고 이야기했다.[57] 존 레빈의 후임으로 잠깐 이사회 의장 자리를 차지했던 앤슨 비어드는 〈뉴욕타임스〉 인터뷰에서 "BKF는 애당초 비상장기업으로 남았어야 했습니다"라고 의견을 밝혔다.[58] 존 레빈도 아들에 관해 언급하며 그런 점을 넌지시 인정했다. "상장기업 구성원으로서 그가 받는 현금 보상을 줄이는 것이 필요하다고 봅니다…"

지금에 와서 존 레빈은 베이커펜트리스 재편 때 복수의결권 제도를 밀어붙이지 않은 점을 깊이 후회하고 있다. "엄청난 실수였습니다. 우습게 들리겠지만 주주들에게 6억 8,000만 달러를 돌려주면서 싸움에서 크게 이겼다고 자만했습니다. 그 정도면 충분하다고 생각했습니다"라고 그는 털어놓는다.[59] 만약 존 레빈이 복수의결권 구조를 통해 BKF의 통제권을 확보했다면 직원들에게 너무 후한 연봉을 지급했다는 이유로 이사회에서 쫓겨나는 일은 없었을 것이다. 이는 오늘날 주식시장에 나타나는 상반된 두 현상을 돌아보게 한다. 한쪽에서는 주당 의결권이 하나인 많은 상장기업이 이 구조 때문에 주주행동주의의 영향에서 벗어나지 못한다. 다른 쪽에서는 수많은 회사가 설립자에게 복수의결권이 있는 종류주식을 제공함으로써 기업 민주주의에서 벗어나는 길을 택한다. 그 결과 구글(Google) 같은 거대 IT 기업은 엄청난 현금을 쌓아두고 스페이스엑스(Space X) 같은 회사에 수십억 달러를 투자해도 주주행동주의의 영향에서 완전히 자유롭다.

명실공히 현존하는 가장 훌륭한 기업 가운데 하나인 구글애드워즈(Google AdWords)의 주주들은 성장에 동참하기 위해 관리감독권을 회사에 넘기는 길을 택했다. 회사와 주주의 관계를 무엇보다 신뢰에 기반을 둔다는 취지다. 이제까지 투자자들이 받은 보상은 엄청났다. 구글이 안드로이드와 유튜브를 사들일 때 눈살을 찌푸린 주주도 있었지만, 인수합병 결과는 대성공으로 드러났다. 하지만 이 같은 선의의 독재가 어떻게 판가름 날지 지켜보는 일은 여전히 흥미로울 것이다. 이미 구글은 종업원들에게 준 후한 자사주와 옵션으로 의결권 주식이 희석되자 설립자들에게 지배권을 다시 몰아줌으로써 일반 주주들과 맺은 약속을 저버렸다. 이 주주들이 회사를 언제까지 믿을 것인가?

BKF가 공중 분해되었을 때 존 레빈은 쓰러지지 않았다. 고객 자산 20억 달러를 새로 설립한 회사로 가져간 뒤 거의 새로운 관계를 통해 90억 달러로 키웠다. 신설 회사 직원 중 절반을 훨씬 넘는 인원이 BKF 출신이다. 존 레빈은 이렇게 강조했다. "저희는 직원들에게 아주 충분히 보상한다는 철학을 유지했고 지금도 그렇습니다. 현재 우리는 관리, 투자, 매매 분야에서 일하는 스물다섯 명이 똘똘 뭉쳤습니다. 업계 관행과는 다른 점이자, 저희 회사의 차별점입니다. 사실상 기존 문화가 파괴된 뒤 새롭게 이식되었다고 할 수 있습니다." 존 레빈은 자신이 성공할 수 있었던 데는 '상장기업이라서 겪는 문제'가 없었던 이유도 있다고 밝혔다.[60]

여전히 우리는 스틸파트너스와 존 레빈이 손발을 맞추기로 합의를 보았다면 어땠을까 하는 궁금증을 떨칠 수 없다. 오넥스(Onex)라는 부실채권 전략 헤지펀드를 포함해 BKF에서 갈라져 나온 여러 헤지펀드는 이후로도 아주 잘되었다. 존 레빈이 운용하는 롱온리 펀드도 70억 달러에 이르는 신규 자금을 끌어들이며 확실히 성공했다. 카넬은 BKF의 주주가치 파괴를 존 레빈의 무분별한 초토화 정책 탓으로 돌리면서 "존 레빈에게 감정은 없습니다만, 그는 어리석은 일을 저질렀습니다. 이로써 피해를 본 사람은 다름 아닌 바로 그 사람이었습니다"라며 목소리를 높였다.[61] 하지만 존 레빈은 회사가 망한 것이 자신이 회사를 떠났기 때문이라고 생각하지 않았다. "저도 평판이 나쁘지 않았지만 진짜 재능은 젊은이들이 뛰어났습니다. 하지만 저들은 이 젊은이들과 협상할 마음이 없었습니다. 바로 그 점이 큰 실수였습니다. 저들은 많은 인재를 끌어들일 수도 있었는데 단 한 사람도 채용하지 않았습니다"라고 레빈은 털어놓았다.[62]

BKF 사건은 주주가치를 엄청나게 파괴한, 재앙과도 같은 주주행동주의 사례로 기록된다. 그러나 시장은 실수를 끝까지 추적해 따지지 않는다. 살아남은 카를로 카넬, 존 레빈, 워런 리히텐슈타인은 훗날 다시 싸울 수도 있다. 100년 넘는 역사를 지닌 자랑스러운 BKF, 시카고에 있던 그 회사는 지금 어떻게 되었는가? 2006년 약간의 현금과 엄청난 이월결손금뿐인 껍데기 회사로 쪼그라들고 말았다. 새로운 주주행동주의자 무리가 먹잇감을 노리고 공중에서 빙빙 돌기 시작하는 여러분의 상상은 이미 현실이 되었다.

카를로 카넬이 BKF캐피털 의장 겸 CEO에게 보낸 서한

영어 원문 보기

2005년 6월 1일

수신

위원회 의장 겸 CEO 존 레빈, 이하 이사 바튼 굿윈, 버튼 말킬,
데이비드 그룸하우스, 제임스 티쉬, 앤슨 비어드, 피터 솔로몬, 딘 다카하시
뉴욕주 뉴욕시
원 록펠러플라자 25층
NY10020

"오, 카틸리나, 언제까지 우리의 참을성을 시험하려는가? 어리석은 행동으로 언제까지 우릴 조롱하려는가? 지금과 같은 거드름과 끝없는 뻔뻔함은 언제 멈추려는가?"

기원전 63년, 마르쿠스 툴리우스 키케로는 로마 원로원에서 한 첫 연설에서 루키우스 카틸리나의 부패와 악행을 이렇게 폭로했습니다. BKF캐피털그룹의 실적이 궁금한 오늘날에도 이 같은 질문이 필요합니다.

자산운용은 도전적이면서도 단순한 사업입니다. 즉 비용을 잘 관리하고 운용을 현명하게 하면 수수료 수입이 이익으로 연결됩니다. 운용 규모 증가에

따르는 수입에 비해 추가 비용은 크지 않습니다.

하지만 BKF는 그렇지 않습니다. 비용 지출이 과도하게 많습니다. 탐욕과 회사 자산의 사적 이용이 도를 넘었습니다. 증가하는 수입은 더 빨리 증가하는 급여를 충당했고, 그 결과 BKF는 지난 5년간 자산과 수익이 각각 18%, 64% 증가했는데도 지속적으로 돈을 잃고 있습니다. 경영진은 수익을 허비해가며 큰 손실을 초래하는 한편, 주주를 희생시키며 자그마치 수익의 78%를 임원들에게 배분했습니다. 견고히 자리한 경영진을 비호할 것이 아니라 주주의 권익을 보호할 의무가 있는 이사회는 그동안 고삐 풀린 급여와 다른 비용을 통제하는 선량한 관리자로서 의무를 이행하지 않았습니다.

연도 단위: 백만 달러	2004	2003	2002	2001	2000
수익	120.7	98.6	89.3	91.4	76.6
직원 급여 및 복리후생비	93.8	77.8	61.8	60.1	57.4
수익에서 차지하는 비중 (%)	77.7	78.9	69.2	65.8	74.9
순이익	-1.8	-8.4	-2.5	1.5	2.1

※ 자료: 2004년 BKF 10-K

BKF의 과도한 직원 급여, 엄청난 임차 비용, 잘못 규정된 '기타 운영비'는 주주들의 이익에 전혀 부합하지 않습니다. BKF의 경영지표(영업이익률, 직원 1인당 수익 등)는 최악입니다. 비슷한 상장기업들과 비교해보면 부실 관리가 확연히 드러납니다.

2005년 4월 22일 BKF가 제출한 8-K 서식을 보면 이벤트드리븐 전략을 담당하는 프랭크 랭고(Frank Rango)와 헨리 레빈(BKF 의장이자 CEO인 존 레빈의 아들)에 대

※ 단위: 백만($, £)

	회사명	운용자산	수입	영업마진	종업원수	종업원 1인당 수입	종업원 1인당 비용
CLMS	캘러모스에셋	38,000	342.8	45%	264	1,298.5	248.9
GBL	가벨리 에셋매니지먼트	28,700	255.2	39%	188	1,357.4	553.7
HNNA	헤네시어드바이저	1,261	9.5	50%	10	954.5	201.6
TROW	티로프라이스	45,200	1,277.0	41%	4,139	308.5	110.6
LIO LN	라이언트러스트 에셋매니지먼트	£5,035	£24.5	35%	43	£569.4	£369.3
BKF	BKF캐피털	13,604	126.5	4%	151	837.7	634.1

※ 자료: Factset, 2004년 SEC 10-Ks

한 보수규정을 알 수 있습니다. 경영진은 거수기에 불과한 이사회의 묵인하에 이벤트드리븐 전략 그룹 수익의 67%를 이 운용팀에 지급했습니다. 규정상 이 펀드매니저들은 기본급여 80만 달러에 잔여 이익의 67%를 성과급으로 받습니다. 수월한 돈벌이는 여기서 끝나지 않습니다. 랭고와 레빈은 정당한 이유 없이 해고당할 경우 퇴직수당을 200만 달러에서 400만 달러까지 받게 됩니다. 이들이 회사를 떠나 BKF의 투자자나 직원들을 대상으로 영업하거나 접촉할 때 아무런 제약이 없습니다. 이들이 받는 보상 가운데 BKF 주식 형태는 전혀 없습니다. 장기적인 성과를 장려하는 장기 인센티브를 받은 임원도 없습니다. 이런 식으로 어떻게 회사 경영진과 주주의 이해관계가 일치할 수 있겠습니까? 이런 말도 안 되는 일이 비상장기업에서는 가능할지 모르나, BKF는 상장기업입니다.

2005년 5월 10일 BKF가 제출한 10-Q 서류에는 이렇게 적혀 있습니다. "이와 같이 핵심 직원에 대한 의존도가 크고, 운용 인력이 개별적으로나 집단으로 BKF를 떠나 따로 회사를 차릴 가능성도 있어 경영진이 고위 운용 인력과 임금 협상을 하는 데 한계가 있다." 터무니없는 이야기입니다. 본인은 카넬 캐피털이라는 회사를 소유하고 있습니다. 본인은 1992년부터 통가파트너스 (Tonga Partners L.P.)의 제너럴파트너로 활동하고 있는데 이 기업은 본인에 대해 최소 기본급여도 보장해주지 않습니다. 본인의 회사가 청산되어도 본인에게 퇴직수당을 주지 않을 것입니다. 본인은 이윤 창출을 가장 중요시합니다. 더욱이 본인을 보호하는 유일한 수단은 지난 12년간 투자자에게 달성해준 30% 이상의 연복리 수익률을 계속 유지하는 것입니다.

BKF의 '이해관계자 거래' 현황을 보면 우스꽝스럽기 그지없습니다. 보상위원회가 회사 수익의 78%에 이르는 엄청난 액수를 레빈 씨나 그의 친인척 혹은 절친에게 주는 특혜를 베풀어야 한다면 적어도 주식으로 지급해야 합니다. 이것이 회사를 운영하는 사람과 소유주 사이의 이해관계를 절충하는 방안입니다. 그러면 직원의 절세 혜택도 더욱 커집니다. BKF 직원은 대부분 연방, 주, 뉴욕시의 무거운 소득세와 부가세 부담을 안고 일할 것입니다. 주식 관련 보상에 부과되는 15%의 장기 자본소득세율은 이들에게 경제적으로 훨씬 더 이익입니다. 직원도 주주도 동시에 만족하게 될 방법이라 할 수 있습니다.

주주의 이익에 냉담하기만 한 BKF 경영진의 태도는 분노한 키케로처럼 우리를 화나게 합니다. 우리는 기업을 탐방할 때 하루 숙박비 39.95달러짜리 모텔에 묵습니다. '프런트'에 과일바구니가 놓인 화려한 호텔이 아닙니다. 욕실 유리잔이 종이로 싸여 있지 않으면 서둘러 빠져나옵니다. 향수 뿌린 남자 기사들이 운전하는 링컨타운을 타고 거들먹거리지도 않습니다. [카넬캐피털이 2004년 동키밴(Donkey Van)이라는 1995년산 포드 중고차를 씨즈캔디사로부터 구입하면서 1,200달러나 낭비한 것은 사실이지만요.]

2005년 5월 26일 BKF를 방문했을 때, 제대로 이익도 내지 못하는 회사가

가장 사업처럼 하는 투자 주주행동주의

미국에서 가장 비싼 건물에 입주해 있다는 사실에 경악했습니다. 주주들의 피 같은 돈으로 록펠러센터에서 5,200제곱미터나 되는 사무실을 빌린 것입니다. 한 층의 반을 델컴퓨터를 '테스트하기' 위해 할당한 이유가 무엇입니까? 물론 겉만 번지르르하다고 해서 모두 쓸데없는 낭비는 아닙니다. 카지노는 '씀씀이 큰 손님'을 끌어들이려고 호화로운 눈요기에 돈을 펑펑 쓰지만 그만한 돈벌이가 되기 때문에 타당합니다. 그러나 BKF의 록펠러센터 사무실은 정말 쓸데없는 낭비입니다.

BKF 이사회가 제가 정말 존경하는 앨런 '에이스' 그린버그(Alan Ace Greenberg) 베어스턴스(Bear Stearns, Inc.) 회장을 접촉하면 이로우리라 생각합니다.[1] 앨런 그린버그는 베어스턴스에서 신중한 경영과 비용 통제로 세전 24%의 이익을 창출해냈습니다. 그런데 BKF는 여전히 "비용을 과감히 줄여도 성과가 개선되지는 않을 것"이라고 지난주 DEFA14A 서식에서 밝혔는데 이는 정말 뻔뻔한 주장입니다.

우리가 갈망한 대로 '에이스' 베어스턴스 회장이 BKF 이사회 의장이 된다면 그는 다음과 같이 질문할 것입니다.

---

1 앨런 그린버그 회장이 쓴 메모의 복사본이 미 우정공사의 인쇄물 분류상 2급에 해당하는 우편으로 귀하께 배달될 것입니다. 다음은 메모 내용 중 본인이 가장 좋아하는 부분입니다. "1. 방금 본인은 구매부서에 앞으로 클립을 구입하지 말도록 지시했습니다. 우리는 날마다 클립이 끼워진 서류를 받습니다. 우리가 클립을 아낀다면 우리가 쓰기에도 충분할 뿐만 아니라 곧 사방에 남아돌 것입니다. 우리는 정기적으로 남아도는 클립을 모아 팝니다(모아파는 비용이 들지 않기 때문에 이와 관련한 자본이익률(ROE)이 평균을 넘을 것이라고 재정거래부서가 알려주었습니다.) 2. 본인에게 중요한 수치는 오로지 ROE입니다. 본인과 이야기를 나눈 사내 경영대학원 졸업생들은(실제 여럿 있습니다) 본인에게 ROE를 개선하는 비결에 대해 도움을 주었다고 생각합니다. 수익을 늘리고 비용을 줄이면 ROE가 올라갈 것입니다. 그러면 본인은 기쁩니다. 3. 베어스턴스는 이제 고무밴드를 구매하지 않습니다. 수신 우편에서 클립을 모은다면 고무밴드도 절약할 수 있습니다. 그것을 구입하지 않아도 곧 사방에 넘쳐나기를 기대합니다. 4. 비상장기업에서 비용을 아끼면 그만큼 이익으로 돌아갑니다. 상장기업에서도 마찬가지입니다만, 주가 상승 덕에 그 효과는 배가됩니다."

- 왜 BKF는 CEO의 딸인 제니퍼 레빈 카터에게 17만 4,600달러를 지급했습니까? '회사의 여러 대체투자 전략에 대해 자문'을 제공했다는 설명은 이상합니다. 무슨 자문입니까?
- 회사 실적이 형편없는데도 CEO의 아들 헨리 레빈에게 870만 달러를 지급한 결정은 어떻게 정당화할 것입니까?
- 고위 경영진은 BKF 펀드에 투자했습니까? 투자했다면 금액이 얼마입니까? 아니라면 이유가 무엇입니까? 왜 이사들은 BKF 주식을 아주 조금밖에 가지고 있지 않습니까? 이사들은 회사와 중요한 거래관계를 유지하고 있습니까? 자사주를 보유하려는 노력을 해주십시오. 주주들이 좋아할 것입니다.

그런 행동은 깡패들이나 하는 짓이지, 월스트리트의 품격 있는 유력인사들이 하는 행위는 아닙니다. 투자자들에게 자문 서비스를 제공하며 화려한 경력을 쌓은 비그스 씨가 좀 더 잘하리라 본인은 기대했습니다. 이는 바로 BKF가 필요한 것이기도 합니다. 뱅가드그룹의 이사로서 재무적으로 정직과 책임의 귀감을 보였던 말킬 교수도 더욱 잘할 것으로 기대했습니다. 비어드 씨도 이보다 나을 줄 알았습니다. 모건스탠리 주주들에게 보낸 2005년 5월 12일자 서한에 "주주들은 더 나은 대우를 받아야 합니다. 회사의 성공과 주주가치 창출을 위해 새로운 리더십이 절실합니다"라고 목소리를 높였던 사람이라고 믿기지 않을 정도입니다.

이사회의 헤지펀드 경험이 신뢰할 수 있을 만큼 충분하지 않다는 점은 BKF를 가로막는 요인입니다. 이사들 모두 훌륭한 자격증을 갖춘 화려한 경력의 인물이지만 제임스 티쉬 씨를 제외하면 이 분야의 관리 경험이 거의 없습니다. 본인은 BKF의 운영이나 자산에는 관심이 없습니다. (사실 카넬캐피털은 몸집을 가볍게 하기 위해 최근 여러 해 동안 2억 5,000만 달러 이상을 투자자들에게 돌려주었습니다.) 그렇지만 BKF 이사회는 믿을 만한 헤지펀드 운용 경험과 우수한 장기 실적을 갖춘 사람을 이사로 합류시켜야 합니다.

BKF는 1995년 11월 베이커펜트리스와 레빈앤코가 합병한 이래 성장을 지속해왔습니다. 그러나 최근 5년간 수익을 4억 6,460만 달러나 냈으면서도 이익은 창출하지 못했습니다. 오히려 6,240만 달러에 이르는 손실을 쌓았습니다. 레빈 씨는 BKF를 사적 놀이 공간처럼 운영하고 있습니다. 주주들을 중요한 사업 동반자나 대리 지정인으로서 소중한 사람이라 생각하는 것 같지 않습니다. 따라서 본인은 이사회가 다음 중 하나를 선택할 것을 촉구합니다.

(i) BKF를 상장 폐지하고 비상장기업으로서 계속해서 낭비를 일삼는다. (ii) 오퍼튜니티 파트너의 필립 골드스타인이 2003년 11월 17일 13D 양식에서 처음 제시한 대로 투자은행을 지정해 회사를 매각한다. (iii) 자리에서 물러나 주주 친화적인 이사회에 바통을 넘긴다.

오늘 우리는 BKF 운영의 생산성과 효율성을 증대하고 운용팀에 활기를 불어넣어 높은 수익성과 운용자산의 상당한 증가를 도모하고자 나선 많은 이해당사자와 대화했습니다. 이를 '드림팀' 방안으로 여겨주시기 바랍니다.

결국 키케로는 카틸리나가 다른 부유하고 부패한 사람들과 반란 세력을 조직하려는 시도를 분쇄했습니다.

도시는 피비린내 나는 반란으로부터 해방되어 크게 환호하는 분위기였습니다. 하지만 그는 자신의 업적이 자랑스럽게 기억되는 것 외에는 아무것도 바라지 않았습니다. 그는 적이 로마의 시민들이었으므로 외국 땅에서 승리하는 것보다 훨씬 어려웠다는 사실을 잘 알고 있었습니다.

카틸리나, 아직 도망갈 시간이 있소. 어서 가시오.

카를로 카넬
이사회 위원

BKF캐피털 의장 겸 CEO가
주주들에게 보낸 주주 서한

영어 원문 보기

2005년 6월 16일

친애하는 주주 여러분,

최근 BKF 이사회는 정기 주주총회에서 만사 제쳐두고 회사를 가장 잘 키우고 번창시킬 후보를 선출하는 문제에 집중한다는 과감한 결정을 내렸습니다. 이사회는 (i) 포이즌 필을 철회했고 (ii) 현 이사들 모두 2006년 새 이사 후보로 세워 다수결에 따라 해임될 수 있도록 시차임기제 폐지안을 수정했으며 (iii) 주식을 25% 이상 소유한 주주는 (이사 해임이나 다른 목적으로) 임시 주주총회를 소집할 권리를 갖도록 정관을 변경했습니다. 나아가 회사는 주주가치 실현을 위한 거래를 모색하기 위해 투자은행 두 곳과 계약했음을 밝혔습니다. 왜 이런 조치들이 필요했을까요? <u>이번 선거가 회사를 매각하거나 기업 인수를 반대하는 장치를 세우는 것이 아니라 더욱 튼튼한 상장기업을 만들려는 것임을 주주들에게 명백히 밝히기 위해서입니다.</u> 상대 후보자는 신뢰할 만한 계획을 전혀 제시하지 않았으므로 주주들은 이렇게 물어야 합니다. "도대체 계획은 무엇입니까?"

저희는 최근 카넬 씨가 보낸 서한에 반대파 주주들의 의도가 담겨 있다고 생각합니다. 시끄럽고 비열한 공개 캠페인을 통해 회사의 상장 폐지나 제3자 매각을 밀어붙이려는 속셈입니다. 실제 이 두 가지 모두 이미 자세히 검토되고 추구되던 방안이었으나 현재까지 실현 가능성이 없는 것으로 드러났습니다. 세 번째 옵션으로 카넬 씨는 주주들에게 정체를 알 수 없는 '드림팀'에 신뢰를 보내달라고 요청하고 있습니다. 그가 말한 '드림팀'의 구성원이 누구이고 그들의 계획이 무엇인지 주주들에게 알려주면 좋겠습니다.

2005년 6월 9일 스틸파트너스는 계획을 밝히라는 우리의 계속되는 요청을 받은 이후, 그들이 통제하고자 하는 사업에 관해 이해하기를 완강히 거부하고 있음을 시사하는 제안을 했습니다. <u>그들은 우리 회사의 올해 이익이 다른 다양한 사업을 겸하는, 규모가 큰 여러 경쟁사의 이익과 견줄 만하다고 주장했습니다.</u> 스틸파트너스는 능란한 금융분석가를 고용해 규모와 사업 구성, 분배 모델과 무형자산 상각, 그 외 우리의 재무 성과를 이해하는 데 필수적인 사항들을 자세히 들여다보지 않는 주주들에게 온갖 논거를 제시하며 현혹하고 있습니다.

우리는 원금을 인출할 수 없는 폐쇄형 펀드나 관리 비용을 흡수할 수 있는 대규모 뮤추얼펀드를 운용하지 않습니다. 스틸파트너스가 언급한 몇몇 경쟁사와는 다른 점입니다. 더욱이 상장 펀드는 누가 운용하는가가 그다지 중요하지 않습니다. 반면 우리는 기본적 분석에 기반을 둔 롱온리 및 대체투자 전략을 통해 수익을 창출합니다. 그런데 이 전략으로 운용되는 펀드에 투자하는 고객들은 펀드매니저와 투자팀원이 누구인지를 중시합니다. 특히 대체투자 전략팀은 우리가 제공하는 리서치, 분배, 운영 플랫폼이 좋아서 우리 회사에 들어온 소중한 자산입니다. 하지만 이들을 데리고 있으려면 통상 높은 마진을 기대하기가 어렵습니다.

우리가 자주 설명했듯, 규모 면에서 경쟁사들에 필적하고 이익도 더욱더 많이 낼 수 있을 만큼 회사를 키우려고 애쓰고 있습니다. 이를 위해 여러 롱온리 및 대체투자 분야에 씨를 뿌렸습니다만, 이 부문에서 실적을 쌓는 과정에서 발생한 관련 비용이 마진에 부정적 영향을 끼쳤습니다. 지난 3년간 롱숏 펀드 2개를 신규 설정해 운용자산을 총 9억 달러로 불렸습니다. 아울러 지난 18개월간 롱숏 주식펀드 3개를 추가해 키우고 있으며 중소형 가치주 펀드도 1개 출시했습니다. 새로 설정한 상품들 가운데 일부에서 성공을 거둔다면 주주들에게 큰 수익을 안겨줄 것입니다.

더욱이 우리는 경험 많은 전문가를 보유하고 있습니다. 동시에 성장성 있는 다양한 투자 전략을 추구하는 젊은 상장기업입니다. 이처럼 성장기에 있는 현시점에서 더욱더 성장할지 아니면 이대로 주저앉을지 결정할 권한은 주주들에게 있습니다. 상대편은 이런 현실을 솔직히 받아들일 생각은 하지 않고, 성장에 '반대'하며 즉각적이고 극단적인 급여 삭감을 요구하고 있습니다. 이 조치가 실행될 경우 핵심 인력은 어쩔 수 없이 회사를 떠나고 기존 사업의 가치는 틀림없이 훼손될 것입니다.

스틸파트너스가 회사를 공격하기 시작한 이후 우리는 고객, 종업원, 잠재적 직원들에게 많은 시간과 노력을 들여야 했습니다. 그들이 선택했거나 선택하고자 하는 회사는 그들을 위한 회사라는 희망을 주어야 하기 때문입니다. 운용팀을 강화하고 이익을 늘리려면 경험 많은 임원이 필요한데도 스틸파트너

──────────── 가장 사업처럼 하는 투자 주주행동주의

스의 행동은 이런 인재 채용을 매우 어렵게 만들었습니다. 물론 스틸파트너스는 그들의 행위에 대한 책임을 회피하고 있지만, 우리는 일련의 경쟁자가 모든 주주의 가치 향상에 초점을 두지 않고 우리의 투자자산을 빼앗아 가려는 것은 아닌지 아주 심각하게 우려하고 있습니다. 우리는 새로운 운용팀이 들어와 기존 팀을 대체한다면 그들이 현재의 우리 고객들을 붙잡아둘 수 있으리라고 절대 생각하지 않습니다. 우리를 반대하는 주주들은 눈부신 투자 실적을 거둔 전문 펀드매니저일지 모르지만, 사실 고객들이 우리를 선택한 것은 특정 스타일로 자금을 운용해주기를 바라서입니다. 리히텐슈타인 씨나 카넬 씨를 원했다면 그들에게 맡겼을 테고, 우리 고객 중 그들에게 맡긴 사람이 있다 해도 전혀 놀랄 일이 아닙니다. 그렇지만 일부 고객이 그들에게 운용을 맡겼다 할지라도 전체 고객 자산에 비추어 많은 부분을 차지하지는 않을 것입니다.

우리를 공격하는 펀드매니저들도 기존 고객의 자산을 유지하는 어려움을 잘 알고 있으리라 믿습니다. 그렇기에 (아마도 그들이 일으킨 혼란 때문에) 우리 회사 주가가 떨어졌을 때 그들의 회사 한두 개를 상장된 우리 회사에 합병시키는 방법으로 이익을 취할 수 있다고 생각하는 것은 아닌지 묻고 싶습니다. 리히텐슈타인 씨는 BKF가 그의 투자에 장벽이 된다고 여길지도 모르겠습니다. BKF는 그의 (그의 고객이 아니라 그가 직접 소유한) 운용 사업으로 직접적 수익을 챙길 수 있는 잠재적 원천이니까요. SEC에 보고한 서식에 따르면 리히텐슈타인 씨의 운용회사는 그가 CEO로 재직하는 상장기업들로부터 엄청난 운용 수수료와 자문료를 받는데, 이는 주주들이 알아야 할 사항이라고 생각합니다.

반대쪽 이사 후보들에 대한 불신이 어디에서 비롯되는지 궁금하다면, 우리를 공격하기 위한 논점들의 질적인 면을 보시기 바랍니다. 자산운용업계에서 널리 인정받는 전문가 비그스 씨를 공격하는 것은 어처구니없는 일입니다.

그는 우리가 쓰지도 않고 재임대도 하지 못하는 사무실 한쪽을 한시적으로 사용하고 있는데 일정 기간만 임차료를 지급했다고 공격한 것입니다. 하지만 이는 사람들이 다 이해하고 넘어간 사안입니다. 또 피터 솔로몬 투자은행에 상대적으로 낮은 수수료를 지급했다는 이유로도 우리는 공격을 받았는데, 이를 공격한 자들은 우리가 주주가치 실현을 위한 전략적 대안을 찾지 않는다고 비난한 바로 그 사람들입니다.

본인의 자식들을 공격할 때도 공격자들의 속성만 잘 드러났을 뿐, 우리의 부적절함은 전혀 나타나지 않았습니다. 본인의 아들 헨리에게 지급한 보상에 대해 말이 많지만, 그는 지난 수년간 이벤트드리븐 전략을 담당하는 고위 매니저로서 다른 매니저와 함께 회사 수익의 상당 부분과 잉여현금 창출에 기여한 점을 평가받아 마땅합니다. 이벤트드리븐 전략은 오랜 기간에 걸쳐 검증된 실적을 거두어, 나중에 다른 전략의 펀드에도 고객을 끌어들이는 중요한 역할을 했습니다. 헨리는 자신이 운용하는 전략이 회사 수익에 기여하는 정도에 따라 급여를 받는데, 우리 매니저를 비난하는 사람들의 보상 체계도 이와 똑같습니다. 상장기업 구성원으로서 그가 받는 현금 보상을 줄이는 것이 필요하다는 점은 이해하지만, 회사에 가져다주는 수익에 근거해 보상하는 것이 왜 더는 유효하지 않은지 이해할 수 없습니다. 더욱이 그가 여기서 하고 있는 고객관리, 마케팅, 인사관리 등의 업무를 다른 비상장기업에서 수행했다면 더욱더 수익에 근거해 보상을 받을 것입니다.

본인의 여식 제니퍼는 학력이 뛰어납니다. 예일대학교 3학년 때 파이 베타 카파 회원이 되었고 같은 대학에서 분자생물리학과 생화학을 전공해 뛰어난 성적으로 졸업했습니다. 하버드 의대와 하버드 공중보건대학 또한 나왔습니다. 제니퍼는 자신의 전공과 관련이 있는 회사와 바이오테크 분야를 리서치해서 투자 전문가들에게 제공하는 일을 하고 있습니다. 본인의 여식과 함께 일하는 사람들은 실제로 그녀의 도움이 크다고 이구동성으로 말합니다. 제니퍼는 자문료를 시간당으로 받는데, 많이 받으면 사람들이 이상하게 여길 수 있기 때문에 타 기업에서 받을 수 있는 액수보다 십중팔구 적게 받습니다.

우리 회사에서 발생한 '손실'에 대해 말하자면, 주주들은 전문적인 투자자들처럼 우리의 사업 내용을 살펴보시기 바랍니다. 그리고 우리를 공격하는 펀드매니저들도 전문 투자자인 것은 확실하다고 할 수 있습니다. 스틸파트너스는 우리가 왜 손실을 보았는지 이해할 수 없다고 거듭 이야기했고, 카넬 씨는 우리 회사가 2000년 이후 6,200만 달러가 넘는 손실을 기록했다고 주장했습니다. 리히텐슈타인 씨와 카넬 씨 모두 우리 회사가 1996년 운용사업 및 폐쇄형 펀드와 관련된 거래에서 발생한 무형자산 상각을 위해 9,100만 달러를 비용으로 처리했다는 사실을 까맣게 잊고 있습니다. 다시 말해 그들은 우리 회사 상황을 제대로 알지도 못하면서 '손실'을 기록했다고 주장하고 있습니다. 더욱이 그들은 실제 창출된 현금흐름을 모호하게 보이도록 만들었습니다. 본인은 우리의 현금흐름이 높지 않음을 문제 삼는 주주는 이해할 수 있습니다. 하지만 소위 전문 펀드매니저라는 분들이 우리가 '손실'을 기록했다고 따지는 것은 이해할 수 없습니다. 그들은 자기의 목적을 위해서라면 관련 사실을 애매모호하게 흐리는 속성을 여실히 드러냈을 뿐이라고 생각합니다.

다시 묻습니다. 도대체 계획은 무엇입니까? 스틸파트너스가 과거 우리의 잠재 가치가 파괴된 특정한 상황을 발견하고 저들의 주주행동주의 경력을 더 화려하게 만들고자 우리의 현재와 미래의 목표들을 위협하는 것은 아닐까요? 그 결과로 스틸파트너스의 투자수익률을 높이려고 한 것은 아닐까요? BKF가 끔찍한 곤경에 처한 것은 그 때문이 아닐까요? 스틸파트너스가 우리 회사의 지배구조 개혁에 대한 공적을 바란다면 그들은 할 수 있는 모든 것을 했습니다. 그런데도 핵심 인력을 내치는 보상 프로그램을 끝까지 고집한다면, 도대체 그들이 생각하는 비즈니스 전략은 무엇입니까?

우리는 운용사를 상장시켜 7억 달러가량의 자산을 분배함으로써 주주들에게 상당한 가치를 창출해주었습니다. 그런데 이후 일군의 헤지펀드가 피해자이자 무시당한 주주인 척하는 꼴은 지켜보기가 괴롭습니다. 그들은 잇달아 파멸의 길을 걸어가며 BKF 주주들의 이익보다는 자기가 그리는 그림에 정신이 팔려 있습니다. 우리는 상장기업이 된 이후 줄곧 우리를 지지해주는 주주 기반이 우리 사업에 아주 중요하다는 점을 강조해왔습니다. 우리 경영진에 실망한 주주들은 언제든 주식을 팔면 되고(사실 우리 주식은 아주 뛰어난 성과를 보였습니다) 건설적 제안이 있거나 정당한 비판을 제기하고자 하는 사람은 언제든 환영합니다. 비판은 받아들이고 이해할 수 있지만 명백히 가치를 파괴하는 공격은 이해할 수 없습니다.

이 시점에서 본인이 싸움을 계속하는 동기가 무엇인지 의아해할 사람이 있으리라 생각합니다. 사실 근래에 이 문제로 고민이 많았습니다. 오랜 동료 중에는 본인에게 꿋꿋이 버텨내 소수주주가 회사를 파괴하도록 방치하지 말라고 독려해준 사람도 있었습니다. 지금 본인은 그들의 격려 때문에 계속 나아가는 것입니다. 이 회사는 뛰어난 사람들이 모여 있는 훌륭한 회사입니다. 성공한 많은 운용사처럼 좋은 의사결정도 많았고 나쁜 결정도 있었습니다. 그러나 적대적인 주주들 속에서 상장기업을 경영하는 것은 전혀 달갑지 않은 일입니다. 무엇보다 자금운용에 흥미가 있는 본인 같은 사람에게는 특히 더 그렇습니다.

희망을 전하는 멋진 말로 끝내야 하겠지만 우울한 현실을 말해야겠습니다. 주주 가운데 어떤 개인이 혹은 단체가 무슨 말을 할지, 어떤 행동을 취할지 전혀 예측할 수 없습니다. 회사의 미래는 아직 노선을 정하지 않은 주주들의 결정에 달려 있습니다. 타협은 있을 수 없습니다. 회사 쪽 이사 후보들은 뛰어난 사람들입니다. 버튼 말킬은 주주들이 바라던 이사일 것입니다. 경제자문위원회 회원을 역임했고, 프린스턴대학교 경제학과 전임교수로 오랫동안 재직하고 있으며, 뱅가드의 여러 펀드를 신탁관리하고 있습니다. 바트 굿윈은 사모주식 투자 분야의 뛰어난 전문가입니다. 두 분 모두 1996년 운용회사가 합병되기 전부터 BKF의 이사였습니다. 이들은 어느 누구보다도 독립적인 이사들입니다. 흰색 용지에 투표해주십시오.

존 레빈
의장 겸 CEO

무관심한 주주와 부실한 경영이
주주행동주의의 타깃이다

　주주행동주의는 일시적 유행이 아니다. 주주행동주의는 기업 지배구조라
는 정원 한가운데 심어져 지난 100년간 깊이 뿌리내렸다. 계절 따라 변하고 시
장 상황에 따라 다른 형태를 띠기도 했다. 하지만 주주행동주의의 핵심 원리
는 간단하다. 35년 전 칼 아이칸이 지적했듯, 상장기업 자산이 경매 시의 입찰
가격보다 싸거나 다른 경영진이 운영할 때보다 저렴하게 거래되면 차익거래
기회가 존재한다. 벤저민 그레이엄 시절, 주식시장은 노던파이프라인의 가치를
투자증권의 청산가치보다 훨씬 낮게 평가했다. 오늘날 많은 주주행동주의자
는 동종업계에 비해 경영이 부실하다고 판단되는 기업을 공격 대상으로 삼는
다. 이 방법은 BKF캐피털에서는 처참한 실패로 끝났지만, '순식간에 소유와 경
영을 건전하게 분리하는' 로버트 채프먼의 접근법은 여전히 유용한 투자 전략
으로 남아 있다.[1]

주주행동주의는 상장기업 지배구조의 약점을 이용해 엄청난 성과로 연결할 수 있다. 이사회와 경영진은 주주행동주의를 무력화하려면 아이칸의 말처럼 차익거래 기회를 없앨 만큼 충분히 성과를 개선해야 한다. 그러나 본문의 GM, RP쉐러, 스타가스 사례에서 보았듯이 상장기업 역시 믿을 수 없을 만큼 심각한 문제점이 있다. 이 책은 그런 문제를 포함해 주주 관리감독에 실패한 사례들을 조명하고 있다.

엔론, AIG, 패니메이(Fannie Mae), BP에 이르기까지 미국 상장기업에서 벌어진 재앙은 지난 15년간 미국에서 벌어진 기업의 이야기를 적나라하게 보여준다. 우리는 이런 사건들을 어쩌다 한 번 있을까 말까 한 일로 치부하거나 '기업의 탐욕' 탓으로 돌리는 경향이 있다. 그러나 순전히 지나친 자본주의적 탐욕 때문이라고 단언할 수 있는 문제는 아니다. 오늘날 기업들이 날로 커지고 더욱 복잡해지고 있기 때문에 이는 결코 작은 문제가 아니다. 우리 주변에 있는 대기업들은 과거 어느 때보다도 우리 생활과 밀접하게 연결되어 있다. 아무리 기술이 진보해도 기업을 경영하기는 점점 더 어려워지고만 있다. 자칫 일을 그르치면 피해가 엄청날 수 있다.

티노 데 안젤리스는 수상적은 과거와 얼룩진 신용 기록 때문에 사업에 필요한 일반 은행 계좌를 열기가 어려웠다. 하지만 용케도 아메리칸익스프레스를 설득해 회사 재고자산의 가치를 보증받는 데 성공했다. 세계에서 가장 큰 금융기관에 속했던 아메리칸익스프레스라지만, 그들이 떠안은 위험은 엄청난 것이었다. 아메리칸익스프레스의 고위 관리자 가운데 회사가 처한 위험을 알아챈 사람은 아무도 없었다. 4만 5,000톤 가까운 샐러드오일로 추정되던 물질이 한낱 바닷물에 불과했다는 것이 사실로 드러난 거대 사기극은 여러 증권회사와 수출업체를 쓰러뜨렸다. 그로부터 45년 뒤 AIG에서도 이와 비슷한 관리부실 문제가 터지면서 AIG 금융상품 부서가 세계 경제를 붕괴시키다시피 했다.

티노 데 안젤리스 사건으로 부자가 된 사람들은 티노와 그의 친구들뿐이었다. 티노가 은행 보증을 받는 데 적법한 것으로 판명된다 해도 아메리칸익스프레스에서 떼돈을 벌 사람은 아무도 없었다. 하지만 아메리칸익스프레스는 단독으로 이 사기극을 가능하게 만들었다. AIG의 작은 부서가 수조 달러의 서브프라임 모기지 관련 신용부도스와프(credit default swap, CDS)를 판 상황도 이와 섬뜩할 정도로 비슷하다. 이 커다란 실수가 절정에 이르렀을 때도 AIG 금융상품부에서 창출한 전체 이익 중 CDS 부문이 기여한 비중은 10%에도 미치지 못했다.[2] 해당 부서의 보상 체계는 장기 인센티브에 초점이 맞추어져 있어서, AIG가 무너졌을 때 직원들이 부담한 손실은 5억 달러가 넘었다. 마이클 루이스가 《Vanity Fair(배니티 페어)》에서 지적한 것도 이와 같다. 아메리칸익스프레스와 AIG의 몇몇 핵심 직원은 잠재 이익이 크지 않은 상태에서 개인적·직업적·재정적으로 커다란 위험을 떠안았다. 무모한 탐욕 때문은 아니라고 본다.

상장기업에서 참사가 일어나는 원인은 무관심한 주주, 열심히 일하지 않는 이사, 초점을 잃은 경영진에 있는 경우가 많다. 그들의 만성적 책임 부재와 관리감독 결여가 누적되어 참사로 나타난다. 주주행동주의자들은 이런 상황을 이용해 이익을 챙긴다. 즉 비효율적인 경영진을 먹이로 삼고 회사와 다른 주주들에게 득이 되는 방식을 취한다. 본문에서 살펴보았듯이 주주행동주의자들은 기회를 잡았다 싶으면 무관심한 주주들을 이용해 자기 이익을 챙기는 일을 마다하지 않는다. 주주행동주의자들이 모든 주주를 위해 가치를 창출한다고 떠들지만 그들의 속셈은 자신과 재정적 후원자들의 이익을 챙기는 것임을 잊지 말아야 한다.

가장 사업처럼 하는 투자 주주행동주의

지배구조에 관한 평가 기준을 점검할 때

　1932년 아돌프 벌(Adolf Berle)이 소유와 통제 분리의 위험에 대해 글을 쓴 이래 많은 사람이 지배구조를 연구하고 있다. 하지만 상장기업들이 실제로 어떻게 굴러가는지를 통찰하는 데 도움을 주는 연구는 많지 않고, 대부분 탁상공론에 그친다. 코넬대학교 린 스타우트(Lynn Stout) 교수는 2002년 《주주 자본주의의 배신(The Shareholder Value Myth)》이라는 책에서 "미국 회사법은 과거에도 현재에도 상장기업이 주주가치를 극대화하도록 되어 있지 않다"고 주장했다.[3] 또 주주의 권리가 아주 제한적이어서 주주가 회사의 진정한 '주인'이라고 할 수 없다고 덧붙였다.[4] 이런 주장이 틀리지 않았다 해도, 이사회가 의결권이 있는 주주들을 뒷전으로 하는 정책을 추진하는 일이 현실적으로 가능할까?[5]

　본문에 수록된 여러 서한은 주주가 회사의 정당한 '주인'이라고 명시한다. 이는 사실상 맞는 말이다. 왜냐하면 상장기업에 자본을 대는 주체가 주주들이고 주주만이 이사를 선출할 수 있기 때문이다. 소유권의 본질에 관해 추상적인 논쟁을 아무리 해보았자, 지배구조를 복잡하게 만드는 현실적인 문제를 해결할 수는 없다. 결국 주주가 회사의 '주인'인지 아닌지, 회사가 주주가치를 극대화해야 할 법적 의무가 있는지 없는지는 중요하지 않다. 투자자들이 금전적 이득에 따라 움직이고 이사회 구성의 열쇠를 쥐고 있는 한, 상장기업은 주주의 이익을 우선시할 것이다.

　학계의 지배구조 전문가들이 실제로 개혁을 추진할 때는 뜻하지 않은 결과가 나타날 수 있다. 예를 들어 2011~2014년 하버드대학교 일군의 교수가 '시차임기제'를 공격한 일이 있었다. 시차임기제란 전체 이사를 매년 한 번에 뽑지 않고 여러 해에 걸쳐 나눠 선출하는 제도를 말한다. 매년 한꺼번에 경선하는 하원 방식과 달리 해를 걸러 나눠서 뽑는 상원 스타일과 비슷한 구조다. 하버드 교수들은 S&P500과 〈포천〉 선정 500대 기업 중 100개 가까운 기업의 이사 선출 제도를 바꾸는 데 성공했다.[6] 애매한 입장을 보이는 주주들이 있는 곳에서는 목소리가 큰 몇몇 사람이 큰 영향력을 행사할 수 있음을 보여준 놀라운 결과였다.

하버드 교수들이 시차임기제가 정말 법적으로 문제가 있다고 여겼는지, 아니면 큰 관심을 끌 쉬운 대상을 노린 것인지는 모르지만, 사실 시차임기제는 큰 문젯거리가 아니다. 더군다나 시차임기제는 이사회 개편 시 어느 정도 일관성을 유지한다는 점에서 의미가 있다. 실제로 이사가 계속 눌러앉는 경우도 거의 없다. 똑똑한 주주행동주의자가 제대로 된 계획을 마련해 나서더라도, 보통은 당해 연도에 임기가 끝나는 이사들을 상대할 때만 승리를 거둔다. 본문에서 위임장 대결 사건으로 가장 논란이 많았던 RP쉐러와 BKF캐피털 사건에서도 시차임기제가 큰 이슈였다. 그중 주주행동주의자들은 한 차례 선거로 목표를 이루었다.

지배구조 이슈에 관해 최고 권위자는 다양한 점검 항목을 기준으로 접근하는 의결권 자문기관일 것이다. 1980년대 중반 훌륭한 의도로 출발한 세계 최대 의결권 자문기관 ISS는 현재 이 분야에서 가장 많은 기관 투자가를 자문하고 있다. 투자회사들이 탄탄한 대리투표 정책을 세우도록 한 규정은 좀 더 많은 투자회사가 관련 의무를 ISS나 경쟁사 글래스루이스 등에 위탁하는 특이한 결과를 낳았다. 그런 자문기관이 얼마나 많은 노력을 기울이는지 모르겠지만, 그들은 모든 상장기업 이사의 성과를 제대로 추적할 만한 자원이 없어서 표준화된 평가 체계에 의존할 수밖에 없다. 그런 자문기관의 추천이 깜짝 놀랄 정도로 허술한 이유가 바로 그것이다.

2004년 내가 탠디레더(Tandy Leather Co.) 이사회에 합류하자마자, ISS는 투자자들에게 나를 제외한 '모든 이사'에게 투표하지 말라고 권고했다. 탠디레더는 작지만 가죽공예 분야에서 지배적인 위치를 점하고 있는 독특한 회사였다. 그래서 나는 그 회사 전체 주식의 30%를 시장에서 매입해 내 펀드에 편입해놓았다. 탠디레더가 내재가치에 비해 현저히 저평가된 것은 이 회사가 얼마나 탄탄한지 잘 알려지지 않았기 때문이라고 판단하고는 여러 해에 걸쳐 힘이 닿는 한 많은 주식을 모았다.

이 회사 이사회는 문자 그대로 내가 전화 두 통만 걸면 주주들에게 프리미엄을 지급하지 않고도 회사를 통제할 수 있다고 판단하고는, 내가 주식을 더는 매수하지 못하도록 포이즌 필 제도를 도입했다. 이 조치에 나는 화도 치밀고 심술도 났지만 이사회 입장에서는 타당한 조치였다. 사실 탠디레더에 포이즌 필 도입을 주도한 마이클 네리(Michael Nery) 이사는 원래부터 회사에 눌러앉은 임원이 아니었다. 그는 이 회사 주식을 10% 편입한 가치펀드 포트폴리오 매니저였다. ISS는 탠디레더가 주주들의 승인 없이 포이즌 필을 채택했다는 이유로, 마이클 네리에게 투표하지 말라고 투자자들에게 권고했다. 더욱이 독특한 틈새시장에서 도합 100년 이상의 운영 경험을 쌓은 다른 임원들에게까지도 표를 주지 말라고 했다. 정말 터무니없는 일이다.

ISS의 근시안적 행동은 눈에 잘 띄지 않는 중소기업에만 국한되지 않는다. 2004년에는 코카콜라 주주들에게, 워런 버핏에게 투표하지 말라고 권고했다. 버핏이 데어리퀸(Dairy Queen) 지분을 보유해 이해가 상충할 수 있다는 이유였다. 코카콜라의 이사 허버트 앨런(Herbert Allen)은 잔뜩 화가 나서 〈월스트리트 저널〉 특집 기사에 이런 비꼬는 글을 실었다. "자신이 지분 투자를 했는지 기억하기도 어려운 한 기업이 코카콜라와 조그만 거래를 했는데, 500억 달러에 달하는 버핏의 재산에 3센트 정도 보태주는 그 거래가 버핏을 찍는 데 영향을 미칠 수 있다는 ISS의 주장은 충분히 일리가 있어 보인다."[7]

이해 상충은 대기업 이사회에서 늘 맞닥뜨리는 문제다. 규정 때문이든 ISS식 '모범사례'의 영향을 크게 받아서든, 잠재적 이해 상충을 이유로 이사 후보에서 제외하는 실수를 범해서는 안 된다. 기업의 이사가 관련 업계 지식과 경험이 풍부하다면 이해 상충 문제에 걸리기가 쉽다. 주주들이 이사회를 적절히 구성하려면 먼저 중요한 이해 상충인지 아닌지를 판단해야 한다. 워런 버핏이 보유한 데어리퀸 지분은 100억 달러에 이르는 코카콜라 지분 가치에 비해 아주 미미했다. 그러나 ISS의 틀에 박힌 평가 체계는 이를 걸러내지 못했다. "후보자가 현존하는 가장 위대한 자본배분가인가?"라는 물음도 ISS 점검 항목에는 당연히 없다.

나는 이 책에서 주주행동주의자들의 현실적인 입장과 이들이 얻는 경제적 혜택을 분석하는 등 지배구조 이슈를 알기 쉽게 설명하고자 했다. 독자들이 이 문제를 명확히 이해하는 데 도움이 되었기를 바란다. 좀 더 정확히 말해 우리 재산의 상당 부분이 코카콜라 주식에 묶여 있다고 가정해보자. 그 경우 워런 버핏이 데어리퀸 주식을 보유했다고 해서 버핏을 코카콜라 이사에서 배제하겠는가? 물론 그러지 않을 것이다!

다른 유명한 지배구조 관련 사건에 이런 상식적인 분석을 적용해보면 하버드 교수들의 시차임기제 공격 역시 이치에 맞지 않는다. 예를 들어 대표이사가 집행이사로 활동하게 되면, 이사회 의장과 대표이사를 분리한다고 해서 지배구조가 크게 바뀌지는 않는다. 일반적으로 이사회 의장에게 다른 이사들에게는 없는 특권을 주는 회사는 거의 없다. 있다 해도 미미한 수준이다. 오래된 주주에게 특별의결권을 주자는 주장도 많다. 하지만 이런 조치가 단행되면 주주는 가진 자와 못 가진 자로 양분되면서 오래된 펀드가 엄청난 이득을 볼 것이 틀림없다. 아울러 기존 주주행동주의자들의 힘이 더욱 세져 소규모 신생 펀드보다 유리한 위치에 서게 될 것이다.

지배구조 이슈 가운데 가장 뜨거운 논쟁거리라면 이사 후보 지명권을 들 수 있다. 많은 상장기업이 이 권리에 대해 기를 쓰고 반대한다. 이사 후보 지명권이란 일정 자격을 갖춘 주주에게 이사를 추천할 권리를 주어 위임장의 입후보자 명단에 이름을 올리도록 하는 제도다. 여기에서 변형된 일반적 형태는 3년간 3% 이상 보유한 주주들에게 전체 이사 수의 25%를 지명할 권리를 주는 방안이다. 겉으로는 이사 후보 지명권이 그리 중요해 보이지 않는다. 위임장 대결은 궁극적으로 비용이 많이 들지 않아, 개혁을 촉진하려는 대형 기관 투자가들이 얼마든지 감당할 수 있는 방법이다. 반면 하찮아 보이는 이사 후보 지명권 제도는 의견을 달리하는 후보군을 제거하는 엄청난 효과를 낼 수도 있다. 주요 주주가 이사를 지명하고 저항 없이 유력한 후보로 만들 수 있다면, 경영진은 기존과는 차원이 다른 책무를 감당하게 된다. 따라서 이사 후보 지명권 실시는 실질적으로 주주행동주의를 제도화하는 셈이나 마찬가지다. 이것이 바로 회사가 이사 후보 지명권 제도를 두려워하는 이유다.

상장기업이 포식자들의 먹이가 되는 현실

이 책은 주주가 상장기업에 보내는 최고의 서한들을 담고 있다. 나는 이 멋진 작품들을 알리는 기획자이자 홍보자로서 주주행동주의라는 하늘에 대고 고백할 것이 있다. 나는 주주로서 역사상 최악의 서한을 발송한 적이 있다.

2009년 5월, 보유 현금 가치보다 낮게 거래되고 있던 피어리스시스템즈(Peerless Systems)라는 작은 회사에 보낸 13D 양식이 그것이다. 그때 나는 겨우 175단어 밖에 안 되는 글에서, 목소리를 내지 않는 주주들을 소름 끼치도록 존경한다는 끔찍한 문법 오류를 저지르고 말았다. 글은 형편없었지만 다행히도 내 지분이 20%나 된 덕분에 피어리스시스템즈는 즉각 내 동료와 나를 이사로 추천했다. 전혀 그럴 것 같지 않았지만 소프트웨어를 다루는 피어리스시스템즈는 티머시 브로그(Timothy Brog)라는 영리하고 공격적인 주주행동주의자의 투자 수단이 되어 있었다.

내가 13D 양식을 보낸 뒤 채 닷새가 지나지 않아 피어리스시스템즈는 하이버리파이낸셜(Highbury Financial)이라는 회사를 상대로 13D 양식을 제출했다. 하이버리파이낸셜은 성장 가도에 있는 한 뮤추얼펀드사의 지분을 매입한 상태로, 사실상 피어리스시스템즈의 인수합병 도구였다. 하이버리파이낸셜 경영진은 BKF캐피털과는 달리 자산운용 조직과는 관련이 없었다. 하이버리파이낸셜은 새로운 인수합병 대상을 물색하면서 회장이 운영하는 다른 회사에 엄청난 자문 수수료를 내고 있었다.

티머시 브로그는 하이버리파이낸셜의 불필요한 고위 임원들을 없애기만 해도 주주들에게 엄청나게 득이 될 것으로 판단했다. 아울러 이 회사의 뮤추얼펀드 사업도 탐이 났다. 피어리스시스템즈의 첫 이사회 회의에서 우리는 티머시 브로그가 하이버리파이낸셜을 상대로 보낼 강한 어조의 13D 양식을 죽 읽었다. 특히 고환 또는 용기라는 뜻의 'cojones'라는 단어에 대해 논의한 기억이 여전히 생생하다.

참 우스웠다. 나는 펀드를 통해 피어리스시스템즈를 상대로 주주행동주의를 실행했고, 피어리스시스템즈는 인수합병을 물색하고 있던 하이버리파이낸

가장 사업처럼 하는 투자 주주행동주의

셜을 상대로 같은 일을 했다. 결국 하이버리파이낸셜은 다른 전략적 인수자에 매각되면서 피어리스시스템즈에 많은 이익을 남겨주었다. 피어리스시스템즈는 주주들에게 자본을 돌려주고 내 펀드에서 투자한 지분도 사들이는 대규모 자사주 매입을 실시했다. 티머시 브로그는 나머지 지분을 차지하고 여러 차례의 자사주 매입과 또 한 차례의 능란한 인수합병으로 지분을 두 배 넘게 늘렸다. 그 뒤 회사를 다른 행동주의 투자자에게 넘겼다.

피어리스시스템즈의 운명을 보면 행동주의 투자자에 의해 통제되는 상장기업의 한 가지 특이한 점이 잘 드러난다. 즉 이런 상장기업들은 종종 다른 행동주의 투자자들의 먹잇감으로 전락한다는 것이다. 칼 아이칸, T. 분 피켄스, 해럴드 시먼스가 지배하는 투자회사들은 모두 다른 주주행동주의자들의 목표물이 되었다. 로버트 영의 앨러게이니와 벤 하인먼의 노스웨스트인더스트리(Northwest Industries)는 결국 다른 인수합병 전문가의 먹이가 되었다. 비즈니스 세계에서는 서로 먹고 먹히는 것이 자연스러운 현상이며, 위대한 투자자의 업적도 거의 기억되지 않고 산업체에 의해 다시 흡수될 뿐이다. 위대한 투자자가 기억된다 할지라도, 그들이 어떻게 돈을 벌었는지보다는 어떻게 썼는지에 대한 이야기만 기억될 것이다. 이와 관련해 워런 버핏 사례를 살펴보지 않을 수 없다.

워런 버핏이 남긴 업적은 버크셔 해서웨이다. 그는 재산의 대부분을 빌&멜린다 게이츠 재단(Bill and Melinda Gates Foundation)에 넘기면서 재단으로 해마다 전달되는 기부금을 1년 안에 모두 쓰도록 했다.[8] 따라서 도서관이나 박물관, 혹은 아이스하키 경기장에서는 버핏의 이름을 찾아보기가 어려울 것이다. 물론 버크셔 해서웨이는 기념비적인 업적이다. 이 그룹은 어마어마하게 크고 분권화된 복합기업으로, 본문에서 살펴본 많은 붕괴 직전의 기업보다 훨씬 다루기가 힘들다. 버크셔 해서웨이는 지난 반세기 동안 놀라우리만큼 성공을 거두었다. 그러나 사업이 다각화된 다른 대형 지주사처럼 낮게 평가되기가 쉽다. 실제 2011~2012년 버크셔 해서웨이 주식은 터무니없을 정도로 싸게 거래되었다.

행동주의 투자자들은 상대의 지위가 아무리 높아도 봐주는 일이 없다. 버크셔 해서웨이는 상장기업이지만 워런 버핏은 후계자들의 지배권 강화를 위해 특별의결권을 주거나 그 비슷한 조치를 취하지 않았다고 알려진다. 버핏이 평생을 바쳐 일군 회사가 주주행동주의가 만연한 이 시대에 얼마나 오래 살아남을 수 있을까? 버핏의 회사도 다른 많은 성공한 상장기업처럼 주주행동주의의 공격 대상이 될 수밖에 없을 것으로 보인다. 결과는 버크셔 해서웨이의 주주들이 이를 얼마나 잘 방어하느냐에 달려 있다.

일상사가 된 행동주의 투자

존 레빈은 BKF캐피털 주주들에게 보내는 서한의 마지막을 이런 글로 시작했다. "희망을 전하는 멋진 말로 끝내야 하겠습니다만…" 나도 이 대목에서 미래를 위한 처방전을 주어야 하겠지만 마땅한 것이 없다. 다시 말해 지배구조 문제에 관해 쉬운 해결 방안은 가지고 있지 않다. 대신 이 책이 주주행동주의에 관한 가치 있는 통찰을 제공했기를 바란다. 상장기업을 장악하려고 공격하는 무리가 있다면, 그들을 좀 더 잘 판단하고 한층 현명하게 의결권을 행사하는 근거로 이 책이 활용되기를 바란다. 이제는 행동주의 투자가 아주 흔한 일이 되면서, 위임장 전문가나 기업 매수자들이 횡행하던 시대에 나타나던 일정한 패턴이 많이 줄어든 것 같다. 이제는 행동주의 투자가 주식시장의 일상사가 되었다. 많은 주주가 이사회나 경영진에 대해 분개하면 그중 누군가는 십중팔구 회사 경영에 개입하는 것이 현실이 되었다.

1985년 초 칼 아이칸이 필립스페트롤리엄의 대주주로 떠올랐을 때, 그는 단 며칠 만에 소송을 당했다. 하지만 요즘에는 아이칸이 목표물로 삼은 회사가 아이칸에게 흔쾌히 이사 자리를 내주는 경우가 허다하다. 상장기업 경영진이나 이사들은 주주행동주의의 위협에 대응해 방어막을 세우면 주주들을 더욱 멀리하는 결과뿐이라는 것을 알고 있다. 최상의 방어책은 회사의 약점을 미리 파악하고 이를 투자자들에게 제대로 알리는 것이다. 예를 들어 회사가 영업이익이 업계 평균보다 낮거나 레버리지를 적게 쓰면 행동주의 투자자들이 나서기 전에 이를 설명하는 것이 좋다. 주주들을 무시하면 싸움에서 패배하므로 상장기업이 좀 더 빨리 반응하도록 기반을 만든 것이 주주행동주의인 셈이다. 이런 반응에 주주들이 보답한다면 이 시스템은 더욱 잘 작동할 것이다.

모든 개인 투자자가 주주행동주의 캠페인을 제대로 평가하고 이를 바탕으로 자신의 의결권을 행사할 수 있다고 믿는다면 순진한 생각이다. 지난 60년간 수탁자 자격으로 투자하는 기관들이 주식시장을 지배한 원인 중 하나도 그것이다. 그중 상당수가 적법한 의결권을 행사할 자격이 있는데도 지배구조 관점에서는 본질상 적극적으로 나섰다고 보기 어렵다. 그들은 기존 관행을 바꿀 수 있도록 시간과 노력을 기울일 필요가 있다. 계량 분석을 바탕으로 투자하는 매니저나 인덱스펀드 같은 수동적 투자자들도 더 나은 지배구조를 촉진하기 위해 현명하게 의결권을 행사한다면 실적을 끌어올릴 수 있을 것이다.

우리의 지배구조 시스템은 전문 경영인들의 능력을 최대한 활용하면서 그들이 외부 주주 자본을 충실하고 성실하게 관리하는 것을 목적으로 한다. 기업을 견실하게 감독하려면 능력 있는 경영자, 깐깐한 이사, 관심 있는 주주들의 협력이 필요하다. 그런 시스템이 잘못되면 결과적으로 책임감 부재로 재앙이 발생할 수 있다. 자주 있는 일이다. 우리는 본문에서 회사가 얼마나 빨리 선을 넘을 수 있는지를 살펴보았다. GM의 경우 한때는 앨프리드 슬론이 CEO였고, 또 한때는 거물급 개인 투자자와 지분을 23% 보유한 듀퐁의 대표로 구성된 행동주의 이사들이 포진했다. 반면 힘없는 CEO들이 연달아 GM을 이끌고, 지분이 많지 않은 주주들이 여기저기 흩어져 단절된 상태로 침묵을 지킬 때도 있었다.

기업의 역사를 돌아보면, 이익만 추구하다가 극단적으로 치우치거나 집착에 빠지는 경우를 확인할 수 있다. 이를 잘 통제하면 월마트, 레스 슈왑 타이어(Les Schwab Tires), 사우스웨스트항공(Southwest Airlines) 같은 사례처럼 직원들에게 후하게 보상하면서도 주주의 이해와 일치하는 성과를 만들어낼 수 있다. 그러지 못하면 샐러드오일 사건과 정크본드 조작, CEO의 헤지펀드로 돈을 빼돌린 스테이크&쉐이크 사건 같은 일이 벌어진다.

상장기업은 진보와 경제 발전을 이끄는 뛰어난 견인차 역할을 하고 있다. 아이디어가 뛰어난 인재에게 엄청난 자본을 쥐여줄 수 있다는 점에서 그렇다. 그러나 적절한 감독이 없으면 상장기업은 상상할 수 없을 정도의 많은 돈을 낭비하고 주변의 많은 것에 엄청난 해를 끼칠 수도 있다. 지배구조 문제에서 주주가 지배적인 세력으로 등장함에 따라 의결권이 있는 투자자들에게 어마어마한 힘과 책임이 생기면서 상장기업들이 형편없는 성적이 아니라 훌륭한 성과를 내도록 유도할 수 있게 되었다.

주주총회로 향하는 기차

'웅웅' 책상 위에 놓인 휴대전화가 흔들렸다. 조금 시간이 지난 후 다시 '웅웅' 진동이 울렸다. 십 초나 지났을까? 다시 한번 같은 진동이 울렸다. 위임장 대결을 위한 캠페인을 시작한 첫날 내 휴대전화에는 진동에 진동이 이어졌다. 진동은 '비사이드코리아'라는 전자위임장 서비스 제공 기업이 보낸 메시지가 도착했다는 신호였다. 주주가 '비사이드' 앱을 통해 전자위임장 작성을 완료하면, 앱을 운용하는 비사이드코리아는 내 전화의 텔레그램 앱에 메시지를 보낸다. 메시지에는 주주의 성명과 생년월일, 위임한 주식 수, 그때까지 위임된 주식의 총량이 표시된다. 끊임없는 진동이 이어진 끝에 위임장대리행사 권유 기간 첫날인 2023년 3월 14일 하루 동안 위임받은 주식이 모두 51만 6,812주에 이르렀다. 밤 11시 54분, 1982년생 주주가 80주를 위임함으로써 그날의 위임이 종료되었다. 의결권이 없는 자기주식을 제외한 주식 1,385만 4,565주 대비

3.73%에 달하는 수량이었다.

2023년 3월 23일 나는 여행용 가방을 끌며 창원으로 향하는 KTX에 올랐다. 가방 안에는 그동안 위임받은 전자위임장과 서면위임장이 가득했다. 여행용 가방은 무게가 상당했다. 일단 물리적인 무게가 상당했고, 의결권을 위임한 600명 주주가 주는 심리적인 무게도 상당했다. 절대 잃어버리면 안 되는 물건이었다.

창원으로 향하는 KTX 안에서 오일시티로 향하던 벤저민 그레이엄을 떠올리지 않았다고 하면 거짓말일 것이다. 내 우상 그레이엄은 1928년 오일시티로 가는 열차를 탔고 그곳 호텔에서 하룻밤을 잤다. 주주총회 전날 밤 미리 노던 파이프라인의 경영진을 만났고 위임장을 점검했다. 나도 그날 밤 경영진을 만날 예정이었다. 위임장이 가득 든 가방도 당연히 보여줄 생각이었다. 2016년 이 책을 처음 읽을 당시만 해도 내가 그레이엄이 갔던 길을 가게 되리라는 생각은 전혀 하지 못했다. 어떻게 이런 일이 가능해진 것일까?

주주행동주의 불모지

2016년 8월, 나는 아내를 돌보며 산후조리원의 바닥에 누워 태블릿 PC로 책을 읽고 있었다. 며칠 전 존경하는 번역가 이건 선생님으로부터, 《Dear Chairman》이라는 좋은 투자서를 찾았는데 주주행동주의에 관한 것이니 한번 보고 의견을 달라는 연락을 받았다. 그리고 100년에 달하는 미국 주주행동주의 역사와 사례, 인물과 기업을 알아가며 큰 즐거움을 느꼈다. 이건 선생님께 전화해 좋은 책이라고 말씀드렸다.

좋은 책과 상업성은 별개의 일이다. 그로부터 1년 전인 2015년 삼성물산과 제일모직의 합병이 있었다. 우리나라 여론은 엘리엇의 주장을 이해하지 못했다. 외국계 '먹튀 자본'이라는 언론의 선동에 쉽게 넘어갔다. 증권사 애널리스트들의 리포트도 대체로 삼성물산 경영진의 주장에 동조했다. 삼성물산을 보유한 개인 주주들조차 애국심을 발휘해 합병안에 찬성을 던졌다.

2016년 겨울 국립중앙도서관의 카페에서 이건 선생님, 에프엔미디어의 김기호 대표님 그리고 지금은 고인이 되신 신진오 선생님을 만났다. 세 분은 이 책을 출판하시겠다고 했다. 당시 나는 삼성물산 합병 당시 5% 공시 의무를 이행하지 않았다는 이유로 금융당국의 조사를 받던 엘리엇의 상황을 알고 있었다. 엘리엇의 직원들은 왜 자신들이 5% 위반 혐의를 받아야 하는지 이해하지 못하고 있었다. 우리나라의 자본시장을 불신하고 있었다. 엘리엇은 삼성물산 합병 발표 전, 삼성물산 주식을 실물로 보유하면서 프라임 브로커와 체결한 TRS(Total Return Swap)라는 파생상품을 통해서도 삼성물산에 롱포지션을 가지고 있었는데, 금융당국은 두 포지션을 더해 5%가 넘으니 공시 의무를 위반했다고 보았다.

이 사건은 나중에 흐지부지 무혐의로 끝났지만, 공시 의무 위반이 인정되면 형사처벌되는 사안이었기에 엘리엇의 직원들이 느끼는 심리적 부담은 상당했다. 외국인 투자자에게 한국은 주주행동주의를 하기 어려운 나라였다. 외국 자본은 한국에서 행동주의 투자에 성공할 수 없다는 분위기가 퍼져나갔다. 한편, 국내 자본의 행동주의 투자는 아직 드물고 규모도 작은 편이었다.

그런데도 세 분은 이 책의 출판을 강행했다. 주주행동주의에 대한 이해가 부족했던 한국에서 상업적으로 실패한 것은 당연한 일이었다. 그러나 설립 후 꾸준히 투자자를 위해 양서만을 출판한 에프엔미디어의 성격은 이때 정해진 것이나 다름없었다. 이때의 인연이 이어져 나는 이후로도 꾸준히 에프엔미디어가 출판하는 책을 즐겨 읽었고, 일부 책에 공저자로 참여하거나 번역을 했으며, '버핏클럽' 카페(https://cafe.naver.com/buffettclub)를 통해 투자 강의도 했다. 내가 쓴 글과 강의에는 주주행동주의 투자에 관한 내용이 많았다. 그런 나조차 이 책을 복간하겠다는 김기호 대표님의 전화를 받았을 때 귀를 의심하지 않을 수 없었다. 과연 이번에는 많은 이의 사랑을 받을 수 있을지 걱정되었다. 물론 자본시장에 많은 변화가 있긴 했지만 말이다.

2배의 2배

나는 최근 언론과 인터뷰를 하며 "내년엔 행동주의 캠페인이 2배 늘 겁니다"라고 말했다. 2023년 주주제안을 받은 기업의 숫자가 2022년에 비해 대략 2배 늘었으므로, 2024년엔 이 2배에서 다시 2배가 된다는 소리였다. 이 책이 처음 출간된 2016년에서 7년도 지나지 않은 2023년, 대한민국은 무엇이 달라졌을까?

일단은 상법이 개정되었다. 상법 개정에서 가장 큰 변화는 감사위원이 되는 이사의 '분리선출'이다. 과거엔 감사위원이 되는 이사를 선출할 때, 1단계로 이사를 선출한 뒤 2단계로 선출된 이사 중에서 감사위원을 선출했다. 이를 '일괄선출'이라 부른다. 원래 우리나라는 감사나 감사위원을 선출할 때, 의결권을 많이 보유한 주주라도 3%까지만 의결권을 인정하는 3% 룰을 가지고 있다. 우리나라는 여러 법과 제도가 지배주주에게 유리하지만, 드물게도 이 3% 룰은 비지배주주가 지배주주를 견제할 수 있는 효과적인 수단이다. 외환위기 이후 자본시장이 어느 정도 개방되면서 시민단체, 일부 소액주주들의 모임, 또는 주주행동주의 성향의 자산운용사들이 3% 룰의 도움을 받아 감사를 선출하기 위해 주주제안을 하는 경우가 많았다. 그러나 이렇게 감사 선출을 위한 주주제안을 하면, 지배주주는 감사 제도를 감사위원회 제도로 바꾸는 식으로 정관을 변경했다. 우리나라 상법에서 감사 제도와 감사위원회 제도는 서로 대체적인 관계로 하나의 제도만 두면 되는데, 감사위원회 제도는 앞서 말한 '일괄선출' 방식이 적용되기에 지배주주가 선출한 이사 중에서만 3% 룰을 적용해 감사위원을 뽑게 되었다. 비지배주주의 견제 수단이 무력화되는 셈이었다.

이런 문제 때문에 감사위원이 되는 이사를 다른 이사들과 분리해 선출하는 방식으로 제도를 바꾸려는 노력이 계속되었다. 이를 '분리선출'이라고 부르는데, 오랫동안 재계의 반발이 심했다.

문재인 정부는 변화를 바라는 국민의 열망으로 탄생했고, 처음부터 상법 개정을 공약으로 내걸었으며, 2020년 총선에서 국회의 압도적 다수석도 차지했기에 드디어 상법에서 분리선출을 도입하는 입법을 할 것이라는 기대가 많았다. 그러나 입법 과정에서 분리선출은 거센 저항에 부딪혔고, 결국 감사위원회를 구성하는 이사 3명 중 1명만 분리선출하는 내용으로 상법 개정안이 통과되었다. 나는 실망했다. 동시에 희망도 품었다. 고작 1명의 이사에 대해서만 분리선출을 인정했다고 볼 수도 있지만, 시각을 바꾸면 드디어 적어도 1명의 이사에 대해서는 3% 룰이 적용되도록 제도가 변경되었다고 볼 수도 있다. 이 상법 개정안이 통과된 것이 2020년 12월 29일이다.

제도 변경 후 변화가 시작되었다. 2021년 주주총회 시즌에서는 한국앤컴퍼니와 아트라스BX 등에서 주주제안자 측이 내놓은 감사위원이 되는 사외이사 선출의 건이 가결되었다. 유수홀딩스 등 일부 기업에서는 주주환원이 대폭 늘어나는 성과가 있었다. 사실 2020년 주주총회 시즌만 해도 지리멸렬했던 것과 비교하면 상당한 변화다. 2020년엔 코로나19의 영향으로 주주총회에 참석하는 사람이 극히 적었고 위임장도 잘 걷히지 않았다.

2022년 주주총회 시즌에는 변화가 더욱 확실히 느껴졌다. 얼라인파트너스자산운용이 에스엠에 상근감사를 선출하는 것에 성공했다. 차파트너스자산운용도 사조오양에 감사위원이 되는 사외이사를 선출했다. 엄밀히 말하면 주주행동주의 투자의 궁극적 목적은 주주가치 제고이지, 감사나 감사위원의 선출이 아니다. 이런 관점에서 살펴보면 위 두 기업 외에도 감사나 감사위원의 선출에 관한 주주제안을 협상 동력으로 삼아 기업이 주주환원을 하도록 변화시킨 사례도 늘었다. 주주행동주의 투자를 전략으로 삼은 자산운용사도 늘었다. KCGI는 수년째 진행하던 한진칼 투자를 큰 수익으로 마무리했다. 안다자산운용도 SK케미칼에서 주주행동주의 캠페인을 시작했다.

2021년 주주총회 시즌과 2022년 주주총회 시즌 사이에는 소액주주들의 자발적인 연대가 지배주주와 치열한 위임장 대결을 벌이는 일도 있었다. 사조산업에서 벌어진 일로, 이때 지배주주는 의결권을 쪼개고 대여하는 방법으로 간신히 3% 룰을 회피했다. 이후로도 여러 기업에서 주주연대가 결성되는 일이 늘었다. 인터넷 카페와 단체 카톡방을 통해 주주들이 쉽게 모였다.

과거에도 인터넷을 통해 소액주주들이 연합하는 일이 있었지만 규모가 더욱 커졌다. 코로나19 이후 개인 투자자가 양적으로 크게 성장한 덕분이다. 2019년 말 618만 명이었던 개인 투자자 인구는 '동학개미운동' 직후인 2020년 말에 919만 명으로 증가한 뒤 2021년 말에 1,384만 명, 2022년 말에는 1,441만 명으로 늘었다.

질적인 토양도 달라졌다. 늘어난 개인 투자자 중에는 젊은 투자자 비중이

가장 사업처럼 하는 투자 주주행동주의

높았다. 이들은 유튜브, 카카오톡, 텔레그램 등을 통해 기업을 분석하고 정보를 접하는 데 익숙했다. 반면 전통적인 언론의 영향력은 줄어들었다. 심지어 지배주주에 비판적인 기사를 싣지 않던 전통적인 언론조차 개인 투자자의 시각을 반영해 자본시장의 불공정한 현실을 비판하는 일이 잦아졌다. 계속되는 물적분할 사태를 겪으며 개인 투자자들은 자본시장의 잘못된 구조를 깨달았다. 물적분할로 인한 피해가 계속되자 DB하이텍과 풍산에서는 물적분할을 반대하는 주주연대가 구성되었다. 주주연대는 주주연대 사이의 연대로도 이어져 규모가 더욱 커지고 있다.

내가 많은 의결권을 모은 것도 네이버 카페에 개설된 주주연대가 아니었다면 불가능했다. 나는 2022년 3월부터 '버핏클럽' 카페를 통해 투자 강의를 했다. 그 강의에서 나는 단순 저평가 기업에 대한 투자를 넘어 주주행동주의 투자 움직임이 있는 기업을 주목해야 한다고 이야기했고, 자산운용사의 행동주의 투자뿐만 아니라 주주연대가 구성된 기업을 눈여겨볼 것을 권유했다. 실제로 나는 관심 가는 기업의 주주연대 카페가 있으면 가입해 열심히 글을 읽는 편이다. 나는 그 강의에서 KISCO홀딩스 주주연대 카페를 소개했고 많은 수강생이 이 카페에 가입했다. 그중 일부는 운영진으로 적극적으로 참여하기도 했다. 주로 30대의 젊은 개인 투자자였다.

다만 나도 예상하지 못한 일이 있었다. 바로 적극성의 정도였다. 비사이드 같은 손쉬운 수단이 있다고 하더라도 대면해서 위임장을 권유하는 일이 여전히 중요하다. 또 주주 대부분은 아직 전자위임장이 익숙하지 않기에, 직접 방문해 앱을 다운받게 하고 앱으로 위임장을 작성하는 방법을 안내해야 하는 경우가 많다. 그러나 기업이 가진 주주명부에는 애초에 전화번호나 이메일이 없고 주주연대가 열람·등사한 주주명부에도 주소만 적혀 있다. 이 주소를 보고 주주를 방문해 앱을 통한 전자위임장, 인터넷을 통한 전자투표 또는 서면 위임장을 권유해야 한다.

처음 보는 사람을 찾아가 초인종을 누르는 것은 용기가 필요한 일이다. 그 어려운 일을 자원봉사자 수십 명이 해냈다. 대가를 안 받았을 뿐 아니라 심지어 돈을 내기도 했다. 비영리단체를 설립하고 주주연대 계좌를 개설했으며 자발적으로 기부금을 걷어 비용으로 사용했다. 그 결과물이 창원으로 향하던 내 여행용 가방을 가득 채운 위임장이었다.

사업처럼 하는 투자

그레이엄은 사업처럼 투자하라고 했다. 어떻게 하면 사업처럼 투자할 수 있을까? 99%의 투자자는 사업처럼 투자하지 않는다. 그러니 아예 남들과 생각을 달리해야 한다. 흔히 열심히 한다고 하며 배우는 많은 투자법은 도리어 잘못된 방법인 경우가 많다. 특히 주위의 고만고만한 친구들은 잘못된 방법으로 투자하고 있을 가능성이 매우 크다. 간혹 좋은 책과 강의를 만날 수 있긴 하지만, 잘못된 책과 강의도 많이 섞여 있기에 항상 독자적으로 생각하고 의심해야 한다. 열심히 한다며 지식을 두뇌에 집어넣는 것이 능사가 아니다.

많은 투자자가 불필요한 노력을 열심히 퍼부어가며 공부한다. 지금도 정보를 찾아 유튜브와 카페와 블로그, 카카오톡과 텔레그램을 찾는 투자자가 부지기수다. 불필요한 매크로 지식에 탐닉하며 중요하지도 않은 애널리스트의 리포트에 밑줄을 긋고 요약한다. 사업보고서를 보더라도 단순한 재무 분석에 치중한다. 주식 담당 직원에게 얕은 질문을 반복해 던져보아야 얻는 것 역시 얕은 정보다. 각종 지표를 정리하고 분석하지만, 그 지표가 예상할 수 있는 미래는 제한적이다. 무엇이 인기를 끄는 테마인지 연구하거나, 매 시간의 가격 변동에 신경을 쓰며 신경질적으로 매수와 매도 버튼을 누르는 투자자는 하수중의 하수다.

왜 이런 현상이 발생하는가? 단기간에 큰돈을 벌고 싶은 탐욕 때문이다. 진짜 사업처럼 투자하는 사람이 단기간에 큰돈을 벌 탐욕을 부릴 리 없다. 진짜 사업처럼 투자한다면 인생 중 적어도 수년을 해당 기업에 투자하겠다는 마음가짐이 생겨야 옳다. 진중하게 생각하고 또 생각하며 고민하는 것이 옳다. 자연히 극히 소수의 기업에 투자하게 된다. 좋은 기업은 인생에서 예외적으로만 만날 수 있기 때문이다. 물론 이런 기업을 만나기 어려우면 차선책으로 분산투자를 할 수 있지만, 이는 진정 차선책에 불과하다. 좋은 기업을 만나면 집중투자하는 것이 최선이다. 기간은 수년을 생각해야 한다. 원래 사업도 그러하지 않은가. 하다 보면 단기간에 큰 수익이 날 수도 있다. 하지만 이를 목적으로 삼을 수는 없다. 그저 찾아온 운일 뿐이다.

그렇다면 어떻게 사업처럼 투자할 수 있을까? 이를 알고 싶다면 이 책의 등장인물들을 보면 된다. 모두 고도의 집중력을 발휘해 기업을 고르고, 인생의 중요한 순간을 해당 기업에 바친 인물들이다.

이 책의 등장인물들은 어떤 기준으로 기업을 바라보고 있는가? 하루하루의 주가는 관심사가 아니다. 다음 분기 실적 역시 중요한 일이 아니다. 사실 분기 보고서가 나왔을 때 바로 확인하고 싶어 조바심이 든다면 뭔가 잘못된 투자를 하고 있다고 볼 수도 있다. 경기 순환 역시 그리 중요하지 않다. 어차피 호황과 불황은 반복되며, 맞히기도 어렵다. 이를 맞히려는 생각 자체가 타이밍에 맞추어 팔고 사고를 반복할 생각이 밑바탕에 깔려 있기에 나오는 것이다.

타이밍에 맞추어 팔고 사고를 반복할 생각은 단기간에 큰돈을 벌고 싶은 탐욕에서 나온다. 사업보고서는 당연히 꼼꼼히 봐야 하지만 이것만 봐서는 안 된다. 재무제표만 보더라도 쉽게 알 수 있는 사실 그 너머를 봐야 한다.

그레이엄은 남들이 보지 않는 보고서를 뒤져 노던파이프라인의 가치를 보았다. 여기서 그치지 않고 노던파이프라인의 숨은 잠재력을 보았다. 단순히 싸다는 생각에 그치지 않고 노력을 통해 주가가 본질가치에 도달할 수 있다고 판단했기에 열심히 노력했을 것이다. 이 책의 다른 등장인물도 마찬가지다.

진정으로 사업을 하는 사람은 아이템만 달랑 고르고 멈추지 않는다. 평범한 사람도 사업 구상은 얼마든지 할 수 있다. 진정한 사업가는 신중하게 사업을 구상하고 이를 실행으로 옮기는 사람이다. 주식에 투자하고 아무것도 하지 않는 것은 사업 아이템만 고르고 사업이 잘 진행되길 바라는 것과 비슷하다. 주주행동주의 투자는 사업을 실행에 옮기는 것으로 진정 사업처럼 하는 투자와 유사하다.

사업처럼 실천하기

지금부터는 2016년의 해설보다 더욱 적극적인 관점에서 설명하겠다. 당시와는 상황이 많이 달라졌기 때문이다. 원래 주주행동주의 투자를 하기 위해서는 어느 정도의 지식과 자금이 필요하다. 물론 그렇다고 부자들만 주주행동주의 투자를 할 수 있는 것은 아니다. 시가총액 500억 원 미만의 기업 중에서도 저평가되어 있고 어느 정도의 관여를 통해 가치를 좀 더 빨리 발현시킬 수 있을 기업은 많다. 지식을 갖춘 중산층이라면 도전해볼 만한 수준이다. 나도 이런 기업에서 시작했다.

　그런데 지금은 이런 허들조차 그 수준이 크게 낮아지고 있다. 앞서 말했듯 개인 투자자가 급격히 늘었고, 이들은 연령대가 낮은 편이며 지식 수준도 높아졌다. 이들은 인터넷을 잘 활용한다. 카페나 카카오톡을 통해 주주연대를 만드는 것은 아주 평범한 일이다. 실제로 이 책의 독자들이 투자하는 기업 중에도 이미 이런 모임이 결성되었을 가능성이 크다.

　많은 기업이 주주연대를 관찰한다. 주주연대가 강한 결속력을 보이고 공통의 목소리를 내면 그 목소리가 기업에 흘러가는 것은 당연한 이치다. 결속력이 높은 주주연대는 주주 인증을 하는 주주가 많다. 어떤 주주연대는 인증 주주의 주식 수나 비중을 카운트해 카페 대문에 내걸기도 한다. 통상 주주 인증은 HTS나 MTS의 화면을 캡처하거나 잔고증명서를 통해서 했었다. 그러나 IT 기술이 발전해 주주 인증이 더욱 쉬워지고 있다. 일부 스타트업은 마이데이터 사업자를 통해 정보를 받아 회원의 보유 주식 수량을 주주연대 통계에 즉각 반영한다.

　활동적인 주주연대는 운영진을 뽑고 정관을 작성하며 대표자를 뽑아 비영리단체를 결성하기도 한다. 2022년부터 DB하이텍, 풍산 등을 시작으로 주주연대가 비영리단체를 설립하는 일이 잦아졌다. 비영리단체를 설립하면 주주연대의 이름으로 은행에서 계좌를 개설할 수 있고 투명성을 확보하기에 편리하다. 기부금 모금, 비용 집행, 계약 체결도 쉬워진다. 각종 소수주주권 행사에도 도움이 된다. 주주연대가 단순 카페나 카카오톡의 모임 수준을 넘어 비영리단체를 결성해 많은 기부금을 모았다는 사실 자체로 기업에 경고 신호가 켜질 수 있다. 나 역시 주주연대를 이끌며 비영리단체를 만들었다. 기부금도 예상보다 많이 걷혀 깜짝 놀랐다.

주주연대는 주주제안을 하거나 주주명부 열람·등사청구, 회계장부 열람·등사청구, 주주대표소송 등 소수주주권을 행사하곤 한다. 특정 주주연대가 소수주주권 행사를 통해 경험과 노하우를 쌓으면 그 노하우가 다른 주주연대에 전달된다. 2022년부터 간단한 소수주주권을 행사하는 노하우를 쌓은 주주연대가 늘었다. 심지어 주주연대의 연대도 결성되고 있다.

주주연대는 소수주주권을 행사하는 방법으로만 활동하는 것이 아니다. 시위도 하고 인터넷 게시판이나 SNS를 통해 여론전을 펼치기도 한다. 보도자료를 작성해 배포하고 시민단체나 정치인의 조력도 얻는다. 2022년 풍산 주주연대는 지배주주가 국정감사에 증인으로 소환되도록 하는 노력을 기울였다. 우리나라 기업은 지배주주를 중심으로 작동하기에, 이런 방법이 어설프게 법적 권리를 행사하는 것보다 더 효과적일 수도 있다. 이 영향이었는지는 알 수 없지만 풍산은 물적분할 계획을 철회했다.

주주연대가 결성된다고 하더라도 활동적인 회원이 없다면 소용없다. 활동을 위해서는 어느 정도의 자기희생이 필요하다. 비용도 비용이지만 시간과 노력이 들어가는 일이다. 위임장을 받기 위해 주주를 방문해 문전박대를 당하면 심리적인 피로감이 올라간다. 나 역시 살면서 모르는 집의 초인종을 누를 일이 있을 것이라고는 생각지도 못했다. 그런데 이보다 더 예상하지 못한 일이 있었다. 많은 주주가 자원봉사를 하겠다고 나선 일이다. 약 40명이 주주연대 활동에 자원했다. 물론 버핏클럽 카페에서 진행한 내 투자 강의를 들은 수강생이 다수 포함되어 있긴 하다. 그래도 이들 역시 대부분 인터넷 강의로만 만난 인연일 뿐, 자원봉사를 하라고 강제한 것은 아니었다. 이런 현상이 내가 이끈 주주연대에만 나타날 리 없으며, 다른 주주연대 역시 열성적인 회원들이 늘어나리라 생각한다.

앞서 상법 개정으로 3% 룰을 이용하기가 쉬워졌다고 설명했다. 상법 개정은 상법 개정으로만 끝나지 않았다. 전자위임장 사업을 하는 스타트업의 등장을 촉발한 것이다. 2022년엔 에스엠, 사조산업, 금호석유화학이 비사이드코리아의 서비스를 통해 캠페인을 벌였다. 2023년 이 글을 쓰는 현재 비사이드코리아에 공개된 캠페인은 9개에 달한다. 이 중에는 내가 이끄는 주주연대가 주체가 되어 의뢰한 캠페인도 있다. 비용도 합리적인 편이다. 게다가 전자위임장 서비스를 제공하는 기업이 비사이드코리아만 있는 것도 아니다. 경쟁을 통해 비용은 큰 문제가 되지 않을 것이다.

사실 비용보다 더욱 중요한 것은 전자위임장을 통한 위임장 수거의 정확성과 편리성이다. 나는 위임장 대결을 하면서 매일 아침 우편으로 도달하는 서면위임장을 받았었다. 그러나 서면위임장 중에는 주식 수를 잘못 기재하거나, 위임장의 날짜나 찬반 의사 표시를 잘못 기재하거나, 신분증 사본을 제대로 첨부하지 않은 경우가 많았다. 급할 때 연락할 연락처라도 기재하면 바로 전화로 보완을 부탁할 수 있었을 텐데, 연락처가 기재되지 않아 발을 동동 구르기도 했다. 어떤 주주는 위임장에 찬반을 표시하지 않은 채 서면위임장을 보냈는데, 내 실수로 제때 확인하지 못해 주주총회장에서 기권으로 처리되기도 했다. 하지만 전자위임장에는 이런 오류가 아예 없었다. 주주총회장에서 위임장을 확인하는 회사 측도 엑셀에 기재하기 바빴을 뿐이다.

편리성은 두말할 나위 없다. 주주를 방문해 위임장을 부탁할 때, 되도록 앱을 다운로드해서 전자위임장을 작성하도록 권하는 것이 더 편리했다. 사용이 편리했기 때문에 그다지 캠페인을 선전하지 않았음에도 정말 많은 주주가 전자위임장으로 위임했다.

전자위임장은 전자투표보다 주주행동주의자 측에 유리하다. 전자투표는 투표하는 순간 해당 주주의 정보가 회사에 주어진다. 회사 측은 투표하지 않은 주주를 대상으로 효과적으로 서면위임장을 걷으러 다닐 수 있지만, 주주행동주의자는 누가 전자투표를 했는지 알 수 없다. 전자위임장은 반대다. 내가 이끄는 주주연대는 주식 수가 많은 주주부터 효율적으로 전자위임장을 행사하도록 권유했고, 전자위임장을 행사하지 않은 주주를 방문했다. 주식 수 기준 상위에 있는 주주는 네 번, 다섯 번 찾아간 경우도 많았다. 주주연대의 자원봉사자들이 웬만한 개인 주주는 훑고 지나갔기에, 회사 측이 고용한 오프라인 의결권대리행사 권유업체는 많은 곤란을 겪었을 것으로 추측한다.

임계점

지금까지 주주연대의 관점에서 설명했다. 주주연대가 이처럼 권리를 행사하기 쉬워졌다면, 어느 정도 역량을 갖춘 자산운용사는 얼마나 더 주주행동주의 투자가 쉬워졌겠는가. 자산운용사와 비슷하게 역량을 갖춘 슈퍼개미 역시 마찬가지다.

분자의 운동이 활발해지면 분자와 분자가 부딪치며 화학 반응이 일어난다. 임계점을 넘어가면 물체의 성질이 변한다. 우리나라의 주주행동주의 역시 그런 과정에 있다고 생각한다. KT&G는 자산운용사 2곳이 동시에 공략했다. 내가 이끄는 주주연대가 대상으로 한 기업도 밸류파트너스자산운용이라는 주주행동주의 성향 자산운용사가 이미 투자하고 있었다. 최근 KCGI는 DB하이텍 지분을 사들였는데, DB하이텍 주주연대의 존재를 의식하지 않았으리라 생각하기 어렵다.

주주행동주의 투자자가 늘어나면 늘어날수록 특정 주주행동주의자가 다른 주주행동주의자의 이목을 끄는 일이 잦아질 것이다. 같은 기업에 여러 주주행동주의 투자자가 존재할 수 있다. 같은 생각을 하는 투자자가 많아질수록 주주행동주의 투자의 성공 가능성이 커진다. 어떤 자본이 주주행동주의 투자를 해서 성공하면, 그 자본은 크기가 더욱 커지며 경험과 노하우가 늘어난다.

경제 성장이 느려지면 기업의 성장도 느려진다. 과거엔 여러 기업을 키워 자녀들에게 공평하게 승계해주었지만 이는 이미 오랜 옛날의 일이다. 일감 몰아주기 등을 통해 지배주주 자녀의 기업을 키우는 것도 사회의 투명성이 높아지며 점점 어려워졌다. 하나의 기업을 여러 자녀가 승계받을 수는 없는 노릇이므로 결국 승계에서 배제된 자녀가 생기며, 이런 후손은 세대가 내려갈수록 증가한다. 증가한 주주행동주의 투자자는 승계에서 소외된 지배주주 일가와도 연합할 수 있다. 이미 한진칼에서 발생한 일이다.

특수상황투자

나는 작년(2022년)에 《특수상황투자》라는 책을 번역했다. 특수상황투자란 분할, 합병, 인수, 적대적 인수합병, 주주행동주의 투자 등 특수한 상황에서 투자 기회를 노리는 투자를 말한다. 사실 오늘날의 자본시장에서 적대적 인수합병은 큰 의미가 없어졌다. 실제로 우리나라에서 적대적 인수합병이 성공한 사례는 극히 드물다. 이는 미국 역시 마찬가지여서 영화 〈월스트리트〉와 〈프리티 우먼〉이 그렸던 1980년대를 지나 1990년대가 되면서 거의 사라졌다. 결국 오늘날의 특수상황투자는 '주주행동주의 투자가 발생한 상황에서의 투자'와 거의 일치한다고 보아도 무방하다. 그런데도《특수상황투자》는 원서가 1960년대 책이어서, 주주행동주의 투자가 발생한 상황의 투자는 설명하지 못했다.

나는《특수상황투자》를 번역하기 전에《주식시장을 더 이기는 마법의 멀티플》을 번역했다.《주식시장을 더 이기는 마법의 멀티플》은 버핏의 투자조합 시절, 즉 1950년대와 1960년대의 버핏을 다루는데, 버핏은 이 시기에 곧잘 위임장 대결을 통해 이사회를 장악하거나 이사회에 진출했다. 당시는 주식이 극단적으로 분산되었던 시대로, 이 책 2장에서 설명하는 로버트 영의 위임장 대결 역시 같은 시대를 배경으로 벌어진 일로 이해하면 된다.

어쨌든《주식시장을 더 이기는 마법의 멀티플》에서 번역한 바와 같이, 버핏은 투자조합 시절 조합원들에게 보낸 서한에서 자신의 투자 전략을 '1. 단순 투자 2. 워크아웃 3. 경영 참여'로 설명했다. 당시엔 주주행동주의 투자의 개념이 없었기에 '3. 경영 참여'는 적대적 인수합병에 가까운 것으로 생각할 수도 있다. 이를 현대적인 개념으로 바꾸면 '직접' 주주행동주의 투자를 실행하는 전략으로 설명할 수 있을 것이다. 나는 앞서 개인 투자자가 직접 주주행동주의 투자를 실천할 수 있는 시대가 열렸다고 설명했다. 그런데 개인 투자자는 '직접' 주주행동주의 투자를 하는 것 외에도 '2. 워크아웃'의 방법을 활용할 수 있다.

버핏이 말하는 워크아웃은 특수상황투자와 같은 개념이다. 오늘날의 특수상황투자는 주주행동주의 투자가 발생한 상황에서의 투자와 거의 일치한다고 보아도 무방하다고 설명했다. 즉, 개인 투자자는 '직접' 주주행동주의 투자를 할 수도 있지만, 다른 주주행동주의 투자에 '편승'할 수도 있다는 소리다. 주주행동주의 투자가 성행하면 성행할수록, 그리고 성공하면 성공할수록, 개인 투자자가 다른 주주행동주의 투자에 '편승'할 기회는 늘어난다.

그런데 다른 주주행동주의 투자에 편승하기 위해서는 올라타려는 말이 제

가장 사업처럼 하는 투자 주주행동주의

대로 된 말인지를 잘 살펴야 한다. 성공 가능성이 부족한 주주행동주의 투자에 편승하거나, 심각한 경우 애초에 주주행동주의 투자를 할 마음이 없이 편승하려는 사람들의 심리를 악용하려는 투자, 이른바 '먹튀'에 잘못 편승하는 수가 있다. 이런 상황을 방지하기 위해서는 올바른 주주행동주의 투자가 무엇인지 알아야 한다. 주주행동주의 투자의 전략과 가치관을 배우는 것이 필요하다.

아마 이 책을 집어 든 독자의 상당수는 이런 투자를 공부하기 위한 목적으로 이 책을 골랐을 것이다. 그런데 주주행동주의 투자를 제대로 공부하려면 스스로 주주행동주의 투자자의 관점에서 생각해보는 것이 좋다. 그러면 어떤 주주행동주의 캠페인이 성공할 가능성이 크고 올바른 캠페인인지 고르는 안목이 생길 것이다. 사실 이런 전략적인 사고에 바탕을 두는 투자 역시 사업처럼 투자하는 예에 속한다.

주식 투자자 상당수는 버핏의 전략 중 '1. 단순 투자'의 단계에 머무른다. 솔직히 단순 투자조차 제대로 못 하는 투자자가 부지기수다. 그러나 투자자는 끊임없이 배우고 성장해야 한다. 투자에 뛰어들기를 잘했다고 생각할 때가 있는데, 특히 끊임없이 배우고 성장해야 할 일을 찾을 때가 그렇다. 이 책을 통해 '2. 워크아웃 3. 경영 참여'로까지 투자의 지평을 넓혀볼 것을 권유한다. '1. 단순 투자 2. 워크아웃 3. 경영 참여' 중 진정 사업처럼 하는 투자의 묘미를 느낄 수 있는 것은 '워크아웃과 경영 참여'뿐이다. 그때 비로소 평범한 투자서 수십 권을 읽는 것보다 크게 성장한 자신을 발견하게 될 것이다.

심혜섭

미주

들어가는 말

1. Jimmy Greenfield, *100 Things Cubs Fans Should Know Before They Die*, Chicago: Triumph Books, 2012. p.66.

2. 모든 숫자는 일리노이 상고법원의 법원 기록 [사건번호 51750 슐렌스키 대 리글리(Shlensky v. Wrigley)]에서 인용함.

3. Johan Matthijs de Jongh, "Shareholder Activists Avant La Lettre: The 'Complaining Participants' in the Dutch East India Company, 1622-1625", in *Origins of Shareholder Advocacy*, edited by Jonathan G. S. Koppell, New York: Palgrave Macmillan, 2011. pp.61~87.

4. 1985년 11월 4일 GM 이사회에서 로스 페로가 한 말.

5. Alice Schroeder, *The Snowball: Warren Buffett and the Business of Life*, New York: Bantam Books, 2008. p.486.

6. Steve Fishman, "Get Richest Quickest", *New York Magazine*, Nov. 22, 2004.

7. 1998년 버크셔 해서웨이 주주총회에서 워런 버핏이 한 말.

1장 현대 주주행동주의의 탄생

1. Benjamin Graham, *Benjamin Graham: The Memoirs of the Dean of Wall Street*, edited by Seymour Chatman, New York: McGraw-Hill, 1996. p.200.

2. 같은 책, p.200.

3. John H. Armour and Brian R. Cheffins, "Origins of 'Offensive' Shareholder Activism in the United States" in *Origins of Shareholder Advocacy*, edited by Jonathan G. S. Koppell, New York: Palgrave Macmillan, 2011. p.257.

4. "Cent. Leather Proxy Fight", *New York Times*, Jan. 31, 1911.

5. Armour and Cheffins, "Origins of 'Offensive' Shareholder Activism", p.257.

6. T. J. Stiles, *The First Tycoon: The Epic Life of Cornelius Vanderbilt*, New York: Vintage Books, 2010. p.439, pp.449~465.

7. A.W. 존스는 일반적으로 1949년에 세계 최초의 헤지펀드를 설립한 것으로 알려져 있다. 그레이엄은 1936년 그레이엄뉴먼코퍼레이션을 설립했다(참조: Schroeder, *The Snowball: Warren Buffett and the Business of Life*). A. W. 존스와 마찬가지로 그레이엄뉴먼도 파트너가 소수였고 실적 배당을 했으며 공매도 전략과 헤징 전략을 구사했다(참조: Graham, *Benjamin Graham*, p.268).

8. Graham, *Benjamin Graham*, p.180.

9. 그레이엄뉴먼은 기업이었다. 국세청이 그레이엄 공동계좌의 과세 지위를 검토하자 회계사는 법인을 설립하라고 권유했다(참조: Benjamin Graham, *Benjamin Graham*, p.268). 조 칼렌(Joe Carlen)에 의하면 연 수익률이 S&P는 14.3%였고 그레이엄은 17.5%였다. 펀드가 청산되었을 때 투자자들이 받은 가이코(GEICO) 주식도 실적이 매우 좋았다(참조: Joe Carlen, *The Einstein of Money: The Life and Timeless Financial Wisdom of Benjamin Graham*, Amherst, NY: Prometheus Books, 2012. p.262).

10. 수익률의 출처는 다음과 같다. "47 Year Results of Walter & Edwin Schloss Associates", memo, Walter Schloss Investing Archive, Heilbrunn Center for Graham & Dodd Investing, Columbia Business School, New York.

11. Benjamin Graham, *The Intelligent Investor*, New York: Harper, 1973. p.107: "주가가 이유 없이 하락할 때 놀라서 내던지거나 쓸데없이 걱정한다면, 이는 이익을 손실로 바꾸는 어리석은 행동이다. 이런 사람이라면 차라리 주가가 없다고 생각하는 편이 낫다. 그러면 다른 사람들의 판단 착오 탓에 고민할 일도 없다."

12. 같은 책, p.109.

13. 같은 책, p.281.

14. John Micklethwait & Adrian Woolridge, *The Company: A Short History of a Revolutionary Idea*, New York: Modern Library, 2003. p.62.

15. 같은 책, p.62.

16. Graham, *Benjamin Graham*, p.142.

17. 같은 책, p.142.

18. 같은 책, p.143.

19. 《현명한 투자자》의 부제에서도 그레이엄의 학자적 면모가 잘 드러난다. 그가 원래 지은 부제는 '실제적인 조언을 담은 책(A Book of Practical Counsel)'이다. 이후 출판사가 수정한 부제로는 '가치투자의 고전 교과서(The Classic Text on Value Investing)' '가치투자의 고전 베스트셀러 (The Classic Bestseller on Value Investing)' '가치투자의 결정판(The Definitive Book on Value

Investing)' 등이 있다.

20. Graham, *Benjamin Graham*, p.200.

21. 같은 책, p.201.

22. 같은 책, p.203.

23. 같은 책, p.207.

24. 그레이엄은 그레이엄뉴먼의 주주 겸 이사인 로버트 머로니와 함께 서한을 작성했다. 그레이
엄은 1919년 시카고 밀워키&세인트폴철도(Chicago, Milwaukee & St. Paul Railroad)를 분석
하는 과정에서 머로니를 알게 되었다. 그레이엄은 당시 시카고 밀워키&세인트폴철도의 재무
담당 부사장이었던 머로니에게 세인트루이스&사우스웨스턴철도(St. Louis & Southwestern
Railroad)가 훨씬 더 매력적인 투자 대상이라고 말했는데도 머로니는 이의를 제기하지 않았다.
이후 두 사람은 친구가 되어 투자 아이디어를 공유했다. 머로니는 록펠러재단의 버트럼 커틀러,
톰 데비보이즈와도 친분이 있었다. 그레이엄의 서한을 받은 커틀러는 데비보이즈에게 "머로니
가 귀찮게 굴 듯하네…"라는 서한을 보냈다.

25. Graham, *Benjamin Graham*, p.210.

26. 같은 책, p.211.

27. Joe Nocera, "The Board Wore Chicken Suits", *New York Times*, May 27, 2006.

28. Leonard Marx, letter to Warren Buffett dated Apr. 15, 1957, Walter Schloss Investing Archive,
Heilbrunn Center for Graham & Dodd Investing, Columbia Business School, New York.

29. 가치투자자들에게는 통과의례에 해당한다. 정보가 더 많은 사람이 무슨 소리를 하더라도 내 포
지션을 함부로 바꿔서는 안 된다.

30. 나는 위임장에 기재된 이사의 명단과 ICC 보고서에 기재된 임직원 명단을 대조해보았다. '관련
회사의 임원'이라고 주장한 근거는 다음을 참조: Graham, *Benjamin Graham*, p.211.

31. 예일 법학대학원 샘 해리스 회사법 교수 조너선 메이시(Jonathan Macey)는 2006년 10월 9일
취임 공개강의에서 《페더럴리스트 페이퍼》의 10번째 논설에 관해 이야기했다. "Where's the
Theory in Corporate Governance?", https://itunes.apple.com/us/itunes-u/corporate-law/
id387940792?mt=10, released Aug. 6, 2007.

32. 톰 데비보이즈의 아들 엘리 휘트니 데비보이즈(Eli Whitney Debevoise)는 1931년 데비보이즈&
플림튼(Debevoise & Plimpton)을 공동 설립했다. 일반교육위원회는 존 록펠러 1세가 시작한
공익 법인이다. 20세기 초 록펠러가 이 위원회에 기부한 금액은 당시 미국 역사상 최대 규모였
다(출처: Thomas M. Debevoise, letter to Wickliffe Rose dated Apr. 16, 1925. Folder 181, Box 18,
Rockefeller Family Collection, Rockefeller Archive Center).

33. Northern Pipeline proxy mailing dated Jan. 12, 1928. Folder 912, Box 121, Rockefeller Family
Collection, Rockefeller Archive Center.

34. Robert A. G. Monks & Nell Minow, "Case Studies: Corporations" in *Crisis*, Jun. 30, 2011, http://higheredbcs.wiley.com/legacy/college/monks/0470972599/supp/casestudies.pdf, pp.84~85. 미술관을 건립한 명분은 옥시덴탈의 인지도와 평판을 높이겠다는 뜻이었다(출처: "Most of it is junk" *Time's review*). 1억 5,000만 달러는 주주 소송에서 나온 수치다. 이보다 낮춰 잡더라도 처음에 회사가 추정한 금액이 5,000만 달러였고 이후 추가로 조달한 금액이 2,400만 달러였다.

35. Lucian A. Bebchuk & Jesse M. Fried, *Pay Without Performance: The Unfulfilled Promise of Executive Compensation*, Cambridge, MA: Harvard University Press, 2006. p.113.

36. ABN암로은행은 뱅크오브아메리카가 인수했고, 컨트리와이드파이낸셜은 스코틀랜드왕립은행(Royal Bank of Scotland), 포티스은행(Fortis), 산탄데르은행(Banco Santander)의 컨소시엄이 인수했다. 자산을 분배하고 얼마 지나지 않아 스코틀랜드왕립은행과 포티스은행은 ABN암로은행의 부채 탓에 지급 불능에 빠졌다.

37. 이와 관련해 다음 연구를 참조하라. Michael Mauboussin & Dan Callahan, "Disbursing Cash to Shareholders: Frequently Asked Questions About Buybacks and Dividends", Credit Suisse report, May 6, 2014. http://www.shareholderforum.com/wag/Library/20140506_CreditSuisse.pdf.

38. 윈딕시는 장기간 과도하게 배당하느라 매장에 대한 투자가 많이 부족해 마침내 파산했다.

39. 고객이 동굴 같은 매장에 들어서자마자 판매원들이 성가시게 달라붙어 돌비 잡음 감소 시스템 등 난해한 이야기를 늘어놓았다.

40. Graham, *Benjamin Graham*, p.205.

41. 록펠러재단이 노던파이프라인 경영진에 잉여현금 분배를 요청한 서류(회의록은 아님)가 재단에 남아 있다.

42. Graham, *Benjamin Graham*, p.187.

43. Schroeder, *Snowball*, p.186.

44. Graham, *The Intelligent Investor*, p.269.

45. 1976년과 1996년 버크셔 해서웨이 사업보고서. 1976년에는 주식을 취득원가로 평가하고 미실현 이익 4,570만 달러를 더했다.

46. 뱅크오브아메리카 주식 인수권을 행사한 것으로 가정함.

47. Graham, *Benjamin Graham*, p.208.

2장 위임장 전문가들의 공격

1. Joseph Borkin, *Robert R. Young: The Populist of Wall Street*, New York: Harper & Row, 1947. p.50.

2. 같은 책, p.50. 법원에 의해 의결권이 제한된 주식이 43%였으므로, 나머지 주식의 41%면 의결권 주식의 70%가 약간 넘었다.

3. Matthew Josephson, "The Daring Young Man of Wall Street", *Saturday Evening Post*, Aug. 18, 1945.

4. David Karr, *Fight for Control*, New York: Ballantine, 1956. p.99.

5. DJIA promotional flyer, Dow Jones Indexes, Dec. 31, 2011. http://www.djindexes.com/mdsidx/downloads/brochure_info/Dow_Jones_Industrial_Average_Brochure.pdf.

6. Karr, *Fight for Control*, p.93.

7. J. C. Perham, "Revolt of the Stockholder", *Barron's*, Apr. 26, 1954.

8. Connie Bruck, *The Predators' Ball: The Inside Story of Drexel Burnham and the Rise of the Junk Bond Raiders*, New York: Penguin, 1989. p.157; Mark Stevens, *King Icahn: The Biography of a Renegade Capitalist*, New York: Dutton, 1993. p.96.

9. Borkin, *Robert R. Young*, p.178. 영은 130만 달러, 뉴욕센트럴철도는 90만 달러를 지출했다.

10. Robert Young, letter dated Apr. 8, 1954. Robert Ralph Young Papers(MS 1738), Manuscripts and Archives, Yale University Library.

11. Robert Young, unfinished memoirs, Robert Ralph Young Papers(MS 1738), Manuscripts and Archives, Yale University Library, p.4.

12. 에퀴셰어즈에서 영은 곧바로 라스콥의 투기 성향에 좌절감을 느꼈다. 주식시장을 비관했던 영은 1929년 6월 듀퐁을 설득해 1,500만 달러 상당의 보유 주식을 매각하게 했지만, 라스콥은 거품이 가득한 시장에 멋대로 돈을 쏟아부었다. 영은 이렇게 기록했다. "라스콥은 남들을 맹신한 데다가 시장을 끝없이 낙관한 탓에 이런 실수를 저질렀다. 그러나 이런 실수 때문에 나는 그를 존경하고 사랑했다. 시장이 폭락을 거듭하던 1929년 10월에서 1933년 3월까지, 그는 항상 다음 달에는 주가가 폭등할 것이라고 굳게 믿었다." Young, memoirs, p.5.

13. Young, memoirs, pp.9~11.

14. Borkin, *Robert R. Young*, p.35, p.41.

15. 같은 책, p.98.

16. 같은 책, p.102.

17. 같은 책, p.108.

18. 같은 책, p.141.

19. Karr, *Fight for Control*, p.11.

20. John Brooks, *The Seven Fat Years: Chronicles of Wall Street*, New York: Harper & Brothers, 1958. p.6.

21. 같은 책, p.10.

22. Borkin, *Robert R. Young*, p.142.

23. 같은 책, p.144.

24. Karr, *Fight for Control*, p.7.

25. Borkin, *Robert R. Young*, p.146.

26. Brooks, *The Seven Fat Years*, p.12. Also see Diana B. Henriques, *The White Sharks of Wall Street: Thomas Mellon Evans and the Original Corporate Raiders*, New York: Scribner, 2000. p.133.

27. Karr, *Fight for Control*, p.15.

28. 같은 책, p.32.

29. Borkin, *Robert R. Young*, 151, citing *New York Times*, Feb. 16, 1954. p.35.

30. 같은 책, p.154.

31. 같은 책, p.152. The full quote reads: "It's a good bet… that as it goes, so goes the Central."

32. Robert Young, letter to the New York Central shareholders dated Mar. 5, 1954. Robert Ralph Young Papers(MS 1738), Manuscripts and Archives, Yale University Library.

33. Northern Pipeline proxy mailing, Jan. 12, 1928. Series 87.1N3, Box 121, Folder 912, Business Interests—Northern Pipeline, Rockefeller Family Collection, Rockefeller Archive Center.

34. Borkin, *Robert R. Young*, p.203.

35. 같은 책, p.170, from Associated Press (AP) interview.

36. 같은 책, p.151.

37. 같은 책, p.137.

38. 같은 책, p.171, from AP debate.

39. 같은 책, p.171, from AP debate.

40. 같은 책, pp.196~197, citing *New York Times*, Feb. 17, 1954.

41. 같은 책, p.201.

42. 같은 책, p.162.

43. 같은 책, p.162.

44. Brooks, *The Seven Fat Years*, p.28.

45. Borkin, *Robert R. Young*, p.202.

46. Karr, *Fight for Control*, pp.33~34.

47. Robert Young, letter to Henry Luce quoting *Fortune* article from May 1954, Robert Ralph Young Papers(MS 1738), Manuscripts and Archives, Yale University Library.

48. Brooks, *The Seven Fat Years*, p.25.

49. 같은 책, p.32.

50. 같은 책, p.32.

51. 같은 책, p.35.

52. Karr, *Fight for Control*, p.111.

53. Robert Young, "Little White Lies", proxy mailing, Robert Ralph Young Papers(MS 1738), Manuscripts and Archives, Yale University Library. 미니애폴리스&세인트루이스철도에 대해서

는 다음 참조: Karr, *Fight for Control*, p.109.

54. Karr, *Fight for Control*, p.114.

55. "Soon-to-be-boss of North Western Collector of Two Kinds of Trains", *Toledo Blade*, Feb. 23, 1956.

56. "Business: Challenge to Management - The Raiders," *Time*, Jul. 25, 1955.

57. Henriques, *White Sharks*, p.199, quoting Dero A. Saunders "How Managements Get Tipped Over", *Fortune*, Sep. 1955.

58. 같은 책, p.99.

59. 같은 책, p.172.

60. Karr, *Fight for Control*, p.151.

61. 울프슨의 몰락 과정은 극적이었다. 그는 자신이 지배하는 투자기구인 메리트채프먼에 주식을 위장 분산(stock-parking)하고 아메리칸모터스(American Motors) 주가를 조작한 혐의로 SEC의 집중 조사를 받았다. 울프슨이 몰락하자, 울프슨 가족 재단의 고문으로 내정되었던 대법관 에이브 포타스(Abe Fortas)의 명성도 실추되었다.

62. "Dissolution Approved by Merritt Chapman", *Milwaukee Journal Business News*, May 11, 1967.

63. Henriques, *White Sharks*, p.307.

64. Borkin, *Robert R .Young*, p.223.

65. 아마도 처제 조지아 오키프(Georgia O'Keeffe)의 미술품 투자에서 최고의 성과가 나왔을 것이다. 그녀의 가장 유명한 그림이 포함된 소장품은 1987년 경매에서 수백만 달러에 팔렸다.

66. Borkin, *Robert R. Young*, p.47.

67. Henriques, *White Sharks*, pp.243~244.

68. 같은 책, p.264.

69. 같은 책, pp.206~207

3장 저평가된 기업을 살린 가치투자자의 행동주의

1. L. J. Davis, "Buffett Takes Stock", *New York Times Magazine*, Apr. 1, 1990.

2. Warren Buffett, letter to Mr. M. Rubezanin, Apr. 10, 1957. Walter Schloss Investing Archive, Heilbrunn Center for Graham & Dodd Investing, Columbia Business School, New York.

3. Appendix to Buffett Partnership Ltd., 1963 Annual Letter to Partners, Jan. 18, 1964.

4. 같은 글.

5. Buffett Partnership Ltd., First Half 1963 Update Letter to Partners, Jul. 10, 1963.

6. Schroeder, *Snowball*, p.230.

7. 같은 책, p.232.

8. 같은 책, p.232.

9. Norman C. Miller, *The Great Salad Oil Swindle*, Baltimore: Penguin, 1965. pp.79~80.

10. 같은 책, p.90.

11. 같은 책, p.80.

12. 같은 책, pp.81~83.

13. 같은 책, p.80.

14. Peter Z. Grossman, *American Express: The Unofficial History of the People Who Built the Great Financial Empire*, New York: Crown, 1987. p.312.

15. 같은 책, p.312.

16. Miller, *The Great Salad Oil Swindle*, p.88.

17. 같은 책, p.15.

18. 같은 책, pp.16~17.

19. 같은 책, pp.22~23.

20. 같은 책, p.23.

21. Grossman, *American Express*, p.306.

22. Miller, *The Great Salad Oil Swindle*, pp.60~61.

23. 같은 책, pp.104~105.

24. Grossman, *American Express*, p.313.

25. 같은 책, p.309.

26. Miller, *The Great Salad Oil Swindle*, p.82.

27. 같은 책, p.83.

28. 같은 책, pp.83~84.

29. 같은 책, p.134.

30. 같은 책, p.179.

31. 같은 책, pp.179~180.

32. 같은 책, pp.163~168.

33. 같은 책, p.178.

34. Schroeder, *Snowball*, p.558.

35. 같은 책, p.264.

36. Buffett Partnership Ltd., 1962 Annual Letter, Jan. 18, 1963.

37. Buffett Partnership Ltd., 1963 Annual Letter, Jan. 18, 1964.

38. Buffett Partnership Ltd., Partnership Letter, Oct. 9, 1967.

39. Schroeder, *Snowball*, p.260.

40. 같은 책, p.151.

41. "How Omaha Beats Wall Street", *Forbes*, Nov. 1, 1969.

42. Grossman, *American Express*, p.327.

43. 같은 책, p.328.

44. Davis, "Buffett Takes Stock."

45. Stanley H. Brown, *Ling: The Rise, Fall, and Return of a Texas Titan*, New York: Atheneum, 1972. p.56.

46. Bruce Wasserstein, *Big Deal: The Battle for Control of America's Leading Corporations*, New York: Warner Books, 1998. p.58.

47. John J. Nance, *Golden Boy: The Harold Simmons Story*, Austin, TX: Eakin Press, 2003. pp.182~193.

48. 같은 책, p.202.

49. 같은 책, p.205.

50. Jim Mitchell, "The Inside Story of Harold C. Simmons from Huck Finn Looks to High-Rolling Investments", *Dallas Morning News*, Oct. 1, 1989.

51. Peter Tanous, "An Interview with Merton Miller", Index Fund Advisors, Feb. 1, 1997. http://www.ifa.com/articles/An_Interview_with_Merton_Miller.

52. Moira Johnston, *Takeover: The New Wall Street Warriors*, New York: Arbor House, 1986. p.22.

53. John Brooks, *The Go-Go Years: The Drama and Crashing Finale of Wall Street's Bullish 60s*, New York: Wiley, 1999. p.238.

54. 같은 책.

55. 같은 책, pp.258~259.

4장 현금이라는 강력한 무기를 휘두른 기업사냥꾼

1. Stevens, *King Icahn*, p.133.

2. 같은 책, p.134.

3. 같은 책, p.150.

4. 같은 책, p.150.

5. 같은 책, p.159.

6. Wasserstein, *Big Deal*, p.78.

7. 적대적 기업 인수는 1980년대 발명품이 아니다. 1960년대와 1970년대에 점차 증가했다. 1974년 불행하게 끝난 인코(Inco)의 ESB 인수가 적대적 기업 인수의 효시라고 알려진 것은 틀린 것이다.

8. Bruck, *The Predators' Ball*, p.117.

9. 같은 책, p.169.

10. "US Bond Market Issuance and Outstanding(xls)—annual, quarterly, or monthly issuance to Dec. 2014(issuance) and from 1980 to 2014 Q3(through Nov. 2014)", Securities Industry and Financial Markets Association, accessed Dec. 27, 2014, http://www.sifma.org/research/statistics.aspx.

11. 아이슬란드은행 채권을 소유한 사람들이라면 자신도 모르게 그랬을 수 있겠다.

12. Stevens, *King Icahn*, p.168.

13. T. Boone Pickens, *The Luckiest Guy in the World*, Washington, D.C.: BeardBooks, 2000. pp.17~24.

14. 같은 책, p.31.

15. Moira Johnston, *Takeover: The New Wall Street Warriors*, New York: Arbor House, 1986. p.53.

16. 바이아웃 가격은 발표 전날의 종가보다 10%, 발표 다음 날 종가보다는 30% 비쌌다.

17. 비난은 기업사냥꾼들이 거의 다 받았지만, 나는 경영진보다는 기업사냥꾼들에게 더 동조적이다. 기업사냥꾼은 목표 기업의 주주가 아니라 자신의 주주들에게 충성해야 하기 때문이다.

18. Pickens, *The Luckiest Guy in the World*, p.224.

19. 같은 책, p.229.

20. 같은 책, p.233.

21. Debra Whitefield, "Unruh Calls for Pension Funds to Flex Muscles", *Los Angeles Times*, Feb. 3, 1985.

22. Johnston, *Takeover*, p.60.

23. 같은 책, pp.70~71.

24. Stevens, *King Icahn*, p.149.

25. 같은 책, p.14.

26. 같은 책, p.18.

27. 같은 책, p.28.

28. 같은 책, p.31.

29. John Brooks, *The Takeover Game*, New York: Dutton, 1987. p.86.

30. Stevens, *King Icahn*, p.43.

31. 같은 책, p.43.

32. 같은 책, p.111.

33. Ken Auletta, "The Raid: How Carl Icahn Came Up Short", *New Yorker*, Mar. 2006.

34. Bruck, *The Predators' Ball*, p.247.

35. James Stewart, *Den of Thieves*, New York: Touchstone, 1992. p.136.

36. Bruck, *The Predators' Ball*, p.17.

37. 같은 책, p.163.

38. John Taylor, *Storming the Magic Kingdom: Wall Street, the Raiders, and the Battle for Disney*, New York: Ballantine, 1988. p.108.

39. Bruck, *The Predators' Ball*, p.165.

40. 같은 책, p.166.

41. Pickens, *The Luckiest Guy in the World*, p.234.

42. 2단계(two-tier) 공개매수에서는 주식 매수를 두 번으로 나눈다. 초기 단계에서는 대개 주식의 51%를, 두 번째 단계에서는 나머지 49%를 목표로 하는데 두 번째 조건은 대체로 첫 번째만 못 하다. 예를 들어 1단계에서는 100% 현금 인수인 데 반해 2단계 때는 채권을 줄 수 있다. 이 때문에 주주들은 2단계에서 상대적으로 나쁜 조건을 받을까 봐 서둘러 1단계로 몰릴 수 있다.

43. Stevens, *King Icahn*, p.163.

44. Carl Icahn, letter to William C. Douce dated Feb. 7, 1985, quoted in Phillips Petroleum Proxy Statement, Feb. 8, 1985.

45. 포이즌 필의 방아쇠를 의도적으로 당긴 것은 미친 짓으로 보였지만 '완전히' 미친 것은 아니었다. 아이칸이 30%를 획득하면 포이즌 필 때문에 다른 주주들은 사실상 빚을 안게 되는 셈이고 아이칸에게 25억 달러를 마음대로 할 수 있게 해주는 꼴이었다. 전체 거래 조건의 가치는 주당 59달러 정도였을 텐데, 아이칸이 제시한 55달러와 크게 차이 나는 것은 아니었다.

46. William C. Douce, letter to Icahn dated Feb. 4, 1985, quoted in Phillips Petroleum Proxy Statement, Feb. 8, 1985.

47. Robert J. Cole, "Phillips, Icahn Argue on Note Plan", *New York Times*, Feb. 9, 1985.

48. Douce, Feb. 4, 1985, letter to Icahn.

49. Bruck, *The Predators' Ball*, p.166.

50. Daniel Rosenheim, "Recess Called, Phillips Shakes Bushes for Votes", *Chicago Tribune*, Feb. 23, 1985.

51. Robert J. Cole, "Phillips Meeting Recessed for a Day", *New York Times*, Feb. 23, 1985.

52. Johnston, *Takeover*, p.86.

53. 같은 책, pp.86~87; Cole, "Phillips Meeting Recessed for a Day."

54. Cole, "Phillips Meeting Recessed for a Day."

55. Johnston, *Takeover*, p.87.

56. Pickens, *The Luckiest Guy in the World*, p.235.

57. Steven Brill, "The Roaring Eighties", *American Lawyer*, May 1985.

58. Robert Slater, *The Titans of Takeover*, Washington, D.C.: BeardBooks, 1999. p.85.

59. Brill, "The Roaring Eighties."

60. Stevens, *King Icahn*, p.187.

61. 같은 책, p.304.

62. Brill, "The Roaring Eighties"

63. Robert A. G. Monks and Nell Minow, *Corporate Governance*, 5th ed., Hoboken, NJ: Wiley, 2011. p.288.

64. T. Boone Pickens, *Boone*, Boston: Houghton Mifflin, 1987. pp.xii–xiii.

65. 1990~1991의 경기 침체기는 1990년 7월부터 1991년 3월까지였다. 저축대부조합 위기는 1986년 부터 1995년까지였다.

66. "The Milken Sentence; Excerpts from Judge Wood's Explanation of the Milken Sentencing", *New York Times*, Nov. 22, 1990.

67. Kurt Eichenwald, "Wages Even Wall Street Can't Stomach", *New York Times*, Apr. 3, 1989.

68. Robert Sobel, *Dangerous Dreamers: The Financial Innovators from Charles Merrill to Michael Milken*, New York: Wiley, 1993. p.94.

69. Stewart, *Den of Thieves*, p.259.

70. Harvey Silverglate, *Three Felonies a Day: How the Feds Target the Innocent*, New York: Encounter Books, 2011. p.101.

71. Carol J. Loomis, "How Drexel Rigged a Stock", *Fortune*, Nov. 19, 1990.

72. Benjamin J. Stein, *A License to Steal: The Untold Story of Michael Milken and the Conspiracy to Bilk the Nation*, New York: Simon & Schuster, 1992. p.113.

73. Sobel, *Dangerous Dreamers*, p.207; Stein, *A License to Steal*, p.114.

74. Stein, *A License to Steal*, p.105.

75. Sobel, *Dangerous Dreamers*, p.88.

76. See William K. Black, *The Best Way to Rob a Bank Is to Own One: How Corporate Executives and Politicians Looted the S&L Industry*, Austin: University of Texas Press, 2006.

77. "Drexel Burnham Lambert's Legacy: Stars of the Junkyard", *Economist*, Oct. 21, 2010.

78. Brill, "The Roaring Eighties"

79. 같은 글.

80. 같은 글.

81. 같은 글.

82. Bruck, *The Predators' Ball*, p.172.

83. Stevens, *King Icahn*, p.170.

5장 최대주주의 공격에 맞서다가 몰락한 제너럴모터스

1. Ken Follett's, *On Wings of Eagles*, New York: Signet, 1984.

2. Doron Levin, *Irreconcilable Differences: Ross Perot Versus General Motors*, Boston: Little, Brown, 1989. pp.34~38. 제트기 진입을 거부당하자 페로는 라오스에 있는 북베트남 대사관 앞에서 확성기를 들고 항의했다.

3. 같은 책, p.24.

4. Albert Lee, *Call Me Roger*, Chicago: Contemporary Books, 1988. p.17.

5. 같은 책, p.175. 1980년 GM 자동차 한 대 제작 비용이 포드 자동차보다 300달러, 크라이슬러 자동차보다는 320달러 저렴했다. 1986년 GM 자동차가 포드와 크라이슬러보다 300달러 더 비쌌다.

6. J. Patrick Wright, *On a Clear Day You Can See General Motors: John Z. DeLorean's Look Inside the Automotive Giant*, Grosse Point, MI: Wright Enterprises, 1979. p.191.

7. Lee, *Call Me Roger*, p.110.

8. 같은 책, p.144.

9. Thomas Moore, "The GM System Is like a Blanket of Fog", *Fortune*, Feb. 15, 1988.

10. Lee, *Call Me Roger*, p.156.

11. 같은 책, p.253.

12. 거의 모든 마차 제작업체는 채찍 제작업체와 운명이 다르지 않았다. 스튜드베이커(Studebaker)와 듀랜트는 예외였다.

13. Joshua Davidson, "Durant, William Crapo", Generations of GM History, GM Heritage Center, Dec. 15, 2007. 듀랜트의 1년 치 연금은 1만 달러였다. 이를 가치로 환산하면 1947년에는 10만 8,000달러, 연금이 시작된 1936년에는 16만 9,000달러에 해당한다(www.dollartimes.com 참조).

14. Alfred P. Sloan Jr., *My Years with General Motors*, New York: Currency/Doubleday, 1990. p.30.

15. 같은 책, p.140.

16. 같은 책, p.53.

17. 같은 책, p.429.

18. 놀랍게도 전쟁 기간 중 GM이 생산한 120억 달러에 해당하는 군수물자 중 67%는 이전에는 만든 적이 없는 제품들이었다.

19. 하지만 GM은 공장 근로자들에게 책임과 권한을 이양하지 않았고 드러커는 이를 크게 우려했다.

20. Peter F. Drucker, *Concept of the Corporation*, New Brunswick, NJ: Transaction, 2008. pp.63~64.

21. 같은 책, p.65. 드러커는 GM의 분권화와 열린 소통의 문화가 살아남으려면 회계 시스템과 부문별 자본수익률이라는 객관적인 제도가 필요하다고 결론지었다. 낙관적이지만 틀린 결론이었다. 드러커는 GM이 재무관리만 해도 합리적인 의사결정이 득세할 것으로 생각했다. GM의 젊은 관리자들도 그렇게 생각했다. 앨프리드 슬론이 은퇴한 후 GM은 자사의 정책과 구조를 단호

한 원리에 지배받는 과학으로 인식하고 경영자가 아닌 회계사가 회사를 운영하게 했다.

22. 슬론의 대필 작가는 〈포천〉지의 존 맥도날드였다.

23. Wright, *On a Clear Day You Can See General Motors*, p.12.

24. 같은 책, p.7.

25. 훗날 들로리언은 그 일이 GM을 돕기는커녕 더 나쁘게 만들었다고 안타까워했다. 왜냐하면 그 속임수가 들통나자 엔지니어링위원회는 각 부문에 대한 감시를 더욱 강화했기 때문이다.

26. Wright, *On a Clear Day You Can See General Motors*, p.27.

27. Amanda Bennett, "GM Picks Roger B. Smith to Guide Auto Firm Through Critical Decade", *Wall Street Journal*, Sept. 10, 1980.

28. Lee, *Call Me Roger*, p.96; Levin, *Irreconcilable Differences*, p.126.

29. Mike Tharp, "US and Japan Agree on Ceilings for Car Shipments Through 1983", *New York Times*, May 1, 1981.

30. GM은 늘 배타적이었기 때문에 스미스는 갈수록 회사 내부에서 새로운 아이디어를 찾으려고 애썼다. 조직 개편은 맥킨지의 컨설팅이 기초가 되었고 일본의 로봇 제조업체를 비롯한 몇 개 회사와 합작투자에 나서기도 했다.

31. Lee, *Call Me Roger*, p.154.

32. 같은 책, p.144.

33. Levin, *Irreconcilable Differences*, pp.205~206.

34. Ross Perot, speech to the GM board, Nov. 4, 1985.

35. Lee, *Call Me Roger*, p.18.

36. 1985년 GM 이사회 연설에서 페로는 GM의 새 공장을 보고 혼다의 임원이 했다는 소리를 이렇게 인용한다. "GM 새턴: 50억 달러를 투자해 연간 40만~50만 대 생산, 근로자는 6,000명. 제가 신문에서 읽은 내용입니다. 혼다에서는 6억 달러를 투자해 연간 30만 대 생산, 근로자는 3,000명입니다. 제가 뭔가 놓친 게 있나 봅니다." 다른 예로 페로가 GM 이사회에서 1985년 11월 4일 행한 연설에서 제임스 하버(James Harbour)를 인용해 언급한 것들이 있다.

37. Drucker, *Concept of the Corporation*, p.298.

38. Lee, *Call Me Roger*, p.26.

39. "403: NUMMI", *This American Life* radio program, aired Mar. 26, 2010, Chicago Public Media.

40. Michael Moore, *Roger and Me*, Burbank, CA: Warner Home Video, 2003. DVD, minute 69.

41. 미시간대 앤아버 캠퍼스 공학 교수인 제프리 라이커: "이렇게 매우 유연하고 독립적인 접근 방식은 토요타 생산 시스템 초기에 토요타가 했던 것과 정확히 같다."

42. "NUMMI", *This American Life*.

43. Maryann Keller, *Rude Awakening: The Rise, Fall, and Struggle for Recovery of General Motors*, New York:

Morrow, 1989. p.131; James Womack, Daniel T. Jones, and Daniel Roos, *The Machine That Changed the World*, New York: Free Press, 1990. pp.82~84.

44. 로스 페로가 1985년 11월 4일 GM 이사회에서 행한 연설.

45. 같은 연설.

46. Levin, *Irreconcilable Differences*, p.251.

47. Lee, *Call Me Roger*, p.27.

48. Levin, *Irreconcilable Differences*, p.261.

49. 같은 책, p.28.

50. 같은 책, p.323.

51. Lee, *Call Me Roger*, p.124.

52. 같은 책, p.207. GM 감사부서가 EDS에 들어오는 것을 페로가 막은 일이 있었다. 그 후 페로와 GM의 관계는 더 나빠지기 시작했다. GM은 페로와 기업 매수를 결정지을 때 EDS는 자체 감사 한다는 것을 명시적으로 인정했지만 EDS의 원가 가산 방식 청구서를 재확인하고 싶어 했다. 심한 압박을 받고서야 페로는 비로소 감사에 동의했다.

53. Levin, *Irreconcilable Differences*, p.311.

54. Lee, *Call Me Roger*, p.198.

55. Joseph B. White, "Low Orbit", *Wall Street Journal*, May 24, 1991.

56. 깊이 생각해볼 질문이다. GM을 망신 주는 게 페로의 의도였다면 거래는 왜 했을까? 자기에게 유리하게 거래를 끌어내려 한 페로의 계산된 행동이었을 수도 있고, 아니면 순수한 마음으로 GM을 걱정한 것일 수도 있다. 내 생각에는, 첫째 페로는 설마 GM이 거래를 성사시키겠나 싶었던 것 같고, 둘째 거래가 정말로 성사되자 GM의 이사회나 주주들이 거래를 무산시켜주기를 진심으로 바랐던 것 같다. 이 거래가 성사되었다는 사실을 페로가 대외적으로 발표하지 못하도록 GM에서 막았다는 점을 주목할 필요가 있다.

57. Keller, *Rude Awakening*, pp.189~190.

58. Lee, *Call Me Roger*, p.253.

59. 같은 책, p.258.

60. Robert A. G. Monks and Nell Minow, *Case Studies: Corporations in Crisis*, Jun. 30. 2011. http://higheredbcs.wiley.com/legacy/college/monks/0470972599/supp/casestudies.pdf, 29; Robert A. G. Monks and Nell Minow, *Power and Accountability: Restoring the Balance of Power Between Corporation, Owners and Society*, New York: HarperCollins, 1992. p.186.

61. Jacob M. Schlesinger and Paul Ingrassia, "GM's Outside Directors Are Ending Their Passive Role", *Wall Street Journal*, Aug. 17, 1988.

62. 같은 글.

63. Monks and Minow, *Power and Accountability*, p.183.

64. Luis A. Aguilar, "Institutional Investors: Power and Responsibility" speech, Georgia State University, Atlanta, Apr. 19, 2013.

65. 슬론은 90세까지 살았다. GM의 다른 '주인 자본가'들은 슬론보다 나이가 훨씬 많았다.

66. 듀퐁은 GM에 자동차 관련 섬유와 마감 칠 재료를 공급하면서 타 업체의 공급을 제한했는데, 미국 정부는 이를 소수 지분에 의한 반독점법 위반이라고 판정했다. 듀퐁을 대표해 GM 이사회에 있던 이사들은 모두 사임했고 듀퐁은 자사가 소유한 GM 주식을 듀퐁 주주들에게 나눠주었다.

67. Peter Drucker, *The Unseen Revolution: How Pension Fund Socialism Came to America*, Oxford: Butterworth-Heinemann, 1976. pp.7~10.

68. 같은 책.

69. 고성능 후방 엔진과 맞물린 스윙 액슬 방식의 현가 장치 때문에 고속에서 차 뒷부분이 돌아가는 결과가 발생했다.

70. 버키 크누센(Bucky Knudsen)으로 폰티악을 맡았다가 나중에는 쉐보레를 경영했다. 버키 크누센은 루스벨트 대통령이 전쟁 기간 중에 군수물자 공급 책임자로 임명한 윌리엄 크누센(William Knudsen)의 아들이다.

71. GM은 자사의 문제 해결에 신경 쓰기는커녕 사립탐정을 고용해 랠프 네이더의 뒤를 캐고 네이더가 동성애자라는 소문을 퍼뜨리면서 사태를 더욱 악화시켰다.

72. Alex Taylor III, Andrew Erdman, Justin Martin, and Tricia Welsh, "U.S. Cars Come Back", *Fortune*, Nov. 16, 1992. 새 디자인을 최대한 활용하려는 GM의 '배지 엔지니어링(badge engineering, 동일한 차량 모델에 상표만 바꿔 달아 다른 차로 판매하는 방식 – 역주)'이 품질에 오히려 나쁜 영향을 미쳤다. GM은 1970년대 초 쉐보레 노바를 이용해 폰티악, 올즈모빌, 뷰익의 브랜드로 파는 방식을 시작했다. 그 결과 생산, 개발, 엔지니어링에서는 비용을 절감했지만, 신차 개발 능력은 떨어졌다. 표준화의 결과는 의미 있는 품질 개선으로 이어지지 못했다. GM 자동차는 여전히 형편없는 데다 이제는 생긴 것도 모두 똑같았다.

73. Ricki Fulman, "Shareholder Activism: Pension Funds Led Corporate Governance Revolution: Not Just for Gadflys Anymore, Investor Activism Gets Results", *Pensions and Investments*, Feb. 9, 1998.

74. Robert A. G. Monks and Nell Minow, *Corporate Goverance*, 5th ed., Hoboken, NJ: Wiley, 2011. p.208.

75. HBS California PERS(A), Case 9-291-045, Aug. 17, 2000. Permission to use quotation granted by Harvard Business Publishing.

76. Doron P. Levin, "GM Executives to Explain Perot Buyout to Institutional Investors and Analysts", *Wall Street Journal*, Dec. 15, 1986.

6장 13D 양식 싸움으로 쟁취한 기업 공개매각

1. Karla Scherer, "Corporate Power, the Old Boys' Network, and Women in the Boardroom", speech, University of Windsor, Windsor, Ontario, Sep. 12, 1997.

2. 같은 연설.

3. Greer Williams, "He Did It with Capsules", *Saturday Evening Post*, Apr. 9, 1949, p.29.

4. Icahn, "Theory of Reverse Darwinism"

5. 같은 글.

6. *Remington: The Science and Practice of Pharmacy*, edited by University of the Sciences in Philadelphia, 21st ed., Philadelphia: LWW, 2005. p.923.

7. Williams, "He Did It with Capsules."

8. 같은 글.

9. 같은 글.

10. "R.P.Scherer Historical Outline," R.P.Scherer press release, 1983.

11. 같은 글.

12. Philip R. Pankiewicz, *American Scissors and Shears: An Antique and Vintage Collectors' Guide*, Boca Raton, FL: Universal-Publishers, 2013. p.150.

13. "Historical Outline" press release.

14. John Goff, "A Woman Scorns", *Corporate Finance*, Nov. 1989. "But there was a lack of direction coming from the corporate headquarters."

15. "Historical Outline" press release.

16. 로버트 주니어도 한 번은 성공했다. 스토츠 기기(Storz Instruments)를 아메리칸사이안아미드 (American Cyanamid)에 1억 달러가 넘는 금액을 받고 매각했다. 로버트 주니어는 쉐러헬스케어(Scherer Healthcare)라는 상장기업을 이용해 계속해서 수완을 발휘해보았지만 회사가 존속하는 동안 이렇다 할 실적을 내지는 못했다.

17. "Historical Outline" press release.

18. R.P.Scherer dealbook, prepared by Goldman Sachs, circa 1988, pp.81~82.

19. 같은 책, pp.48~50.

20. RP쉐러의 1985년 연차보고서에 따르면 회사는 같은 해 507만 5,000달러(66만 1,578주와 현금)에 로빅/사이언티픽어소시에이츠(Lorvic/Scientific Associates)를 인수했다. 1988년 연차보고서에 따르면 회사는 1987년에 서던옵티컬(Southern Optical)을 962만 7,000달러(66만 59주를 주당 13달러, 현금을 얹어주는 조건으로)에 인수했다. RP쉐러의 주식은 최종적으로 시어슨리먼허튼에 주당 31.75달러에 인수되었다.

21. RP쉐러 1992년 연차보고서.

22. RP쉐러 1986년 연차보고서.

23. "Paco Status Report", R.P.Scherer company memo, Feb. 2, 1989.

24. 칼라 쉐러, 저자 인터뷰, 2013. 8. 26.

25. 미시간대학교는 칼라가 학위를 빨리 딸 수 있도록 일 년 내내 수강을 허용했다.

26. 1980년 어머니가 돌아가신 후 칼라와 그녀의 언니는 이혼하고 남동생은 결혼했다고 칼라는 기록한다. 오빠인 로버트 주니어와는 다시 보지 않았다고 한다.

27. 쉐러 인터뷰.

28. 같은 글.

29. "R.P.Scherer Corp. Stock Prices," Jan. 1979 ~ May 1988.

30. 쉐러 인터뷰.

31. R.P.Scherer Proxy Statement, Jul. 15, 1988.

32. Scherer, "Corporate Power" speech.

33. 쉐러 인터뷰.

34. Scherer, "Corporate Power" speech.

35. R.P.Scherer 1988 Proxy Statement.

36. Scherer, "Corporate Power" speech.

37. R.P.Scherer 1988 Proxy Statement; 쉐러 인터뷰.

38. R.P.Scherer 1988 Proxy Statement.

39. 같은 글.

40. 쉐러 인터뷰.

41. R.P.Scherer Board Minutes, Jun. 8, 1988.

42. R.P.Scherer Proxy Letter, Aug. 4, 1988.

43. Morrow and Company, "R.P.Scherer Corporation—Combined Classes," shareholder analysis, 1988.

44. "Scherer Management Yields Shareholder Names on Eve of Trial; Brother of Major Owner Claims of Major Harassment of Sister", Casey Communications Management press release, Jul. 7, 1988.

45. James Janega, "Theodore Souris, 76: Michigan Court Justice and 'Exemplary' Lawyer", obituary, *Chicago Tribune*, Jun. 22, 2002.

46. 한 편지에서 핑크와 맥은 회사를 매각하려는 칼라의 계획을 '술책'이라고 표현했다.

47. Morrow, "Combined Classes" shareholder analysis.

48. 정확히 말하면 리처드슨은 은행의 모회사인 매뉴팩처러스 내셔널주식회사의 이사회 의장이자 CEO였다. 자회사인 매뉴팩처러스 내셔널뱅크의 공식 직함은 이사회 의장이었다.

49. 법률회사(Butzel, Long, Gust, Klein & Van Zile)의 변호사인 윌리엄 M. 색스턴(William M. Saxton)과 필립 J. 케슬러(Philip J. Kessler)가 매뉴팩처러스 내셔널뱅크를 신탁관리자에서 해임하기 위한 발의에서 설명한 내용. 1988. 8. 10.

50. 같은 글.

51. "Schedule 14D9", R.P.Scherer, May 5, 1989.

52. Robert A. G. Monks and Nell Minow, *Corporate Governance*, p. 252: "그들은 기업의 본사에 자리 잡은 소수의 핵심적인 경영진과 전 세계에 널리 흩어져 있는 수많은 주주 간 균형을 잡고 상충하는 이해관계를 중재하는 중간자들이다."

53. Jonathan Macy, *Corporate Governance: Promises Kept, Promises Broken*, Princeton, NJ: Princeton University Press, 2011. p.51: "미국 회사법의 가장 근본적인 원리는 회사가 주주들이 아닌 이사회의 지배를 받는다는 사실일 것이다. (…) 특히 미국 법에 따르면 회사 경영은 이사회에 의해 혹은 이사회의 통제로 이루어지며 사실상 이사진이 회사를 지배한다."

54. 이 말은 칼라가 기억한 것으로, 결국 RP쉐러의 이사로 선임된 피터의 친구에 대해 피터가 그렇게 말했다고 한다.

55. Arthur Levitt, *Take on the Street*, New York: Pantheon Books, 2002. p.201.

56. Monks and Minow, *Corporate Governance*, p.257.

57. Macey, *Corporate Governance*, p.64.

58. James Madison, Federalist 10, again per Macey, *Corporate Governance*.

59. Warren E. Buffett, "2002 Chairman's Letter", Berkshire Hathaway, Feb. 21, 2003.

60. Jim Jelter, "Coca Cola Executive Pay Plan Stirs David Winters' Wrath", *WSJ Marketwatch*, Mar. 24, 2014.

61. Form 8-K, Securities & Exchange Commission, Apr. 23, 2014.

62. Carl C. Icahn, "Why Buffett Is Wrong on Coke", *Barron's*, May 3, 2014.

63. Warren E. Buffett, 2014 Berkshire Hathaway shareholders meeting, May 3, 2014.

64. George W. Bush, "Remarks on Signing the Sarbanes-Oxley Act of 2002", Jul. 30, 2002. *Public Papers of the Presidents of the United States: George W. Bush, Book II: Presidential Documents—July 1 to December 31, 2002*. Washington, D.C.: U.S. Government Printing Office, 2002. pp.1319~1321.

65. Macey, *Corporate Governance*, p.81.

66. 어들젠, 저자 인터뷰. 2014. 7. 21.

67. RP쉐러의 1984년과 1999년 연차보고서에서 가져옴.

68. 어들젠 인터뷰.

7장 독설과 인신공격의 망신 주기 게임

1. 론 버클의 변호사는 다음과 같이 간결하게 기록했다. "본 양식은 보고자가 본 13D 양식에 열거한 사실들에 중요한 변화가 있었다거나, 1934년에 제정된 증권거래법 13d-2의 조항에 의거해 수정사항이라고 판단될 사항이 있었다고 인정하는 것으로 해석되어서는 안 된다." Ron Burkle, "The Yucaipa Companies," 13d Morgans Hotels, amendment 10, Sep. 3, 2013.

2. 같은 글.

3. Monks and Minow, *Corporate Governance*, p.220.

4. Jack D. Schwager, *Market Wizards: Interviews with Top Traders*, New York: Harper-Business, 1989. p.117.

5. Warren Buffett, "Our Performance in 1963", letter to partners, Jan. 18, 1964: "우리는 지배지분을 차지할 수 있는 의지와 자금력이 있기 때문에, 기업의 주식을 매입하면 두 방향 모두에서 이익을 낼 수 있습니다." Warren Buffett, "Our Performance in 1964," letter to partners, Jan. 18, 1965: "많은 경우 우리는 '시위가 2개 달린' 매우 바람직한 활을 들고 있습니다. 외적인 요인으로 주식의 시장가격이 오르는 성과를 내든가, 아니면 기업의 지배지분을 헐값에 매입하는 것입니다. 거의 모든 경우가 전자(前者)이지만 후자(後者)는 대개의 투자 행위로는 누릴 수 없는 일종의 보험입니다."

6. Letter from Robert L. Chapman to Mr. Lawrence W. Leighton, Securities and Exchange Commission Schedule 13D, May 18, 1999.

7. Letter from Robert L. Chapman to Riscorp/Mr. Walter L. Revell, Securities and Exchange Commission Schedule 13D, Oct. 28, 1999.

8. Letter from Robert L. Chapman to ACPT/J. Michael Wilson, Securities and Exchange Commission Schedule 13D, Mar. 30, 2000. 채프먼은 희한한 단어들을 사용한다. '부당한 (underserved)'이라는 단어가 오타인지는 알 수 없다.

9. Deepak Gopinath, "Hedge Fund Rabble-Rouser", *Bloomberg Markets*, Oct. 2005.

10. "Around the World with Robert Chapman", interview by Emma Trincal, Jan. 5, 2006, http://www.thestreet.com/print/story/10260146.html.

11. Gopinath, "Rabble-Rouser."

12. 'buy side'는 자금운용업계를, 'sell side'는 증권회사 쪽을 지칭한다.

13. Gopinath, "Rabble-Rouser."

14. 제프리스는 1987년 중죄 혐의 2건을 시인하고 회사에서 사임했다.

15. "DBL Liquidating Trust Payouts to Creditors Exceed Expectations... Trust Aims to Complete Activities in One Year," Business Wire, April 26, 1995, http://www.thefreelibrary.com/DBL+LIQUIDATING+TRUST+PAYOUTS+TO +CREDITORS+EXCEED+EXPECTATIONS+...

...-a016863686.

16. "Liquidation of Drexel Is Ending on a High Note", *Los Angeles Times*, Mar. 28, 1996.

17. Katherine Burton, *Hedge Hunters: After the Credit Crisis, How Hedge Fund Masters Survived*, New York: Bloomberg Press, 2010. p.195.

18. Robert E. Wright and Richard Scylla, "Corporate Governance and Stockholder/Stakeholder Activism in the United States, 1790–1860: New Data and Perspectives," in *Origins of Shareholder Advocacy*, edited by Jonathan G. S. Koppell, New York: Palgrave Macmillan, 2010. p.244.

19. Bruck, *The Predators' Ball*, p.315.

20. Gopinath, "Rabble-Rouser"

21. William Thorndike, *The Outsiders: Eight Unconventional CEOs and Their Radically Rational Blueprint for Success*, Boston: Harvard Business Review Press, 2012. 스티리츠에 대해서 한 장을 온통 할애하고 있다.

22. Dan Loeb letter to William Stiritz, Agribrands, Sep. 8, 2000.

23. Agribrands definitive proxy statement Mar. 19, 2001.

24. Daniel Loeb letter to James Dearlove chairman and CEO of Penn Virginia, Dec. 11, 2002.

25. Letter from Daniel Loeb to John W. Collins, chairman and CEO of InterCept, Securities and Exchange Commission Schedule 13D, May 27, 2004.

26. Letter from Daniel Loeb to John W. Collins, chairman and CEO of InterCept, Securities and Exchange Commission Schedule 13D, Jun. 24, 2004.

27. Gopinath, "Rabble-Rouser."

28. 스타가스는 상장기업이긴 하지만 마스터유한합자회사(master limited partnership) 형태이기 때문에 사실 '주식(shares)'이 아니라 '유닛(unit)'이 정확하지만, 복잡함을 피하기 위해 '주식'이나 '지분' 등으로 표기하겠다.

29. Star Gas Partners, third-quarter 2004 earnings conference call, Jul. 29, 2004.

30. Star Gas Partners, third-quarter 2003 earnings conference call, Aug. 6, 2003.

31. 모든 수치는 스타가스가 SEC에 제출한 보고서에서 인용함.

32. EBITDA에서 자본적 지출을 뺀 금액을 이용했다. 스타가스는 인수한 고객 명단을 감가상각 처리하기 때문이다. 세빈이 기록한 최고 실적은 EBITDA에서 자본적 지출을 뺀 9,300만 달러였다. 2014년도 스타가스의 실적은 9,900만 달러로 역시 EBITDA에서 자본적 지출을 뺀 금액이다.

33. 나는 개인으로서, 또한 운용 펀드를 통해서도 스타가스의 주식을 소유하고 있다는 사실을 밝혀 둔다.

34. Randall Smith, "Some Big Public Pension Funds Are Behaving Like Activist Investors", *New York Times*, DealBook, Nov. 28, 2013.

35. Fishman, "Get Richest Quickest", *New York*, Nov. 22, 2004.

36. Max Olson, "The Restaurant Investor", Max Capital Corporation/Futureblind.com, Nov. 25, 2009.

37. Greg Wright, "Friendly Ice Cream Cool to Overtures from Dissident Biglari", Dow Jones Newswires, Mar. 8, 2007.

38. Olson, "The Restaurant Investor."

39. Biglari Holdings Form 4 filing, Jan. 15, 2015.

40. 신주 발행은 주당 250달러였고 신주 발행을 발표한 날의 종가는 주당 432달러였다.

41. Jeff Swiatek, "Steak'n Shake-up Looming? Investor Launches Effort to Oust Parent Firm's CEO Biglari", *Indianapolis Star*, Jan. 18, 2015.

42. Letter from Sardar Biglari to Friendly's Shareholders, Securities and Exchange Commission Schedule 13D, Mar. 6, 2007.

43. Jonathan Maze, "Biglari Holdings Co-Owns a Few Jets", *Restaurant Finance Monitor*, Sep. 17, 2014. http://registry.faa.gov/aircraftinquiry/Name_Results.aspx?Nametxt=BIGLARI&sort_option =1&PageNo=1.

8장 우량기업을 무너뜨린 잘못된 주주행동주의

1. Katrina Brooker, "How Do You Like Bill Ackman Now?", *Bloomberg Markets*, Feb. 2015.

2. Pershing Square Capital Management LP, Securities and Exchange Commission Schedule 13F, Nov. 14, 2014. 13F 양식은 외국인 포지션, 비상장기업, 채무 증권, 숏 포지션을 제외한다.

3. These figures are from the presentation "Think Big", Pershing Square Capital Management LP, May 16, 2012.

4. 언제 어디서 들었는지는 기억나지 않지만, 애크먼 자신이 이렇게 비유했다는 말을 내가 분명히 들었음을 밝힌다.

5. Svea Herbst-Bayliss and Katya Wachtel, "Hedge Fund Manager Ackman Says Mistakes Made in JC Penney Turnaround", *Reuters*, Apr. 5, 2013.

6. Brooker, "Bill Ackman."

7. 한 예로 다음 글을 참조하기 바람. Lucian A. Bebchuk, Alon Brav, and Wei Jiang, "The Long-Term Effects of Hedge Fund Activism." 이 글은 13D 양식을 제출한 뒤 5년 동안의 회사 영업 성과와 주식 성과를 다룬다. http://www.columbia.edu/~wj2006/HF_LTEffects.pdf.

8. Jonathan R. Laing, "Hold 'Em Forever: How Baker Fentress Invented Long-Term Investing", *Barron's*, Dec. 31, 1990.

9. Baker, Fentress & Company, 1995 Annual Report, Feb. 27, 1996.

10. "베이커펜트리스가 우리에게 큰 도움이 되리라 판단한 것은 이들의 공모 펀드와 우리 펀드를 통해 다른 펀드매니저를 우리 회사로 끌어들일 수 있다고 보았기 때문입니다. 이들에게 곧바로 베이커펜트리스를 위한 펀드 운용을 맡길 수 있으니까요. 즉 이 펀드매니저들에게 운용할 자금을 줄 수 있고, 그러면 우리에게는 아주 이롭다고 보았습니다." Jessica Bibliowicz, "CEO Interview", *Wall Street Transcript*, Mar. 1, 1998.

11. 존 레빈의 롱온리 계좌는 보수가 운용자산의 0.5%에 불과했다. 아들이 운용하는 헤지펀드는 이의 두 배에 이르는 데다 투자수익의 20%에 달하는 성과보수도 있었다.

12. BKF캐피털그룹이 SEC에 제출한 자료에 따르면 1998년 말부터 1999년 말까지 운용자산이 80% 증가한 것으로 나타났다.

13. 존 레빈, 저자 인터뷰, 2015. 1. 28.

14. 같은 인터뷰.

15. From the company's proxy statement, and Warren Buffett's Securities and Exchange Commission Schedule 13G, Aug. 3, 1999.

16. 이 주식은 '밸류인베스터스클럽(ValueInvestorsClub)'에 3년 연속 소개되었고, 당연히 워런 버핏이 투자한 덕분에 커다란 관심을 끌었다.

17. 레빈, 저자 인터뷰.

18. Gabelli Asset Management Inc., Securities and Exchange Commission Schedule 13D, Jul. 3, 2001.

19. James McKee, General Counsel of GAMCO, letter to Norris Nissim, General Counsel of BKF Capital Group Inc., filed as exhibit to Securities and Exchange Commission Schedule 13D, Sep. 19, 2003.

20. Phillip Goldstein, Opportunity Partners LP, letter to Norris Nissim, General Counsel of BKF Capital Group Inc., filed as exhibit to Securities and Exchange Commission Schedule 13D, Nov. 17, 2003.

21. Warren Lichtenstein, SL Full Value Committee, letter to Owen Farren, President and CEO, SL Industries Inc., filed as exhibit to Securities and Exchange Commission Schedule 14A, Feb. 16, 2001.

22. Yahoo! Finance, 배당을 포함한 수익률.

23. BKF Capital Group Inc. Proxy Statement, and Walter Lichtenstein letter to Board of Directors, BKF Capital Group Inc., filed as exhibit to Securities and Exchange Commission Schedule 14A, Dec. 16, 2004.

24. 같은 위임장과 서한.

25. BKF Capital Group Inc. Proxy Statement, filed as exhibit to Securities and Exchange Commission

Schedule 14A, May 18, 2005.

26. BKF Capital Group Inc. Proxy Filing, filed as exhibit to Securities and Exchange Commission Schedule 14A, May 26, 2005.

27. 같은 위임장.

28. 같은 위임장과 서한.

29. BKF Capital Group Inc. Proxy Filing, and Warren Lichtenstein open letter to shareholders, filed as exhibit to Securities and Exchange Commission Schedule 14A, May 24, 2005.

30. Joe Nocera, "No Victors, Few Spoils in This Proxy Fight", *New York Times*, Jul. 22, 2006: "샌프란시스코에 있는 헤지펀드매니저인 카넬 씨는 BKF 이사회와 레빈 씨를 강하게 모욕하는 여러 통의 자극적이고 거친 내용의 서한을 보냈다. 그중 한 서한에는 '탐욕과 회사 자산의 사적 이용'이라는 표현을 담은 비난도 있었다."

31. "Manna from Hedging", *Institutional Investor*, Jun. 1, 2003.

32. J. Carlo Cannell, "Investor Insight: Carlo Cannell", interview, *Value Investor Insight*, Mar. 31, 2006.

33. 같은 글.

34. Value Investing Congress, 2009, in Pasadena, California.

35. "Carlo Cannell Announces He Is Stepping Down as Manager of Cannell Family of Hedge Funds", Business Wire, Feb. 27, 2004.

36. Cannell Capital LLC, Securities and Exchange Commission Schedule 13G, Feb. 14, 2005, and Securities and Exchange Commission Schedule 13D, Jun. 1, 2005.

37. 카를로 카넬, 저자 인터뷰, 2015. 1. 27.

38. 같은 인터뷰.

39. William H. Janeway, *Doing Capitalism in the Innovation Economy: Markets, Speculation and the State*, Cambridge: Cambridge University Press, p.26.

40. Elizabeth Peek, "Farewell, Peter Cannell", *New York Sun*, May 3, 2005.

41. 같은 글.

42. Joseph B. Werner, "Money Manager Interview", *Wall Street Transcript*, Oct. 6, 1997.

43. Townsend Hoopes and Douglas Brinkley, *Driven Patriot: The Life and Times of James Forrestal*, Annapolis, MD: Naval Institute Press, p.62.

44. Dividend announcement was Apr. 6, 2005, according to BKF Capital Group Inc. Securities and Exchange Commission Exhibit 99.1, Apr. 6, 2005.

45. Steel Partners, Proxy and Letter to Shareholders, filed as exhibit to Securities and Exchange Commission Schedule 14A, Jun. 9, 2005.

46. Dated May 26, May 18, and Jun. 8, 2005.

47. John Levin, letter to Institutional Shareholder Services, BKF Capital Group Inc. Proxy Filing, Securities and Exchange Commission Schedule 14A, Jun. 17, 2005.

48. BKF Capital Group Inc., Proxy Filing, filed as exhibit to Securities and Exchange Commission Schedule 14A, Jun. 23, 2005, and Steel Partners, Press Release, filed as exhibit to Securities and Exchange Commission Schedule 14A, Jun. 23, 2005.

49. 모든 내용은 BKF캐피털그룹이 SEC에 제출한 서류를 참조한 것이다.

50. Yahoo! Finance.

51. BKF Capital Group Inc. annual proxy statements.

52. "Lack of Accountability" was the section heading in the May 16 letter to shareholders from Warren Lichtenstein, in BKF proxy filing May 16.

53. BKF Capital Group Inc. Securities and Exchange Commission Schedule 8K, Apr. 22, 2005, and SEC Exhibit 10.1, Apr. 19, 2005.

54. 내가 운용했던 첫 헤지펀드는 2002년 대형 은행에 매각되었다. 그러면서 보수를 50 대 50으로 나눈 결정은 유능한 인재의 대규모 이탈을 초래한 엄청난 실수였다.

55. Steel Partners, BKF Proxy Filing, Securities and Exchange Commission Schedule 14A, Dec. 16, 2004.

56. 존 레빈, 저자 인터뷰.

57. 카를로 카넬, 저자 인터뷰.

58. Nocera, "No Victors."

59. 레빈, 저자 인터뷰.

60. 같은 인터뷰.

61. 카넬, 저자 인터뷰.

62. 레빈, 저자 인터뷰.

나오는 말

1. Ben McGrath, "13D", *New Yorker*, Aug. 7, 2006.

2. Michael Lewis, "The Man Who Crashed the World: Joe Cassano and AIG", *Vanity Fair*, Aug. 2009.

3. Lynn Stout, *The Shareholder Value Myth*, San Francisco: Berrett-Koehler, 2012. p.23.

4. 상장기업 주식을 보유하면 이사 선출권과 자산 처분 이익의 일부를 받을 권리를 포함해 여러 권리가 생긴다. 더욱이 주주들은 법적 구속력이 없는 결의안을 제출할 수도 있고, 이사와 경영진이 의무를 해태할 경우 고소할 수도 있다. 자신의 주식을 팔 권리를 제외한 권리는 대략 이 정도다.

5. 많은 법률학자가 다지 형제와 포드자동차의 대결을 거론하면서 이사들이 주주 이익을 극대

화해야 하는 법이 필요하다고 주장한다. 다음 문헌 참고: Leo E. Strine Jr., "Our Continuing Struggle with the Idea That For-Profit Corporations Seek Profit", *Wake Forest Law Review* 47, 2012. pp.135~172.

6. Shareholder Rights Project at Harvard Law School, http://srp.law.harvard.edu/companies-entering-into-agreements.shtml.

7. Herbert Allen, "Conflict Cola", *Wall Street Journal*, Apr. 15, 2004.

8. Warren Buffett, letter to Bill and Melinda Gates, Jun. 26, 2006.

찾아보기

가장 사업처럼 하는 투자 주주행동주의

가장 사업처럼 하는 투자 주주행동주의

가장 사업처럼 하는 투자
주주행동주의

초판 1쇄 2023년 5월 10일

지은이 제프 그램
옮긴이 이건, 오인석, 서태준
감수·해제 심혜섭

펴낸곳 에프엔미디어
펴낸이 김기호
편 집 오경희, 양은희
기획관리 문성조
마케팅 박강희
디자인 디자인86

신 고 2016년 1월 26일 제2018-000082호
주 소 서울시 용산구 한강대로 295, 503호
전 화 02-322-9792
팩 스 0303-3445-3030
이메일 fnmedia@fnmedia.co.kr
블로그 http://www.fnmedia.co.kr

ISBN 979-11-88754-83-0 (03320)
값 20,000원

ⓒ Jeff Gram, 2023